POLYGLOTT APA GUIDE

COSTA RICA

Unser Costa-Rica-Spezialist

Seit Jahren reist der Fotograf und Buchautor **Detlev Kirst** stets begeistert durch Costa Rica und brachte auch in diese Neuauflage des Reiseführers seine umfassenden Ortskenntnisse ein. Er führt eine Reiseagentur für Costa Rica und Peru, berät Individualreisende bei ihrer Planung und veranstaltet eigene Reisen. Außerdem hat Detlev Kirst über Peru einen Reiseführer im Polyglott-Verlag verfasst.

Zeichenerklärung

Gebietspläne

- 1 ★ ★ Sehenswürdigkeit
- Autobahn
- Schnellstraße
- Hauptstraße
- sonstige Straßen, Wege
- Eisenbahn
- Staatsgrenze
- Landesgrenze
- Nationalpark, Naturpark

Stadtpläne

- 1 ★ ★ Sehenswürdigkeit
- Autobahn
- Hauptstraße
- sonstige Straßen
- Fußgängerzone
- Fußwege
- sehenswerte Gebäude
- bebaute Fläche
- Grünfläche
- unbebaute Fläche
- i Information
- Post
- P Parkplatz
- S M U S-Bahn, Metro, U-Bahn

PT 07J4

Autoren: Tony Avirgan (Land der Fischer und Angler); David Burnie (Nationalparks und Reservate; Zauberhafte Pflanzenwelt; Costa Ricas tausend Flügel; Flinke Raubkatzen); Thomas Felkay (Die Vampire von Guanacaste); Henry Genthe (Meeresschildkröten; Ameisen-Metropolen); Henry Genthe/Lucinda Hilbrink/Dona und Harvey Haber/Carol Weir (Der Nordwesten); Henry Genthe/Dona Haber/Carol Weir (Der Süden); Dona Haber/Paul Murphy (Stadtbusse); Dona und Harvey Haber/Lucinda Hilbrink/Henry Genthe/Carol Weir (Das Zentrale Hochtal); Dona und Harvey Haber/Hennry Genthe/Carol Weir (Der Nordosten; Die zentrale Pazifikküste); Dona und Harvey Haber (Land der reichen Indianer; Die Eroberung; Kolonialismus und Unabhängigkeit); Harvey Haber/Henry Genthe (Sport in Wind und Wellen); Harvey Haber/Moises Leon (Die Menschen); Harvey Haber/Paul Murphy (Von Küste zu Küste; Kleines Land ganz groß); Harvey Haber/Juan Bernal Ponce/Carol Weir (San José); Lucinda Hilbrink (Kaffee vom Feinsten); Paul Murphy (Land der goldenen Mitte; Geschichtlicher Überblick); Alexander Skutch (Der Quetzal); Carol Weir (Das 20. Jahrhundert; Kulinarische Genüsse; Tropischer Früchtegarten; Töpfer, Bildhauer und Goldschmied; Berge aus Feuer; Nicas bei den Ticos; Isla del Coco).

Übersetzer: Ortrun Egelkraut (Essayteil), Detlev Kirst (Reiseteil, Infoteil) in Zusammenarbeit mit Ina Kaese

Top50 und laufende Bearbeitung: Detlev Kirst

Karten und Pläne: Colourmap Scanning Ltd
Typographie: Ute Weber, Geretsried
Umschlag: APA Publications; Carmen Marchwinski, München

Ergänzende Anregungen, für die wir dankbar sind, bitten wir zu richten an: Apa Publications c/o Langenscheidt KG,
Postfach 40 11 20, 80711 München.
E-Mail: redaktion@polyglott.de

Polyglott im Internet: www.polyglott.de
im Travel Channel unter www.travelchannel.de

Polyglott APA Costa Rica
Ausgabe 2008/2009

Printed in Singapore
ISBN 978-3-8268-1948-3

Hintergrund

Gute Reise

Nordwesten und Pazifikküste

Nordosten und Karibikküste

Süden

Karten

Porvenir
6 Rainmaker
San Rafael Norte
Valle de Parrita
Parrita
San Rafael
Cotos
Cerritos
Damas
Naranjito
Ríos
Paquita
7
Quepos
Finca Bartolo
Manuel Antonio
Parque Nacional Manuel Antonio
8
Pastora

Land der goldenen Mitte

Zwischen Nicaragua und Panama auf der zentralamerikanischen Landenge liegt Costa Rica, ein kleines, demokratisch regiertes Land. Zwar gilt es offiziell als Land der Dritten Welt, jedoch geht es ihm besser als den meisten anderen in Lateinamerika.

Als Land der goldenen Mitte wurde es treffenderweise von einem Mitarbeiter der Weltbank bezeichnet. Andere sagen auch »die Schweiz Lateinamerikas«, denn die wirtschaftliche Situation ist zwar nicht glänzend, das Land kann aber einen hohen Lebensstandard und für 2006 ein Bruttoinlandsprodukt von ca. 4860 Dollar pro Kopf aufweisen. Die Bevölkerung kann sich auf den Staat verlassen, wenn es um Gesundheitsvorsorge, öffentliche Schulen und andere Leistungen wie Elektrizität und sauberes Wasser geht – wohingegen seine Nachbarn vergleichbare Summen für nationale Sicherheit und Verteidigung ausgeben.

Costa Rica ist für seinen Reichtum an Naturschönheiten und seine Bemühungen, in der Region dauerhaften Frieden zu schaffen und zu sichern, berühmt geworden. Der gegenwärtig zum zweiten Mal amtierende Präsident Oscar Arias Sánchez, der auch vor Konflikten mit dem großen Bruder im Norden, den USA, nicht zurückschreckte, erhielt 1987 den Friedensnobelpreis. Die Costaricaner gelten als friedliebend, sie sind westlich demokratisch gesonnen und eher an Europa als an Lateinamerika orientiert. Was das kleine Land weiterhin von den anderen, meist größeren, Ländern des lateinamerikanischen Kontinents unterscheidet, ist das relativ hohe Bildungsniveau der Bevölkerung.

◄ Mit dem Hautsekret des Pfeilgiftfrosches vergifteten die Indianer früher ihre Pfeilspitzen
◄◄ Rotaugenfrosch – Dampfender Regenwald am Cerro de la Muerte – Im weiten Grasland von Guanacaste spenden Bäume wohltuenden Schatten – Schwarzer Sandstrand in der Provinz Limón

Seit unter Don Pepe Figueres 1949 die Armee abgeschafft wurde, gelang es der Regierung, einen Großteil der Finanzen den Bereichen Bildung, Gesundheit und der Erhaltung von Naturschutzgebieten zur Verfügung zu stellen. Momentan steht ein Viertel des Landes in Form von Nationalparks, Bio- und Wildreservaten unter Naturschutz. Mit über 850 Vogel-, 220 Säugetierspezies und etwa fünf Prozent der gesamten Artenvielfalt der Welt ist Costa Rica ein Paradies für alle, die Freude an der unberührten Natur empfinden. Auch die Landschaft präsentiert sich vielseitig: Dichte Dschungel- und Vulkanlandschaften prägen das Bild ebenso wie einsame weiße Sandstrände.

Ein Drittel der Gesamtbevölkerung (insgesamt 4,4 Mio.) lebt im gemäßigten *Valle Central* (Zentraltal), in dem sich auch die Hauptstadt San José befindet. Jeder *Tico* – so werden die Costaricaner genannt – wird allerdings darauf bestehen, dass das wahre Costa Rica nur auf dem *campo,* in den ländlichen Gegenden, zu finden ist.

Vor wenigen Jahren noch galt es als ein Land, dessen touristische Erschließung in den Kinderschuhen steckte – war es damals lediglich das Ziel von Biologen, Tierschützern und Naturforschern aus aller Welt, die mit dem Rucksack reisten und, was Unterkunft und Verpflegung betraf, keine großen Ansprüche stellten. Diese Zeit der touristischen Unschuld scheint zu Ende zu gehen. Mit atemberaubender Geschwindigkeit haben in- und ausländische Investoren innerhalb weniger Jahre daran gearbeitet, Costa Ricas Schätze einem breiten internationalen Publikum zu erschließen.

Seit 1994 ist der Tourismus der führende Industriezweig der Nation, abgelöst hat er den Export von Bananen und Kaffee. Mehr als 1,6 Millionen Urlauber kommen jedes Jahr hierher, die meisten von ihnen aus Nordamerika und Europa. Ökotourismus und Abenteuerurlaub sind nur zwei Stichwörter, die das reichhaltige Angebot an Urlaubsaktivitäten beschreiben – darin enthalten sind so unterschiedliche Freizeitvergnügen wie Vogelbeobachtung oder Wildwasserrafting.

Costa Rica musste einen langen Weg gehen, um das Image einer kleinen Bananenrepublik loszuwerden – es ist ihm gelungen, ohne seinen Charme und seine Schönheit zu verlieren. ■

Von Küste zu Küste

Im Herzen der zentralamerikanischen Landenge liegt Costa Rica. Wer dort reist, glaubt nicht nur in einem großen Land zu sein, sondern auch, dass es Monate dauern würde, es richtig kennen zu lernen – so vielfältig präsentiert sich die Landschaft. In Wirklichkeit ist Costa Rica relativ klein. Vom Nordwesten bis in den Südwesten misst es 460 km, zwischen seinen engsten Punkten gerade einmal 120 km.

Costa Ricas nördlicher Nachbar ist Nicaragua, im Süden grenzt es an Panama. Dass es wirklich »reich an Küsten« ist, beweist seine Lage zwischen den beiden Ozeanen: Die Ostküste liegt am ruhigen Karibischen Meer, sein Gegenüber, der stürmische Pazifik, bildet die Grenze im Westen.

Ein fruchtbares Land

Vielleicht wurden die ersten Reisenden von Costa Ricas heißen, küstennahen Ebenen in der tropischen Zone mit ihren wilden Gräsern, Palmen- und Bananenplantagen angelockt oder von den dicht bewaldeten Tälern und Küstenstreifen, die von unbeschreiblich schönen Stränden gesäumt sind. Vielleicht wurden sie aber auch von den Zentralebenen (1000–2000 m Höhe) in der gemäßigten Zone angezogen, die durch ihre üppigen, fruchtbaren und magischen Dschungellandschaften ihre Begeisterung hervorriefen. Die Fruchtbarkeit des Landes hat zumindest eine internationale Gemeinschaft von Natur- und Umweltschützern in ihren Bann gezogen.

Viele Nordeuropäer, *gringos* aus dem Mittleren Westen oder dem Norden der USA sowie Kanadier haben in Costa Rica ein neues Zuhause gefunden, gleicht es doch mit seinen kühlen Hochebenen, mit seinem endlosen, teilweise bewaldeten Weideland eher der Schweiz als einem Land in den Tropen.

Wie Adern durchziehen Flüsse das ganze Land. Sie entspringen in den Bergen, fließen ins Meer und stellen nahezu unerschöpfliche Ressourcen für Trinkwasser und Energiegewinnung dar.

Der Boden des Valle Central ist ausgesprochen fruchtbar – besonders aufgrund der Vulkanasche, die sich hier über die Jahrhunderte angesammelt hat. Dieser nahrhafte Boden, der das Wasser gut einsickern lässt und es für das Pflanzenwachstum vorrätig hält, bietet die besten Voraussetzungen für den Anbau von Kaffee. Auf einer Reise durch

die Hochebenen sind scheinbar unendlich viele Kaffee-*fincas* zu sehen – meist an unglaublich steile Hänge geschmiegt. Zu erkennen ist der Kaffeestrauch an seinen tiefgrünen, wie Juwelen schimmernden Blättern.

Die Küsten

In Costa Rica sind Küsten und das Meer niemals richtig fern. Es gibt sogar einige Stellen, von denen aus man sowohl den Pazifik als auch den Atlantik gleichzeitig sehen kann.

Während die Atlantikküste nur 220 km lang ist, misst die Pazifikküste mit ihren vielen Einbuchtungen mehr als das Doppelte. Hier liegt im Norden die Nicoya-Halbinsel, im Süden die Osa-Halb-

◀ Grüner Leguan mit ausgesprochen urzeitlicher Physiognomie
▶ Ein schüchternes, aber neugieriges »Tica-Willkommen«

insel. Jeder dieser relativ großen Halbinseln sind eine Menge kleiner Inselchen vorgelagert – nicht zu vergessen die ca. 530 km westlich vom Festland entfernt liegende, aber außerordentlich schöne und noch zu großen Teilen unberührte *Isla del Coco*.

Höhepunkte in jeder Hinsicht

Der Großteil der Vulkane des Landes ist erloschen, einige sind aber immer noch aktiv. Der *Poás* mit 2704 m Höhe nahe der Stadt Alajuela kann stolz sein, denn er besitzt den größten Krater der Welt – sein Durchmesser beträgt 1,5 km. Der

Irazú (3432 m) in der Nähe von Cartago ist gelegentlich aktiv, man kann aber sehr dicht an ihn heran, um ihn zu bestaunen. Von allen Vulkanen des Landes ist der *Arenal* mit einer Höhe von nur 1630 m der aktivste. Sein donnerndes, explodierendes Spektakel ist eine überaus beeindruckende geologische Openair-Vorstellung.

Drei Gebirgsketten durchziehen das Land von Nordwesten nach Südosten, wobei sie eine Höhe von mehr als 3800 m erreichen. Mit Namen sind dies die prachtvolle Guanacastekette, das Central- sowie das Talamancagebirge, das sich bis nach Panama erstreckt. Der *Chirripó Grande* und der *Terbi*, beide über 3800 m, sind die höchsten Berge Costa Ricas.

Das Klima

Costa Rica befindet sich geografisch betrachtet eigentlich in einer Zone, die sich üblicherweise durch sengende Hitze auszeichnet. Trotzdem bekommt die Bevölkerung diese Hitze kaum zu spüren, denn ihr Großteil lebt in der Zentralebene, d. h. in Höhen zwischen 450 m und 1400 m, wo sowohl tagsüber als auch nachts Temperaturen zwischen 20 und 26 °C herrschen.

Nähert man sich den Küsten, sind die Temperaturen in der Tat tropisch, und sowohl an der Atlantikküste als auch am Pazifik gibt es je nach Jahreszeit trockene und regenreiche Monate. Zu bestimmten Zeiten sind sogar die Einheimischen von der zu heißen und gleichzeitig feuchten Mittagshitze überwältigt und suchen gern den einigermaßen kühlen Schatten auf.

Die berühmten tropischen Wolkenbrüche finden an den Küsten ziemlich genau vorhersagbar an den Nachmittagen während der Regenzeit statt und sind ein echtes Naturschauspiel – wer einmal in einen solchen Platzregen gerät, wird diese Erfahrung nie vergessen. So waren diese außergewöhnlichen Dramen mit Blitz, Donner und sintflutartigen Regenfällen schon immer Gegenstand der Literatur. Und wenn Sie selbst erst einmal einen Nachmittag lang dieses Schauspiel in aller Ehrfurcht erlebt haben, wissen Sie, dass Sie gerade weder in Dublin, Tokio oder München sind.

Fern der tropischen Küsten ist das Klima weitgehend bestimmt durch die Lage oberhalb der Meeresspiegels. Unabhängig von Höhe und Jahreszeit folgen die Temperaturen beständig einem 24-Stunden-Rhythmus. Dies gilt gleichermaßen für die Hitze in den küstennahen Ebenen wie für die kühleren Regionen der großen Vulkane und der steilen Hänge der Gebirgsketten.

Von den Stränden der beinahe gezeitenlosen Karibik oder der von der Brandung gebeutelten Pazifkküste, über Vulkane und die Hänge der *cordilleras* (Gebirgsketten) bis schließlich hinauf zur höchsten Erhebung, dem kalten und spröden Chirripó, wird der Aufenthalt für jeden Besucher Costa Ricas herrlich erfrischend sein. ■

◀ Mit dem Boot durch den Regenwald
▶ Der aktivste Vulkan der Erde – der Arenal

Geschichtlicher Überblick

Präkolumbische Ära

■ **Um 500 v. Chr.** Indianische Sammler und Jäger werden sesshaft und bauen u. a. Mais, Yucca und Baumwolle an.

■ **Ab 500 n. Chr.** entstehen Kazikengesellschaften. Sie treiben untereinander Handel, führen Kriege und pflegen kulturellen Austausch mit anderen mittel- und südamerikanischen Völkern.

Ankunft der Spanier

■ **1502** Auf seiner vierten Entdeckungsreise geht Christoph Kolumbus für zwei Wochen vor der Insel Uvita nahe Puerto Limón vor Anker.

■ **1519–1560** erkunden Spanier Costa Ricas Ost- und Westküste.

■ **1561** Gründung der ersten Stadt (Castillo de Garcimuñoz), die einige Male verlagert wird, bevor sie sich an der Stelle des heutigen Cartago etabliert.

■ **1562** Juan Vázquez de Coronado erforscht das Valle Central und versucht die Indígenas mit friedlichen Mitteln zu bekehren.

Die Kolonialherrschaft

■ **1572** Beginn des Kolonialismus; die folgenden 250 Jahre bleibt Costa Rica Kolonie Spaniens.

■ **1660–1670** Am Atlantik bringen Kakaoplantagen erste Einnahmen, doch werden die Ansiedlungen ständig von Piraten geplündert.

■ **1723** Cartago versinkt durch den Ausbruch des Vulkans Irazú in Schutt und Asche.

■ **1787** Costa Rica erhält die Genehmigung, Tabak anzubauen.

■ **1821** Am 15. September erklärt Guatemala seine Unabhängigkeit von Spanien. Costa Rica erfährt davon vier Wochen später.

Aufbruch in die Unabhängigkeit

■ **1823** Bürgerkrieg zwischen den konservativen Imperialisten in Cartago und Heredia und den Republikanern *(liberalistas)*. Die Liberalistas erreichen den Beitritt Costa Ricas zur zentralamerikanischen Föderation, die von Guatemala geführt wird. San José wird Landeshauptstadt.

■ **1824** Juan Mora Fernandez wird erster Staatschef (bis 1833). Die Bewohner des bis dahin von Nicaragua verwalteten Gebietes »Partido Nicoya« (später Guanacaste) entscheiden sich per Volksabstimmung für die Angliederung an Costa Rica.

■ **1825** Die erste Verfassung des freien Staates Costa Rica wird verabschiedet, die Angliederung Guanacastes durch den Kongress bestätigt.

■ **1832** Beginn der Kaffee-Exporte nach Europa.

■ **1835** Braulio Carrillo wird Präsident; er führt mit diktatorischen Methoden liberale Reformen durch. Das Städtebündnis Heredia, Cartago, Alajuela widersetzt sich und erklärt San José Krieg.

■ **1838** Nach dem Zusammenbruch der zentralamerikanischen Föderation verkündet der Präsident José Maria Castro die freie und unabhängige Republik Costa Rica.

Der Weg ins 20. Jahrhundert

■ **1849** Juan Rafael Mora wird Präsident und zweimal wiedergewählt (1853, 1859). Während seiner Amtszeit erlebt der Kaffee-Export einen beachtlichen Aufschwung.

■ **1856** Schlacht bei Santa Rosa; der Freibeuter William Walker versucht, aus Mittelamerika eine

US-amerikanische Kolonie zu machen, wird aber von den Truppen Costa Ricas besiegt.

■ **1870** Tomás Guardia Gutiérrez übernimmt nach einem Militärputsch die Macht (bis 1882) und führt eine neue liberale Verfassung ein.

■ **1871** Beginn des Eisenbahnbaus; die Atlantikstrecke von Cartago bis Limón wird 1890 fertig gestellt.

■ **1880** Erste Ausfuhr von Bananen.

■ **1882** Abschaffung der Todesstrafe.

■ **1886** Einführung der Schulpflicht.

■ **1890** Die ersten demokratischen Wahlen in Mittelamerika gewinnt der Präsidentschaftskandidat José Joaquín Rodríguez.

■ **1914–1918** Durch den Ersten Weltkrieg verliert Costa Rica wichtige Exportmärkte.

■ **1917** Staatsstreich von Federico A. Tinoco mit Unterstützung der Kaffeebarone. Zwei Jahre später beendet ein Volksaufstand seine Diktatur.

■ **1934** Ein Streik der Bananenarbeiter gegen die Arbeitsbedingungen der United Fruit Company erwirkt Zugeständnisse (Streikrecht, Mindestlöhne).

■ **1939–1945** Während des Zweiten Weltkriegs stagniert der Kaffee-Export. Costa Rica erklärt Deutschland, Japan und Italien den Krieg. Deutsche und italienische Einwohner werden enteignet und abgeschoben.

■ **1940–1944** Zahlreiche Sozialreformen während der Amtszeit von Präsident R. A. Calderón.

■ **1945** Gründung der Sozialdemokratischen Partei (PSD), aus der später der *Partido Liberación Nacional* (PLN) unter (Don Pepe) José Figueres hervorgeht.

■ **1948** Calderón Guardia lässt die Wahlen annullieren und sich erneut zum Präsidenten erklären. Es kommt zum Bürgerkrieg. Die siegreiche Junta unter Figueres übernimmt die Macht.

■ **1949** Mit der neuen Verfassung wird die Armee abgeschafft. Figueres übergibt die Staatsführung an den gewählten Präsidenten Otilio Ulate, regiert aber erneut 1953–1958 und 1970–1974.

◄ **Krieger von der Halbinsel Nicoya**
► **So sahen frühe Chronisten das Leben der Indianer**
◄◄ **Präkolumbische Keramikfiguren im Nationalmuseum von San José**

■ **1951** Gründung der Organisation Zentralamerikanischer Staaten (OCAS).

■ **1979** Bürgerkrieg in Nicaragua; Sandinisten stürzen die Somoza-Diktatur. Costa Rica wird Rückzugsgebiet für Contra-Gruppen.

■ **1983** Präsident Luis Alberto Monge erklärt die »unbewaffnete Neutralität«. Es kommt zu Spannungen mit den USA.

■ **1986** Oscar Arias Sánchez wird zum Präsidenten gewählt und setzt sich für die Wiederherstellung des Friedens in der Region ein. 1987 erhält er den Friedensnobelpreis.

■ **1991** Ein Erdbeben in der Provinz Limón fordert 60 Tote.

■ **1994** José M. Figueres wird mit 39 Jahren der jüngste Präsident Costa Ricas.

■ **1996** Hurrikan César tötet dutzende Costaricaner und richtet immense Schäden an.

■ **1998** Miguel A. Rodríguez wird Präsident.

■ **2002** Abel Pacheco von der konservativen PUSC gewinnt die Präsidentschaftswahl.

■ **2005** Costa Rica qualifiziert sich für die Fußball-WM 2006 mit einem 3:0-Sieg gegen USA.

■ **2006** Oscar Arias Sánchez wird mit knapper Mehrheit ein zweites Mal zum Präsidenten gewählt. ■

Land der reichen Indianer

Am 8. September 1502 landete Christoph Kolumbus an der Atlantikküste von Costa Rica und fand zwischen der winzigen Insel Uvita und der Stelle, an der heute der Hafen von Limón liegt, einen ruhigen Ankerplatz.

Die indianischen Ureinwohner begrüßten die Spanier mit großem Interesse und boten ihnen Waren zum Handel an. Beladen mit Baumwolltüchern, Gewändern und Halsketten aus Tumbago, einer Legierung aus Kupfer und Gold, sowie mit Keulen, Pfeilen, Bogen und anderen Handwaffen schwammen sie zu den Schiffen hinaus.

Goldene Träume

Kolumbus war so beeindruckt von den goldenen Spiegeln, die die Indianer um den Hals trugen, und von ihren Berichten über Gold und Goldminen im Süden, dass er der Region an der Küste zwischen Honduras und Panama den Namen »Reiche Küste von Veragua« gab.

Die großen Erwartungen von Kolumbus in das neu entdeckte Gebiet erfüllten sich jedoch nicht: Die »Reiche Küste« wurde zu einer der ärmsten amerikanischen Kolonien Spaniens. Unwegsames Gelände, unerträgliche Hitze, Krankheiten, Lebensmittelknappheit, interne Machtkämpfe und der Mangel an natürlichen Rohstoffen, auf die sich allgemeiner Wohlstand hätte gründen können, bereiteten den Siedlern große Schwierigkeiten. So mussten sie oft selbst wie die »Wilden« leben, deren Land sie erobern wollten: Sie trugen Kleider aus Ziegenfellen oder Baumrinde, benutzten *cacao* (Kakaobohnen) als Währung und konnten ihren Feldern gerade das Nötigste zum Überleben abringen, indem sie mit den Methoden der Indianer einheimische Feldfrüchte anbauten.

Diese düstere Wirklichkeit stand im krassen Gegensatz zu den großen Erwartungen der Entdecker. Kolumbus aber segelte nach Spanien zurück und träumte von einer Rückkehr in das »reiche Land«, von Gold, Reichtum und glücklichen Wilden, die bereitwillig für die Krone schufteten. Er erbat sich von seinem König den Titel »Herzog von Veragua«. Seine Nachkommen tragen diesen Namen bis heute.

Die Reichtümer der Natur

In der Tat war die Neuentdeckung ein reiches Land – zwar nicht an Mineralien, aber reich an landschaftlicher Vielfalt, an Tieren und Pflanzen. Im Tropenwald wuchsen Gummibäume, Orchideen und Farne. Fische, vereinzelt auch Haie und Alligatoren bevölkerten die Flüsse. Wasservögel, Truthähne, Leguane, Brüllaffen, Pekaris (Nabelschweine) und Jaguare durchstreiften die Wälder.

Im Norden, in der Nicoya-Region, war der Tropenwald trocken, aber auch dort gab es Tiere und Pflanzen im Überfluss; auf den Ebenen wuchsen der prachtvolle, weit ausladende Guanacaste-Baum, der *javillo* mit seinem giftigen Saft und einem dornigen Stamm, der *cenizero* mit fleischfarbenen Blüten, der *guapinol* und viele Kakteen und Sträucher. Weißkopf-Kapuzineräffchen, Brüllaffen, rote Eichhörnchen mit grauem Schweif, Tapire, Rotwild, Jaguare, Pumas, Kojoten und zahlreiche andere Tiere lebten in den Wäldern des

◄ **Mehrfarbiges Zeremonialgefäß**
► **Goldenes Schmuckstück**

Nordens, in den Bäumen nisteten rote und gelbe Aras. Avocados, Papayas, Pflaumen, Guaven – unzählige Früchte wuchsen wild.

Auch die grasbewachsenen Niederungen und Sümpfe der südlichen Pazifikregion, die meist Diquis genannt wird, wimmelten von Leben, genauso wie die nebelverhangenen grünen Hügel und Täler des zentralen Berglandes, wo immergrüne, großblättrige Baumarten, Palmen und Silbereichen sowie unzählige Tierarten zu Hause waren.

pejibaye
→ Die orangefarbenen Palmfrüchte sind von einer glänzenden Schale umgeben; von dieser befreit und gekocht, schmeckt ihr gelbes Fruchtfleisch vorzüglich.

breiten, gepflasterten Wegen. Frisches Wasser sprudelte aus eingefassten Teichen, ein System aus steinernen Aquädukten brachte das Wasser sogar zu den Steinhügeln, auf denen die Häuser gebaut waren. Diese antike Stadt mit dem Namen *Guayabo* erlebte ihre Blüte und ihren Niedergang vor der Ankunft der Spanier (etwa 1000 v. Chr. bis 1400 n. Chr.). Andere Gruppierungen in dieser Region hatten keine festen

Die Ureinwohner

Die Indianer waren in kleinen Stämmen mit unterschiedlichen Sprachen und Kulturen organisiert. Sie bebauten das Land, züchteten u. a. Yucca, Mais und *pejibaye;* Früchte und Wild aus den Wäldern, Fische und Garnelen aus den Flüssen sowie Krustentiere und kleine Austern aus dem Ozean vervollständigten ihre Nahrung.

Als Kolumbus kam, wohnten die Menschen der Guanacaste-Nicoya-Region in hoch entwickelten Siedlungen mit über 20 000 Einwohnern. Diese basierten auf Maisanbau und waren um zentrale Plätze, entweder Marktplätze oder religiöse Versammlungsorte, angelegt. In den Bergen nahe der heutigen Stadt Turrialba existierte eine Stadt mit

Ursprung der Namen

Die Spanier gaben den Indianern die Namen, unter denen wir sie heute kennen. Oft benannten sie einen Stamm einfach nach dem Häuptling: z. B. Chorotega, Huetares, Bribri, Cacebar, Coctu, Corobicí. Von den Indianern, die schon vor der Ankunft der Spanier ausgestorben waren, sind Namen sowie Sprache unbekannt. Deshalb benennen die Archäologen die Indianer aus der Zeit vor Kolumbus nach den Gebieten, in denen sie lebten: in der Guanacaste-Nicoya-Region, der Atlantikregion, dem Zentralen Hochland und in der Diquis-Region.

Niederlassungen. Sie kultivierten Knollenpflanzen, jagten Kleintiere und zogen weiter, wenn Boden und Tierbestand erschöpft waren.

Auch in der Diquis-Region jagten die Menschen, bauten Knollenfrüchte an und lebten in gut geschützten Dörfern, die strategisch so angelegt waren, dass sie vor Feinden Schutz boten.

Handelsknotenpunkt Lateinamerikas

Die Ureinwohner hatten von anderen entwickelten amerikanischen Kulturen die Bearbeitung von Gold und anderen Metallen übernommen, ebenso die Herstellung von Keramik, von feinen Webereien und Steinmetzarbeiten. Costa Rica ist wahrscheinlich eine Art Knotenpunkt des Handels und der Kulturen für den gesamten Kontinent gewesen. Sowohl was Sprache und Kultur als auch was Kunsthandwerk und Rohstoffe anbelangt, es herrschte nicht nur innerhalb der Region ein reger Austausch, er reichte vielmehr bis zum heutigen Mexiko im Norden und bis zum heutigen Ecuador im Süden. Die eingeborenen Costaricaner trieben eifrig Handel mit kostbaren Jadestücken, mit Keramik, Gold und Steinmetzarbeiten aus ganz Mittel- und Südamerika.

Das Gebiet um Nicoya mit seinen ruhigen Pazifikbuchten und sicheren Ankerplätzen war schon in präkolumbischer Zeit ein bevorzugter Handelsplatz. Wehrhafte Kaufleute aus dem alten Ecuador unterhielten Stützpunkte an der gesamten Pazifikküste, von Mexiko über Mittel- bis Südamerika. Sie gingen auch häufig in Nicoya vor Anker und brachten kunsthandwerkliche Gegenstände aus jenen fernen Gegenden mit. Ungeklärt ist, ob sie Bestandteile der Olmekenkultur in dieses Gebiet mitbrachten, oder ob die Olmeken (und andere Völker) selbst hierher kamen. Jedenfalls machte sich der Einfluss fremder Völker im pazifischen Nordwesten stark bemerkbar: ihre Töpfertechniken, ihre Gebrauchsartikelfertigung und bestimmte Bräuche wie das spitze Anfeilen der Zähne.

Die Töpferei in Nicoya entwickelte eine so aussagekräftige Stilform, dass in ganz Mittelamerika und im südlichen Mexiko jahrhundertelang Keramik aus dieser Region gehandelt wurde. Es sind lebendige, kühne, farbenprächtige Arbeiten: große, bauchige Behälter und Gefäße; Männer- und Frauenfiguren, manche mit überdimensionierten Geni-

◀ **Indianisches Mahlwerkzeug**
▲ **Die Statue eines »conquistador« in San José**
▲▲ **Steinfigur aus Guayaba**

talien und körperlichen Missbildungen; Tiere aller Gattungen; mysteriöse Bildnisse von Vogelmenschen, unheimliche Totenmasken und einige weniger spektakuläre Stücke, aber alle von nahezu überirdischer Schönheit.

Geheimnisvolle Kugeln

Die Diquis-Region, die sich entlang der Pazifikküste bis ins Zentrale Hochland erstreckt, ist Schauplatz eines der großen Geheimnisse aus präkolumbischer Zeit: perfekte, kreisrunde Kugeln aus Granit, einige so klein wie Orangen, andere mit zwei Metern Durchmesser und einem Gewicht von 16 Tonnen. Man fand diese Kugeln aus Granit, Eruptiv- und Sedimentgestein zu Tausenden in Flussbetten und auf Begräbnisstätten, aber sonst bisher nirgends auf der Welt. Wie wurden sie hergestellt? Wie bekamen sie ihre perfekte Form? Wie wurden sie über 30 Kilometer vom Herstellungsort zu den Begräbnisstätten gebracht? Und vor allem: Welche Bedeutung hatten sie? Die Riesenkugeln geben keine Antwort. Stumm ruhen sie an neuen Orten, im Nationalmuseum in San José und in den Vorgärten teurer Villen im Valle Central. Man findet sie aber auch noch unangetastet an ihren angestammten Plätzen, zum Beispiel auf der Isla del Caño in der Nähe des Corcovado-Nationalparks.

Gold und Baumwolle

Die Region Diquis war reich an Gold, das die Indianer aus den Flüssen wuschen, in den Savannen aus der Erde gruben und im Wurzelwerk der Bäume fanden. In der Kunst des Goldschmiedens waren sie Experten und wandten Techniken an, wie die »Verlorene Form«, mit deren Hilfe kunstvolle Objekte entstanden: kostbare Stirnbänder, Arm- und Fußreifen, schwere Kragen, Schüsseln, Halsketten, Anhänger, Masken und Glocken, Goldstickereien auf Kleidern, goldene Pinzetten, mit denen Haare ausgezupft wurden, Ahlen, Angelhaken und Nadeln, Goldauflagen für die Zähne.

Die Einwohner von Diquis woben auch feine weiße Baumwollstoffe, die im ganzen Land hoch geschätzt waren. Daraus wurden oft Gewänder genäht (vielleicht mit goldenen Nadeln?), die von den Männern und Frauen zu Festlichkeiten getragen wurden. Auch die Toten wurden darin eingehüllt.

Kriege, Rituale und Glaube

Die bisherigen Beschreibungen über Dorfleben, Ernährung, Kunst und Handel der frühen Einwohner Costa Ricas könnten den Eindruck erwecken, dass sie ein Leben im Überfluss und in vollkommener Harmonie führten. Dagegen spricht, dass sie sich fast ständig gegenseitig bekriegten.

Das Rätsel um die Herkunft der Jade

Eines der großen präkolumbischen Rätsel Costa Ricas ist die Frage, woher die vielen geschliffenen Jadestücke stammen, die überall gefunden wurden. Bis heute wurde noch kein Jadebruch im Land entdeckt. Man nimmt an, dass das Material hauptsächlich aus Guatemala kam, obwohl einige Stücke auch aus Mexiko stammen könnten. Viele Jadesteine scheinen jahrelang aufbewahrt und als Erbstücke weitergegeben, andere in einer bestimmten Form angekommen und dann von dem neuen Besitzer bearbeitet worden zu sein. Eine interessante Theorie geht davon aus, dass präkolumbische Plünderer von Maya-Gräbern ihre Jadebeute nach Costa Rica brachten. Dies würde die Maya-Schriftzeichen erklären, die auf Jadestücken gefunden wurden. Das Jademuseum in San José besitzt rund 6000 Stücke, in der Sammlung aus präkolumbischer Zeit einen Zahn mit Jade-Inlay sowie Büstenhalter aus Jade, die wahrscheinlich nur von Frauen hohen sozialen Rangs getragen wurden.

In der Guanacaste-Nicoya-Region bekämpften sich rivalisierende Gruppen, um Krieger gefangen zu nehmen, die geopfert oder verspeist wurden. In ganz Costa Rica wurden Kriege um Frauen und Kinder geführt, die zu Sklaven gemacht und oft brutal geopfert wurden, wenn ihre Herren starben. Auch um neues Ackerland wurde gekämpft, und die Köpfe getöteter Feinde wurden stolz als Trophäen ausgestellt. In der Diquis-Region kämpften Frauen und Männer oft gemeinsam.

Grabfunde von Kunstgegenständen und Skeletten beweisen, dass die Toten geehrt wurden. Die Begräbnisfeierlichkeiten für hochgestellte Persönlichkeiten waren wichtige Anlässe, die mit viel Pomp begangen wurden. Man begrub sie mit ihren Reichtümern und tötete auch ihre Sklaven, damit diese ihnen in der anderen Welt dienen konnten.

Was man von den religiösen Praktiken weiß, beruht größtenteils auf Spekulation. Phallussymbole und Figuren auf Töpfen und Steinen mit überdimensionalen Genitalien deuten darauf hin, dass die Religion auf Fruchtbarkeitsriten basierte, zu denen auf Tontrommeln gespielt wurde, ebenso wie auf Flöten aus Knochen und Ton, Trompeten, Okarinas, Ton- und Kürbisrasseln.

Große Behältnisse zum Vergären von Mais, Yucca oder *pejibaye* lassen auf rituelle Trinkgelage schließen. Auch Coca wurde rituell verwendet. Es gab Schamanen, die die Pflanzen des Waldes kannten und damit Krankheiten behandelten, die Zukunft vorhersagten und mit übernatürlichen Kräften umgingen.

◀ Figur mit durchstochenen Ohren aus Nicoya
▶ Frauenfigur aus Stein

Die stolzen Geschlechter der präkolumbischen Costaricaner zerfielen sehr schnell mit der Ankunft der Männer aus Übersee, die ihre Anführer gefangen setzten, ihre Siedlungen zerschlugen, die Menschen versklavten und ihre Rituale abschafften.

Wie über Nacht scheint die feine, geistvolle präkolumbische Kultur einer glanzlosen Mittelmäßigkeit gewichen zu sein, als die Indianer zu einem unterdrückten Volk wurden. Die einst so fantasievoll geformten Mörser wurden durch rohe Flusssteine ersetzt; die reich verzierten Zeremonialgefäße machten einfachen Kochtöpfen Platz, die kraftvolle Spiritualität einer halbherzigen Mischreligion. ■

Die Eroberung

Als Kolumbus 1492 von Spanien aus zu seiner ersten Reise in See stach, erwartete er, 2400 Seemeilen westlich eine Inselgruppe in der Nähe von Japan zu finden. Dort wollte er eine große Stadt gründen und den Handel mit Gold, Edelsteinen und Gewürzen aus Indien nach Europa unter Kontrolle bringen. Als Gouverneur wollte er reich und berühmt werden, und zufällig entsprachen seine Entdeckungspläne auch den Interessen der spanischen Krone. Die Vertreibung der Araber hatte die königlichen Staatskassen geleert – die Schätze Indiens waren eine große Verlockung.

Die Reisen des Kolumbus

Auf seiner ersten Reise gründete Kolumbus die erste spanische Kolonie der Neuen Welt, Hispaniola, sie umfasste das heutige Haiti und die Dominikanische Republik. Eines seiner Schiffe, die *Santa María,* war auf ein Riff gelaufen, und nachdem ihm ein Indianerhäuptling bei der Rettung der Ladung geholfen hatte, entschloss sich Kolumbus, dort ein Fort zu bauen und 40 Mann zur Goldsuche zurückzulassen, während er selbst mit mehreren gefangenen Indianern nach Spanien zurücksegelte. Seine Ankunft war ein einziger Triumph. Ein großer Empfang wurde ihm zu Ehren gegeben, er erhielt den Titel »Admiral des Ozeans« und den Auftrag, Hispaniola weiter zu erforschen.

Die zweite Expedition war mit 17 Schiffen ausgerüstet, 1000 Kolonisten, ausschließlich Männer, begleiteten sie. Doch die 40 Siedler, die man zurückgelassen hatte, lebten nicht mehr, sie waren mit den Indianern in Konflikt geraten und getötet worden.

Kolumbus segelte unbeeindruckt weiter zur Nordküste Hispaniolas, wo ein erneuter Siedlungsversuch unternommen wurde, den sein Bruder Diego leitete. Er selbst setzte seine Suche nach Gold fort. Während seiner Abwesenheit stritten die Siedler sowohl untereinander als auch mit

Kolumbus in Asien?

→ Auf insgesamt vier Reisen war Kolumbus der festen Überzeugung, bis zu den fernöstlichen Zielen seiner Träume könne es nicht mehr weit sein. Von den Bahamas, wo er erstmals an Land ging, glaubte er, sie lägen bei Japan oder China.

den Indianern. Frustrierte Goldsucher kehrten nach Spanien zurück und beschwerten sich über die geringen Goldfunde und die Grausamkeit des Kolumbus. Die Dinge wandten sich zum Schlechten – sein Ruf war in Gefahr.

Trotz allem wurde eine dritte Reise unternommen, und während Kolumbus die südamerikanische Atlantikküste erforschte und zu spanischem Besitz erklärte, wuchs in Hispaniola die Unzufriedenheit. »Nicht genug Gold!«, war die ständige Klage, ebenso wie »Die Nahrung der Eingeborenen ist ungenießbar!« Kolumbus versuchte die Rebellen zu beschwichtigen und erlaubte ihnen, die

Indianer zu versklaven. Seine Nachfolger in ganz Mittelamerika taten es ihm gleicht. Aber auch dieses »Zugeständnis« konnte die jungen Siedler nicht zufrieden stellen. Eine große Anzahl kehrte nach Spanien zurück, forderte Schadensersatz und den Kopf des Kolumbus. Der Mann, der nach Hispaniola entsandt wurde, um die Unruhen in den Griff zu bekommen, legte Kolumbus in Ketten und schickte ihn nach Spanien zurück. Dank der Unterstützung von Isabella und Ferdinand konnte dieser aber noch einmal freikommen und begab sich schließlich auf seine vierte Reise.

Die Entdeckung Costa Ricas

Auf dieser Fahrt segelte er auf der Suche nach einer Passage nach Westen entlang der mittelamerikanischen Atlantikküste und entdeckte dabei die »Reiche Küste von Veragua«. Er verbrachte 18 Tage im späteren Costa Rica an einem Ort namens Cariari in der Gegend des heutigen Hafens von Limón. Kolumbus ließ hier seine Schiffe *Capitania, Gallega, Viscaína* und *Santiago de Palos* reparieren. Eine Erholungspause war dringend nötig, denn ein heftiger Sturm vor der Küste von Honduras hatte die Schiffe erheblich beschädigt, und seine Männer – ein Drittel von Ihnen nicht älter als 18 – waren krank und erschöpft.

Die Rückreise nach Spanien erwies sich als schwierig. Eine Wurmplage breitete sich aus, schlechtes Wetter kam auf, und die Schiffe schlugen leck. Bis Jamaika hielt Kolumbus durch und verbrachte dort ein Jahr, krank und ohne Unterstützung vonseiten des Gouverneurs von Hispaniola, der befürchtete, er könne ihm seine Position streitig machen. Trotz Nahrungsmittelknappheit und versuchter Meuterei kehrte der Eroberer mit

◄ **Rituelles Trinkgefäß**
▲ **Phallische Figur von der Nicoya-Halbinsel**
▲▲ **Goldene Brustplatte aus der Diquis-Region**

100 der 135 Männer im Jahr 1504, kurz nach dem Tod der Königin Isabella, in seine Heimat zurück.

Seine Versuche, sich den Gouverneurstitel, die Handelsrechte und andere garantierte Vorteile zu sichern, schlugen fehl – der König war für ihn nicht zu sprechen. So blieb es schließlich seinen Söhnen und Enkeln überlassen, Titel, Land und Vermögen zu erringen – und natürlich all den anderen *conquistadores*, die seinen Spuren folgten.

Los Conquistadores

Man ist leicht versucht, ein brutales Bild von der Eroberung zu zeichnen: Habgierige, skrupellose Konquistadoren überfallen einen Kontinent, bekämpfen sich gegenseitig bis aufs Blut um Gold, Landbesitz und Gouverneurstitel, ermorden, berauben und versklaven die Eingeborenen. Kein Wunder also, dass es ganze 60 Jahre dauerte, bis die erste Siedlung in Costa Rica stand. Zu den Eifersüchteleien und Streitigkeiten unter den Eroberern kamen das schwierige Gelände, das extreme Klima und die Indianer, die sich nicht widerstandslos unterwerfen ließen.

Gold war das große Thema. Als die Indianer danach gefragt wurden, zeigten sie nach Süden zu den sagenhaften Goldminen von Veragua. Doch selbst wenn die Indianer den Standort der Minen kannten, sie haben ihn nicht verraten, und bis auf den heutigen Tag sind sie unentdeckt geblieben. Die Konquistadoren, die das Gold aus den Flüssen verschmähten, bereicherten sich am Gold der Indígenas, bis nichts mehr übrig war.

Im Goldrausch

Der Legende nach zeigten die Indianer, die goldene Spiegel und Halsketten trugen, den Spaniern die Gegend, redeten von großen Goldminen und deuteten dabei immerzu nach Süden. »Ich habe hier in den ersten drei Tagen mehr Anzeichen für Gold als in Hispaniola in vier Jahren gesehen«, schrieb Kolumbus an das spanische Königspaar. Er schien es geschafft zu haben: Reich würde er werden und in Spanien wegen seiner Entdeckungen ein gemachter Mann sein. Seine Nachkommen würden einen Adelstitel führen, den sie ihm verdankten.

Noch mehr Expeditionen

1506, zwei Jahre nach Kolumbus' Rückkehr, schickte König Ferdinand den Gouverneur Diego de Nicuesa mit einer Schar von Siedlern nach Veragua. Es war der erste von zahlreichen vergeblichen Versuchen, eine Kolonie zu gründen. Nicuesas Schiff lief vor Panama auf Grund, und er setzte den Weg mit seinen Leuten zu Fuß fort. Lebensmittelknappheit und Tropenkrankheiten machten ihnen zu schaffen. Das Terrain war mehr als schwierig. Zahlreiche Neuankömmlinge kamen bei diesem Fußmarsch ums Leben.

Im Jahre 1513 schließlich führte Vasco Nuñez de Balboa, der als blinder Passagier seinen Schuldnern auf Hispaniola entkommen war, eine Expedition über die mittelamerikanische Landenge und entdeckte den Pazifischen Ozean. Schon bald entstanden an der Pazifikküste provisorische Werften für potenzielle Neusiedler, die nach ihrer Ankunft an den atlantischen Häfen die Landbrücke überquert hatten, um ihre Entdeckungsreisen auf dem Pazifik fortzusetzen, denn dieser bot verlockende Aussichten: Er war noch unerforscht, hatte geschütztere Häfen und versprach mehr Gold.

Die Abenteuer des Gil González

Die zweite Überlandexpedition nach Costa Rica fand im Jahr 1522 statt. Sie wurde von Kapitän Gil González angeführt und hatte genauso wenig Erfolg wie die erste. Die an der Pazifikküste von Panama eilig zusammengebastelten Schiffe schlugen schnell leck, was González und seine Männer zwang, zu Fuß weiterzugehen.

Seine Abenteuer auf dem Fußmarsch von etwa 800 km von der Pazifikküste im Süden Costa Ricas bis in den Norden des Landes und nach Nicaragua waren phantastisch. Der schon 65-jährige González litt an Arthritis, die durch anhaltenden und heftigen Regen noch schlimmer wurde. So musste er oft auf einer Bahre getragen werden, stand aber die entbehrungsreiche Reise durch, wobei er sich 15 Tage lang im Haus des Häuptlings der Terraba bei Borruca ausruhte. Nach eigenen Berichten taufte er auf seinem Weg über 32 000 Indianer und bekam dabei wertvolle Geschenke aus Gold.

Eine ganz andere Begegnung hatte González mit dem Häuptling Diríagen, der eines Tages in Begleitung von 500 Indianern auftauchte, die alle einen oder zwei Truthähne mitbrachten. Außerdem begleiteten ihn 17 Frauen, die von Kopf bis Fuß mit goldenen Scheiben geschmückt waren, sowie zehn Standartenträger, fünf Trompeter und 200 weitere Männer mit goldenen Beilen. Der Zug hielt vor González' Haus an, die Trompeter stießen ins Horn, und die Häuptlinge, Frauen und

◄ Kolumbus und die »conquistadores«
▲ Die »Pinta« auf stürmischer See
▲▲ Santa María – Schutzpatronin der Seefahrer

Männer traten ein. Als González nach dem Zweck des Besuchs fragte, antwortete Diríagen, sie wollten die Männer mit Bärten sehen, die auf seltsamen Tieren ritten.

Wahrscheinlich wollte Diríagen nur die Anzahl und Stärke der Spanier ermitteln, denn er lehnte es konsequent ab, getauft zu werden. Drei Tage später griff er die Spanier an, vielleicht um sein Gold zurückzubekommen. Angeblich konnte González diese Attacke – mit weniger als 20 Mann – leicht abwehren.

Zu Schwierigkeiten kam es allerdings mit dem gierigen Gouverneur von Panama, Pedrarias, der

für den Tod vieler spanischer Konquistadoren verantwortlich war – selbst seinen Schwiegersohn Balboa ließ er köpfen. Seine Habgier und sein Neid wurden durch die enormen Mengen von Gold geweckt, die González gesammelt hatte. Außerdem weigerte dieser sich, seinen Anspruch auf Nicaragua aufzugeben. Der Streit endete damit, dass Pedrarias González veranlasste, mitsamt seinen Reichtümern aus Panama zu fliehen.

Pest und Sklaverei

Im Gegensatz zu González konnten die Indianer von Nicoya und Nicaragua weder ihr Hab und Gut noch ihr Leben retten: Die Expedition hatte Pocken, Erkältungskrankheiten und die Pest in ihr Land gebracht, und Zehntausende starben an diesen Krankheiten. Die Überlebenden erwartete kein besseres Schicksal: Sie wurden zu Sklaven gemacht. Die Indianer der Nicoya-Region, die in großen Verbänden lebten, nahm man gefangen, sie wurden mit glühenden Eisen gebrandmarkt und nach Panama oder Peru verkauft.

Der zweite Siedlungsversuch in Costa Rica fand in Villa Bruselas statt, nahe dem heutigen Orotina und der Hafenstadt Puntarenas. Er dauerte drei Jahre und scheiterte ebenfalls an internen Streitigkeiten sowie den sich heftig zur Wehr setzenden und angreifenden Indianer.

In dieser Zeit stand es den Konquistadoren in Mittelamerika frei, die Indianer nach Belieben auszubeuten. Die spanische Politik des *requerimiento,* die ab 1510 praktiziert wurde, gestattete den Siedlern, alle Indianer zu bekriegen – und sie auch zu töten –, wenn sie sich nicht taufen lassen wollten. Dieses Argument lieferte eine bequeme Rechtfertigung, die Ureinwohner umzubringen und ihnen ihr Gold zu rauben.

Zwangsarbeit

Das später eingeführte System der *encomienda* war letztlich eine Form der Sklaverei. Die Indianer mussten dort wohnen, wo sie arbeiteten, nämlich auf den Feldern, und wurden zum Besitz des

Grundherrn gerechnet. Vor der Zeit dieses Lehnssystems hatten die Konquistadoren ihre Träume vom Adelstitel mit allen dazugehörigen Rechten und Privilegien nicht verwirklichen können. Darüber hinaus war das Land ohne Indianer, die es bearbeiteten, im Grunde wertlos.

encomienda

→ Der von der Krone Spaniens verbriefte Titel gewährte Siedlern das Recht, Indianer ohne Entgelt zur Arbeit zu zwingen oder Tribut in Form von Gütern einzuziehen.

In Costa Rica wurde die *encomienda* nicht in dem Maße angewandt wie in anderen mittelamerikanischen Kolonien. Zum einen war die Anzahl der Indianer geringer, zum anderen waren sie nicht unter einem Staatssystem und in großen Ortschaften zusammengefasst, wie etwa die Maya in Südmexiko und Guatemala. Vielmehr lebten sie in kleinen, autonomen Gruppen über das Land verteilt. Die Spanier taten sich daher schwer, ein ganzes Volk auf einen Schlag zu erobern, wie dies in Mexiko geschehen war.

Außerdem ließen sich die costaricanischen Indianer nicht so leicht in die Sklaverei zwingen. Viele leisteten Widerstand oder zogen den Freitod vor, andere flohen in die Berge, wo man sie nicht verfolgen konnte.

Die Kirche greift ein

Die Kirche fühlte sich nicht wohl mit dem Encomienda-System, und nachdem viele Kirchenmänner, darunter auch Bartolomé de las Casas, dagegen Sturm gelaufen waren, wurde es 1542 abgeschafft und von den so genannten »Neuen Gesetzen« abgelöst.

Gegen die Abschaffung protestierten die Siedler heftig, denn sie glaubten, ohne Sklavenarbeit nicht überleben zu können. In Nicaragua kam es sogar zu einem bewaffneten Aufstand der Kolonisten. Sie ermordeten den Bischof, der sich vehement gegen die Ausbeutung der Indianer gestellt hatte.

Die Siedler baten den König, die Neuen Gesetze zurückzunehmen, da sie mit ihrem Leben und Besitz in das Land investiert hätten und die Krone schließlich ungeheuer von ihren persönlichen Opfern profitiere. Der König aber blieb zunächst standhaft. Erst drei Jahre später gab er dem Druck teilweise nach.

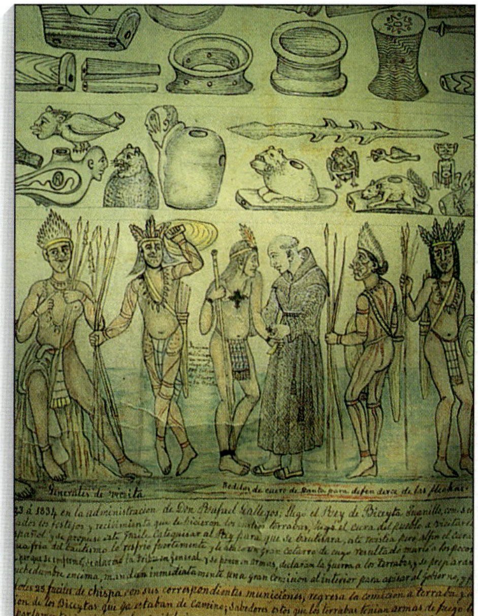

◀◀ Die Christianisierung der Indianer – hier eine zeitgenössische koloniale Darstellung – war einer der wesentlichen Leitgedanken bei der Eroberung Lateinamerikas
◀ Die Kolonialisierung ist in vollem Gange
▶ Mönche missionieren die Indianer

Repartimiento

Die spanische Krone musste den Siedlern weiterhin Arbeiter beschaffen. Sie tat dies in Form des *Repartimiento*-Systems, nach dem alle indianischen Männer zwischen 16 und 60 eine Woche im Monat für Privatleute, für religiöse Institutionen, für die örtliche oder staatliche Verwaltung arbeiten mussten.

Auf dem Papier sollten die Indígenas sogar für ihre mühevolle Arbeit entlohnt werden und drei Wochen auf ihren eigenen Feldern arbeiten dürfen. Die Praxis aber sah völlig anders aus: Sie mussten erheblich länger als eine Woche arbeiten, denn der Anmarsch von ihren Dörfern dauerte oft tagelang. Auch mussten sie für ihr Essen bezahlen, sodass sie von ihrem verdienten Lohn letztlich keinen Pfennig mehr sahen.

Die erste Siedlung im Landesinneren

Viele Jahre vergingen, ohne dass sich etwas änderte. Die Suche nach den großen Goldminen von Veragua hielt an. Gefunden wurden sie allerdings nie. Die spanischen Konquistadoren plünderten die Küstengebiete und nahmen, was ihnen in die Hände fiel, versklavten Indianer und machten sich gegenseitig das neue Land streitig.

Die spanischen Kolonien in Mittelamerika wuchsen allmählich heran, in Panama, Nicaragua

und Guatemala entwickelten sich Verwaltungszentren. Im Jahre 1539 gebrauchten Regierungsbeamte zum erstenmal den Namen Costa Rica für das Gebiet zwischen Panama und Nicaragua, aber es gab dort noch immer keine Siedlungen.

1559 forderte Phillip II. von Spanien eine Besiedelung Costa Ricas, diesmal im Inneren des Landes. Diesem Befehl folgte ein Jahr später Juan de Cavallón in Begleitung einer Gruppe von 90 Spaniern, die sich auf dem Rückweg von Guatemala und Nicaragua befanden, und einer Schar von schwarzen Sklaven und »hilfswilligen« Indianern aus Nicaragua. Die Indianer von einem Gebiet ins andere zu schaffen, war eine gängige Praxis der Konquistadoren, denn so wurde geschickt vermieden, dass diese nach Hause flohen. Cavallón brachte auch Pferde, Kühe, Ziegen, Schweine, Hühner und Enten mit, um die Startchancen zu erhöhen. Diese gut geplante und finanziell gesicherte Expedition führte 60 Jahre nach der Ankunft Kolumbus' zur Gründung der ersten Siedlung im Landesinneren. Benannt wurde sie nach Cavallóns Geburtsort: Garcimuñoz.

Juan Vásquez de Coronado

Im Jahr 1562 betrat Juan Vásquez de Coronado, der von einigen Historikern als der eigentliche Eroberer Costa Ricas bezeichnet wird, die Bühne. Er verlegte die Siedlung Garcimuñoz in das Tal von Cartago, an einen Ort namens El Guarco, und dort fasste zum erstenmal ein Gemeinwesen feste Wurzeln. Coronado verfolgte mit den einheimischen Indianern eine andere Taktik als seine Vorgänger. Zwar hatte auch er das Ziel, ihnen Land und Besitz zu nehmen, aber er war freundlich, behandelte sie mit Respekt und verlegte sich auf höfliches Bitten, anstatt zu fordern und zu befehlen.

Die Soldaten und Siedler, die an Frieden nicht besonders interessiert waren, bedrängten Coronado, mit Gewalt gegen die Indianer vorzugehen. Die Siedler wollten vor allem Lebensmittel, Gold und Arbeitskräfte, zumindest aber das Versprechen von Reichtum und einem besseren Leben

Herzog von Veragua
1546 bekam Luis, ein Enkel von Kolumbus, den Titel Herzog von Veragua verliehen. Mit 130 Männern machte er sich daran, das Erbe seines Großvaters für sich zu beanspruchen. Seine Expedition wurde von Indianern angegriffen, die meisten seiner Männer kamen um, und er musste aufgeben.

eingelöst sehen. Fortwährend drohten Sie damit, Costa Rica zu verlassen. Coronados friedliches Vorgehen bewährte sich jedoch, und die Kolonie wuchs stetig.

Kapitulation und »Befriedung«

Zu den Erfolgen Coronados zählte die Kapitulation (im offiziellen Sprachgebrauch hieß es Befriedung) des einheimischen Häuptlings Quitao, der ein Treffen aller Häuptlinge einberief und verkündete, dass er das Versteckspiel in den Wäldern satt habe und sich den Spaniern unterwerfen wolle. Er stellte es den anderen Häuptlingen frei, zu tun, was sie für richtig hielten. Sie aber wollten Quitao für sich entscheiden lassen, und er erklärte ihnen, dass sie dem König und seinen Repräsentanten dienen müssten oder andernfalls mit harten Strafen zu rechnen hätten. Als Beweis seiner Unterwerfung schickte er den Spaniern 150 Indianer, eine Handlung, die »unter den Spaniern große Bewunderung auslöste«.

Coronados Berichte über das Land sind von seinen scharfsinnigen, fast liebevollen Beobachtungen der Indianer geprägt. In der Diquis-Region besuchte er die Coctu und berichtete von gut organisierten und hoch entwickelten Dörfern. Er beschrieb sie als gut aussehende Menschen, kriegerisch, geschickt und aufrichtig – »eine Eigenschaft, die bei Indianern selten zu entdecken ist«.

Obwohl er häufig zwischen verfeindeten Stämmen Frieden stiftete, verbündete sich Coronado gelegentlich gegen andere. Auch gab es Indianeraufstände in der Kolonie. Bei der Rückkehr von einer Erkundungsreise musste Coronado feststellen, dass alle Indianer, einschließlich Quitao, mit den Spaniern im Krieg lagen (diese hatten ihnen Mais gestohlen). In Orosi hatten Indianer acht Spanier und ihre Pferde getötet, seine alten Freunde, die Häuptlinge Aserri, Currirabá, Yurustí, Quircó und Purirsí, lagen in Ketten. Um den Konflikt zu entschärfen, wollte Coronado mit den Indianern sprechen, verlor aber die Beherrschung und ließ zwei Männer verstümmeln.

Der Mangel an Gold und Lebensmitteln und die Aufstände der Indianer setzten den Siedlern zu. Zwar wurden neue Siedler und Vorräte herangeschafft, aber das Leben war für die Spanier

kaum zu ertragen. 1569 drohten sie, die Kolonie aufzugeben, falls sie keine indianischen Sklaven bekämen. Perafán de Ribera, Coronados Nachfolger und ein alter gebrechlicher Mann, widersetzte sich den spanischen Gesetzen und erlaubte, Indianer als Sklaven zu halten.

Damit war die Eroberung Costa Ricas besiegelt. Die meisten Ureinwohner der neuen Kolonie waren umgebracht, an Krankheiten gestorben, hatten sich den Spaniern unterworfen oder waren in die Wälder von Talamanca geflohen. Nun konnten neue Siedler aus Spanien kommen. Und sie kamen auch in diese arme Kolonie, die »Reiche Küste« hieß, um das Land selbst zu bebauen und die Zukunft Costa Ricas zu gestalten. ■

◀ Rettung der Indianerin Dulcehe – Gemälde von Coronado
▶ Don Juan de Cavallón

Kolonialismus und Unabhängigkeit

Die Kolonie Costa Rica wuchs keineswegs schnell. 1573 lebten in Cartago 50 Familien, und gerade war ein Ableger der Hauptstadt im Entstehen, aus dem einmal San José werden sollte. Spanische Einwanderer kamen aus Estremadura im spanischen Westen, von Andalusien im arabisch geprägten Süden und von Kastilien, dem Herzen des alten Spanien. Die Spanier hatten auch Espiritú Santo de Esparza und Nicoya an der Pazifikküste gegründet, und obwohl die Bevölkerung langsam zunahm, war das Leben in der Kolonie alles andere als einfach.

Von Reichtum keine Spur

Während der Eroberung hatten die Konquistadoren ihre Schiffe mit Gold beladen und sowohl in die eigene Tasche gearbeitet als auch den obligatorischen Anteil an die königliche Kasse abgeführt, die sich immer mehr gefüllt hatte. Doch Ende des 16. Jahrhunderts neigten sich die Goldvorräte dem Ende entgegen, spanisches Geld war kaum mehr im Land, und es gab keine Möglichkeiten, neuen Reichtum zu schaffen. Kakaobohnen wurden als Bargeld benutzt, der Tauschhandel verbreitete sich. Selbst die wenigen Waren, die aus Spanien kamen, wurden gegen Produkte aus der eigenen Landwirtschaft eingetauscht. Die meisten Familien lebten isoliert auf ihrem Land im Valle Central und versuchten, sich mit ihrer Hände Arbeit über Wasser zu halten. Die Anbaumethoden waren primitiv, von einem gesellschaftlichen und kirchlichen Leben konnte kaum die Rede sein. Armut und Verbitterung prägten das tägliche Leben.

Die vergessene Kolonie

In dieser Kolonie war weder der Einfluss der Kirche noch der der spanischen Regierung oder des Kolonialgouverneurs von Guatemala sehr groß. Immerhin war es eine dreimonatige Reise von Guatemala, und wahrhaftig, warum sollte man schon eine so große Strapaze auf sich nehmen?

◀ Der englische Pirat Henry Morgan
▶ Miskito-Banditen bringen die Kakaopflanzer um ihre Ernte

Costa Rica war jedoch eines jener seltenen Länder, in denen selbst der Gouverneur und seine aristokratischen Freunde den Rücken unter der Sonne beugten und ihre Hände mit der Erde ihrer Äcker beschmutzten. Die Arbeit war hart, aber das grüne Hügelland wurde von Flüssen bewässert und war überaus fruchtbar, das Klima außerdem angenehm mild. Die Kolonisten bauten Weizen, Gemüse und Zucker an, züchteten Vieh und Geflügel. Langsam aber sicher begannen die Bemühungen Früchte zu tragen.

Handel entsteht

Der erste Exportartikel Costa Ricas waren Maultiere. Sie wurden nach Panama gebracht, wo sie verkauft wurden, um von dort Güter von der Atlantik- zur Pazifikküste zu transportieren. Später entwickelten sich der Kakaoanbau auf der atlantischen Seite und der Tabakanbau auf dem Zentralplateau. Die Regierung versuchte, mit dem Bau von Tabakfabriken und mit Anbaumonopolen ein Exportprodukt zu verschaffen, das auch besteuert werden konnte. Der Tabak gewann aber aufgrund minderwertiger Qualität keinen großen Markt.

An der Atlantikküste waren Piraterie und Sklavenhandel das große Geschäft. Die Küstenbewohner wurden ständig von englischen Piraten wie Drake oder französischen, holländischen und portugiesischen Freibeutern geplündert, die versuchten, so viel Land in ihre Hände zu bringen, dass sie zur Pazifikküste gelangen konnten, ohne auf die Spanier in Panama treffen zu müssen.

Die Heimsuchungen der Miskitos

Im Jahre 1641 strandete ein Sklavenschiff vor der Küste von Nicaragua/Honduras. Die schwarzen Sklaven entkamen und wurden von den Indianern freundlich aufgenommen, was dazu führte, dass sie sich über die Jahre mit ihnen vermischten. Es entstand ein Volk mit eigener Sprache und Identität, die Miskitos. Britische Piraten taten sich mit ihnen zusammen, und bald fielen sie über die Atlantikküste von Costa Rica her, wo sich gerade der Kakaoanbau entwickelte. Die schutzlosen Plantagen waren für die Miskitos ein leichtes Spiel. Zweimal im Jahr segelten sie an, nahmen Kakao und Sklaven und verschwanden wieder.

Erst 1742, nach jahrelangen Heimsuchungen durch die Miskitos, legte die Regierung in Matina das Fort San Fernando an, das fünf Jahre später von dem Piraten Owens und den Miskitos auf Geheiß des britischen Gouverneurs von Jamaika – England und Spanien führten damals Krieg gegeneinander – zerstört wurde.

Schutzgelder

Die Miskitos forderten 1779 von der Regierung Costa Ricas sogar Tributzahlungen – und sie bekamen »Geschenke«. So erwartete sie zum Beispiel bei ihrem Erscheinen in Matina unter anderen wertvollen Gaben ein napoleonischer Frack aus glänzendem Tuch mit glitzernden Knöpfen und einem Dreispitz.

Erst 1841 weigerte sich Präsident Braulio Carrillo, den Miskitos weiterhin Konzessionen zu machen, und drohte ihnen mit Krieg. Wahrscheinlich ist das Ausbleiben der Miskito-Überfälle aber eher auf die zurückgehende Kakaoproduktion in Matina zurückzuführen.

An der Atlantikküste gibt es immer noch Spuren ihres einstigen Einflusses. So stammen viele Ortsnamen aus ihrer Sprache, zum Beispiel Talamanca, Sixoala und Cahuita.

Die Umsiedlung der Indianer

Die Region Talamanca war wegen ihres bergigen, schwer zugänglichen Terrains von der Conquista verschont geblieben. Dort lebten etliche Indianergruppen, von denen einige aus besetzten Landesteilen geflohen waren, unbehelligt von der spanischen Unterdrückung. Als jedoch immer mehr Siedler nach Costa Rica kamen, Land rodeten, Straßen und Farmen bauten, wurden die indianischen Arbeitskräfte abermals zu knapp. Die nahe liegende Lösung bestand darin, Talamanca zu überfallen. Nach zahlreichen vergeblichen Eroberungsversuchen mit Gegenangriffen und grausamen Racheakten auf beiden Seiten wurden Hunderte Indianer in das Zentraltal »umgesiedelt«, so sah es die »Wiederbesiedlungspolitik ehemals indianischer Gebiete« des Jahres 1747 vor.

Im Valle Central hatten sich laufend neue Gemeinwesen gebildet und vergrößert. 1706 wurde das Dorf Cubujugui gegründet, aus dem später Heredia werden sollte. 1737 entstand Villa Nueva de la Boca del Monte, das heutige San José, sowie 1782 Villa Hermosa, heute Alajuela.

Unabhängigkeit per Post

In Costa Rica erzählt man sich gerne, dass dem Land seine Unabhängigkeit mit der Post zugesandt worden ist. Ein Kurier auf dem Rücken eines Maultieres brachte am 13. Oktober 1821 die Neuigkeit ins Valle Central, fast einen Monat nachdem die Regierenden in Guatemala-Stadt für Costa Rica die Unabhängigkeit vom spanischen Imperium erklärt hatten.

Die neue Situation löste zunächst Unverständnis, Verwirrung und Streit darüber aus, was die Unabhängigkeit nun eigentlich für das Land bedeutete. Da die Provinz Costa Rica am weitesten von der Kolonialhauptstadt entfernt lag, war sie vom Einfluss der spanischen Krone, der katholischen Kirche, der Kolonialbehörde und dem Monopol der guatemaltekischen Händler, die die

Cartago – die alte Hauptstadt

1561 war Cartago als Castillo de Garcimuñoz gegründet worden, jedoch wurde es aufgegeben, als Coronado alle Bewohner nach El Guarco ins Cartago-Tal umsiedelte. Perafán de Ribera wiederum verlegte die Siedlung nach Mata Redonda, nahe dem heutigen Sabana. Später kehrte die Stadt wieder an ihren heutigen Standort im Cartago-Tal zurück. 1723 brach der Irazú aus und bedeckte Cartago, das aus 70 Lehmhäusern, einer Haupt- und einer Gemeindekirche sowie zwei Heiligenschreinen bestand, mit einer dicken Ascheschicht.

◀ Englische Piraten plündern Esparza am Pazifik
▲ Öffentliche Hinrichtung in Talamanca

Wirtschaft im übrigen Mittelamerika kontrollierten, weitgehend unbehelligt geblieben.

Anschluss oder Unabhängigkeit?

Die in vagen Worten abgefasste Unabhängigkeitserklärung aus Guatemala-Stadt gab den Costaricanern wenig Aufschluss und Klarheit darüber, wie sie den Aufbau ihres Landes angehen sollten. Man nahm sich die spanische Verfassung von 1812 zum Vorbild – die auch die Handschrift des liberalen Costaricaners Florencio de Castillo trägt – und erstellte am 1. Dezember 1821 den Entwurf der ersten Verfassung, den *Pacto de Concordia.*

Bald aber gab es geteilte Lager in der Frage, ob man sich dem mexikanischen Königreich anschließen oder die Unabhängigkeit anstreben solle. Die Wortführer der Städte San José und Alajuela begeisterten sich für die revolutionären Ideen und stimmten für die Unabhängigkeit, während Cartago und Heredia zum Königreich tendierten. Diese Uneinigkeit spiegelte die grundlegenden Differenzen der damaligen Städten wider.

Die alte Hauptstadt Cartago sowie Heredia waren gegründet worden, um die frühen Siedler, die sich wenig um die Kirche kümmerten, in katholischen Gemeinden zusammenzuschließen. Somit entwickelte sich in diesen Städten ein konservatives Denken in Anlehunung an die alte Kolonialbürokratie. San José dagegen war von Siedlern gegründet worden, die man aus Cartago verbannt hatte, weil sie koloniale Handelsgesetze ignoriert und geschmuggelt hatten. Alajuela entwickelte sich als ländliches Zentrum am Rande, in dem der Tabakschmuggel blühte. Diese beiden Städte vertraten eine eher unabhängige, liberale, auf Handel und Wirtschaft basierende Grundhaltung.

Die Frage, ob Anschluss an das mexikanische Königreich oder Alleingang, wurde am 5. April 1823 entschieden, als Truppen der rivalisierenden Städte auf der kontinentalen Wasserscheide zwischen San José und Cartago in einem Scharmützel aufeinander stießen, bei dem 20 Männer getötet wurden. Die siegreichen Unabhängigen, die von dem ehemaligen Kaufmann und Kapitän Gregorio José Ramírez angeführt wurden, marschierten in Cartago ein und erklärten die Unabhängigkeit vom Königreich Mexiko. Die Post war wieder einmal zu spät gekommen: Es stellte sich heraus, dass Agustín I. von Mexiko mehrere Tage vor jener schicksalhaften Schlacht abgesetzt worden war, und das Königreich Mexiko gar nicht mehr existierte.

Farmer und Lehrer

Costa Rica wurde als Bundesstaat in die Mittelamerikanische Föderation aufgenommen, die einen durchaus ehrenwerten Ansatz darstellte, aus den fünf Provinzen so etwas wie die »Vereinigten Staaten von Mittelamerika« mit Regierungssitz in Guatemala-Stadt zu schaffen. Dieser Versuch scheiterte an der Hartnäckigkeit, mit der die Oberschicht in anderen Teilen Mittelamerikas an der alten Kolonialordnung festhielt.

Costa Rica dagegen bestand aus unabhängigen Farmerfamilien, besaß keine feste Gesellschaftsordnung und brachte der Föderation weder Widerstand noch große Begeisterung entgegen.

Das Land wählte sein erstes Staatsoberhaupt, Juan Mora Fernández, einen Lehrer, der in einer der beiden Grundschulen des Landes unterrichtete und die Staatsangelegenheiten klug und ohne falsche Anmaßung führte.

Unter Mora Fernández kam die erste Druckerpresse nach Costa Rica, und als 1833 sein Nachfolger, ein Lehrer mit Namen José Rafael Gallegas, gewählt wurde, gab es schon mehrere Zeitungen. Eine davon, *La Tertulia,* attackierte Gallegas auf so erniedrigende Weise, dass er wieder zurücktrat. Ein Hauptvorwurf der Zeitung war, dass das Gemeinwesen seinen sozialen Zusammenhalt verliere. Der Grund dafür lag in den ersten Anzeichen eines keimenden Wohlstandes durch die Kaffeepflanzungen bei San José. Dieser Wohlstand war begleitet von Prostitution, Glücksspiel und Diebstahl, Dinge, die man in den Zeiten der Kolonie nicht gekannt hatte. Der Ruf nach einer starken Hand wurde laut, und Braulio Carrillo, ein Anwalt aus San José, schien der richtige Mann zu sein.

Die Verdienste des Braulio Carrillo

Carrillo erklärte den Austritt Costa Ricas aus der gebrechlichen Mittelamerikanischen Föderation und führte zahlreiche liberale Reformen durch, wie die Einführung eines Zivil- und Strafrechtes. Er schaffte auch das Recht der Kirche auf eine Zehntsteuer ab und zog sich die Feindschaft der anderen Städte zu, als er eine Steuer auf landwirtschaftlich genutztes Land erhob und mit den Einkünften Straßen und Häfen anlegte.

Braulio Carrillo zahlte an britische Banken die Schulden Costa Ricas zurück, die die Gründer der Mittelamerikanischen Föderation verursacht hatten, während andere mittelamerikanische Staaten sie bis ins 20. Jahrhundert mitschleppten. So erlangte das Land Kreditwürdigkeit, eine Voraussetzung für die Investition in eine neue Quelle des Wohlstands: Kaffee.

◄ Staatsmänner des 19. Jahrhunderts
▲ Nicoya-Indianer (um 1910)

Exportschlager Kaffee

Ohne große Skrupel hatte Carrillo eigenmächtig die Kaffeewirtschaft in staatliche Hände gebracht, als ein englischer Kapitän mit einer Ladung Felle aus Seattle in Costa Rica anlegte und noch weitere Fracht für sein Schiff suchte. Er lud etwa 500 000 Pfund Kaffee zu, und damit war die Verbindung zum fernen europäischen Kontinent hergestellt. Ein neuer Markt für Costa Ricas Kaffee etablierte sich.

Die Vorherrschaft, die der Kaffee den Bürgern von San José verschaffte, und Carrillos herzhaftes Vorgehen – er passte die Verwaltungsinstitutionen des Landes sozusagen an die neu entdeckte Quelle des Wohlstandes an – stießen in den anderen Städten auf Missbilligung. 1837 schlossen sich Cartago, Alajuela und Heredia in einem Bündnis zusammen, um Carrillo und San José in der *Guerra de la Liga* Paroli zu bieten. Der Angriffsversuch scheiterte – Carrillo ging als Sieger aus dem Krieg hervor und machte San José nun endgültig zur Hauptstadt.

Als seine Regierungszeit 1837 abgelaufen war, trat Braulio Carrillo von seinem Amt zurück, kehrte aber im folgenden Jahr durch einen Militärputsch zurück, als seine Nachfolger seine Reformen teilweise rückgängig machen wollten. Fest und eisern entschlossen, das Land auf die mit Kaffeebohnen gepflasterte Straße des Fortschritts zu führen, erklärte er sich kurzerhand zum Präsidenten auf Lebenszeit.

General Morazán

Seine eigene neue Gesellschaftsordnung wurde Carillo 1842 zum Verhängnis. Mitglieder der jungen Kaffeeoligarchie, die um ihren Einfluss in der Regierung bangten, riefen General Francisco Morazán zu Hilfe, den Helden der Mittelamerikanischen Föderation, der drei Jahre zuvor während des Bürgerkriegs in Guatemala abgesetzt worden war; er sollte sie von dem vermeintlichen Despotismus Carrillos befreien.

Als Morazán im April des Jahres 1842 mit einer Armee von 500 Freiwilligen aus Salvador kam, wurde er stürmisch als Befreier begrüßt. Vicente Villaseñor, der die Armee Carrillos anführte, verbündete sich mit Morazán und seinen Männern. Gemeinsam unterzeichneten sie

Rotierende Hauptstädte

→ Um die Rivalitäten zwischen den vier Städten auf ein Minimum zu begrenzen, wurde die »Ley de Ambulancia« erlassen, die alle vier Jahre die Regierungsgeschäfte einer anderen Stadt übertrug.

den *Pacto de Jocote,* und Carrillo blieb nur noch die Flucht nach El Salvador ins Exil.

Morazán strapazierte die ihm entgegengebrachten Sympathien sehr, als er Costa Rica zu einer Basis machen wollte, um von da aus seine moribunde Konföderation wiederzubeleben. Er schickte Botschaften an die mittelamerikanischen Staaten, in denen er zur Bildung einer konstituierenden Nationalversammlung aufrief, die seinen Traum einer mittelamerikanischen Nation aus der Taufe heben sollte. Im Falle der Nichtbefolgung drohte er mit militärischem Vorgehen. Als Morazán versuchte, die Costaricaner für dieses Vorhaben als Soldaten einzuziehen, revoltierten die Einwohner von San José. Nach drei Tagen heftiger Kämpfe suchte er in Cartago Schutz, der ihm jedoch verweigert wurde. Er wurde gefangen genommen und nach San José zurückgebracht.

Am 15. September 1842, dem 21. Jahrestag der recht unsteten Unabhängigkeit Mittelamerikas, wurde General Francisco Morazán im Zentralpark von San José hingerichtet. Drei Jahre später wurde Braulio Carrillo in San Vicente, El Salvador, Opfer eines Attentats.

In Costa Rica gehen mittlerweile die Meinungen über Braulio Carrillo auseinander. Man erinnert sich seiner als Despoten, sieht ihn aber auch als starken Führer, der eben der richtige Mann zur richtigen Zeit war und das Land zwang, mit seiner kolonialen Vergangenheit zu brechen und sich langsam auf den Weg zu einer eigenständigen Nation zu begeben.

William Walker

1855 übernahm ein Abenteurer aus Tennessee die Macht in Nicaragua. Eines seiner Ziele war die Einführung der Sklaverei ebenso wie in den Nachbarländern, die er dann an die Vereinigten Staaten verkaufen wollte. Einigen US-Industriellen gefiel der Plan, und sie unterstützten Walker.

Ein Jahr später fielen 300 Freibeuter in Costa Rica ein und drangen bis zum heutigen Santa-Rosa-Nationalpark vor, wo sie sich in der befestigten *casona,* dem stattlichen Wohnhaus der Hacienda Santa Rosa, verschanzten. Dem Präsidenten Costa Ricas, Rafael Mora, einem Mitglied der Kaffeeoligarchie, der die Bedrohung überwacht hatte, gelang es, eine Armee aus Landarbeitern zusammenzustellen, um sich gegen Walker zur Wehr zu setzen. Mit schlechter Ausrüstung bewaffnet – oft nur mit landwirtschaftlichen Geräten –, waren die Costaricaner zahlenmäßig überlegen. Am 20. Mai 1856 bezwangen sie Walker in einer 14-minütigen Schlacht und trieben ihn zur nicaraguanischen Grenze zurück. Die costaricanische Armee folgte ihm, und Walker ging ihr in einem hölzernen Fort bei Rivas in Nicaragua in die Falle.

Juan Santamaría, ein junger Trommler, meldete sich freiwillig, das Fort anzuzünden, wurde aber während seiner erfolgreichen Tat erschossen. Walkers Männer wurden in die Flucht geschlagen, er selbst starb drei Jahre später durch ein Exekutionskommando in Honduras. Juan Santamaría wird bis heute in der volkstümlichen Überlieferung als junger Held und Symbol nationalen Friedens gefeiert. Präsident Mora hingegen weniger – abgesehen von seinem Sieg. Seine »Wahl« zum Präsidenten basierte nicht auf dem Willen des Volkes: 1859 manipulierte er die Wahlen, um eine weitere Periode regieren zu können. Er wurde daraufhin abgesetzt, unternahm einen erneuten Staatsstreich und wurde schließlich hingerichtet. ■

◀ Aus Holz und Lehm erbaute Hütte aus dem 19. Jahrhundert im Valle Central
▶ Statue des Helden Juan Santamaría in Alajuela

Das 20. Jahrhundert

Mit der Niederschrift einer liberalen Verfassung im Jahr 1889 und der Einführung eines vierjährigen Wahlturnus begann in Costa Rica eine Epoche des Wohlstands und der politischen Stabilität.

Der Kaffee-Coup

Immer wieder führten jedoch Depressionen zu finanziellen Krisen, da der magere Anteil aus den Gewinnen der Kaffeewirtschaft die wachsende Bevölkerung, vor allem in den vernachlässigten städtischen Zentren, nicht mehr erreichte. Als die europäischen Märkte während des Ersten Weltkriegs keinen Kaffee mehr abnahmen, erhob der erste Reformpräsident Costa Ricas, Alfredo Gonzáles Flores, eine Kaffeesteuer. Damit zog er den Zorn des Kaffee-Establishments auf sich, das sich bei einem Militärputsch am 27. Januar 1917 hinter den Armeechef des Präsidenten, Federico Tinoco, stellte. Tinoco wurde neuer Präsident, sein Bruder Joaquín neuer Chef der Armee.

Der geistliche Krieger

Die Reaktion des Volkes auf die Militärdiktatur rief unter dramatischen Umständen Jorge Volio Jiménez auf die politische Bühne. Der fromme Spross einer Kaffeedynastie aus Cartago, die schon mehrere Präsidenten gestellt hatte, begann seine Ausbildung für das Priesteramt im Jahr 1903 an einer belgischen Universität. Beeinflusst vom belgischen Katholizismus kehrte Volio 1910 nach Costa Rica zurück und übernahm als Priester die Kirchengemeinde Carmen de Heredia.

Als die USA 1912 Marinesoldaten nach Nicaragua schickte, kritisierte er das Schweigen der costaricanischen Regierung und führte eine Gruppe nicaraguanischer Revolutionäre in die Schlacht von Paz Centro im Süden Nicaraguas, wobei er schwer verwundet wurde. Aufgrund seines leidenschaftlichen Einsatzes für soziale Gerechtigkeit kam es jedoch zu Konfrontationen mit der konservativen Kirche. 1915 trat er von seinem Priesteramt zurück und widmete sich ganz dem Kampf für soziale Veränderungen.

Als die Tinoco-Diktatur zunehmend repressiv wurde, organisierte Volio gemeinsam mit einer Handvoll von Costaricanern den bewaffneten Widerstand, zuerst von Panama, dann von Nicaragua aus – erfolglos, denn die revolutionären Einheiten wurden von den Regierungstruppen unter Armeechef Joaquín Tinoco an der Grenze zu Nicaragua Anfang 1919 geschlagen.

Die Diktatur der Tinocos wurde schließlich weder von den Rebellen noch vom Militär gestürzt, sondern von Schullehrern und Studenten, die bei einer Demonstration im Juli 1919 den Aufstand gegen die Soldaten probten.

Am 9. August 1919 trat Federico Tinoco vom Präsidentenamt zurück. Am nächsten Tag wurde Joaquín Tinoco auf der Straße erschossen. Der Schütze blieb unerkannt.

◀ Junge Soldaten in einem Grenzkonflikt mit Panama
▶ Einst riefen solche »Trophäen« Bewunderung hervor
◀◀ Freiwillige bereiten sich auf die Verteidigung des Landes vor

Viva Volio!

Ungeachtet seiner militärischen Niederlage wurde Volio in San José wie ein Held empfangen; der Ruf »Viva Volio!« beinhaltete alle Hoffnungen auf eine Veränderung der missliebigen Zustände. Volio erhielt vom Kongress nachträglich den Generalstitel, doch zu seinem großen Erstaunen bedeutete der Sturz Tinocos nichts anderes als die Fortsetzung des Status quo im liberalen Costa Rica.

Volio gründete 1923 die Reformpartei, die eine Agrarreform, Sicherung der Arbeitsplätze, menschenwürdige Wohnungen und soziale Absicherung aufs Programm setzte.

Im selben Jahr trat er bei den Präsidentschaftswahlen gegen Ricardo Jiménez und Alberto Echandi an. Keiner der Kandidaten konnte die erforderliche Mehrheit erringen. Volio übernahm unter Jiménez das Amt des Vizepräsidenten und hatte damit einen Sitz im Kongress. Für ihn war der Pakt mit Jiménez keineswegs ein Kompromiss, denn er ritt zur Verärgerung seiner Kongresskollegen eine Attacke nach der anderen gegen die reiche Oberschicht.

Als die Regierung sich wieder einmal weigerte, ins benachbarte Nicaragua einzumarschieren, und der sich zunehmend kriegerisch gebärdende Volio selbst eine Truppe aufstellte, befahl Jiménez, den General in Liberia abzufangen.

Nach einer Schießerei, in der er auch verwundet wurde, nahm man Volio fest und brachte ihn nach San José zur Untersuchung. Die Diagnose ergab eine »nervliche Überempfindlichkeit«. Volio wurde in Absprache mit der Familie zur psychiatrischen Behandlung nach Belgien überführt – das Ende seiner politischen Karriere war besiegelt.

Der Ruf nach Reformen wird laut

Volios Energie und Charisma waren so groß, dass seine Partei sein Abtreten nicht überlebte. Die Reformbewegung blieb jedoch bedeutend, da sie dem Anliegen breiter Bevölkerungsteile, die am Rande der agrarischen Exportwirtschaft existierten, eine Stimme verlieh und jungen Intellektuellen einen Handlungsraum verschaffte.

Einer jener Intellektuellen war Manuel Mora, der, nach seinen eigenen Worten, »Volio wie ein junger Hund nachgelaufen war«. Volios politischer Flirt mit Jiménez hatte Mora so desillusioniert, dass er mit der Reformpartei brach und 1931 die Kommunistische Partei gründete, die im Bananenanbaugebiet des Tieflandes einflussreich wurde.

1934 erkämpften die Kommunisten durch einen Streik in den Bananenregionen Lohngarantien und das Recht, Gewerkschaften zu bilden, dies allerdings erst nach einem erbitterten Kampf gegen Regierungstruppen und die United Fruit Company. Diesen Streik machte Arbeiterführer Carlos Luis Fallas zum Zentrum seines Romans *Mamita Yunai* (dt. *Die grüne Hölle,* 1954), der gleichzeitig die Ausbeutungspraktiken und politischen Machenschaften von »Mütterchen United« offenlegt.

Calderón Guardia

Die Ära der Reformen fand ihren Höhepunkt, als die Costaricaner Dr. Rafael Angel Calderón Guardia 1939 mit über 80 Prozent der Stimmen zum Präsidenten wählten. Von seinem Vater hatte er eine humanitäre Einstellung geerbt, genoss aber ebenso das Vertrauen des Kaffee-Establishments.

▲ **Wandgemälde im Kunstmuseum: Neues Land wird bestellt**

Auch Calderón Guardia hatte sich während seines Medizinstudiums in Belgien die Doktrin eines sozial engagierten Christentums angeeignet und erzielte Erfolge, die sogar die Hoffnungen der eifrigsten Reformer übertrafen. Das Resultat waren Arbeitsschutzgesetze, ein Sozialversicherungssystem sowie weitere rechtsstaatliche Garantien.

Als aber Costa Rica nach dem Überfall auf Pearl Harbor Deutschland und Japan einen Tag vor den USA den Krieg erklärt hatte, überspannte Calderón Guardia den Bogen. Er verscherzte sich die letzten Sympathien der Kaffeebarone, indem er von Notstandsrechten Gebrauch machte, um das Land deutscher Familien zu konfiszieren. Viele von ihnen lebten schon seit Generationen in Costa Rica und waren mit der Oligarchie durch familiäre und geschäftliche Bande eng verknüpft.

Nach diesem Bruch mit den traditionellen Stützen der politischen Macht in Costa Rica verbündete sich Calderón Guardia mit Manuel Mora und dessen Kommunistischer Partei sowie mit der katholischen Kirche unter dem sozial engagierten Erzbischof Victor Sanabria. Zusammen setzten sie sich über die Macht der Kaffeebarone und Liberalen hinweg, die seit dem Ende des 19. Jahrhunderts die Geschicke des Landes bestimmt hatten, und erweiterten die Aufgaben des Staates. Die wichtigsten Posten in der sich rasch entwickelnden Bürokratie wurden mit Mitgliedern der Kommunistischen Partei besetzt; Manuel Mora stand schließlich an der Spitze der Armee.

Als sich die weltweite Allianz gegen den Nationalsozialismus auflöste, die diesen ungewöhnlichen Pakt von Kirche, Kommunisten und Staat ermöglicht hatte, sank auch der Stern Calderóns. Mora erzählte später, er sei während des Bürgerkrieges von 1948, in dem die Regierung nach seinen Worten versuchte, »die sozialen Errungenschaften des Volkes zu verteidigen«, von einem alten Freund besucht worden, der ihm seine Unterstützung anbot: der greise und kränkelnde General Jorge Volio Jiménez.

Die Geschichte hat bewiesen, dass die Gewinner jenes Bürgerkrieges, angeführt von José (Don Pepe) Figueres, nicht das geringste Interesse an einem Abbau des sozialen Netzes hatten, sondern das Erbe des fast dreißigjährigen Kampfes um Reformen weiterhin verankerten. Dieses Vermächtnis lässt sich in zwei Worte fassen: »Viva Volio!«

Der »endlose Kampf« des Don Pepe

Bekannt wurde Don Pepe (José) Figueres insbesondere, weil er die Armee abschaffte, doch die Costaricaner verehren ihn wegen der Art, wie er sein Leben führte, und danken ihm für die Demokratie, die er geschaffen, gefestigt und dem Volk als Erbe hinterlassen hat.

Seine Eltern waren Katalanen, und dies hat für manche seine eigensinnige, selbstgerechte, hartnäckige, unnachgiebige und unberechenbare Persönlichkeit entschuldigt. Er war Autodidakt und verbrachte als junger Mann mit einem geradezu unstillbaren Heißhunger auf neue Ideen jede freie Minute in der Stadtbibliothek von Boston. Angesteckt von dem neuen, unruhigen Geist des nordamerikanischen Liberalismus kehrte er in den zwanziger Jahren mit einer Menge Idealismus und endloser Hoffnung auf soziale Gerechtigkeit für das Volk seiner Heimat eben dorthin zurück.

Bis 1942 fehlte Don Pepe jegliche politische Erfahrung. Am zweiten Juli jenes Jahres wurde die *San Pablo,* ein Schiff der United Fruit Company, im Hafen von Limón von einem deutschen U-Boot versenkt. Die Costaricaner an Bord starben, das

Volk war empört und forderte Rache. Präsident Rafael Angel Calderón reagierte mit der Inhaftierung aller deutschen und italienischen Bewohner der Atlantikregion.

Zwei Tage später artete eine Feier zum 4. Juli, dem Unabhängigkeitstag der USA, im Stadtpark von San José zu einem Aufruhr aus, als die Fenster eines Arztes eingeworfen wurden, der in Deutschland studiert hatte. 20 000 Menschen liefen Amok, plünderten und randalierten, und die Regierung sah nicht nur tatenlos zu, sondern wiegelte das Volk sogar dazu auf. Die Stimmung war von Angst und Misstrauen geprägt. Geschäftsleute, die zu Schaden gekommen waren, wagten nicht, diesen zu melden oder gar Entschädigung zu fordern;

La Lucha Sin Fin

Hoch in den Bergen südlich von San José begann Don Pepe mit dem Aufbau einer Farm, die er »La Lucha Sin Fin« (Der endlose Kampf) nannte. Er hatte Erfolg und verwendete die Gewinne zur Einrichtung von Schulen, Bibliotheken, Läden, Kinos, Fußballfeldern und Krankenhäusern für die Menschen der Umgebung. Pepe Figueres fand viel größere Erfüllung darin, für andere tätig zu sein, als persönlichen Reichtum anzustreben. In La Lucha versuchte er, den »campesinos« Wissen zu vermitteln und sie von der Armut zu befreien, was bislang als ihre natürliche Bestimmung galt. Zugleich wollte er die utopischen Theorien verwirklichen, über die er gelesen hatte. Der Alltag auf La Lucha wurde für Figueres zum Lernprozess; die hier gemachten Erfahrungen sollte er später in vielfältiger Weise auf ganz Costa Rica übertragen.

stattdessen beteuerten sie in privaten Zeitungsanzeigen voller Angst ihre Staatsloyalität. Don Pepe Figueres machte Calderón Vorwürfe: die Regierung habe für Recht und Ordnung zu sorgen.

Schließlich beschloss Figueres, das zu sagen, »was jeder dachte, aber keiner laut auszusprechen wagte«, und kaufte bei dem Radiosender America Latina Sendezeit. In scharfem, anklagendem Ton bezichtigte er die Exekutive des Landes der Regierungsunfähigkeit. Mitten im Satz wurde er unterbrochen und vom obersten Polizeichef abgeführt. Die Folge davon war leicht vorauszusehen: Der Gefangene Don Pepe Figueres wurde zum Nationalhelden und Märtyrer.

Die Zeit ist reif: Revolution!

Die nächsten beiden Jahre verbrachte Figueres im Exil in Mexiko. Dort schmiedete er Rachepläne – überzeugt davon, dass die Regierung Rafael Angel Calderón nur mit Gewalt gestürzt werden konnte. Der eifrige Leser setzte seine Studien fort, knüpfte Kontakte und baute Beziehungen zu anderen Exilanten, Intellektuellen und Revolutionären auf

Die Präsidentschaftswahlen verliefen 1944 besonders gewalttätig und würdelos. Schießereien und die Entwendung von Wahlurnen ließen den Wahlkampf zur Farce werden. Teodoro Picado, der politische Nachfolger Calderóns, wurde zum Präsidenten gewählt. Dieser Wahlbetrug, wirtschaftliche Instabilität, das Erstarken der Kommunisten und die um sich greifende Korruption waren ausreichende Gründe für Figueres, im Mai 1944 nach Costa Rica zurückzukehren. Seine politische Enthaltsamkeit war vorüber, die Zeit des Handelns war gekommen. Mit dem Ziel, entschlossen gegen Calderón vorzugehen, stieg er in die Oppositionspolitik ein, musste aber erkennen, dass sich eine Kandidatur für die Opposition gar nicht gelohnt hätte – so sehr war das Wahlsystem korrumpiert. Nur eine gewaltsame Revolution konnte die so dringend notwendigen Veränderungen herbeiführen.

Bei den schicksalhaften Wahlen des Jahres 1948 trat Otilio Ulate, der Herausgeber des *Diario de Costa Rica,* einer Tageszeitung in San José, gegen Calderón an. Ulate gewann zwar mit deutlicher Mehrheit, aber die *calderonistas* kontrollierten weiterhin den Kongress. Beide Seiten warfen sich Wahlmanipulation vor, am Siedepunkt der heftigen Auseinandersetzungen gingen zahlreiche Wahlurnen in Flammen auf. Der Wahlausschuss, der für einen korrekten Ablauf der Wahlen sorgen sollte und auf dessen Urteil die ganze Nation nun wartete, blieb untätig, vielleicht in der Hoffnung, dass sich die Kandidaten selbst zu einem Kompromiss durchringen könnten. Ohne klare Stellungnahme des Wahlausschusses und ohne absehbaren Kompromiss erklärte der von den *calderonistas* beherrschte Kongress die Wahlen für ungültig.

Ulate wurde vom Polizeichef Picados verhaftet, sein engster Berater, Dr. Carlos Luis Valverde, erschossen. In San José blieben daraufhin die Geschäfte geschlossen, ihre Schaufenster wurden verbarrikadiert. Jeden Moment konnte die Bombe hochgehen.

Figueres hielt sich inzwischen nahe seiner Ranch *La Lucha Sin Fin* auf und schmiedete Pläne für den unvermeidlichen Bürgerkrieg.

Bürgerkrieg

Der »Krieg der nationalen Befreiung« begann am 11. März 1948. Die klug geplante und erfolgreiche Offensive wurde von Männern ohne militärische Ausbildung ausgeführt. Sie waren von *guerrilleros* aus der Dominikanischen Republik und aus Honduras geschult und von Guatemala bewaffnet worden. 44 Tage später waren 2000 Männer – jeder dreihundertste Costaricaner – in dem kurzen und gewalttätigen Befreiungskrieg gefallen. Figueres' Streitkräfte waren siegreich, obwohl sogar der nicaraguanische Diktator Somoza noch in den Norden des Landes eingedrungen war.

Präsident Picado, der nie wirklich an einen bewaffneten Aufstand geglaubt und für einen offenen Konflikt nicht die nötige Standfestigkeit hatte, sah ein, dass schnelle Friedensverhandlungen notwendig waren, und erklärte seine Kapitulation.

◀ Don Pepe Figueres (links) im Gespräch mit Nobelpreisträger Oscar Arias
▶ Ein nachdenklicher Don Pepe

Die Zweite Republik

Don Pepe Figueres, anerkannter Gewinner dieser Schlacht und Oberhaupt der siegreichen Junta, marschierte fünf Tage nach dem Waffenstillstand in einem Triumphzug in San José ein.

Dort angekommen, hielt er eine Rede an das Volk, in der er seine Ziele und Grundkonzepte umriss, die auf dem Kernsatz »größtmögliche Vorteile für eine größtmögliche Anzahl von Menschen« basierten. Die vier Hauptziele dieser von ihm so genannten Zweiten Republik waren die Wiederherstellung einer bürgerlichen Ethik, die Abschaffung der Korruption, sozialer Fortschritt ohne Kommunismus und größeres Solidaritätsgefühl mit anderen Nationen.

Eine der ersten Amtshandlungen Figueres' war die Einführung einer zehnprozentigen Besitzsteuer, ein Gesetz, das auf große Ressentiments stieß, nur zaghaft durchgesetzt und von den Wohlhabenden in den meisten Fällen umgangen wurde. Er erweiterte das Sozialsystem, gab Frauen das volle Wahlrecht, führte einen Mindestlohn, Kindergeld sowie eine günstige Krankenversorgung für alle ein und verstaatlichte sämtliche Banken des Landes.

Als schließlich bei dem Versuch, den Verwaltungsapparat zu reorganisieren, eine große Zahl von Staatsangestellten und Lehrern entlassen wurde, begann seine Popularität schnell zu schwinden. Bald wurden auch noch die Guthaben einzelner Personen eingefroren, die die Regierung Calderón-Picado unterstützt hatten. Don Pepes extremes, für manche willkürliches, politisches Vorgehen befremdete viele. Auch die Presse machte er sich zum Feind.

In dieser Atmosphäre wachsenden Misstrauens war es für Don Pepe schwierig, Befürworter seiner Vision zu finden. Trotzdem spiegelte die Verfassung von 1949, als sie schließlich vom verfassunggebenden Kongress verabschiedet wurde, viele Ziele der Zweiten Republik wider. Dazu gehörten politische und individuelle Freiheiten und zusätzliche soziale Absicherung. Fest verankert wurde das Prinzip der staatlichen Regulierung des Privateigentums und des Unternehmertums. Dem Staat wurde ferner die Macht übertragen, den Reichtum so breit wie möglich zu streuen. Frauen erhielten das Wahlrecht, und alle, die in Costa Rica geboren waren, die Staatsbürgerschaft, die den Bewohnern afro-karibischer Herkunft an der Westküste bisher verwehrt gewesen war.

Der pragmatische Revolutionär

Figueres' Revolution war von konservativen Costaricanern finanziell unterstützt worden, von den Vereinigten Staaten hatte er Militärhilfe angenommen, und von der »Karibischen Legion« hatte er Waffen bekommen, unter der Bedingung, dass seine Revolution nur die erste einer ganzen Reihe sein werde, an deren Ende dann ein vereinigtes Mittelamerika sowie die Abschaffung zahlreicher von den USA eingesetzter Diktaturen stehen sollte.

Das Ende des Militärs

Die neue Verfassung schaffte auch das Militär ab – vielleicht Figueres' denkwürdigste Errungenschaft, auf die er in seinen Reden immer wieder Bezug nahm. In einem feierlichen Akt übergab er den Schlüssel der Militärfestung *Bella Vista* an den

Erziehungsminister, und beauftragte ihn, das Fort in ein Nationalmuseum umzuwandeln.

Don Pepe hatte einen Sinn für dramatische Auftritte. Und er wusste den Augenblick zu nutzen. Vor laufenden Kameras nahm er den Vorschlaghammer und versetzte der Festungsmauer einen symbolischen Schlag. Diesen Schlag betrachteten seine Anhänger als das endgültige Aus für den Militarismus. Seine Gegner beurteilten die Abschaffung des Militärs als schlauen Schachzug, da er mit der vollen Unterstützung von dieser Seite ohnehin nicht rechnen konnte.

Friedensnobelpreis

→ Für seine erfolgreiche Politik der Versöhnung erhielt Oscar Arias 1987 den Friedensnobelpreis.

Die Ruhe vor dem Sturm

Die 1960er und 70er Jahre waren äußerst friedliche und wohlhabende Dekaden in der Geschichte Costa Ricas. Das Land entwickelte sich zu einem Wohlfahrtsstaat, und zum Schutz der Indígenas wurden Gesetze erlassen, um nur zwei der bedeutendsten Schritte des fortschrittlichen Regimes zu nennen. Als jedoch die *Sandinista*-Streitkräfte in Nicaragua 1979 die Somoza-Diktatur stürzten, hatte dies auch Folgen für Costa Rica. Während des Krieges wurde das Land zum Rückzugsgebiet der Kontragruppen und der Anti-Sandinisten – hauptsächlich auf Geheiß der USA, bei denen Costa Rica finanziell verschuldet war.

Ebenso gravierend, wenn nicht sogar schlimmer, war der Zusammenbruch des Bananen- und Kaffee-Exports zu Beginn der 1980er Jahre. Kontinuierlich stiegen Costa Ricas Schulden während dieser Dekade, bis 1989 beliefen sie sich auf ganze 5 Milliarden Dollar.

Inzwischen waren El Salvador, Honduras und Guatemala in diverse Kriege und Streitigkeiten verwickelt. Trotz all seiner finanziellen Probleme war Costa Rica zumindest eine Oase des Friedens, den es Präsident Oscar Arias Sánchez zu verdanken hatte. Er fungierte als Friedensvermittler in den eskalierenden regionalen Konflikten.

◀ Politik wird in Costa Rica zur Fiesta
▶ Der Friedensnobelpreisträger und zweimalige Präsident Oscar Arias Sánchez mit seiner Familie

Politisches Hin und Her

Costa Ricas politische Spielregeln sehen alle vier Jahre einen Wechsel im Präsidentenamt vor. Die Wähler nehmen dieses Spiel allzu wörtlich, sodass sich die sozialdemokratische PLN (Partido Liberal Nacional) und die christdemokratische PUSC (Partido Union Social Cristiana) an der Regierung regelmäßig abwechseln.

Und den Vätern folgen die Söhne, wenn auch mit weit weniger Erfolg. 1990 wurde Rafael Calderón Fournier gewählt, Sohn des Nach-

kriegspräsidenten Dr. Rafael Calderón Guardia, zu dessen Hinterlassenschaft der Bankrott des *Banco Anglo Costarricense* zählt, der ältesten staatseigenen Bank. Auch der 1994 gewählte junge José M. Figueres, Sohn von »Don Pepe«, blieb hinter den Erwartungen zurück. Er steht inzwischen ebenso wie der 2002 gewählte populistische Präsident Abel Pacheco unter Korruptionsverdacht.

Erstmalig in der Geschichte des Landes wurde mit Oscar Arias Sánchez 2006 ein Präsident für eine zweite Amtszeit wieder gewählt – wenn er sich auch nur denkbar knapp gegen Otton Solís durchsetzen konnte. Neben dem Freihandelsabkommen mit den USA ist der Kampf gegen Armut und Korruption auf Arias' großes Ziel. ■

COSTA RICA
(THE HEART OF THE AMERICAS)
FOR FURTHER
THE NATIONAL TOURIST BOARD,
OR ANY TOURIST AND TRAVEL

WHERE THE WORLD'S CHOICEST COFFEE GROWS.
ATION APPLY TO
JOSÉ, COSTA RICA, (CENTRAL AMERICA)
CY OR COSTA RICAN CONSULATE.

San José wie es einmal war

Im Jahre 1737 ließen die Behörden im flachen Land der Boca del Monte eine strohgedeckte Einsiedelei bauen, die von kleinen Häusern umgeben sein und dem Zweck dienen sollte, die bis dahin im Tal verstreut wohnenden Siedler in einem Gemeinwesen zusammenzufassen. Dies waren die unscheinbaren Anfänge der Großstadt San José.

39 Jahre lang war San José ein Dorf mit schlammigen Straßen und elenden Wohnquartieren, bis ein Kolonialbeamter den Bau einer Tabakfabrik anordnete, von der aus die gesamte monopolisierte Tabakindustrie des Landes gesteuert wurde – eine Maßnahme, die dem Städtchen bald einen gewissen Wohlstand verschaffte.

Der Kaffee-Boom

Jahre später, als der Export von Kakao und Tabak stagnierte, experimentierte man mit einer neuen Pflanze: Kaffee. Er wuchs schnell, gedieh prächtig und brachte so reiche Ernte, dass die einst unbedeutende mittelamerikanische Kolonie für alle Zeiten Not, Elend und Schmutz hinter sich ließ.

England kaufte nicht nur Kaffee, sondern stellte auch bereitwillig Kredite zur Verfügung, die durch die folgende Ernte jeweils gedeckt waren. Die Menschen legten ihren neu erworbenen Reichtum in San José an, das sich zur blühenden Zentrale des Kaffeehandels entwickelte.

Auf dem Dorfplatz standen anfangs nur die Kirche La Merced und das Rathaus. Aber schon bald waren Einrichtungen zur Versorgung der stetig wachsenden Zahl von Fremden nötig, die nun in die Stadt kamen.

Impressionen aus der jungen Hauptstadt

Ein deutscher Wissenschaftler, der Costa Rica Mitte des 19. Jhs. besuchte, schrieb: »Nicht ein einziges Gebäude zieht ob seiner Schönheit den Blick auf sich. Die Regierungsbauten, die Garnison und ihre Galerie, die Universität und das Theater sind architektonisch unbedeutend. Die Kathedrale ist von einer Aura der Vernachlässigung und Kargheit durchdrungen. Es gibt nicht einmal Stühle dort. Selbst der Präsident der Republik und sein Gefolge müssen auf Holzbänken sitzen …« Weniger kritisch äußerte sich ein französischer Journalist: »Ich begab mich zum Präsidentenpalast, einem bezaubernden quadratischen Gebäude mit gepflastertem Innenhof, den eine doppelte Galerie umgibt. Am Ende des halb spanisch, halb arabisch anmutenden Patios führt eine runde Treppe zum Kongresssaal, wo Präsident Mora einen Ball für mich abhielt.«

Gegen Ende des 18. Jahrhunderts wurde das Erziehungshaus errichtet sowie eine Kathedrale, vor der sich ein wunderschöner Park ausbreitete, wo die Indianer und Farmer ihre Wochenmärkte abhielten. In der Münze prägte man Geld, und für die Bürgerwehr wurde ein Militärviertel gebaut.

Gesellschaftliches und kulturelles Leben

1821 erlangte Costa Rica seine Unabhängigkeit und wurde Republik. Das kleine Dorf San José wuchs rasch zur Stadt heran – zu einer neuen Hauptstadt, und die neue Verwaltung tat alles, um die Infrastruktur zu verbessern: Sie legte Straßen an, baute Brücken und Transportwege zu den Häfen. Wachen mit rostigen Musketen patrouillierten nachts in den von Petroleumlampen erleuchteten Straßen. In den Tanzsalons der Bourgeoisie war die Quadrille in Mode gekommen. Schauspieler trugen Gedichte vor, und junge Damen spielten Chopin-Etüden, wenn die Gespräche einmal verstummten, die sich meist um den Kaffeepreis an der Londoner Börse drehten.

Das soziale und wirtschaftliche Leben war streng geregelt. Schwarze und Indianer lebten in und um La Puebla bei Cartago und verrichteten die niederen Arbeiten, während die Nachkommen der Spanier in der Stadtmitte wohnten, wo sie sich große Häuser mit Gemüsegärten bauten.

Das kulturelle Leben spielte sich rund um das Mora-Theater ab, wo Theatertruppen sich das Programm mit Jongleuren oder zuweilen einem Musikvirtuosen teilten. Die Frauen saßen in prunkvollen Kleidern da und hörten zu, während Männer in spanischen Umhängen herumstanden, rauchten und sich über Politik unterhielten. Reisende waren in einer Art Pension untergebracht. Einige von ihnen beabsichtigten, in den Kaffee-Export einzusteigen, andere füllten die Seiten ihres Tagebuches.

Der Einfluss Europas

Die Gewinne aus dem Kaffee-Export verschafften dem reichen Bürgertum auch die Mittel, nach Frankreich zu reisen und seine Kinder in Europa erziehen zu lassen. Zurück in San José, vermissten diese dann natürlich die Theater, Boulevards, Cafés und die Architektur Europas. Sie wollten unbedingt das Gesicht ihrer Heimatstadt verschönern. Mit wachsender Kaffeeproduktion stiegen auch die Investitionen der führenden Pflanzerfamilien, nicht zuletzt aufgrund gegenseitiger Rivalitäten. Immer prächtiger fielen die Plantagenhäuser aus, nur um den Nachbarn zu übertrumpfen.

Architekten aus Costa Rica besuchten die Weltausstellung von Paris, und bald entstanden die ersten Stahlkonstruktionen. Importiert wurden auch geschmiedete Wandplatten, Säulen aus Stahl und italienische Mosaiken, und bald unterschieden sich die Wohnhäuser der Plantagenbesitzer nicht mehr von den Herrensitzen in New Orleans oder Jamaika. Französische Adobemauern, weit ausge-

◄ In der Innenstadt San Josés standen einst ansehnliche, vornehme Häuser und große Statuen
▲ Die First Avenue in San José zu Beginn des 20. Jahrhunderts
◄◄ Ein früher Versuch, Touristen anzulocken

zogene, geneigte Dächer, reich verzierte Veranden mit weißen Balustraden und Schnitzwerk im Zuckerbäckerstil. Jalousien und Fensterläden schützten die Buntglasfenster, durch die das gleißende Licht der Tropensonne einfiel.

Das Goldene Zeitalter von San José

Gegen Ende des 19. Jahrhunderts teilte Monsieur Amon Faiseleau Duplantier sein Anwesen an den sonnigen Hängen des Río Torres auf, und dies war die Geburtsstunde des Immobiliengeschäftes. Er verkaufte mit großem Erfolg, und San Josés bessere Gesellschaft stritt sich bald um städtischen Baugrund. An Stelle der Kaffeeplantagen entstanden Alleen mit prächtigen Villen und großen Gärten. Währenddessen arbeitete Minor Keith am Bau der Atlantikeisenbahn, gründete die United Fruit Company und stellte den Atlantikbahnhof von San José fertig. Die Oberin Barthelemy Rich eröffnete das renommierte *Colegio de Sión,* an dem die höheren Töchter ihre Erziehung genossen.

Am 19. Oktober 1897 wurde das neue Nationaltheater eröffnet. Das prachtvolle Gebäude mit vier Ebenen und einem hufeisenförmigen Zuschauerraum war über den Staatshaushalt und mit Beiträgen der Kaffeepflanzer finanziert worden. Zur Einweihung fand eine phantastische Inszenierung der Oper *Faust* statt.

Zur Jahrhundertwende war aus dem einfachen Dorf eine blühende Stadt geworden, die zwar nicht ganz jenem Ideal von Eleganz und Urbanität gerecht wurde, deren wachsender Wohlstand jedoch einen angenehmen Lebensstil förderte.

Vor dem Theater entstand das elegante Hotel Français – Vorläufer des heutigen Gran Hotel Costa Rica. Im Kaffeehaus Petite Trianon daneben trafen sich die besseren Kreise, die Künstler und die Diplomaten. Die Schaufenster des Golden Eagle quollen über von Weinen und Spirituosen aus Frankreich und feinen Ölen und Marmeladen aus Spanien. Die Geschäfte *Talabarteria Inglesa* und *La Tiendita* wurden den erlesensten Wünschen in puncto Inneneinrichtung und Lederverarbeitung gerecht. Die Autofirma Ford bot ihr Modell T »Tin Lizzie« von 1912 für 975 Dollar feil. Eine ganze Reihe von Importfirmen rang nun um die Gunst der Käufer, allen voran die Immobilienmakler, die Kaffeeplantagen, Baugrundstücke, Strände und viktorianische Villen zum Kauf anboten.

Jenseits der Schienen

Nicht alle Bewohner von San José genossen ein solch rosiges Leben. Zu schnell hatte sich die Stadt ausgedehnt und dabei in den Vorstädten traurige Blüten getrieben. Der Krieg von 1914 und die damit verbundene Kaffeekrise bedeutete für große

Teile der Arbeiterschaft Arbeitslosigkeit oder Entlohnung unterhalb der Armutsgrenze. Die Gesellschaft Casas Baratas begann, Arbeitersiedlungen zu bauen, die als *puerta ventana* bekannt wurden und in denen sich mehrere Familien in engen, ungelüfteten Räumen zusammendrängten.

Im Südteil der Stadt, wo früher die Schwarzen gewohnt hatten, und beim Bahnhof Pacífico entstanden Baracken, Lagerhäuser und Fabriken, in denen Seife und Kerzen hergestellt wurden. Eine Gewerbezone mit Bierbrauereien, Eisfabriken, Druckereien, mechanischen Werkstätten und Sägewerken umschloss bald das elegante urbane Zentrum. Mit der Zementbauweise, dem neuen Reichtum und der Industrialisierung hielt auch die Tendenz Einzug, die Stadt zu modernisieren.

Das Ende einer Ära

Der großartige Nationalpalast, die Garnison, die Nationalbibliothek, der Unionsklub und viele wunderschöne Wohnhäuser fielen Pickel und Schaufel zum Opfer. Die Stadt wuchs immer weiter über die Vorstädte hinaus, die Innenstadt verlor ihren einheitlichen Charakter, mittelmäßige Geschäftshäuser prägten das Bild. Schnellstraßen wurden angelegt, und der Einfluss Nordamerikas verdrängte die europäischen Ideale von lässiger Eleganz und Lebenskunst.

Ohne Plan und Ziel breitete sich San José nach allen Seiten aus. Das Auto erlaubte es der wohlhabenden Schicht, ihren Wohnsitz in die Vorstädte Escalante, Los Yoses, Curridabat, Paseo Colón, Sabana und Rohrmoser zu verlegen. In den 1960er Jahren entstanden vorstädtische Zentren, die sich kaum vom suburbanen Nordamerika unterschieden.

Heute zählt San José ganz sicher nicht mehr zu den schönsten Städten Mittelamerikas, Verkehrslärm und Luftverschmutzung prägen das Bild. Trotzdem hat es sich einen gewissen Charme erhalten. Man wird hier zwar vergebens nach der Monumentalität von Mexiko-Stadt oder der kosmopolitischen Atmosphäre von Panama City suchen, aber das bunte Treiben der Hauptstadt dieses kleinen Landes strahlt eine starke Vitalität aus, und bei weitem ist auch nicht alles verschwunden, was die Kaffeepflanzer an neoklassischer Architektur und fantasievollen karibisch-kolonialen Bauten geschaffen hatten. ■

◀ San José um 1928
▲ Vertreter der wohlhabenden Gesellschaft in einer der prächtigen Kolonialvillen

Die Menschen

Vom ethnischen Standpunkt betrachtet ist Costa Rica sehr komplex. Die Indígenas Costa Ricas zerfallen in sechs verschiedene Sprachgruppen, auch wenn sie mehr und mehr spanisch sprechen und sich Gedanken machen, ob es wichtiger ist, ihre alte Kultur zu bewahren oder sich in die Kultur der Mehrheit des Landes einzufügen.

Die geselligen Leute von Guanacaste haben eine dunkle Hautfarbe und ähneln in Lebensstil und Akzent ihren nicaraguanischen Nachbarn. Die schwarze Bevölkerung an der Atlantikküste ist die größte und auffälligste Minderheit. Sie spricht Englisch mit einem eigenen, manchmal schwer verständlichen Dialekt, dem *Patois*, und ist stolz auf ihr jamaikanisches Erbe.

Die chinesischen Costaricaner werden *Chinos* genannt. In einigen Kleinstädten scheinen sie dominant zu sein und einen Großteil der Bars, Restaurants und Läden zu besitzen.

Irgendwie sind alle verschiedenen Gruppen *Costarricense* und verbringen viel Zeit damit, sich recht überlegen über ihre mittelamerikanischen Nachbarn zu äußern. Sie sind gerne Ticos und glauben an dieses außergewöhnliche Land.

Ein stolzes Volk

»Das Blut, das in den Adern der Menschen dieser Republik fließt, ist außerordentlich edel. Die Costaricaner sind ein Volk mit ausgezeichneten Anlagen; sie sind feurige Patrioten, dabei sehr stolz auf ihre Unabhängigkeit, ihre Autonomie und ihren Wohlstand, den sie fast ganz ihrem Fleiß verdanken.

Das Land besteht aus blühenden Dörfern, die zwischen Plantagen halb versteckt sind. Dort lebt die Bevölkerung des Landes, und dort findet man auch die kräftigen Arbeiter, die dem Boden jene Produkte abringen, die den Reichtum des Landes ausmachen. Eine Atmosphäre der Leichtigkeit, gepaart mit uralter Einfachheit, charakterisiert die Bewohner dieser Dörfer, die in vielen Aspekten den Europäern überlegen sind ...«

A. S. Calvert, 1901 (in: »A Year of Costa Rica«)

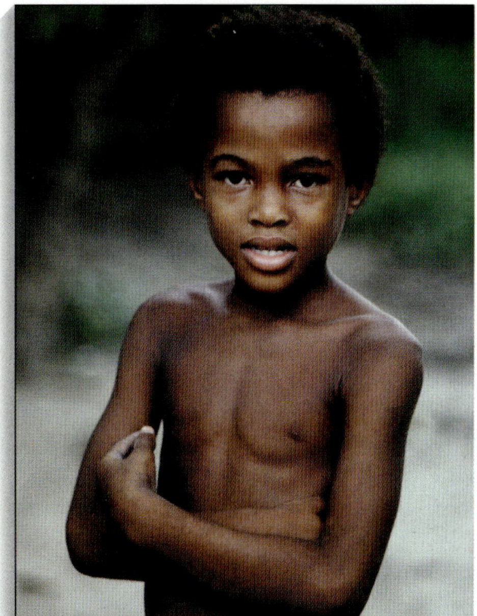

◀ **Ein »campesino« bestellt sein Feld**
▶ **An der Karibikküste zeigt sich der Einfluss der afrikanischen Sklaven**
◀◀ **Karneval in Limón – Handwerkliche Feinarbeit: das Bemalen eines Ochsenkarrens**

Indígenas

Nach jüngsten Schätzungen von Archäologen lebten bei der Ankunft von Kolumbus etwa 60 000 Indígenas in der Region des heutigen Costa Rica, heute schätzt man ihre Zahl auf 25 000.

Die Geschichte der costaricanischen Indígenas unterscheidet sich kaum von der anderer Völker des amerikanischen Kontinents. Nicht nur die oft kriegerischen Eroberungszüge der Europäer senkte die Zahl der Einheimischen drastisch, sondern sie brachten auch Krankheiten mit, auf die das Immunsystem dieser Völker nicht eingestellt war. So wurden ganze Stämme ausgelöscht, bevor sie überhaupt einen weißen Mann zu Gesicht bekommen hatten.

Die Chorotega, Verwandte der Nicarao, bewohnten Guanacaste und die Nicoya-Halbinsel. Ihre Gesellschaftsform basierte auf der väterlichen Erbfolge, sie lebten in kleinen Stämmen, pflanzten Mais und hatten eine Kultur, die der bestimmter Stämme des südlichen Mexiko ähnelte. Während der Eroberung wurden sie durch Krankheit und Sklavenhändler, die sie nach Panama und Peru verschleppten, stark dezimiert. Ihre Nachkommen sind heute zum großen Teil in die costaricanische Gesellschaft integriert.

Andere ethnische Gruppen, die nun über das ganze Land versprengt sind, sprachen Dialekte, die ursprünglich aus Kolumbien kamen, und waren in Klans eingeteilt: die Guaymí, die Terraba, die Boruca und, in den Bergen von Talamanca, die Bribri und Cabécare. Diese Völker pflegten die mütterliche Erbfolge und lebten auf Lichtungen im Dschungel. Bei der Ankunft der Europäer flohen viele aus ihren Dörfern in die fast unzugänglichen Dschungelregionen der Berge im Süden und konnten nicht so leicht gefunden und unterjocht werden. Ein Großteil ihrer Kultur wurde von ihren Nachkommen bewahrt, die in entlegenen Gebieten der Talamanca-Kordillere wohnen und auch ihre originale Sprache noch sprechen. Obwohl sie dem Einfluss christlicher Missionare ausgesetzt waren, haben sie ihre animistische Religion nicht aufgegeben. Die Bribri nennen ihre Gottheit »Sibu«, und ihre Schamanen heilen mit Heilkräutern aus dem tropischen Regenwald viele Krankheiten. Weiter südlich, an der Grenze zu Panama, leben die Guaymí in ihrem angestammten Gebiet, das über die politischen Grenzen hinausreicht.

Moderne Versuchungen

Auch in entlegenen Dschungelgebieten können sich die Indígenas von der modernen Kultur nicht mehr isolieren. Die Fernsehwerbung bringt Bilder der industrialisierten Welt zu Menschen, die we-

Ticos

Die Costaricaner nennen sich selbst »Ticos«, eine Anspielung auf die allseits gebräuchliche Verkleinerung nach dem Muster: »Un momentico, por favor«. In der Art, wie sie das Spanische gebrauchen, liegt eine ironische Liebenswürdigkeit. SIe sind aktive Demokraten. War es früher eher die Idee der Demokratie, die sie faszinierte, so ist man heute davon überzeugt, ja sogar leidenschaftlich. Demonstrationen, Streiks, Wahlkampfveranstaltungen, Parteitage sind härter denn je. Aber die Ticos bleiben besonnen, respektvoll und diskret.

der Elektrizität noch fließendes Wasser kennen. Zwar haben sie 500 Jahre der Eroberung getrotzt, doch der hartnäckigen Beeinflussung durch die Ätherwellen sind sie auf die Dauer schutzlos ausgeliefert. Für die Jüngeren sind die Verlockungen der Welt groß, und es wächst der Wunsch, sich anzupassen.

Heute leben die Ureinwohner in den Reservaten, die ihnen 1971 zugesichert wurden. Nicht-Indígenas dürfen laut Gesetz in diesen Territorien kein Land besitzen, aber diese Gesetze werden nicht befolgt, und so sind auch andere in diese Gebiete gezogen, unter deren Oberfläche unglücklicherweise ein Großteil der mineralischen Rohstoffe des Landes lagert.

Viele Indígenas beklagen sich bitter über die Übergriffe der modernen Gesellschaft, die ihre Sprache, ihre Kultur und ihre Lebensweise bedroht. Sie sind gefangen zwischen zwei Welten – die alte lassen sie langsam los, aber mit der neuen können sie sich noch nicht ganz anfreunden. In den 500 Jahren seit ihrer Entdeckung hat sich für die Ureinwohner Costa Ricas wenig geändert. Der Eindringling bestimmt, was geschieht, und die Wahl zwischen Isolation und Assimilation ist schmerzhaft.

Die schwarze Bevölkerung

Schon 1825 kamen schwarze afrikanische Kariben im Zuge eines großen Zuwanderungsstromes von den Westindischen Inseln zur Atlantikküste Mittelamerikas nach Costa Rica. Von Panama bis Honduras waren sie auf der Suche nach Arbeit, um ihre Familien ernähren zu können. Unter ihnen waren auch viele Wanderarbeiter, die zur Kakaoernte nach Limón kamen, dann auf einem Schiff in Nicaragua anheuerten und schließlich beim Bau des Panama-Kanals beschäftigt waren. Sie gingen einfach dorthin, wo sie Arbeit fanden, und lebten von der Hand in den Mund.

Sie kamen mit der Atlantikeisenbahn

Der Bau der Atlantikeisenbahn gegen Ende des 18. Jhs. brachte neue Einwanderungswellen: Unter den Bauunternehmern, Managern und Technikern der Northern Railway Company fanden sich Engländer, Iren und Nordamerikaner. Die größte Gruppe jedoch stellten die schwarzen Arbeiter von den Westindischen Inseln, die die Schienenwege anlegten, eine Unzahl von Brücken bauten

◄ **»Pipas« – grüne Kokosnüsse zum Austrinken – werden am Straßenrand verkauft**
▲ **Schüler aus Puntarenas**

und die Docks und breiten Straßen der Hafenstadt Puerto Limón schufen. Sie lebten isoliert an der Atlantikküste, und auch heute noch bereichern sie diese Region mit ihrer afro-karibischen Musikalität.

1872 hatte Minor C. Keith, der später einmal die United Fruit Company gründen sollte, Schwarze von den Westindischen Inseln für den Bau der Atlantikbahn unter Vertrag genommen. Sie schienen die Arbeitsbedingungen besser ertragen zu können als ihre Vorgänger. Gegen Gelbfieber, Malaria und Giftschlangen konnten aber auch sie nichts ausrichten. Die körperliche Schwerstarbeit und das menschenunwürdige, despotische Management taten ein Übriges: Tausende starben.

Blut auf den Schienen

→ Nachdem 4000 Schwarze von den Karibischen Inseln 1881 bis 1891 auf den ersten 20 Baumeilen der Atlantikbahn gestorben waren, ließ Keith weitere 10 000 »importieren«.

Die äußerst schlechte Behandlung der Arbeiter auf den Bananenfeldern der United Fruit Company ist umfangreich dokumentiert worden. Als die Company die Atlantikregion verließ und auf die Pazifikseite umzog, blieben viele Schwarze arbeitslos zurück. Unzählige kehrten damals dem Land den Rücken – auf der Suche nach Arbeit.

Wer nicht auswanderte, lebte größtenteils weit unter dem Existenzminimum, die meisten ernährten sich von dem kleinen Stück Land, auf dem sie wohnten. Sie behielten ihre englische Sprache und ihre protestantische Religion bei, blieben unter sich und hielten sich in stolzer Distanz zu den hispanischen Costaricanern. Andere kamen auf eigene Faust an die Atlantikküste, um der Armut auf ihren Heimatinseln zu entkommen. Schließlich wurde einigen von ihnen Land entlang der Bahnstrecke zugewiesen, andere arbeiteten sich zu Führungskräften im Bananengeschäft hoch. Viele, die eigentlich nur so viel Geld wie möglich verdienen wollten, um dann auf ihre Inseln zurückzukehren, fanden in Costa Rica eine neue Heimat.

Assimilation

Mit der neuen Verfassung von 1949, nach der jeder, der in Costa Rica geboren ist, auch automatisch die Staatsbürgerschaft besitzt, öffneten sich endlich die Türen für die schwarze Bevölkerung. Ihre Kinder besuchten öffentliche Schulen und konnten sich am politischen Leben beteiligen. Als 1950 der Kakaopreis auf dem Weltmarkt einen Höhenflug erlebte, gelangten viele dieser Kleinbauern zu bescheidenem Wohlstand. Und welche

Ironie der Geschichte: Sie beschäftigten hispanische Arbeiter auf ihren Feldern.

Die folgenden Generationen genossen eine gute Ausbildung, zogen akademische Berufe der Landarbeit vor und verließen die Atlantikküste. Viele emigrierten, um anderswo Arbeit zu finden. Die Dagebliebenen haben sich in vielen Fällen mit Hispaniern verheiratet, aber ihre gesellschaftliche Integration ist nach wie vor nicht abgeschlossen, denn es existieren Vorurteile auf beiden Seiten.

Heute beträgt der schwarze Bevölkerungsanteil in Costa Rica etwa drei Prozent. An der Atlantikküste beläuft er sich auf unter 25 Prozent.

Chinesische Einwanderer

Die ersten Chinesen, die im Jahre 1855 einen Fuß auf costaricanischen Boden setzten, waren 77 Vertragsarbeiter. Zwanzig Jahre später, gnauer gesagt 1973, »importierte« die Bauleitung der Atlantikbahn »tausend robuste Chinesen mit gutem Benehmen und voller Arbeitseifer« aus Südchina, und dies trotz eines Gesetzes, das Afrikanern und Asiaten die Staatsbürgerschaft vorenthielt. Offiziell hießen sie »Vertragsarbeiter«, in Wirklichkeit waren sie Sklaven. Diese beiden ersten chinesischen Gruppen waren die Urahnen der Chinos-Kolonie von Costa Rica.

Im Laufe der Zeit setzten sich die Bahnarbeiter ab und gingen als Hausangestellte, Köche und Ladenkräfte ihren Weg. Sie gründeten mit bescheidenen Mitteln kleine Imbissstuben, Gemüseläden und Schnapshandlungen. Es folgte ein stetiges Rinnsal chinesischer Einwanderer, denen ihre etablierten Landsleute unter die Arme griffen. Mithilfe von Arbeitsverträgen und Krediten anderer Chinesen zogen sie ihre Geschäfte auf, vor allem

Mythos und Realität

Die historische Realität tritt im Bewusstsein des Costaricaners oft in Widerspruch zu lieb gewonnenen Mythen. Einer davon lautet, dass fast alle Costaricaner von hart arbeitenden spanischen Farmern abstammen. Doch unter den Einwanderern befanden sich Juden, Araber, Katalanen, Basken und viele aus dem Nahen Osten. Vom verheißungsvollen Reichtum der jungen Kaffeeindustrie angelockt, kamen im 19. Jh. Deutsche und Engländer und stiegen in das Export-Geschäft ein, auch Türken und Libanesen wurden zu einflussreichen Kaufleuten.

◄ **Costa Ricas Generation der Zukunft**

▲ **Eine der zahllosen »pulperías« (Krämerläden)**

entlang der Bahnlinie, in Hafenstädten und in den wachsenden Zentren im Landesinneren. Ihre Unternehmen erforderten geringen Kapitalaufwand, minimale Kenntnisse der Sprache und integrierten alle Mitglieder der Familie in das Geschäft.

Die Geschäftsleute der chinesischen Kolonien schlossen sich zu Handelsverbänden zusammen, die sich auf diese Weise in den Groß- und Kleinstädten zu starken Wirtschaftsfaktoren entwickelten. Ende des 19. Jhs. waren einige chinesische Einwanderer reiche Geschäftsleute geworden, die wiederum anderen Familienmitgliedern und Freunden zur Einwanderung verhalfen.

Die Rückgabe der britischen Kronkolonie Hongkong an China hatte schon im Vorfeld, seit den 1970er Jahren, eine stete Einwanderungswelle hervorgerufen. Die Zahl der asiatischen Restaurants in San José liegt mittlerweile bei über 100.

Mischehen

Viele Männer der ersten Generation lebten mit einheimischen Costaricanerinnen zusammen, erhielten jedoch ihre Ehe in China aufrecht. Das Geld, das sie nach Hause sandten, wurde in Familienunternehmen gesteckt und kam so dem Wachstum in ihrer Heimat zugute. Der erfolgreiche costaricanische Chinese reiste wieder nach China, um seinen Besitz zu verwalten, eine Familie zu gründen oder seinen Ruhestand im Land der Vorväter vorzubereiten. Während seiner Abwesenheit wurden die Geschäfte von einem Verwandten weitergeführt. Für die Costaricaner sah es so aus, als würden diese alten Chinesen niemals sterben, sie verschwanden einfach und überließen ihren Platz einem Jüngeren, der wahrscheinlich sogar ihre bürgerliche Identität übernahm.

Nach der Machtübernahme durch die Kommunisten 1949 war die Rückkehr in die Heimat weniger verlockend, und die meisten Chinesen haben die Hoffnung auf eine endgültige Rückkehr nach China aufgegeben.

Diejenigen Chinesen, die eine costaricanische Mutter haben und in Costa Rica aufgewachsen sind, betrachten sich als volle Mitglieder der Gesellschaft und identifizieren sich voll und ganz mit deren Lebensweise. Trotzdem halten sie ihre chinesischen Vorfahren und bestimmte Traditionen wie die Achtung vor der Weisheit der Alten und die gegenseitige Unterstützung innerhalb der Familie in Ehren.

Viele von ihnen sind in die Ränge der akademisch Gebildeten aufgestiegen, und als Ärzte, Rechtsanwälte, Ingenieure, Betriebswirte und Universitätsprofessoren stützen sie den Familienbetrieb, der ihren Vorfahren den wirtschaftlichen Erfolg in Costa Rica bescherte.

Die Italiener

Die Bauleitung der Eisenbahngesellschaft hatte bald Probleme mit den chinesischen Arbeitern. Als Alternative ließ sie1888 die stolze Anzahl von 1500 »guten, folgsamen und strebsamen Italienern bester Rasse« anheuern, um an der Atlantikeisenbahn zu arbeiten. Überwiegend aus ländlichen Regionen stammend, ließen sich die Italiener später auf der südlichen Halbinsel nieder.

Invasion der Ameisen

→ Noch immer nennen die Indígenas die Weißen abschätzig »hormiga«, Ameise, ein Wesen das alles zerstört, was ihm in den Weg kommt.

Und in etwa einem Dutzend Schuhgeschäfte ebenso wie in *gelaterias* und *pasticcerias* kauft man »Made in Italy« oder heißt es »cucina à la Italia«.

In jüngster Zeit haben auch italienische Unternehmer vor allem im touristischen Sektor in Costa Rica neue Impulse gegeben – mit Restaurants, Hotels und Freizeiteinrichtungen. Das Engagement von Köchen und Hoteliers und ihr untrügliches Gespür für Stil und Design zeigte überaus begrüßenswerte Effekte im Tourismus.

Die harten Arbeitsbedingungen veranlassten letztlich auch die Italiener, dem Bahnprojekt den Rücken zu kehren. Viele von ihnen blieben in Costa Rica. 1959 bekamen sie Verstärkung von italienischen Bauern, die in der von der Regierung geförderten Kolonie San Vito auf der Pazifikseite siedeln konnten.

Noch heute hat San Vito italienisches Flair, sogar eine Dante-Alighieri-Gesellschaft besteht dort.

◄ Sie scheint ihren Lebensabend zu genießen
▲ Dieses Lächeln strahlt nach innen (Markt in Guanacaste)

Gringos

Am häufigsten trifft man auf sie in San José und erkennt sie sofort im dicht gedrängten, überdrehten Gewimmel der Straßen, denn ihr blonder Schopf überragt alle anderen. Die *gringos,* d. h. alle Weißen – ganz gleichgültig, ob sie Vorfahren aus Europa oder Nordamerika hatten– sind in Costa Rica nicht zu übersehen, und sie sind schon sehr lange hier.

Europäischer Mix

Bereits im frühen 19. Jahrhundert kamen Franzosen, Deutsche und Engländer, angelockt von der Aussicht auf Reichtum durch das Kaffee-Geschäft. Viele von ihnen heirateten Costaricanerinnen, fan-

Tag der Kulturen

Der Beitrag der Chinesen zum sozialen Leben wird besonders bei den Feierlichkeiten des Karnevals offensichtlich: Beim großen Umzug schlängelt sich zum Rhythmus der Steelbands und der bunt kostümierten karibischen Tanztruppen der traditionelle chinesische Drache durch die überfüllten Straßen. Passend zu dieser multikulturellen Veranstaltung wird der Tag (12. Oktober), um den Karneval gefeiert wird, auch »Día de las Culturas« genannt.

den ein neues Zuhause und wurden völlig von der Tico-Kultur aufgesogen.

Moderne Einwanderer

Quäker aus den Vereinigten Staaten suchten in den 1950er Jahren einen friedlichen Ort und fanden ihn im Nebelwald von Monteverde, wo sie eine Gemeinde gründeten und ihre Vision eines harmonischen Zusammenlebens mit der Natur und ihren Mitmenschen verwirklichen können.

Seit den 1960er Jahren hat es die Gesetzgebung in Costa Rica Pensionären aus Europa und Nordamerika besonders leicht gemacht, sich hier niederzulassen. Seither hat eine große Zahl verhältnismäßig reicher *gringos* sich im Valle Central ein neues Zuhause inmitten tropisch-grüner Parklandschaften geschaffen.

Aus den Vereinigten Staaten und aus Europa sind in den vergangenen Jahren mehr als 35 000 Pensionäre ins Land gekommen, die sich nach einem ruhigen und friedvollen Leben in der Sonne sehnen. Der *pensionado* lebt mit festem Wohnsitz und festem Einkommen in Costa Rica, ist aber nicht eingebürgert. Die Ansiedlung von ökologisch bewussten Nordamerikanern und Europäern hat letztlich auch dazu beigetragen, eine massive Veränderungen in der Einstellung des Landes zur Umwelt zu bewirken.

Zustrom aus Lateinamerika

In den letzten Jahrzehnten des 20. Jahrhunderts ist aufgrund der bedrückenden politischen und wirtschaftlichen Verhältnisse in ihren Heimatländern eine große Anzahl von Südamerikanern nach Costa Rica eingewandert: vor allem Mitglieder der gebildeten Mittelschichten aus Chile, Argentinien und Uruguay. Diese Gruppen haben das Land kulturell sehr bereichert. Das außergewöhnliche chilenische *Teatro El Angel* war zum Beispiel nahezu komplett nach San José umgezogen, zusammen mit zahlreichen Dissidenten, die der Pinochet-Diktatur entkommen mussten.

Zugleich war der Zustrom teils illegaler Flüchtlinge aus Nicaragua für Costa Rica nicht immer leicht zu bewältigen. Und trotzdem hat das Land Neuankömmlinge in der Regel mit offenen Armen empfangen.

Touristen allerorten

Den größten Zustrom an Fremden bringt derzeit der blühende Tourismus in das kleine Land. Auch wenn die Costaricaner stolz sind, den Besuchern ihr schönes Land herzeigen zu können, ergeben sich durch den Boom des neuen Wirtschaftszweiges unübersehbare Probleme. Dem *campesino* wird sein Land genommen, um ein Bioreservat daraus zu machen, Milchbauern sind nicht in der Lage, neues Weideland zu erwerben, da die Preise für Grund und Boden nach oben getrieben wurden. In regenarmen Jahren konkurrieren Golfplätze und Bauern um Wasserresourcen. Und während die Profite den großen Hotelgruppen im Ausland zugute kommen, fallen die lokalen Gewinneinnahmen gerade einmal so aus, dass sie die geringen Löhne der Kellner, Zimmermädchen, Gärtner und Poolpfleger finanzieren.

Neue Formen des Tourismus, bei dem auch die ansässige Bevölkerung von den Gewinnen profitiert, finden große Unterstützung von internationalen Organsiationen und von der Regierung. Für umweltfreundliches Mangement verleiht nun der Staat Auszeichnungen wie das »Green Leaf« (Grünes Blatt), und an gut gewarteten Stränden weht die »Bandera Azul«, die blaue Fahne. Wichtig ist dabei, dass die Gemeinden und ihre Anwohner in Versorgung und Wartung touristischer Projekte einbezogen werden.

◄◄ Ein Blütenmeer wird zum Markt getragen
◄ Melonenverkäufer in San José
▲ »Boyero« mit Zebuochsen und bemaltem Wagen in San Antonio de Escazú

Ein wenig abseits und doch mitten drin

Ein lateinamerikanischer Schriftsteller schrieb einmal: »Das Problem liegt darin, dass der Costaricaner zu viel nach Norden schaut, er sollte mehr nach Süden blicken.« Aber selbst wenn er das täte, würde er darauf bestehen, dass er sich von den meisten Lateinamerikanern darin unterscheidet, was er sein »Weißsein«, sein europäisches Erbe, nennt. Ein Blick nach Guatemala, Panama oder El Salvador macht dies deutlich. Der Costaricaner unterscheidet sich von diesen Völkern wie etwa die Deutschen von den Franzosen. Er legt Wert auf diesen Unterschied und ist sogar stolz darauf.

Reisenden fällt es nicht leicht, das Lebensgefühl zu erspüren, das die Costaricaner von anderen mittel- und südamerikanischen Völkern unterscheidet. Nach internationalem Standard sind die Costaricaner überwiegend arm, aber sie lassen es sich auf keinen Fall anmerken. Es existieren keine Pappkartonviertel, die in anderen Entwicklungsländern ganze Stadtlandschaften dominieren. Obdachlose gibt es wie überall, aber keineswegs sind sie so allgegenwärtig sichtbar wie in anderen Städten Lateinamerikas, Asiens oder selbst wie in den Großstädten Nordamerikas.

Keine Frage, die Costaricaner sind sich der Korruption, die sie allenthalben umgibt, durchaus bewusst. Elegant schütteln sie den Kopf und geste-

hen sie mit Bedauern ein. Sie wissen, dass es Probleme im Überfluss gibt, sowohl im Inneren als auch nach außen, für die keine Lösung in Sicht ist. Sie glauben fest an Besserung.

Gesundheit und Bildung

Die Verhältnisse in den Bereichen Gesundheit und Bildung sind alles andere als ärmlich. 1920 betrug die Sterblichkeitsrate bei Kindern beinahe 26 % – heute dagegen weniger als 2 %. Gemäß den Zahlen der Weltgesundheitsorganisation erlangt der costaricanische Mann im Durchschnitt ein Alter von 75 Jahren; er wird somit älter als ein US-Bürger oder Europäer (ausgenommen Franzosen). Nur die Japaner leben länger. Diese Fakten beruhen nicht auf Zufall oder auf der guten Luftqualität. Costa Rica investiert ca. 10 % des Bruttosozialproduktes in das Gesundheitswesen. Die Leistungen dieser Sparte stehen in dem Ruf höchster Qualität, sodass angeblich sogar US-Amerikaner aus Beverly Hills hierher kommen, um sich von Schönheitschirurgen behandeln zu lassen. Auch der Bereich Erziehung und Bildung wird spürbar gefördert: Bereits 1896 führte Costa Rica die allgemeine Schulpflicht ein. Heute liegt in der Bevölkerung ab 10 Jahren die Analphabetenrate bei nur 4 %, eine Zahl, die die der USA oder Europas unterbietet.

Zerbrechliche Welt

In vielen Kleinstädten vermittelt Costa Rica den Eindruck, die Zeit sei seit langem stehen geblieben. Aber das Leben hier hat wenig mit einer nostalgisch verklärten europäischen Vergangenheit zu tun. Die Erinnerungen an vergangene Zeiten werden zwar wohl gehütet, aber man legt Wert auf Selbstständigkeit, will sich schützen vor dem Eindringen grober fremder Einflüsse. Den Fernsehapparat will man am liebsten wegschließen, der über Satellit die Shows und Werbespots aus den nordamerikanischen Großstädten zeigt. Da die Vereinigten Staaten mit Abstand der reichste Nachbar sind und damit auch das mächtigste Sprachrohr für Image und Ideologie, wissen die Costaricaner mehr über die USA als umgekehrt. Die Ticos kennen die großen amerikanischen Sportler, Schauspieler, Musiker und Politiker, und sie wissen die seltsame Mischung aus Fakten und Fiktionen einzuschätzen, die Fernsehen und Filmindustrie im Stil von Hollywood verbreiten.

Obwohl Costaricaner im Allgemeinen als demokratisch, wohlwollend und friedlich gelten, hat das Leben in den Städten ihren ursprünglichen Charakter verändert. Hier leben die Menschen isoliert und auf Distanz zu einander. In den Dörfern, die von der Großstadthektik verschont sind, herrscht noch eine spürbare Verbundenheit, ein familiärer Zusammenhalt unter den Bewohnern.

Dies ist wahrscheinlich auch der Grund, weshalb das Leben in San José manchmal so irreal erscheint, zeitlich und örtlich deplaziert: Es steht in grundlegendem Widerspruch zur Lebensweise der Costaricaner. Die Hauptstadt ist eine anonyme Metropole, in der jeder für sich allein bleibt. ■

Nicas bei den Ticos

Costa Ricas arme Stiefschwester Nicaragua erinnert die Ticos an Verhältnisse, die das Schicksal ihres Landes hätten sein können, wenn die geografischen und politischen Voraussetzungen ein wenig anders gewesen wären. Bis zu 500 000 Nicaraguaner haben ihr Heimatland – vor allem wegen der Arbeitslosigkeitsrate von 50 % – verlassen, viele von ihnen illegal. Sie arbeiten als Zimmermädchen, Gärtner, Bauarbeiter oder verkaufen Snacks und Schmuck auf der Straße. Die Zuckerrohr- und Kaffeeindustrie braucht die Nicaraguaner für ihre Ernten. Die meisten werden schlecht oder schwarz bezahlt und haben keinen Zugang zum sozialen Gesundheitswesen. Dass sie zu diesen Bedingungen arbeiten, erscheint weniger verwunderlich, wenn man bedenkt, dass das durchschnittliche Pro-Kopf-Einkommen in ihrem eigenen Land nur 1000 Dollar im Jahr beträgt. In der westlichen Welt hat nur Haiti ein noch geringeres Einkommensniveau.

Als der damalige Präsident José María Figueres Mitte 1997 ein Abkommen unterschrieb, dass alle im Land lebenden Nicaraguaner Arbeit suchen und dabei soziale Ansprüche geltend machen können, bildeten sich augenblicklich endlose Schlangen vor der nicaraguanischen Botschaft. Aber nicht alle Einwanderer aus dem Nachbarstaat sind arm. In den 80er Jahren flüchteten Anhänger des Somoza-Regimes aus der Mittel- und Oberschicht vor dem Bürgerkrieg in Nicaragua und haben sich inzwischen erfolgreich niedergelassen. Der Strom der Zuwanderer verstärkte sich 1997. Damals verabschiedeten die USA ein hartes Einwanderungsgesetz, und obwohl es später abgeschwächt wurde, wählten tausende Nicaraguaner anstelle der USA Costa Rica als Ausgangspunkt für ein besseres Leben. Schätzungsweise 5000 Nicaraguaner überqueren jeden Monat illegal die Grenze, die beide Länder auf einer Länge von 320 km trennt.

Ticos haben oft Vorurteile gegen ihre nördlichen Nachbarn. Sie seien schmutzig und viele von ihnen Diebe und Mörder. 1996 und 1997 gab es zwei voneinander unabhängige, Aufsehen erregende Geiselnahmen – beide Male waren Europäer die Opfer –, begangen von Nicaraguanern. Diese Taten schürten Misstrauen und Feindseligkeit gleich gegenüber der ganzen Bevölkerungsgruppe.

»Nicas« sind dunkelhäutiger als die meisten Costaricaner, die am liebsten unterschlagen würden, dass die Provinz Guanacaste einmal zu Nicaragua gehörte. Sie lieben Poesie und Musik und zeigen untereinander selbstlose Hilfsbereitschaft.

1998 und erneut 2001 wurde Nicaragua schwer von einer Dürre geplagt – eine Folge des Wetterphänomens El Niño. Ungefähr 40 % der gesamten Ernte war unbrauchbar. Im selben Jahr begrub der Hurrikan Mitch weite Landstriche unter Schlamm und Wassermassen. Viele Nicas verließen daraufhin ihr Land. Im selben Jahr ertranken 29 Nicaraguaner,

als ihr schwer beladenes Boot »El Cairo« im Nicaraguasee kenterte. Fast alle Opfer waren auf dem Weg nach Costa Rica. Wahrscheinlich waren bis zu 70 Menschen an Bord – doppelt so viele wie offiziell erlaubt. Deutlich zeigt sich die Verzweiflung, die so viele Nicaraguaner dazu bewegt, ihr Heimatland zu verlassen und dabei alles zu riskieren, um in ein Land zu kommen, in dem sie nicht erwünscht sind. ■

◄ Cellistin des Staatlichen Symphonieorchesters in San José
▲ Die junge Mutter hat in Costa Rica ein neues Zuhause gefunden

Nationalparks und Reservate

Von Costa Ricas Landfläche stehen rund 25 Prozent unter Naturschutz. Immer mehr Land in der Wildnis wird von Privatpersonen gekauft, um es gegen zivilisatorische Eingriffe zu schützen. Ein Viertel des Staates ist somit von den Menschen »abgeschottet« und kann nicht ausgebeutet oder zerstört werden. Kein anderes Land kann auch nur annähernd mit solchen Zahlen aufwarten.

Helden und Bösewichte

Die Entstehungsgeschichte der Parks und Schutzgebiete Costa Ricas ist ein Kapitel voll hoch gesteckter Ideale und begeisterten Engagements.

Einer der ersten in der langen Reihe ausländischer Naturschützer war der Schwede Nils Olaf Wessberg, der mit seiner Frau Karen 1955 nach Costa Rica kam und auf Nicoya in der Nähe von Montezuma eine Farm kaufte. Die begeisterten Naturfreunde bauten ein Haus aus Palmblättern und waren fest entschlossen, völlig im Einklang mit dem Land zu leben.

Selbst auf diesem entlegenen Fleckchen Erde konnten sie sich dem so genannten Fortschritt nicht entziehen und mussten mit wachsendem Unmut zusehen, wie der Urwald von Cabo Blanco auf der Halbinsel Nicoya nach und nach zerstört wurde. Wessberg wurde aktiv und versuchte Geld aufzutreiben, um das Anwesen zu kaufen und dadurch zu erhalten. Innerhalb von drei Jahren hatte er 1000 Briefseiten geschrieben und 30 000 Dollar aufgebracht, die Summe, die er brauchte, um jene 1172 Hektar Land zu kaufen, die heute das Naturschutzgebiet *Cabo Blanco* umfasst. Hier erinnert eine Gedenktafel an Nils Wessberg, der bei dem Versuch, ein weiteres Naturschutzgebiet auf der Halbinsel Osa einzurichten, von Gegnern des Projekts ermordet wurde.

Ebenfalls ein Einzelkämpfer war Mario Boza, ein costaricanischer Student der Forstwirtschaft. Er konnte seine Vorstellungen bei der Schaffung von *Santa Rosa,* dem ersten Nationalpark des Landes, umsetzen. 1969 verkündete ein Gesetz zur Erhaltung des Waldes die Einrichtung des Santa-Rosa-Nationalparks als Naturdenkmal, zugleich wurde eine Nationalparkverwaltung geschaffen. Da es aber an Geldern und Personal mangelte, um dieses Gesetz in die Tat umzusetzen, blieb es unbeachtet, und der Wald wurde weiterhin von Bauern als Weideland für ihr Vieh genutzt oder von illegalen Neusiedlern abgeholzt oder brandgerodet.

Da die Zerstörung über den Weg der Bürokratie nicht aufgehalten werden konnte, wandte sich Boza über die Presse direkt an das Volk: »Santa Rosa in Flammen: Ein Nationalpark wird ruiniert«, lauteten die Schlagzeilen. Die Öffentlichkeit war empört, und die Parkverwaltung erhielt endlich die Vollmacht, die illegalen Siedler hinauszuwerfen und das Land vor dem Zugriff der Viehwirtschaft zu schützen.

◀ Nicht zum Kuscheln: Jaguare
▶ Die Bejuquillo, eine Baumschlange, die häufig in Amistad zu sehen ist
◀◀ Die Abendsonne lässt den Regenwald von Braulio Carrillo noch einmal im frischen Grün aufleuchten – Helikonien auf dem fruchtbaren Boden des Dschungels – Leguane bei La Orotina

Ökonomie versus Ökologie

So bewundernswert die umweltschützerischen Anstrengungen in Costa Rica auch sein mögen, so steht ihnen doch die wirtschaftliche Entwicklung dieses Dritte-Welt-Landes entgegen. Die Parks sind teuer im Unterhalt. Die fortschreitende Verstädterung, die aus der Tatsache resultiert, dass mehr als 60 % der Bevölkerung in der fruchtbarsten Gegend des Landes, im Valle Central, leben, lässt immer mehr Land unter Beton und Asphalt verschwinden.

Durch die großflächige Bodenerosion – eine Folge der schnellen Abholzung und der zerstörerischen Nutzung durch die Viehwirtschaft – geht unglaublich viel Mutterboden verloren. Daraus ergeben sich wiederum Gefahren für das Grundwasser und das gut ausgebaute System von Wasserkraftwerken zur Energiegewinnung.

Die Bananen-, Kaffee- und Düngemittelindustrie hat jahrelang die Binnen- und Küstengewässer mit ihrem Giftmüll verseucht. Pestizide, die früher nur bei Exportartikeln wie Bananen und Zucker verwendet wurden, werden jetzt von Gemüse- und Blumenzüchtern benutzt, was die Vernichtung von Großtierarten wie den Gürteltieren und Krokodilen am *Río Tempisque* zur Folge hat.

Wunderwelt der Natur in Zahlen

Costa Rica hat erstaunliche Zahlen vorzuweisen. Insgesamt gibt es zwischen 500 000 und einer Million verschiedene Arten von Pflanzen und Tieren: 50 000 Insekten-, 2000 Orchideen- und 800 Farnarten (mehr als in Nordamerika und Mexiko zusammen!), 208 Arten von Säugetieren, 850 Vogelarten, 200 Reptilienarten (die Hälfte davon Schlangen) und viele tausend verschiedene Arten von Faltern. Auf einem Raum, der weniger als drei Tausendstel der Erdoberfläche einnimmt, kommen fünf Prozent aller Pflanzen- und Tierarten des Planeten vor.

Der immense Bedarf an exotischem Holz in den Industrieländern hat zur Abholzung des Waldes rund um das wunderbare Kanalsystem von Tortuguero geführt, um nur ein Beispiel zu nennen.

Beim Versuch, den Lebensstil Nordamerikas und Europas nachzuahmen, entsteht unvermeidlich der Konflikt zwischen Konsum und Umweltschutz. Eine ganze Armee von Naturschützern kämpft daher dafür, ein Gleichgewicht zwischen all diesen Kräften herzustellen. Umweltschützer und Ökologen aus der ganzen Welt kommen nach Costa Rica, um sich der »guten Sache« anzuschließen. Umweltexperten gibt es im Überfluss. Ein ganzes Dutzend internationaler Umweltorganisationen unterstützt die ökologischen Anstrengungen des Landes.

Umweltschutz durch Aufklärung

Die Nationalparkbehörden sind jedoch der Überzeugung, dass nur durch den Willen der Menschen selbst Umweltschutz wirksam verwirklicht werden kann, und man unternimmt große Anstrengungen, diejenigen aufzuklären, die von der Einrichtung eines Parks am meisten betroffen sind: die Ticos. Die Kooperation der Bewohner dieser Gebiete entscheidet letztendlich über das Weiterbestehen der Parks.

Folglich müssen sie oft die Jagd auf Tierarten aufgeben, die im Park geschützt sind. Große Wildkatzen wie Puma und Jaguar benötigen zum Überleben weitläufige, freie Territorien. Dass die Leute sie nicht abschießen, obwohl sie eine konstante Bedrohung für das Vieh – und somit für die Existenz der Bauern – darstellen, erfordert eine enorme, oft recht undankbare Überzeugungsarbeit.

Umweltbewusste Reisende können das System der Nationalparks durch ihren Besuch unterstützen: durch ihren Aufenthalt in privaten Schutzgebieten, durch Verständnis und Mithilfe sowie durch Spenden an die vielen Stiftungen, die sich die Erhaltung der wundervollen Natur in Costa Rica als oberstes Ziel gesetzt haben.

Der Nationalpark *La Amistad* erstreckt sich bis zur Grenze zu Panama und wird auch dort bald durch einen Nationalpark erweitert werden. Genauso ist der geschützte Friedenspark, der in Zusammenarbeit mit Nicaragua an dem Fluss *Río San Juan* entstehen soll, ein Beispiel dafür, wie Nationalparks auch zur Förderung internationaler Beziehungen beitragen können.

◀ Ein Kinkaju macht große Augen
▲ Perfekte Tarnung

Die perfekte Zukunft?

Die Tatsache, dass Costa Rica im Ruf steht, ein relativ sicherer und demokratischer Staat zu sein, stellt den größten Segen, gleichzeitig aber auch das größte Problem des Landes dar. Denn die Welt wird einem so mustergültig demokratischen Staat auf Dauer nicht so viele Geldmittel und Medienbeiträge gewähren. Noch ist nicht entschieden, welche Seite die Überhand gewinnt: die Naturschützer oder die Wirtschaftsgläubigen, die Fortschritt um jeden Preis predigen. Es ist nicht abzusehen, ob das kleine mittelamerikanische Land zu einem erfolgreichen Modell für die Erhaltung der Natur in der ganzen Welt wird oder zu einem idealistischen Fehlschlag. ■

Urwald – die stille Megashow

Seien Sie nicht enttäuscht, wenn Sie auf Ihrer ersten Reise in den tropischen Regenwald nicht gleich Hunderte von Vogelarten, spektakuläre Großkatzen, Affen und Faultiere sehen, die laut Reiseführer dort leben müssten. Sie werden den Regenwald zunächst nur als eine grüne Pflanzenmauer erleben und nicht die erwarteten 1000 bunten Tiere. Hier überlebt eine große Artenvielfalt seit Jahrtausenden, gerade weil es ihr gelungen ist, sich unsichtbar zu machen.

Bevor Sie in den Dschungel gehen, studieren Sie Naturführer, die die Tierarten der betreffenden Gegend beschreiben. Achten Sie auf Besonderheiten wie Farbe, Form und Verhalten, um die Tiere zu erkennen. Finden Sie heraus, zu welcher Tageszeit sie am aktivsten sind. Ein gutes Fernglas – umgekehrt auch als Vergrößerungsglas einsetzbar – wirkt Wunder. Nehmen Sie jede Gelegenheit wahr, mit einem Boot Flüsse oder Seen zu befahren. Oder vertrauen Sie sich einem lokalen Naturführer an. Er wird Ihnen das Sehen neu beibringen.

Beachten Sie ein paar Sicherheitstipps, bevor Sie etwas unternehmen. Ihre Umgebung mag zwar wie Disneyland aussehen, aber es ist der Urwald. Schlangen sind selten, können aber gefährlich sein. Insekten stechen, und manchmal können Tiere aggressiv werden. Informieren Sie jemanden, wohin Sie gehen und wann Sie zurück sein wollen. Nehmen Sie unbedingt Wasser, Insektenschutz, eine Taschenlampe, Sonnencreme, Regenkleidung und einen Hut mit.

Schauen Sie genau hin, bevor Sie etwas berühren, auf etwas treten, sich setzen oder anlehnen. Achten Sie auf schlüpfrige Steine, Schlammkuhlen, umgestürzte Bäume, Ameisen und Schlangen. Erst dann suchen Sie das Blätterdach nach Tieren ab. Verändern Sie ständig Ihre Blickrichtung. In der Trockenzeit wirft der Laubwald seine Blätter ab und gibt den Blick in die Baumkronen frei.

Am besten sieht man Waldtiere am »Rande« ihrer Lebensräume, an Flüssen, Stränden, auf offenem Feld, an Straßen und Weggabelungen. Durstige Tiere kommen zu Wasserstellen. Achten Sie auf Formen, Farben und Bewegungen, die nicht zur Vegetation zu passen scheinen.

Einige Tipps zur Tierbeobachtung: Auch die geringsten Hinweise, die leicht übersehen werden, können die Gegenwart eines Vogels oder eines anderen Tieres verraten. Samen oder Blätter, die von Bäumen fallen, sind Anzeichen dafür, dass sich Papageien, Affen oder Faultiere in den Baumkronen aufhalten. Früchte, Nüsse, Samenspelzen oder Blattteile auf dem Boden deuten auf einen Baum hin, von dem sich Vögel oder Säugetiere ernähren.

Große, dunkle Schatten und Baumauswüchse können auch schlafende Faultiere, Ameisenbären oder Affen sein, »Baumstämme« am Flussufer entpuppen sich machmal als Krokodile. In abgestorbenen Baumteilen leben oft Amphibien, Insekten, Pilze und Moose. In Hohlräumen nisten Vögel. Wenn Sie ein wenig Übung haben und Pflanzen und Tiere erkennen können, überlegen Sie, warum sie an diesem Ort leben, was sie fressen und mit welchen Tieren sie zusammenleben. Bald werden Sie ein Verständnis entwickeln für die faszinierende Vielfalt des Tropenwaldes. ■

▲ Für aufmerksame Wanderer eine kleine Überraschung: Raupe auf einem Blatt ▶ Vogelfreunde im Paradies von Monteverde

Natur zwischen Bergwald und Korallenküste

So klein das Land auch sein mag, Costa Rica weist eine Fülle an verschiedenen Ökosystemen auf. Eine kurze Fahrt – und schon ist man von völlig anderen Pflanzen und Tieren umgeben. Diese Vielfalt ergibt sich hauptsächlich aus den verschiedenen Höhenlagen mit jeweils ganz unterschiedlichen Niederschlagsmengen. So enstand eine ganze »Palette von Lebensräumen«. Manche Tier- und Pflanzenarten treten in mehreren Lebensräumen auf, viele aber nur in einem einzigen.

Tropischer Trockenwald

In manchen Gegenden – besonders im Tiefland von Guanacaste – fällt bis zu fünf Monate so gut wie kein Niederschlag. Hier, im tropischen Trockenwald, verlieren die meisten Bäume ihre Blätter, bald nachdem die regenlose Zeit beginnt. Selten sind die Bäume höher als 30 m, und meist sind ihre Stämme unten von dichtem Gestrüpp und dornigen Sträuchern umgeben. Hier wimmelt es von Reptilien wie Klapperschlangen und großen Echsen (Ctenosaurier), die sich von Guayacan-Blüten und -Früchten ernähren. Sind die Blätter gefallen, hüllen sich Bäume in ein prachtvolles Blütenkleid. Auffälligster Blüher ist der Guayacan- oder Cortes-Baum, der dann ganz in Gelb erstrahlt.

Regenwald

In den Tiefebenen sorgt ein ständig feuchtes und warmes Klima für eine wahre Wachstums-Explosion und schafft ideale Bedingungen für den Regenwald. Streng genommen gilt dieser Name nur für den Wald, in dem es nahezu pausenlos regnet. Die Bäume des Regenwaldes sind immergrün, und ihre dichten Kronen bilden einen großen Baldachin, der kaum einen Sonnenstrahl auf die Erde durchlässt. Im Tiefland erreichen diese »Canopy-Bäume« bis zu 50 m Höhe. Viele von ihnen haben daher stützende Brettwurzeln. Mitten unter ihnen befinden sich auch »aufstrebende« Bäume – gigantische Exemplare, die sich über den Baldachin hinaus erheben und über 60 m hoch wachsen. In höheren Lagen wird die Größe der Bäume geringer, dafür nimmt die Niederschlagsmenge zu. In ca. 1000 m Höhe erreicht sie ihr Maximum. Und weil die kühleren Temperaturen die Verdunstung verzögern, ist der Wald oft von Nebelschleiern umgeben. Die Bäume sind dicht bewachsen mit Bromelien, Orchideen und Farnen. Diese Epiphyten benutzen die Bäume auf ihrer Suche nach Licht als lebenden »Hochsitz«. Sie ernähren sich selbst und schädigen ihren Wirt in der Regel nicht. Die Artenvielfalt im Regenwald ist unvorstellbar, denkt man allein an die Millionen Insekten, die noch unerforscht in den Baumkronen schlummern. Im »Oberhaus« tummeln sich auch zahllose Tiere und Vögel, ungestört von neugierigen Zweibeinern. Auch auf dem Boden ist nur wenig zu erspähen. Die meisten Säugetiere mit Ausnahme von Affen und Agutis sind nachts aktiv. Einige Vogelarten ernähren sich von dem, was der Waldboden bietet. Einige sind Spezialisten, wenn es darum geht, Armeisenkolonien zu folgen, um ihnen dann die fliehende Beute wegzuschnappen.

Páramo

Auf den höchsten Erhebungen macht der Wald einer baumlosen Landschaft Platz, die als »páramo« bezeichnet wird. Kalt und häufig in Wolken versunken scheint diese Landschaft Meilen von der Wärme und Üppigkeit der niedrigeren Lagen entfernt. Dieses Ödland ist hauptsächlich von zähem Gestrüpp bewachsen, das starken Winden standhalten kann. Páramo gibt es vor allem in den Anden; die Vorkommen in Costa Rica, z. B. im Talamanca-Gebirge, sind die nördlichsten Ausläufer.

Süßwasser-Feuchtgebiete

In Costa Rica sind die Wege kurz – Flüsse bringen ihre Reise aus dem Landesinnern zum Meer schnell hinter sich. Tropische Wolkenbrüche lassen ihren Wasserstand immer wieder plötzlich ansteigen. Tiere, die auf Süßwasser angewiesen sind, haben sich zu wahren Experten entwickelt, wenn es darum geht, vorübergehend Schutz vor den Wassermengen zu suchen. Im Tiefland, wo der Fluss etwas ruhiger ist, gibt es zahlreiches Leben am Ufer. Kaimane aalen sich hier in der Sonne, und mit Glück ist der Helmbasilisk zu sehen, der auf den Hinterbeinen über das Wasser rennt, wenn er vor Gefahren flieht. Die meisten Flüsse sind breit genug, sodass an ihren Ufern Licht den Waldboden erreichen kann. In dieser »Lichtschneise« wachsen Pflanzen, die im Wald selbst nicht vorkommen. Einige der auffälligsten sind Helikonien, die Hummerscheren gleichen und von Kolibris bestäubt werden. An der größten Süßwasserstelle, dem Arenalsee, wimmelt es zwar von Fischen, dafür halten sich die Vögel zurück. Die flachen Gewässer des Palo-Verde-Nationalparks und des Caño-Negro-Tierschutzgebiets sind weitaus produktivere Ökosysteme. Diese Feuchtgebiete ziehen eine Vielzahl von Vögeln an, besonders wenn der Wasserstand niedrig und Beute leichter zu fangen ist.

Mangrovensümpfe

Mangroven wachsen überall in den tief liegenden Sumpfgebieten entlang der Küsten. In Costa Rica gibt es fünf Mangrovenarten, und sie bilden sowohl auf der Pazifik- als auch auf der Karibikseite riesige Wälder. Keine dieser fünf Arten ist nahe mit einer anderen verwandt, aber alle können im Salzwasser überleben. Botaniker nennen sie Halophyten. Sie haben einen Mechanismus entwickelt, der es ihnen ermöglicht, überflüssiges Salz loszuwerden. Ihr umfangreiches Wurzelwerk verankert sie in dem sich ständig bewegenden schlammigen Untergrund. Mangrovensümpfe sind oft unzugänglich, stinkend und heiß, aber ein idealer Nährboden für Krabben: Horden von Winkerkrabben suchen im Schlamm nach Essbarem, andere Arten ernähren sich von den Blättern der Mangroven und hangeln sich akrobatisch von Ast zu Ast.

Korallenriffe

Lange Strände – oft aus dunklem Vulkansand –, flache Felsen und eine geringe Anzahl vorgelagerter Inseln säumen die beiden Küsten. Sie sind zwar an keiner Stelle weit voneinander entfernt, aber das Leben im Meer unterscheidet sich doch gewaltig. Braune Pelikane z. B. leben an beiden Küsten, ihr Nachwuchs kommt allerdings nur auf der Pazifikseite zur Welt, da nur die felsigen Inseln ihnen den notwendigen Schutz geben. Im Pazifik gibt es mehrere Korallenriffe, dagegen nur eine einzige Region auf der Karibikseite: Cahuita. Riffe bildende Korallen benötigen für ihr Wachstum Sonnenlicht und können nur im klaren Wasser überleben. Deshalb beschränkt sich ihr Vorkommen auf Gebiete fern der verschlammten Flussmündungen. Immer mehr Schwemmsand, hervorgerufen durch anhaltende Abholzungen, gelangte in den letzten Jahren in die Nähe des Cahuita-Riffs, das zudem durch das Erdbeben von 1991 stark beschädigt wurde. ■

◀ Der dichte Dschungel einmal aus der Vogelperspektive
▶ »Malachite butterfly« im Braulio Carrillo Park

Zauberhafte Pflanzenwelt

Viele Urlauber kommen mit dem spektakulären Pflanzenreichtum des Landes schon an der Rezeption des Hotels in Berührung. Höchstwahrscheinlich wird der Tresen mit einer Vase **Helikonien** geschmückt sein – auffallenden rot oder gelborange blühenden Blumen, die eine wachsartige Steifheit besitzen und als Hummerscheren, »lobster claws«, bekannt sind. Sie wachsen in den tropischen Wäldern im Halbschatten der Baumgiganten (werden aber auch gezüchtet).

Helikonien sind typisch für die enorme Blütenpracht, die in Costa Ricas warmenn und feuchten Klima wunderbar gedeiht. Als Faustregel gilt, dass die größten und robustesten Blumen – u. a. die Helikonien – von Vögeln oder Fledermäusen bestäubt werden, während Insekten die Bestäubung von empfindlicheren Exemplaren vornehmen. Hierzu gehören auch die **Orchideen,** eine weitere Spezies, für die Costa Rica besonders bekannt ist.

Zu der wahrlich üppigen Artenvielfalt zählen **1000 Baumarten.** Um das breite Spektrum an Pflanzen noch zu vergrößern, wurden zahlreiche Arten – teils als Nahrung – aus anderen Tropengebieten eingeführt. Zu diesen importierten **Nutzpflanzen** zählen auch **Bananen,** die Anfang des 16. Jahrhunderts nach Amerika kamen, **Kaffee, Mangos, Zuckerrohr** und die afrikanische **Ölpalme,** die erstmals in den sechziger Jahren angepflanzt wurde.

Viele der Pflanzen in den Gärten, am Wegesrand oder in den Nationalparks kommen ursprünglich aus entlegensten Regionen der Welt. Zu den wahrscheinlich ausgefallensten gehören die Jacarandas, Palisander-Bäume aus Südamerika, die ein wunderschönes blauviolettes Blütenkleid tragen.

▶ **Riesige Blätter**
Elefantenohren verdanken ihren Namen den riesigen Blättern (Durchmesser über 1,20 m). Sie stammen sie aus dem Süden Asiens und gedeihen in Sumpfgebieten in Flussnähe. Ihre Wurzeln und Stengel sind essbar, und sie dienen als »Regenschirm des armen Mannes«.

◀ **Strelitzien** haben eingebaute Landeflächen für die sie bestäubenden Vögel.

◀ Orchideen
Ein Besuch im Orchideengarten lohnt sich, denn man bekommt die sonst hoch in den Bäumen wachsende Guaria morada (Cattleya-Orchidee), das Wahrzeichen Costa Ricas, mühelos zu sehen.

▶ Kohleria
Benannt nach einem deutschen Botaniker haben Kohlerias röhrenförmige herabhängende Blüten und wachsen auf schattigem Waldboden. Zu ihrer Familie (Gesneriaceae) gehören auch bekannte Zimmerpflanzen wie die Usambaraveilchen oder die Gloxinien.

◀ Blaue Blüten
Die blaue Passionsblume (Passiflora caerulea) wächst überall in Costa Rica. Sie trägt saftige Beeren, deren Samen durch Tiere verbreitet werden.

▶ Symbolhafte Blume
Spanische Missionare benannten die orange Passionsblume nach der Leidensgeschichte Christi: die drei Blütengriffel beispielsweise deuteten sie als die drei Kreuzigungsnägel.

▲ Hummerscheren
Helikonien haben farbenprächtige »Klappen« – daher der Name Hummerscheren. Bei manchen Exemplaren steht der Blütenkopf senkrecht, bei anderen kippt er einfach hinunter.

▼ Nektarstation
Die Ingwerlilie zieht Nektar trinkende Vögel und Schmetterlinge an. Die schulterhohen Verwandten des essbaren Ingwers stammen aus Indien und Südostasien. In Costa Rica wachsen sie als Gartenpflanzen.

Pflanzen, die auf Pflanzen wachsen

Costa Ricas Wälder beheimaten eine große Anzahl Epiphyten, d. h. Pflanzen, die auf anderen Pflanzen wachsen. Oftmals hoch über der Erde sammeln Epiphyten Regenwasser und ergattern organische Überreste aus der Luft.
Unter ihnen sind Bromelien die auffälligsten. So genannte »Trichter-Bromelien« (s.o.) sammeln Wasser, indem sie es in ein Reservoir leiten, das aus ihren Blättern geformt wird. Sie können einen Durchmesser von bis zu 1 m haben und mehrere Liter Wasser halten.
Auch Orchideen sind Epiphyten. Ihre Wurzeln nehmen Wasser und Nahrungsstoffe auf, bevor diese versickern können.
In Wäldern sind Pflanzen zu finden, die ihr Leben mit dem Boden verwurzelt beginnen, sich dann aber sehr schnell an den Baumstämmen in Richtung der von der Sonne beschienenen Wipfel entlanghangeln.

Sport in Wind und Wellen

Ticos lieben den Sport und sind immer erfreut, wenn Urlauber ihr Team bei einem Fußball- oder Basketballspiel verstärken. In den letzten Jahren ist die Freude am Sport merklich gestiegen. Früh morgens sieht man Jogger und Radfahrer die Berge des Valle Central hinaufschnaufen. An Wochenenden wimmelt der riesige La-Sabana-Park im Westen von San José von Athleten: Fußballmannschaften, Basketballspieler, Schwimmer, Volleyballer, Rollschuhfahrer und Baseballenthusiasten. Auf der Hochfläche des Valle Central bieten Golf- und Tennisklubs mit erstklassigen Einrichtungen ihren reichen Mitgliedern aus den Außenbezirken der Städte das modisch-getrimmte Gesundheitsimage, das sie sich wünschen.

Ausländische Besucher zieht es vor allem an die Gewässer – zum Surfen an die einsamen Strände, zum Arenalsee oder mit dem Schlauchboot auf die reißenden Flüsse.

Wildwasser-Rafting

Ein Schlauchboot in leuchtenden Farben schießt durch die weiße Kaskade einer Stromschnelle und torkelt dann über fast 2 m hohe Wellen. Die mit Helm und Schwimmweste vermummten Gestalten stechen ihre Paddel ausgelassen in die Gischt und jubeln, wenn sie das Boot zwischen mannshohen Felsbrocken hindurch manövrieren. Nach einer Weile erreicht man eine ruhige Stelle des Flusses, ein Kehrwasser, und hier pausieren die Bootsinsassen, atmen durch und nehmen die Schönheit der Reventazón-Schlucht in sich auf. Das kolossale Panorama eines Canyon breitet sich vor ihnen aus, mit Kaffeefeldern, Zuckerrohr und einer leuchtenden Blütenpracht in den Kronen der Bäume, die über den Fluss hängen.

Rafting ist in Costa Rica die Nummer eins unter den Fun-Sportarten. Um hierfür optimale Bedingungen zu liefern, benötigt der Fluss ausreichend Geschwinidgkeit. Die Bergketten, die das Rückgrat des Landes bilden, machen dies möglich. In den Talamanca-Bergen und in der Cordillera Central finden sich viele wunderschöne Flüsse, die das nötige Gefälle aufweisen und dank ergiebiger Regenfälle das ganze Jahr genügend Wasser führen.

Und für jeden ist etwas dabei, ob Anfänger oder Profi. Man kann wählen zwischen idyllischen

Floßfahrten durch üppig grüne, tierreiche Landschaften oder gischtendem Wildwasser und tosenden Stromschnellen, die eine Herausforderung für jeden erfahrenen Wildwasserkenner sind.

Der Sarapiquí

Der Sarapiquí fließt durch die beeindruckende Landschaft um Heredia und führt ausgezeichnete Wildwasserstrecken. Der obere Teil, der etwa zwei Fahrtstunden von San José entfernt ist, enthält gemäßigte Gefällestrecken, die auch von Neulingen gemeistert werden können. Im ruhigen unteren Teil setzt der Fluss seine Reise durch den Dschungel fort und gibt dem Paddler Gelegenheit, Affen, Fischotter und Wasservögel zu sehen.

◀ Playa Dominical – beste Bedingungen zum Surfen
▶ Ein Windsurfer gleitet durch die letzten Sonnenstrahlen bei einer leichten Brise auf dem Arenalsee
◀◀ Rafting – Funsportart Nr. 1 in Costa Rica

Der Reventazón

Von San José erreicht man den Reventazón in anderthalb Stunden. Er bietet die schwierigsten Bedingungen und die spektakulärste landschaftliche Umgebung. Bootsfahrten werden auf vier Flussabschnitten angeboten. Der erste beginnt unterhalb des Wasserkraftwerkes von Cachí, ist sehr steil und enthält Stromschnellen mit mittlerem bis hohem Schwierigkeitsgrad. Der zweite Abschnitt, von Tucurrique bis Angostura, ist auch für Anfänger geeignet und eröffnet eine phantastische Aussicht auf die umliegenden Vulkane. Die beiden letzten Abschnitte des Reventazón zwischen Angostura und Siquirres gehören zu den schwierigsten Wildwasserstrecken der Welt.

Begehrtes Rafting-Ziel

→ Costa Rica besitzt aufgrund seiner einzigartigen Topographie enorm viele zugängliche Wildwasserflüsse und Stromschnellen.

Der Pacuare

Der bekannteste Wildwasser-Fluss Costa Ricas ist der Río Pacuare. Er fließt durch eine tiefe Schlucht in dichtem, tier- und pflanzenreichem Dschungel. Viele nehmen sich für die Fahrt von

Wildwasser-Könige

Obwohl es sehr gefährlich aussieht, ist Rafting eine recht sichere Sportart und außerdem ein aufregendes Erlebnis, bei dem man Landschaft und Tiere einer Region kennen lernt. Professionelle Ausrüster stellen alles Notwendige zur Verfügung: Schwimmwesten, Helme und Boote. Die ersten Expeditionen befuhren 1979 die Flüsse des Landes mit Schlauchbooten und Kajaks. Abenteurer aus aller Welt erkundeten bald Flüsse in ganz Süd- und Mittelamerika. In Costa Rica waren es der Río Pacuare und der Río Reventazón, die östlich von San José, zu Tale rauschen und Gruppen aus der ganzen Welt anlockten. In den folgenden Jahren begann man, das Wildwasser-Rafting kommerziell zu betreiben. Die Mitglieder von Ríos Tropicales, das 1985 gegründet wurde, erschlossen den Río Sarapiquí und den Río Sucio. Aus dieser Kajak-Schule gingen Teilnehmer Costa Ricas an den letzten Wildwasser-Weltmeisterschaften hervor. Ein weiterer Veranstalter unter den Pionieren, Aventuras Naturales, besteht seit 1988. In letzter Zeit entstanden weitere Unternehmen u. a. in San José und Turrialba. Sie bieten zu vernünftigen Preisen Tagespakete von San José aus an, die Transport und Verpflegung beinhalten.

Tres Equis nach Siquirres zwei oder mehr Tage Zeit und schlagen am Flussufer neben rauschenden Wasserfällen ihre Zelte auf.

Auf der Westseite werden vor allem auf dem Río Savegre bei Quepos Rafting-Touren angeboten. Etwas anspruchsvoller, wenn auch landschaftlich weniger reizvoll, ist der Río Naranjo.

Der Corobicí

Dies ist der ruhigste von Costa Ricas Rafting-Flüssen. Außerdem ist er für Bootsfahrer mit ornithologischem Interesse sehr geeignet. Im angrenzenden Palo-Verde-Nationalpark sind 300 Vogelarten registriert, die meisten können vom Boot aus gesehen werden.

Wellenreiten

In den letzten Jahren wurden die endlosen Strände Costa Ricas zunehmend von Surfern aus Nordamerika, Australien und Europa entdeckt. Sie alle sind der Meinung, dass Costa Rica mit seiner Brandung neben Kalifornien, Hawaii und Australien zu den »großen Vier« zu zählen ist. Darüber hinaus schätzen sie die Vielzahl an Möglichkeiten, die Wassertemperatur, die das ganze Jahr um 27 °C beträgt, vor allem aber die Tatsache, dass man eine Welle für sich haben kann, und dies vor einem unberührten Strand. Eine Karte von Costa Rica zeigt, was man von den Küstenstraßen aus nicht unbedingt sieht: jede Menge Strände, zu denen meist keine Zufahrtsstraße führt.

Insgesamt ist die Atlantikküste 212 km, die Pazifikküste 1022 km lang, und an beiden finden sich Sand- und Felsstrände, vorgelagerte Riffe, Flussmündungen und Küstendschungel. Es gibt viele offene Strände, an die die Ozeanwellen aus verschiedenen Richtungen schlagen. Ein Großteil der Küstenlinie liegt meilenweit von der Zivilisation entfernt. Vor allem in der Regenzeit kann man viele Strände nur mit Allradantrieb erreichen.

◀ Surfer lieben die wild tobenden Wellen des Pazifiks …
▲ … Windsurfer den rauen Wind auf dem Arenalsee

Wo Surfen besonders Spaß macht

Neben den vielen unentdeckten, namenlosen Stränden, gibt es auch einige, die sich größerer Beliebtheit erfreuen:

Jacó ist ein unkontrolliert wachsender Badeort am Pazifik südlich von Puntarenas. Mit Bus oder Auto erreicht man ihn von San José aus in weniger als zwei Stunden. Der lange, schlickige Strand ist von zwei dschungelüberwucherten Felshängen eingeschlossen. Die Wellen eignen sich hier besonders gut zum Bodysurfen oder Boogie-Boarding. Der Strand ist von manchen Hotels aus direkt zugänglich; für Nicht-Surfer ist er allerdings nicht sonderlich attraktiv, und die Strömungen und Ripptiden in der Brandungszone sind sehr stark und gefährlich.

Jacó wird oft als Ausgangsbasis zu anderen Surfgebieten ganz in der Nähe benutzt. Nur knapp 3 km südlich liegt **Playa Hermosa.** Man kann trampen, mit dem Fahrrad fahren oder mit dem Surfbrett um die südliche Spitze des Strandes von Jacó dorthin gelangen. Weiter südlich eröffnen sich zwischen Jacó und Playa Panamá eine Vielzahl kaum entdeckter Surfstrände, allen voran **Playa Dominical.**

Nördlich von Jacó, bei **Puntarenas,** bewirkt die Sandbank an der Mündung des Río Barranca, dass hier eine der längsten linksbrechenden Wellen der Welt anrollt.

Weiter im Norden sind die Strände der Provinz **Guanacaste** mit der besten Brandung gesegnet, die man sich vorstellen kann, vor allem in der Trockenzeit, wenn gleichmäßige Winde vom Meer her die Wellen formen. Eine der bekanntesten und spektakulärsten Wellen ist die Dünung von **Witch's Rock** an der Playa Naranjo, im Santa-Rosa-Nationalpark. Man erreicht sie allerdings erst nach einer langen Fahrt mit Vierradantrieb über eine fast unpassierbare Felsenpiste.

Auf der **Halbinsel Nicoya** südlich von Guanacaste erstreckt sich ein schöner Strand nach dem anderen, und an vielen, so z. B. in **Nosara,** kann man auch wellenreiten.

In der Nähe von Limón, zweieinhalb Stunden östlich von San José, liegen **Playa Blanca** und **Playa Portete,** beides beliebte Surferstrände, und etwa eine Stunde südlich von Limón **Puerto Viejo,** ein ruhiges karibisches Dorf, dessen manchmal schon fast bösartige Brandung *Salsa Brava* heißt und sich berechtigterweise einen internationalen Ruf erworben hat. Zwischen Dezember und Mai trifft eine gleichmäßig hohe Norddünung mit äußerster Wucht auf das schöne Korallenriff vor Puerto Viejo.

Windsurfen

Im Januar 1991 sponserte und übertrug ein Sportsender den ersten Windsurf-Wettbewerb in Costa Rica. Dies war eine Einladung an die Windsurfer der ganzen Welt, auch einmal hierher zu kommen. Während des Wettbewerbs ließen starke Passatwinde die Wellen auf dem **Arenalsee** hoch schlagen, ideale Bedingungen für die Profis. Die Pioniere unter den Windsurfern, die auf dem Arenal gesegelt sind, vergleichen ihn mit den bes-

Raue See und hohe Wellen

Die Wellenbildung ist in Costa Rica sehr komplex. Nicht zuletzt deswegen ist es ein so interessantes Land für Surfer. An der Pazifikküste wird die Dünung vor allem durch Stürme im Nord- und Zentralpazifik verursacht, die von November bis März sehr häufig sind. Südliche Dünung hält als Ergebnis weit entfernter Stürme das ganze Jahr über an. Die Pazifikstrände setzen sich aus Sedimenten zusammen, die von großen Flüssen zum Meer befördert werden. Treibsand wandert mit starken, landwärts gerichteten Strömungen an der Küste entlang. Durch große Sanddämme bilden sich an der gesamten Küste Brecher, auf denen lange und schnelle Ritte nach rechts oder links möglich sind. An den vielen Flussmündungen entstehen Sandbänke, die lange und spitze Brecher hervorbringen. Da jedoch der Untergrund instabil ist, verändern sich die Bedingungen mit jeder Saison. Auch die Gezeiten und der ständige Wind beeinflussen die Form der Wellen. Zwischen Dezember und April erreicht eine hohe Dünung die Ostküste von Costa Rica. Sie wird von den Winden und Stürmen der Karibik erzeugt. Die steilen, schnellen Wellen brechen sich an flachen Korallenriffen und können in Form und Größe durchaus mit denen an der Nordküste von Oahu, Hawaii, verglichen werden. Zwischen Juni und August erzeugt der westindische Passatwind eine kleinere westliche Dünung. Die einzige Zeit Monate, zu der kaum oder gar nicht an der Ostküste gesurft wird, ist während der Monate September bis November.

ten Plätzen der Welt, etwa mit der Columbia River Gorge in Oregon oder der Hawaii-Insel Maui.

Von Januar bis April blasen im Mittel an jedem zweiten Tag gleichmäßige Winde zwischen 25 und 50 Knoten – ideal für das Shortboard-Surfen. Die übrige Saison verspricht schwächere Winde, die sich mit dem Longboard nutzen lassen.

◀ Taucher erforschen das Korallenriff vor der Küste der Isla del Caño
▶ Bougainvilleen umrahmen den Golfplatz des Cariari Country Club

Für Windsurfing-Anfänger ist der Arenalsee auf keinen Fall zu empfehlen. Uferwinde blasen vor allem in gleichmäßiger Stärke über die ganze Breite des Sees. Bei starken Böen ermöglichen sehr steile Wellen auch Schnellfahrten, Sprünge und Salti. Das Wasser hat das ganze Jahr über eine Temperatur von 18–21 °C. Das Tilawa Windsurfing Center und die River Rock Lodge vermieten gutes Equipment (vgl. S. 278).

Wer den »Trichter-Effekt« sucht, sollte unbedingt das Gebiet um **Bahía Salinas,** nahe La Cruz, im äußersten Nordwesten des Landes testen. Es gilt als der beste Windsurf-Spot der Küste.

Golf

Golf erfreut sich zunehmender Popularität in Costa Rica. Das Cariari Hotel und der dazugehörige Country Club im Umland von San José betreiben den Meisterschaftsparcours des Landes. Inzwischen verfügt das Land aber über weitere 18-Loch-Plätze in Guanacaste und an der Pazifikküste, die meist einem der dortigen Luxushotels angegliedert sind.

Eine Reihe von gut gewarteten 9-Loch-Plätzen gibt es bereits in **Tango Mar** – mit Blick über den Golf von Nicoya; außerdem gehören dazu: der Costa Rica Country Club in **Escazú,** Los Reyes Country Club, **La Guácima,** und der El Castillo Country Club oberhalb von **Heredia.** ■

Land der Fischer und Angler

Der Traum eines jeden Fischers schwimmt ohne Eile auf die karibische Küste Costa Ricas zu. Mit 150 Pfund Lebendgewicht hat er außer Haien nichts zu fürchten und wird deshalb sicher an der Mündung des Río Colorado ankommen. Wo der Tarpun herkommt, ist für den Menschen schon seit jeher ein Rätsel. Er könnte von Florida, von Südamerika oder von Westafrika hergeschwommen sein. Er könnte sich aber auch die ganze Zeit in heimischen Gewässern aufgehalten haben. Doch jetzt reist er zusammen mit 100 Fischen der gleichen Größe. Sie machen einen Schwarm von *Titi* (kleine, sardinenähnliche Fische) aus und jagen sie an die Oberfläche. Ein halber Hektar Ozean explodiert, wenn die Tarpune im schäumenden Wasser über die Titi herfallen.

Wer das Glück hat, Zeuge diese Schauspiels zu werden, für den ist es die einfachste Sache der

Angler-Gesetze und springende Tarpune

Bei der Jagd auf Tarpune muss man die Gesetze des Angelns vergessen oder umgekehrt anwenden, will man Aussicht auf Erfolg haben. So muss der Köder z. B. mit ins Wasser gesenkter Angelspitze eingeholt werden. Ist es dann Zeit, den Haken zu setzen, kann die Angelspitze in langem Bogen hoch und nach hinten gebracht werden. Dieses Manöver wird dreimal schnell wiederholt, mit einer Kraft, die den Haken aus dem Maul eines jeden anderen Fisches herausziehen würde. Manchmal schießt ein Tarpun beim Beißen 5 m aus dem Wasser, ein anderes Mal erwischt er den Köder so sachte, dass man kaum merkt, dass der riesige Fisch überhaupt am Haken hängt. Reagiert man schnell genug, wird der Tarpun vor seinem ersten Sprung am Haken hängen. Wer weniger Glück hat, wird seinen Köder durch die Luft segeln sehen, wenn der silberne Fisch explosionsartig aus dem Wasser tritt und in die Wolken schießt. Er erreicht unglaubliche Höhen, dreht sich nach links und rechts, kippt über, fällt zurück in die Schnur und tut alles, um freizukommen. Meistens gelingt es ihm, und der Mensch verliert. Erfahrene Tarpunfischer ziehen von zehn Fischen, die sie am Haken haben, einen an Land.

Das Überrollen der Tarpune

Der Tarpun gehört zu den wenigen Fischen, die Luft direkt durch das Maul einatmen können, ohne Wasser durch die Kiemen zu pressen. Sie brauchen diese Fähigkeit, denn sie benötigen oft mehr Sauerstoff, als sie in manchen Gewässern finden.
Dies erklärt auch ihr »Überrollen«, wenn sie an die Oberfläche kommen und sich auf die Seite werfen, um Luft zu schnappen. Außerdem können sie so beliebig zwischen Salzwasser, Süßwasser und selbst sauerstoffarmem Wasser wechseln.

Welt, die Angel in dieses Chaos zu werfen und vielleicht das zu erleben, was viele für das Aufregendste halten, was die Fischerei zu bieten hat: die Jagd auf Tarpune. Sie schwimmen in die Flussmündungen der costaricanischen Karibikküste hinein, vom Río Colorado im Norden bis zum Sixaola, der die Grenze mit Panama markiert. Meistens schwimmen sie ein paar hundert Meter flussaufwärts auf der Suche nach Nahrung und kehren dann ins Meer zurück. Nur im Río Colorado folgen sie den Titi mehr als 200 km flussaufwärts bis zum Nicaragua-See, der dicht am Pazifik liegt.

Süßwasserfische

Wenn sich der Tarpun auf seinen langen Weg macht, kommt er durch schmale Nebenarme, die sich nach Norden fast bis zur Grenze von Nicaragua erstrecken. Hier wimmelt es nur so von exotischen Fischarten, die sich mit leichtem Gerät angeln lassen. Einer der faszinierendsten ist der Hornhecht, den die Costaricaner *gaspar* nennen. Mit seinem langen, schmalen Maul, das voller scharfer Zähne sitzt, sieht er aus wie ein Überbleibsel aus vorgeschichtlicher Zeit. Sein kaffeebrauner Leib ist mit einer dicken Haut bewehrt und mit großen Schuppen überzogen. Seine Schwanzflosse ist breit und kräftig. Sein weißes, festes und süßes Fleisch ähnelt dem Garnelenfleisch. Die Eier dürfen auf keinen Fall gegessen werden, denn sie sind hoch giftig.

Auf seinem Weg nach Westen verlässt der Tarpun bald den Colorado und schwimmt in den Río San Juan hinein, der die Grenze zu Nicaragua markiert. Auch hier ist er in Gesellschaft, denn auch der Glasbarsch macht die lange Reise im Gefolge der Titi. Und alle zusammen werden sie von Stierkopfhaien verfolgt, die ebenfalls bis in den Nicaragua-See schwimmen.

◀ Ein schillernder »guapote« wird aus dem Arenalsee gezogen
▶ Stolz präsentiert der Angler seinen »mahi-mahi« (Goldmakrele), den er vor der Küste von Nicoya gefangen hat
◀◀ Petri Heil! Das Abendessen ist garantiert.

In Costa Rica hat es die Sportfischerei vor allem auf den Glasbarsch abgesehen. Große Exemplare gibt es in Massen an der Karibik- und Pazifikküste und in den Flüssen des Landesinneren.

Auf der costaricanischen Seite besitzt der Río San Juan viele kleine Nebenflüsse. Wo der Colorado, der Sarapiquí, der San Carlos, der Infernito, der Pocosol, der Medio Queso und der Río Frío in den San Juan fließen, herrschen ausgezeichnete Bedingungen zum Angeln von Tarpunen und Glasbarschen. Keine dieser Arten wird sehr stark befischt, denn es erfordert eine gute Portion Unternehmungsgeist, um an Ort und Stelle zu kommen – aber die Mühe wird oft mit einem guten Fang belohnt!

Der Río Frío

Eine Ausnahme bildet der Río Frío, der durch die Innenstadt von Los Chiles fließt, nur drei Stunden Fahrt von San José entfernt. Er wimmelt von Tarpunen, Glasbarschen, Umberfischen, Knochenhechten und anderen exotischen Fischarten. Einige Leute werfen ihre Angel sogar am Landungssteg von Los Chiles aus. Wer ein Boot hat, lässt es dort zu Wasser und fährt nach Norden oder Süden. Aber man kann auch eine *panga* mieten und sich von einem Ortskundigen führen lassen. Die Pangas liegen am städtischen Ufer. Einige Tarpune schwimmen auch weit in manche

Nebenflüsse des Río San Juan hinein, ein solcher Fluss ist der Río Frío. Dreißig Bootsminuten südlich von Los Chiles fließt er mit dem Río Sabogal zusammen. Hier trifft man jederzeit auf Tarpune, die bis zu 100 Pfund wiegen können.

Morgens und abends springt der gigantische Fisch, dem es im schmalen Fluss zu eng wird, hoch in die Luft, um dann mit donnerndem Klatschen zurück ins Wasser zu fallen, ein Anblick, der jeden Anglerfreund begeistert. Frustrierend kann es allerdings werden, wenn die Fische tagelang an keinem Köder interessiert sind. Aber der bloße Anblick ist schon lohnend, und die Chance, einen Fisch an die Angel zu kriegen, besteht immer.

Forelle und Machín

Trotz häufiger Zuchtversuche in den Bergbächen blieb die Zahl der Forellen in Costa Rica gering. Man kann sie jedoch in der atemberaubenden Bergwelt zwischen San José und San Isidro General sowie im Tal von San Gerardo de Dota angeln. Die großartige Landschaft macht die auffällige Winzigkeit der Fische mehr als wett. Ein angemessener Ersatz für die Forelle ist der »machín«, der dort lebt, wo man Forellen erwartet. Auch er kämpft wie die Forelle mit größter Energie um sein Leben.

Weitere Flussfische

In vielen Flüssen des Landes lebt ein Fisch, der oft von Sportfischern übersehen wird. Der *machacha* ist ein Silberpfeil und Vegetarier. Er ist oft unter überhängenden Chilemate-Bäumen anzutreffen, wo er auf ins Wasser fallende Früchte wartet. Die Costaricaner angeln ihn mit Tomaten oder Bananenstücken, doch auch nach kleinen Insektenködern schnappt er. Machachas können bis zu 20 kg schwer werden, Zwei- bis Fünfpfünder sind üblich. Das Fleisch ist grätig, aber schmackhaft.

In Nebenflüssen des San Juan und vor allem im Río Sarapiquí kann man mühsam, aber lohnend den *bobo* fangen. Dieser bis zu 15 kg schwere Fisch ernährt sich im flachen, schnell fließenden Wasser. Er ist ein Verwandter der Meeräsche und reiner Vegetarier. Der *mojarra,* ein starker, scharfzahniger, grell gefärbter Pfannenfisch schwimmt durch die Flüsse auf der Atlantikseite.

Rarität: der Guapote

Der Star in den wenigen Seen ist der *guapote.* Man nennt diesen Fisch auch »Regenbogenbarsch«, obwohl er taxonomisch mit dem Barsch nichts zu tun hat. Die Ähnlichkeit besteht eher in der Art, wie beide gefischt werden, indem man nämlich Blinker wirft oder schnellt. Am Haken endet dann die Ähnlichkeit mit dem Barsch – der Unterschied zwischen Guapote und Barsch ist immens. Der Guapote ist keineswegs ein Fisch für leichtes Gerät, denn mit der Gewalt eines Flusspferds sucht er Deckung. Wenn er sie findet, hat man ihn verloren, denn die Schnur reißt mit Sicherheit an den Ästen unter Wasser.

Der Guapote ist ein auffälliger Fisch. Er schillert an der Seite in vielen Farben. Ein brütendes

Männchen hat große, vorstehende Knollen über den Augen. Im Arenalsee, wo der Guapote hauptsächlich gefischt wird, kann er bis zu 20 Pfund schwer werden. In den Zuflüssen des San Juan gibt es eine zweite Art dieses Fischs, den *guapote pinto* (bunter Guapote).

Angellizenzen

→ Angelscheine und gute Ratschläge bekommt man bei Deportes Keko in San Jose, Calle 20 / Av. 4–6.

Hochseeangeln

An der Pazifikküste angelt man zumeist nach Segelfischen, Marlin und Thunfisch. Entlang der gesamten Pazifikküste entstehen derzeit Sportfischer-Unternehmen, und die meisten sind erfolgreich. Den Anfang machten Veranstalter im Golf von Papagayo, und es stellte sich heraus, dass es hier die besten Segelfischgründe der Welt gibt. Die Fische sind hier nicht so mager wie im Atlantik, sondern kräftig und gesund und wiegen im Durchschnitt 100 Pfund. Man angelt sie mit einer 15-Pfund-Schnur oder weniger. Sie zeigen beim Kampf an der Angel spektakuläre und graziöse Sprünge. Der Segelfisch ist in Costa Rica immer freigegeben.

In den letzten Jahren wurden an der ganzen Pazifikküste viele Marline gesichtet. Delfine, Thunfische und Regenbogen-Darter gibt es in Mengen vor der Küste, und dicht am Land kann man auf den spektakulären Roosterfisch und auf Glasbarsche treffen. An den Riffen vor der Küste angelt man Rooster, Schnepper und den begehrten *cubbera.*

Oft übersehen werden die Angelmöglichkeiten vor den Stränden des Pazifiks. Überall lassen sich verschiedene Arten von Jackfisch und Umberfisch aus der Brandung ziehen. Flussmündungen ziehen oft Schwärme von Glasbarschen an. Wirft man die Schnur vom Felsen aus, kann man auch Rooster und Schnepper orten. Roosterfische gibt es in rauen Mengen an der Pazifikküste. Der breitbauchige, starke Fisch mit der langen, stachelbesetzten Rückenflosse, die ihm seinen Namen gibt, kommt besonders häufig an der Felsenküste von Puntarenas und bei dem nahe gelegenen Hafen Caldera vor. Hat er einmal gebissen, stellt er seinen Kamm auf und schießt an der Oberfläche davon – eine unvergessliche Vorstellung. ■

◀ Auf dem Fischmarkt
▲ In den Bergbächen bei San Isidro del General werden Forellen und »machín« gefangen

Kulinarische Genüsse

Das Ausprobieren der einheimischen Küche ist ohne Zweifel Teil des Urlaubsvergnügens. Die Küche der Ticos ist bodenständig, fettarm, aber reich an Proteinen und Kohlehydraten. Obst, frisches Gemüse, Rindfleisch, knackige Salate, Reis und Bohnen sind ihre Hauptbestandteile. *Picadillos* sind in jedem Tico-Haushalt zu finden: In Würfel geschnittene Kartoffeln, *chayotes* (eine Kürbisart) oder Stangenbohnen werden mit fein

gehacktem Fleisch, Tomaten und Zwiebeln, frischem Koriander, Paprika (und was alles noch in den Topf passt) gemischt. Die Reste der *picadillos* werden, in Reis gebraten, mit heißen *tortillas* als Frühstück serviert. Das ganze heisst *amanecido.*

Die Costaricaner würzen ihre Speisen mit einer Mischung aus getrockneten Gewürzen *(condimentos mixtos),* die auf den Märkten fertig verkauft wird. Auch gibt es viele Arten von Gewürzsoßen. Die meisten enthalten Maismehl, Salz, Knoblauch, schwarzen Pfeffer, Zwiebeln, Koriander, Paprika und eine Prise Chilipfeffer. *English sauce* ist die hiesige Variante der Worcestershire-Soße, sie wird meist sparsam verwendet, ebenso wie frischer Koriander *(culantro).* Die Jalapeño-Chilis aus den Bergstädtchen Zarcero und Cervantes sind nicht ganz so scharf wie die mexikanischen Sorten. Die meisten Costaricaner mögen allzu scharfe Mahlzeiten nicht, obwohl Tabasco und Chili-Sauce auf keinem Restauranttisch fehlen.

Gallo pinto und Casado

Gallo pinto (wörtlich: bunter Hahn), ein Gericht aus Reis und schwarzen Bohnen, gut gewürzt mit Zwiebeln, Knoblauch, Gemüsepaprika und frischem Koriander, ist vielleicht das meistverbreitete Gericht. In der Stadt dient es als Frühstück, während es in ländlichen Gegenden dreimal täglich zusammen mit selbstgemachten tortillas gegessen wird. Auch zum Frühstück wird *gallo pinto* verzehrt: zusammen mit Rührei und saurer Sahne *(natilla).*

Reis ist ein wichtiger Bestandteil der nationalen Küche. Die Ticos essen Reis mit Garnelen, Reis mit Tintenfisch, Reis mit Hummer und, bei jedem Fest auf dem Lande, Reis mit Huhn. Alle Gerichte sind gut abgeschmeckt und werden mit einer echten Tomatensoße serviert – ein Markenzeichen der Küche Costa Ricas.

Zum Mittagessen isst der Farmer ebenso wie der Student *casado* (wörtl. Ehemann), eine Kombination aus Reis, Bohnen, Fleisch, Ei, Spaghetti, ein wenig Gemüse-*picadillo* und Salat. Der Name ist bezeichnend für den »Macho-Humor« der Ticos, er soll das normale Essen bezeichnen, das ein Ehemann Tag für Tag vorgesetzt bekommt.

Kochbananen

→ Kaum ein Gericht kommt ohne diese Beilage aus. Die grünen Früchte werden gekocht, danach in Scheiben geschnitten und in Öl oder »manteca« (Schweineschmalz) gebraten.

Tico-Spezialitäten

Eine hervorragende Suppe ist *olla de carne,* ein herzhafter Eintopf aus Gemüse und Fleisch. Die *olla podrida* ist eine Suppe, die die Costaricaner über alles lieben. Vor allem die verwendeten Gemüsearten erzeugen den unverwechselbaren Geschmack: Yucca, grüne Kochbananen *(platanos),* Süßkartoffeln, *tania* oder *okumo, tacacos,* Taropflanzen, Kürbis, Karotte, *cayote,* Zwiebel, Kohl usw. Ebenfalls eine leckere Suppe, die man in jedem Restaurant bekommt, ist die *sopa negra* aus schwarzen Bohnen, Zwiebeln, frischem Koriander und hart gekochten Eiern.

Zum Mittag- oder Abendessen sind *arroz con pollo* (Reis mit Huhn) oder *arroz con mariscos* (Reis mit Meeresfrüchten) magenfüllende, preisgünstige Gerichte, die in *sodas* (traditionellen Restaurants) oder Hotelrestaurants serviert werden.

Andere einheimische Spezialitäten sind *lengua* (Zunge) und *mondongillo* (Kuhmagen). Während Zunge zart und oft delikat zubereitet ist, hat *mondongillo* einen recht intensiven Geschmack und wird von den meisten Urlaubern nicht gerne gegessen.

Stimmiges Duett: »bocas y bebidas«

Ähnlich wie *tapas* in Spanien werden in vielen Bars *bocas* (»mundgerechte« Häppchen) zum Bier serviert. Die beliebtesten enthalten *ceviche* (roher Fisch in Limonensaft mariniert), *carne en salsa* (Fleisch in Tomatensoße), gebratene *cassava* (Maniok) sowie Huhn. Getrunken wird Bier, Rum und *guaro* (Anislikör).

Besondere Anlässe

An Wochenenden essen die Costaricaner oft und gerne *chicharrones* – frittierte Schweinekruste. Diese bodenständige Kost wird mit *tortillas* sowie Limonenstücken serviert, die dem Fett entgegenwirken sollen.

Zu Weihnachten gibt es *tamales,* rechteckige Teigstücke aus gemahlenem Mais, der mit Fett und Gewürzen gemischt ist. Tamales werden mit verschiedenen Füllungen in Maisblätter eingeschlagen und über Dampf gegart. Das Gericht stammt von den Azteken und wird in ganz Mittelamerika gegessen, schmeckt allerdings in jedem Land etwas anders. In Costa Rica werden *tamales* traditionell mit Schweinefleisch, Reis, Oliven und Karotten gefüllt.

Osteressen

Wie in Europa dominieren Fisch, Kuchen und Süßigkeiten den Speiseplan zu Ostern. Das traditionelle Osteressen ist seit dem 19. Jh. *bacalao con papas* (gesalzener Kabeljau und Kartoffeln). Hierzu werden riesige Mengen eingesalzenen Kabeljaus aus Europa importiert. Kurz vor der

◀ Kulinarische Szene in San José
▶ Gambas – Gaumenfreude pur!
◀◀ Farbenfrohes Stilleben à la Costa Rica

Karwoche wird vor allem um Cartago eine Frucht auf der Straße verkauft, die ähnlich wie ein Kürbis aussieht, aber oval und sehr groß ist: Die *chiverres* und das mit ihnen eingemachte *cabellito de angel* (»Engelshaar«) isst man zur Osterzeit überall im Valle Central.

Ceviche wird speziell zu Ostern serviert, man kann den Fischcocktail aber auch in jeder *cevichería* das ganze Jahr über essen. Weißfisch wird gewürfelt und in einer Soße aus Limonensaft, Olivenöl, frischem Koriander, Zwiebeln und Paprika mindestens 12 Stunden lang mariniert. Die meisten Köche setzen dabei viel weniger auf den Li-

monensaft als auf den frischen Koriander, um dem Fisch das nötige Aroma zu geben.

In der Fastenzeit wird gerne frischer *palmito* (Palmenherz) gegessen, er ist aber jederzeit in Essig eingelegt zu kaufen. *Palmito* und Reis mit geriebenem Käse ergeben eine köstliche Delikatesse.

Flor de Itabo ist die Blüte einer Pflanze, die oft in den Hecken der Kaffeeplantagen wächst. Es sind lilienähnliche weiße Blumen, die mit Tomaten und Eiern in Butter geschmort werden und ebenfalls zum Osteressen gehören.

Regionale Spezialitäten

Das Essen in der karibischen Provinz **Limón** ist exotisch tropisch und schmackhaft. Die kulinarische Vielfalt dieses Landstriches beeinflusste wesentlich die afrikanische und karibische Küche. In den Namen der Zutaten klingen schwingende Calypso- und Reggaerhythmen an: *haki, yokotaw, bami, calaloo;* ebenso in den Namen der Speisen: *tie-a-leave, dokunu, johnny cake.*

Vor allem dreht sich das Kochen dort um die Kokosnuss. Kokosnussöl und Kokosnussmilch werden in den meisten Rezepten – auch für die traditionellen Bohnen mit Reis – großzügig verwendet Für dieses beliebte Gericht wird der Reis in einem Topf gekocht, der mit roten Bohnen, Kokosnussmilch und aromatischen Kräutern gefüllt ist. Dies ist die karibische Variante des traditionellen *gallo pinto,* die in Limón allerdings nur an Sonn- und Feiertagen serviert wird.

Die *limonenses* haben die ursprünglichen Namen vieler Zutaten beibehalten, die aus dem Afrikanischen stammen, und sie bevorzugen Knollenfrüchte wie Yams und grüne Blätter in Suppen und Eintöpfen. Auch die Verwendung vieler Kräutertees geht auf das afrikanische Erbe zurück.

Schon ihre Vorfahren, die auf den Zuckerplantagen der Westindischen Inseln als Sklaven arbeiteten, aßen die Brotfrucht, Stockfisch, Mangos, *cassava* (Maniok), Kochbananen und eine große Anzahl tropischer Früchte. Einige Rezepte stammen sogar aus Großbritannien, vor allem Rezepte für Kuchen, Brot und Gebäck, die sie für die britischen Herren zubereiten mussten.

Im Norden, in **Guanacaste,** sind die Kochtraditionen der vorkolumbischen Zeit noch sehr lebendig. Dort gibt es mehr Maisgerichte als in den übri-

Nouvelle Cuisine in Costa Rica

Die zunehmende Ausfuhr von Lebensmitteln hat neues Interesse an den Gemüse- und Obstarten Costa Ricas geweckt. Die Pejibaye-Suppe (s. S. 115), eine delikate orangefarbene Cremesuppe, wurde in jüngster Zeit bei Empfängen für ausländische Würdenträger und Gesandtschaften serviert. Pürierte schwarze Bohnen (»frijoles«), ein alltägliches, aber keineswegs langweiliges Gericht (es muss mit Zwiebeln, Gemüsepaprika und Koriander gut abgeschmeckt sein), werden bei formellen Anlässen stolz als Vorspeise serviert. Edelrestaurants arrangieren Abende mit einheimischen Spezialitäten wie Bananen-Soufflé oder gefüllten Cassava-Pasteten.

gen Landesteilen, darunter auch köstliches Gebäck und Desserts. *Tamales, chorreadas, tanelas* und viele andere regionale Spezialitäten findet man immer noch auf den Speisekarten.

Da die Viehzucht hier eine dominante Rolle spielt, sind die Milchprodukte von guter Qualität. *Bagaces* (ein fester Schnittkäse, der zum Kochen meist gerieben verwendet wird) stellt seit dem 19. Jahrhundert einen Teil des Lohns für die *peones* (Tagelöhner) auf den Haciendas dar. *Cuajadas* (frische Käsekugeln) findet man auf dem Frühstückstisch; sie werden mit heißen *tortillas guanacastecas* gegessen, die hier größer als anderswo sind.

Afrikanische Frauen mussten in der Kolonialzeit als Sklavinnen in den Küchen der Haziendas arbeiten. Auch sie haben vielen Rezepten dieser Provinz zu einer besondern Note verholfen. *Ajiaco* und *bajo* sind Eintopfgerichte mit Fleisch- und Gemüsemischungen, die auf afrikanische Ursprünge zurückgehen.

An der **Pazifikküste** findet man eine Vielzahl von Gerichten, die ihre Zutaten aus dem Meer nehmen, wie der *guiso de cambute* (Muscheltopf). *Patacones,* knusprig gebratene Kochbananen-Scheiben, werden mit schwarzem Bohnenmus belegt und zu frischer *ceviche* gereicht. ■

Restaurante típico

→ Costaricanisches Essen sollte man nicht unbedingt in Restaurants ausprobieren, die sich »típicos« nennen, die Eintöpfe sind dort oft etwas geschmacksarm, die Desserts verwässert.

Die Küche der Chorotegas

Lange vor der Ankunft der Spanier bereiteten die Chorotegas sehr dünne Fladen aus Maismehl und Wasser: »tortillas«. Sie sind Hauptbestandteil der costaricanischen »gallitos«, einer Art Hors d'œuvre, bei der pürierte Schwarzbohnen, scharfes Fleisch, gekochtes Gemüse, Speckschwarte und vieles andere in den Fladen eingewickelt werden. Die Chorotegas kannten auch »tamales«, rechteckige Teigstücke, die sie mit Truthahnfleisch füllten und mit einer Soße aus Tomaten, Gemüsepaprika und Kürbiskernen – genannt »pipian« – aßen.

◀ Empanadas werden vor allem auf Märkten in ländlichen Gegenden angeboten

▲ Das Nationalgericht: »gallo pinto«

Tropischer Früchtegarten

Fernández de Oviedo, ein spanischer Schriftsteller, kam im 16. Jh. nach Costa Rica und entdeckte seine große Liebe für die Vielzahl an tropischen Früchten. Jede neue Entdeckung konnte ihn begeistern, und die Ananas nannte er »die schönste, wunderbarste Dame in der Welt der Früchte«.

De Oviedo hat bestimmt nicht alle Früchte Costa Ricas ausprobieren können, denn dafür gibt es zu viele – für jede Geschmacksrichtung, das

ganze Jahr über. Es gehört nur ein wenig Forschergeist dazu, sie zu entdecken. Zum Beispiel kann man in San José sehr früh zum **Mercado Borbón** gehen, zum Gemüsemarkt in der Nähe der 10. Avenida oder zu den Dutzenden von Obstständen beim Coca-Cola-Busbahnhof. Oder man besucht am Sonntagmorgen die Märkte, die in fast jeder Stadt des Zentralplateaus abgehalten werden, um die Früchte der Saison zu kosten. An den Straßen in Stadt und Land wird man immer Stände mit Früchten und Fruchtsäften finden. Nehmen Sie sich ein wenig Zeit, und probieren Sie an der nächsten *frutería* ein Stück Costa Rica.

Dieses Kapitel widmet sich Costa Ricas Früchtealphabet – von *anona* bis *zapote.*

Anone

Etwas seltsam sieht die *anona,* manchmal auch »Ochsenherz« genannt, aus. Die Farbe der herzförmigen Frucht wechselt bei der Reife von Grün zu Dunkelrot und Braun. Das süße Fruchtfleisch ist milchig weiß und enthält mehrere große Kerne. Man schneidet die Anone am besten mitten durch und löffelt die Hälften aus. Verwandt ist sie mit der *chirimoya* die im nördlichen Landesteil vorkommt. Sie ist köstlich süß und duftet nach Rosenwasser. Mark Twain sagte über diese Frucht, sie sei »die Köstlichkeit selbst«.

Brotfrucht

Diese Frucht wächst, wie die Banane, in der atlantischen Region des Landes. Sie stammt aus Polynesien und wurde von Kapitän Bligh nach Westindien gebracht, die Jamaikaner pflanzten sie dann in Limón an. Der Brotfruchtbaum ist ein stattlicher Zierbaum mit großen Blättern, dessen Früchte in vielen Gerichten als Zutat verwendet werden.

Caimitos und andere Sternfrüchte

Costaricanische *caimitos* sehen, schneidet man sie quer durch, wie Sterne aus und ähneln im Geschmack der malayischen Mangostane. Sie variieren in der Farbe von Dunkelrot bis Hellgrün. Das süße Fruchtfleisch wird frisch gegessen, aber in Limón wird es auch in einem Getränk mit dem geheimnisvollen Namen »Matrimonio« (Ehe) getrunken. Das Fruchtfleisch wird dabei in sauren Orangensaft eingerührt.

Mit *carambolas* (Karambolen), die ebenfalls wie Sterne aussehen, wenn man sie quer in dünne Scheiben schneidet, werden oft Nachspeisen garniert. Diese glänzende Frucht mit fünf Längsrippen ist sechs bis acht Zentimeter lang und hat eine durchscheinende rosa-gelbliche Farbe.

Cashew

Eine exotische Verwandte der Mango ist die Cashew, von der man auch die nierenförmige Nuss kennt, die am unteren Ende sitzt. Der fleischige Apfel, der oft ganz verschiedene Farben von leuchtendem Gelb bis zu flammendem Rot hat, kann auch frisch gegessen werden. Seine Farben und sein durchdringendes Aroma machen ihn zur begehrtesten unter den Tropenfrüchten. Das gelbe Fleisch ist weich, kräftig und saftig. Es wird auch zu Marmelade, Wein und einem limonadeartigen Erfrischungsgetränk verarbeitet. Ende der 70er Jahre ließ die Regierung hektarweise Cashewbäume pflanzen, um die Früchte zu exportieren. Dieses Unternehmen schlug fehl, aber die Bäume stehen noch und sind für Wellensittiche, Papageien und andere fast ausgerottete Vögel zur paradiesischen Heimstatt geworden; sie verzehren die Cashewfrüchte mit Wonne und vermehren sich wieder lebhaft. Vorsicht! Wenn die Kerne vor dem Verzehr nicht geröstet werden, sind sie giftig!

Guanabana

Zur Familie der Annonen gehört die *guanabana,* die sich hervorragend für Sorbets und Erfrischungsgetränke eignet. Fremde erinnert ihr Geschmack an eine Mischung aus Ananas und Mango, aber die Ticos bewerten eine solche Feststellung natürlich als reine Ignoranz.

Guave

Ein Bestseller über den kolumbianischen Schriftsteller Gabriel García Márquez trägt den provokativen Titel *Das Parfüm der Guave.* Wie treffend dieser Titel das Flair Lateinamerikas heraufbeschwört, versteht nur, wer einmal zugegen war, wenn Guavenmarmelade zubereitet wird. Das ganze Haus ist dann erfüllt vom Aroma dieser wundervollen Frucht, die man natürlich auch frisch essen kann.

Eine andere Frucht ist die »Costa-Rica-Guave« *(cas),* sie ist gelb, rund und hat weiches, weißes Fleisch. Obwohl sie sehr säurehaltig ist, benutzt man sie gern für Marmeladen und Getränke. Auf der Speisekarte entdeckt man den *jugo de cas* (Cas-Saft) meist unter der Rubrik *naturales.*

Granadilla

Die süße *granadilla* gehört zu den beliebtesten Früchten der Ticos. Sie ist oval und orange bis braun gefärbt. Unter der harten Schale kommen Kerne zum Vorschein, die in das fast flüssige, durchsichtige und sehr wohlschmeckende Fruchtfleisch eingebettet sind. Mit einem Löffel lässt sich diese Frucht leicht essen.

◀ Von den Cashewfrüchten ist bei uns nur die Nuss bekannt
▲ Papayaplantage in der Nähe von Turrialba

Loquat oder japanische Mispel

Die Loquat *(níspero)* ist eine ovale kleine Frucht mit großem Kern, die Farbe reicht von Hellgelb bis

Orange. Das Fleisch, das in manchen Sorten fest, in manchen fast zerflossen weich ist, hat einen spritzig-säuerlichen Geschmack. Die Loquat wird sowohl frisch als auch zum Kochen verwendet.

Malabarapfel

Dem Aroma der Guave kommt nur das des Malabarapfels *(manzana rosa)* gleich, einer wunderschönen runden Frucht, weißlich grün bis aprikosengelb mit einem intensiven Rosenduft. Ihr Fleisch ist knackig, saftig und süß. Als Marmelade oder kandiert schmeckt sie köstlich. Frisch sollten Malabaräpfel nur in kleinen Mengen genossen werden. Eine verwandte Frucht ist die *ohia* oder *manzana de agua;* sie ist oval, ihre Farbe weiß bis scharlachrot, ihr Fleisch fest, weiß und saftig. Ohia-Marmelade ist eine exquisite Köstlichkeit.

Mango

Der Stadtpark von Alajuela steht voller Mangobäume, die ihren verführerischen Duft verströmen, und daher heißt diese Stadt auch »Mango City«. Ihre Mangos sind süß, fest und deliziös. Die reifen Mangofrüchte *(mangos)* sind süßer und geschmackvoller, aber kleiner und weicher als die unreifen *(mangas)*. Die Costaricaner essen die Mango als Nachspeise, machen Kuchen, Marmelade und Chutney daraus – jene würzige Soße, die man aus der indischen Küche kennt.

Mombinpflaumen

Unter den Hunderten von Arten sollte man die Mombinpflaume *(jocote)* versuchen. Die beste Sorte ist die *tronador.* Es ist eine äußerst saftige und würzige Frucht. Straßenverkäufer bieten sie in braunen Papiertüten von August bis Oktober an, ihre Farbe variiert je nach Reifegrad von Dunkelgrün bis Knallrot. Mombinpflaumen werden frisch gegessen. Die gelbe Mombin wird auch Schweinepflaume genannt, weil Schweine ganz verrückt danach sind und von der Frucht, die im Wald wild wächst, gut Fett ansetzen.

Die Kokospflaume *(icaco)* wird niemals frisch gegessen, ihr weißes Fleisch wird eingekocht und heißt dann *miel de icaco.* Eine verwandte Frucht, die *ambarella (yuplón),* wurde seinerzeit von Kapitän Bligh auf der »Bounty« nach Jamaika gebracht. Nach Costa Rica kam sie

Mangos

→ **Die Mangofrucht ist eng mit religiösen Glaubensvorstellungen verknüpft. Buddha selbst soll einmal einen Mangohain geschenkt bekommen haben, damit er sich in seinem Schatten ausruhen konnte.**

Frescos – erfrischende Fruchtsäfte
Fruchtsäfte wie der »fresco de maracuyá« (Passionsfrucht) werden zu jedem Essen getrunken. Ein sehr beliebter und darüber hinaus nahrhafter Saft wird aus »mora« (Brombeeren) gemacht. Dazu werden die Beeren püriert, abgeseiht und in Zuckerwasser oder Milch gerührt.

mit den englisch sprechenden jamaikanischen Einwanderern. Sie wird ungekocht mit ein wenig Salz oder eingemacht gegessen.

Nanzifrucht

Man erkennt die Nanzifrucht *(nanzi, nance)* an ihrem Aroma. Diese kleine, runde, gelbliche Frucht ist in Costa Rica seit jeher beliebt, aber Fremden ist der Geruch meist zu aufdringlich. Man kocht sie ein, macht Wein und Marmelade daraus. *Nances en guaro* (in Likör) schmecken hervorragend. Dabei werden die Früchte in starkem Likör eingelegt und neun Monate lang zur Gärung gelagert, bis sie bernsteinfarben aussehen. Beliebt ist auch ein Sorbet mit Nanzifrüchten.

Papaya

Papayas wachsen überall im Lande, und vor allem Touristen begeistern sich für ein Getränk mit dem Namen *papaya en leche,* eine Art Papaya-Milkshake. Papayas enthalten das Enzym Papain, das in der Küche Fleisch zart macht.

Pejibaye

Pejibayes waren bei den Indianern hochgeschätzt. Mit ihrer glänzenden orangefarbenen Schale sind sie an den Obstständen nicht zu übersehen. Gekocht und von der Schale befreit schmeckt das gelbe Fruchtfleisch sehr gut, vor allem, wenn etwas Mayonnaise die Sprödheit nimmt. Frisch sind sie ungenießbar. *Pejibaye*-Suppe ist eines der außergewöhnlichsten Gerichte der Nouvelle Cuisine Costa Ricas.

◀ Berge von Melonen in Cartago
▶ Ein junger Pejibaye-Verkäufer auf dem Zentralmarkt von San José

Rambutans

Rambutans *(mamon chino),* Verwandte der Sapodilla, bieten auf dem Markt einen ausgefallen Anblick. Die Bündel aus roten und orangefarbenen Früchten, die auch »Haarige Lychees« genannt werden, sehen wie Stachelbeeren aus, die dicht mit kräftigen Haaren besetzt sind.

Sapodilla

Eine der beliebtesten Früchte kommt aus der Provinz Guanacaste und heisst *sapodilla* oder Breiapfel. Sie wird fast nur als Nachspeise gegessen. Der französische Botaniker Descourtilz sagte über sie,

sie besitze »den süßen Duft von Honig, Jasmin und Maiglöckchen«.

Zapote

Die Marmeladen-Pflaume *(zapote)* ließ Cortés und seine Armee den berühmten Marsch von Mexiko-Stadt nach Honduras überleben. Die lachsrote Farbe des Fruchtfleisches sticht den Touristen auf der Avenida Central in San José in die Augen. Die Straßenverkäufer kennen natürlich die Wirkung der schönen Farbe und halbieren die Früchte. Wer an die extreme Süße von Früchten nicht gewöhnt ist, mag den Geschmack der *zapote* übertrieben finden. Mit reifen *zapotes* lassen sich herrliche Eiscremes und Sorbets herstellen. ■

Kaffee vom Feinsten

Der Kaffee war nicht von Anfang an in Costa Rica zu Hause. Spanier, Portugiesen und Franzosen brachten die Kaffeebohne aus Äthiopien und Arabien in die Neue Welt. Im frühen 19. Jahrhundert, als die ersten Samen in Costa Rica aufgingen, wurden Kaffeepflanzen lediglich zu Zierzwecken benutzt. Ihre glänzenden grünen Blätter, ihre weißen Blüten oder roten Beeren schmückten die Höfe und Gärten.

Tatsächlich mussten die Ticos beinahe dazu gezwungen werden, diese Pflanzen zu züchten, damit das Land ein Exportprodukt hatte. Jede Familie musste per Gesetz wenigstens zwei Büsche im Garten haben. Den Armen gab die Regierung Pflanzen umsonst, und jedermann, der Kaffee anbauen wollte, erhielt ein Stück Land. Der Anbau im Valle Central erwies sich als einfach. Das Klima und der Boden schienen wie geschaffen dafür. Die Kaffee-*fincas* bedeckten bald die gesamte Fläche außer ein paar Weiden für die Ochsen. Die finanziellen Mittel des Landes wurden ganz und gar in diesen einen »Exportschlager« gesteckt.

Um 1840 war der Kaffee zum großen Geschäft geworden. Auf Ochsenkarren beförderte man ihn durch die Berge zum Pazifikhafen Puntarenas, von wo er mit dem Schiff nach Chile und dann weiter nach Europa gelangte. Mitte des 19. Jahrhunderts hatte die Oligarchie der Kaffeebarone Reichtum und Einfluss erlangt, die meisten allerdings mit der Verarbeitung und Ausfuhr der goldenen Bohne, weniger mit ihrem Anbau.

Segensreicher Kaffee?

Nicht immer war der Kaffee ein Segen. Ausgerechnet die erfolgreiche Kaffeeproduktion bescherte dem Land die ersten internationalen Schulden. So musste man sich von England drei Millionen Dollar zur Finanzierung der Atlantikeisenbahn leihen, damit der Kaffee über den Hafen von Limón ausgeführt werden konnte. Und als 1900 die Kaffeepreise auf dem Weltmarkt auf einen Tiefpunkt sanken, wurden in Costa Rica die Grundnahrungsmittel knapp. Die Abhängigkeit von einem Markt in Übersee, auf den sie keinen Einfluss haben, hat den Costaricanern immer wieder geschadet. Das ganze 20. Jahrhundert hindurch sind die Kaffeepreise gestiegen und gefallen – und mit ihnen die Wirtschaft von Costa Rica.

Auf die Kaffeefelder wurden Bananen, Zitrus- und Obstbäume gesetzt, die den Kaffeepflanzen ausreichend Schatten spenden sollten. Später wur-

Kaffee für Europa

1843 ging der englische Kapitän William Le Lacheur auf seiner Rückreise nach England von der Nordwestküste der Vereinigten Staaten im Pazifikhafen Puntarenas vor Anker, weil er Ballast für sein leeres Schiff benötigte. Zufällig war die Ernte in diesem Jahr außergewöhnlich groß ausgefallen, und man hatte mehr Bohnen, als man verkaufen konnte. So wurde der leere Bauch des Schiffes mit Kaffee beladen, wobei Le Lacheur die schweren Säcke lediglich als Ballast benutzen wollte. Er segelte weiter um Kap Horn und zurück nach England. Zwei Jahre später kehrte er zurück, um den Pflanzern ihren Gewinn auszuzahlen. Damit war die direkte Verbindung von Costa Rica nach England und zum europäischen Markt hergestellt.

den Kaffeehybriden gezüchtet, die diesen Schatten nicht brauchten, und auf den baumlosen Feldern waren auch die Erträge höher. Allerdings laugten diese Sorten den Boden schneller aus, was den Einsatz von Düngemitteln erforderte, der wiederum die Produktionskosten hob. Inzwischen haben wieder viele Kaffeezüchter auf die schattenbedürftigen Pflanzen zurückgegriffen.

Kaffeepflanzen

→ werden ein Jahr in Ziehbeeten gezüchtet und dann aufs Feld versetzt. Nach zwei Jahren tragen sie die ersten Früchte; bei richtiger Pflege kann 30–40 Jahre lang geerntet werden.

Kaffee aus Costa Rica wurde traditionell mit anderen Kaffeesorten gemischt, um ihm für den weltweiten Export ein noch geschmackvolleres Aroma zu verleihen.

Mittlerweile verlangen die Verbraucher unverfälschten, zu 100 Prozent reinen Kaffee aus Costa Rica; und das gar nicht einmal zu Unrecht, denn der Kaffee aus den Hochlandregionen Poás, Barva de Heredia, Tres Rios und Tarrazú wird von Experten als der beste der Welt gehandelt. ■

Da Kaffee das Bergklima liebt, sind viele Hügel im Zentraltal mit Reihen grüner Büsche bedeckt, deren Blätterpracht in der Sonne funkelt. Einige Felder liegen fast vertikal am Hang, und es ist kaum vorstellbar, wie die Pflücker ihr Gleichgewicht halten. Die Bäume stehen direkt hintereinander, sodass die Pflücker an ihren Stämmen Halt finden. Die Erntezeit dauert von November bis Januar. In diese Zeit fallen auch die Weihnachtsferien, sodass die ganze Familie bei der Ernte hilft.

◀ Nur die reifsten Kaffeebohnen werden gepflückt,
▲ … genauso wie vor 80 Jahren

Frischer Kaffeeduft

Alles rund um den Kaffee lernt man auf der Finca Café Britt in Barva (1 km nördl. Heredia). Auf einer unterhaltsamen Tour wird man zwei Stunden lang mit einer Multimediashow, einem Plantagenbesuch und einer »Kaffeeprobe« durch die Welt des duftenden Getränks geführt. Vorausbuchung erforderlich (Tel. 277-1600, www.cafebritt.com).
In etwas schlichterem Rahmen erläutert auch Cafe Cristina sehr ansprechend die Produktion von biologisch-organischem Kaffee. Kontakt über die Orosi Lodge (S. 275, www.orosilodge.com).

Kleines Land ganz groß

Costa Ricas geografische Vielfalt täuscht Größe vor – dabei gehört es mit einer Fläche von 51 800 km² zu den kleinsten Ländern Lateinamerikas. Zwischen zwei Meeren auf der mittelamerikanischen Landbrücke gelegen, im Norden von Nicaragua und im Süden von Panama begrenzt, birgt die Bananenrepublik einen solch unglaublichen Schatz an Naturschönheiten, dass ein jeder auf seine Kosten kommt.

Die landschaftliche Bandbreite reicht von heißen, küstennahen Ebenen mit endlosen Grasflächen, Palmen- und Bananenplantagen über waldreiche Täler und Küstenstreifen mit herrlichen Stränden bis hin zum zentralen Hochplateau und den Bergregionen mit artenreichen Nebelwäldern und geheimnisvollen Tropenwäldern, die Biologen, Ornithologen, Ökologen, Umwelt- und Naturschützer aus aller Welt anziehen. Doch auch die regionalen Unterschiede sind so groß, dass man manchmal meint, man bewege sich in verschiedenen Ländern.

Drei große Bergzüge mit Höhen über 3800 m ziehen sich von Nordwesten nach Südosten durch Costa Rica: die *Cordillera de Guanacaste,* die vulkanisch aktive *Cordillera Central* und die unzugängliche *Cordillera de Talamanca.* Die meisten Vulkane sind erloschen, einige wenige jedoch recht aktiv. Der Poás (2704 m) besitzt den vielleicht größten Krater der Welt mit einem Durchmesser von mehr als 1,5 km. Auch der Irazú (3432 m) ist noch tätig und kann aus nächster Nähe besichtigt werden; im Gegensatz zum hochaktiven Vulkan Arenal (1633 m) im nördlichen Tiefland, der regelmäßig Lava auswirft. Der Cerro Chirripó (3819 m) und der Terbi (3720 m) sind die höchsten Berge des Landes.

◄ **Frühgeschichtliche Steinkugel, Halbinsel Osa**
◄◄ **Einsamer Strand am Atlantik – Auf dem Gipfel des Chirripó – Basilica de Nuestra Señora de los Angeles, Cartago**

Die Küste ist überall relativ nahe. Es gibt mehrere Stellen in den Bergen, von denen man beide Meere sehen kann. Die Atlantikküste ist nur etwa 210 km lang, die Pazifikküste misst mit ihren tief eingeschnittenen Buchten hingegen über 1000 km. Im Norden bildet die Halbinsel Nicoya, im Süden die Halbinsel Osa große Meerbusen, denen zahlreiche kleine Inseln vorgelagert sind. Weit draußen im Pazifik ruht ein einsames Eiland, die sagenumwobene Isla del Coco, die neben vermeintlichen anderen Schätzen eine Natur von einmaliger Schönheit birgt.

Die Mehrheit der Costaricaner lebt auf dem Zentralplateau in Höhen von 450 m bis 1370 m, aber auch viele Europäer und *gringos* aus USA und Kanada haben das kühle Hochland, das mit seinen Hügeln, Weiden und Wäldern ein bisschen an die Schweiz erinnert zu ihrem »Paradies auf Erden« erkoren. Die vulkanischen Böden sind außerordentlich fruchtbar, und in Verbindung mit Höhe und Regenmenge ideal für den Kaffeeanbau.

Die Temperaturen sind hier das ganze Jahr über frühlingshaft und liegen tagsüber zwischen 20 und 25 °C. An den Küsten hingegen herrschen tropische Temperaturen, und sowohl auf der Atlantik- wie auch auf der Pazifikseite gibt es klar definierte Regen- und Trockenzeiten. Im Landesinneren bestimmt die Höhenlage die Temperaturen, die unabhängig von der Jahreszeit ziemlich konstant sind.

Man mag es kaum glauben: Von der gezeitenlosen Karibik bis zum tosenden Pazifik, hinauf zu den Vulkanen und in die *cordilleras* – es ist doch nur ein einziges Land, die Republik Costa Rica. ■

Lago de Nicaragua
Islas Solentiname
San Carlos
Cárdenas
Escamea
Punta Pizote
Punta Guacalito
Sábalo
Isla Bolaños
La Cruz
Colón
Santa Cecilia
Golfo de Santa Elena
San José
Delicias
Los Chiles
San Jorge
Caño Negro
Llanura de los Guatuso
Cabo Santa Elena
Península Santa Elena
Islas Murciélagos
Cerro Cacao 1659
Colonia Dos Rios
Volcán Santa María 1916
Upala
Aguas Claras
Amparo
Cordillera de Guanacaste
Volcán Miravalles 2018
Buenavista
Alajuela
Golfo de Papagayo
Cañas Dulces
Bijagua
Hacienda Culebra
Fortuna
San Rafael de Guatuso
Liberia
Guanacaste
Punta Zapotal
El Coco
Comunidad
Aguacate
Venado
Arenal
Monterrey
Laguna de Arenal
Bagaces
Sardinal
La Fortuna
Tempate
Filadelfia
Cañas
Quebrada Grande
Cabo Velas
Cartagena
Belén
Valle de Tempisque
La Tigra
Tamarindo
Tempisque
Cordillera de Tilarán
Ciudad Quesada (San Carlos)
Santa Cruz
Las Juntas
Veintisiete de Abril
Diria
Quebrada Honda
Colorado
Alto Villegas
San Antonio
Finca Cóbano
Península de Nicoya
Nicoya
Isla Chira
Miramar
San Ramón
Mansión
Chomes
Cuajiniquil
Golfo de Nicoya
Hojancha
Pitahaya
Macacona
Nosara
Carmona
Turrúcares
Lepanto
Puntarenas
San Mateo
Punta Guiones
Bahía Gigante
Sámara
San Juan de Mata
Bejuco
Paquera
Isla Tortuga
Punta Coyote
Arió
Cóbano
Tambor
Playa Manzanillo
Montezuma
Punta Conejo
Malpaís
Jacó
Isla Cabo Blanco
Cabo Blanco
Punta Judas
PAZIFISCHER OZEAN
Isla del Coco
0 2 km
Isla Manuelita
Punta Agujas
Isla Pájara
Bahía Chatham
Bahía Wafer
Cabo Barreto
Parque Nacional Isla del Coco
Cabo Atrevida
Cerro Yglesias 634
Cerro Jesús Jiménez 430
Cabo Lionel
Isla Muela
Cabo Dampier

Costa Rica
0
50 km
N
NICARAGUA
KARIBISCHES
MEER
PANAMÁ
Indío
Caño Negro
Deseado
San Juan
San Juan del Norte
Punta Castilla
Trinidad
Heredia
Las Medias
Llanura de Tortuguero
Tortuguero
Suerte
Puerto Viejo de Sarapiquí
La Virgen
Las Horquetas
Cariari
Roxana
Limón
Parismina
Rita
Río Jiménez
Guápiles
Jiménez
Volcán Cacho Negro 2150
CORDILLERA
CENTRAL
Charrizal
San José de la Montaña
Volcán Irazú 3432
Santa Cruz
Florida
Siquirres
Batán
Matina
Puerto Limón
Isla Uvita
Heredia
Pavas
San José
Desamparados
Escazú
Tabarcia
Aserrí
Cartago
Turrialba
Peralta
Pavones
Tucurrique
Platanillo
Petróleo
Limón
Finca Banaga
Vesta
San Gabriel
Orosí
Pejibaye
San Andrés
Cartago
Chirripó
Cahuita
Punta Cahuita
Pto. Viejo
Punta Uva
Punta Mona
Manzanillo
Valle de la Estrella
Bibrí
San José
San Marcos de Tarrazú
San Lorenzo
CORDILLERA
Telire
Shiroles
Valle de Talamanca
Coén
Bratsi
Sixaola
San Gerardo de Dota
Naranjito
Cerro Urán 3333
Cerro Chirripó 3819
Río Nuevo
Rivas
Cerro Dúrika 3280
DE
Changuinola
I. Colón
Manuel Antonio
Savegre
Matapalo
San Isidro
General Viejo
Cajón
San Pedro
Teribé
Almirante
I. Cristóbal
Barú
General
Volcán
Buenos Aires
Cerro Kamúk 3549
TALAMANCA
Cerro Fábegra 3336
Punta Uvita
Pejibaye
Valle de El General
Colinas
Boruca
Potrero Grande
Valle de Coto Brus
Santa Elena
Alturas
Bahía de Coronado
Cortés
Palmar Sur
Valle de Diquís
Chánguena
Puntarenas
San Vito
Río Sereno
Limoncito
Sabalito
Hato del Volcán
Boquete
Isla del Caño
Bahía Drake
Drake
Agua Buena
Agujitas
Punta San Pedrillo
Punta Llorona
Golfo Dulce
Golfito
Cd. Neily
Península de Osa
Zancudo
Pueblo Nuevo
Pertón
Puerto Jiménez
Canoas
La Concepción
Gualaca
La Cuesta
Punta Salsipuedes
Carate
Punta Banco
Banco
David
Cabo Matapalo
Puerto Armuelles
Península de Burica
Bahía de Charco Azul
I. Sevilla
Yerbazales
I. Boca Brava
Punta Burica
Isla Burica

J. VILLA
MILANO

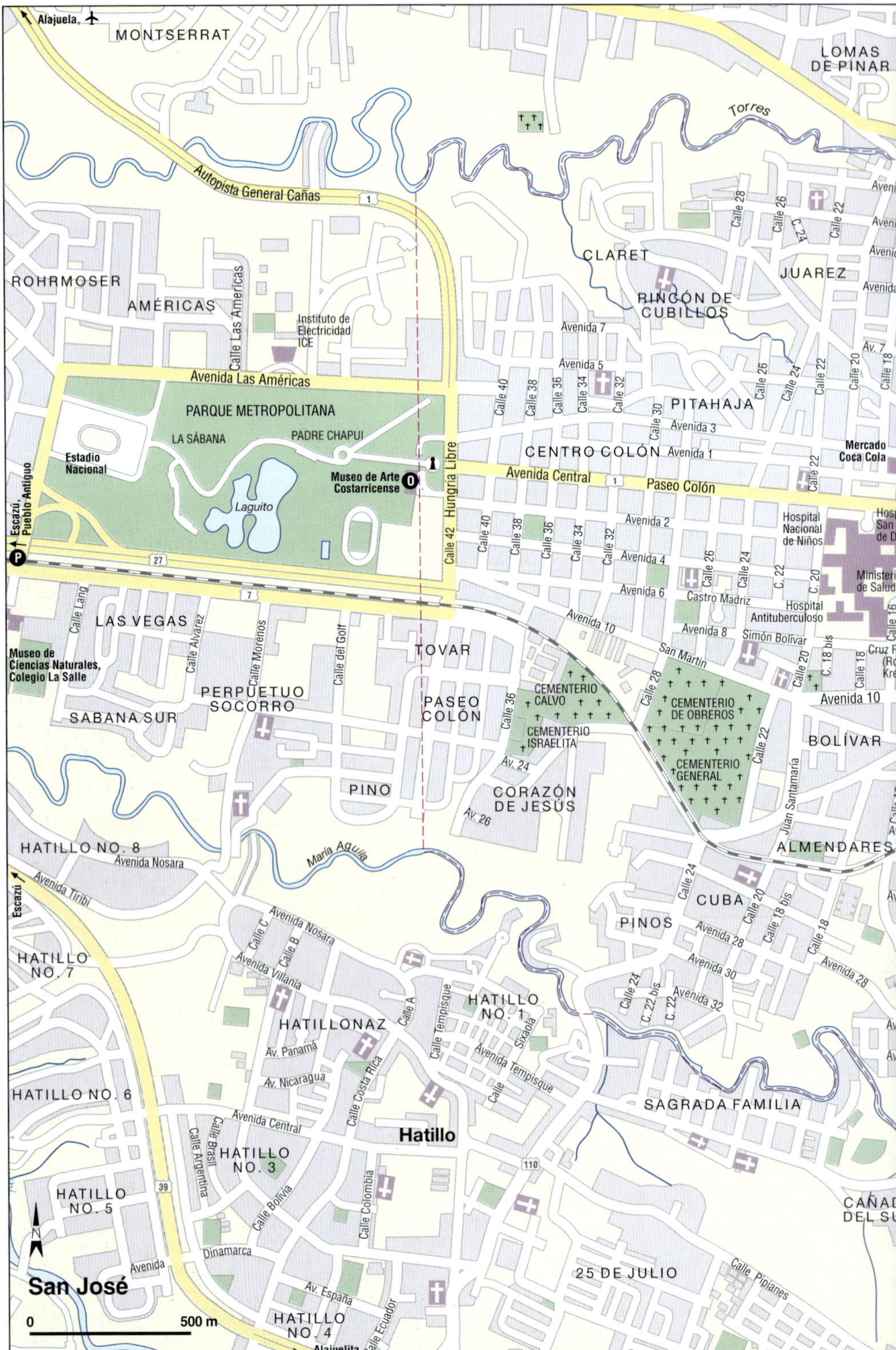

Alajuela
MONTSERRAT
LOMAS DE PINAR
Torres
Autopista General Cañas
CLARET
RINCÓN DE CUBILLOS
JUAREZ
ROHRMOSER
AMÉRICAS
Calle Las Americas
Instituto de Electricidad ICE
Avenida 7
Avenida 5
Avenida Las Américas
PARQUE METROPOLITANA
LA SÁBANA
PADRE CHAPUI
Estadio Nacional
Laguito
Museo de Arte Costarricense
Hungria Libre
Calle 42
PITAHAJA
CENTRO COLÓN
Avenida 3
Avenida 1
Avenida Central
Paseo Colón
Mercado Coca Cola
Escazú, Pueblo Antiguo
Avenida 2
Avenida 4
Avenida 6
Castro Madriz
Hospital Nacional de Niños
Ministerio de Salud
Hospital Antituberculoso
Avenida 8
Avenida 10
Simón Bolívar
San Martín
LAS VEGAS
Calle Lang
Calle Alvarez
Calle Morenos
Calle del Golf
TOVAR
Museo de Ciencias Naturales, Colegio La Salle
PERPETUO SOCORRO
SABANA SUR
PASEO COLÓN
CEMENTERIO CALVO
CEMENTERIO ISRAELITA
CEMENTERIO DE OBREROS
CEMENTERIO GENERAL
BOLÍVAR
PINO
CORAZÓN DE JESÚS
Av. 24
Av. 26
Juan Santamaría
ALMENDARES
HATILLO NO. 8
Avenida Nosara
María Aguilar
Avenida Tiribi
Escazú
CUBA
PINOS
Avenida 28
Avenida 30
Avenida 32
HATILLO NO. 7
Avenida Villania
Calle C
Calle B
Calle A
HATILLO NO. 1
Calle Tempisque
Sixaola
Avenida Tempisque
HATILLONAZ
Av. Panamá
Av. Nicaragua
Calle Costa Rica
HATILLO NO. 6
SAGRADA FAMILIA
Avenida Central
Calle Brasil
Calle Argentina
Hatillo
HATILLO NO. 3
Calle Bolivia
Calle Colombia
HATILLO NO. 5
Dinamarca
Avenida
San José
0
500 m
Av. España
HATILLO NO. 4
Calle Ecuador
Alajuelita
25 DE JULIO
Calle Pipianes

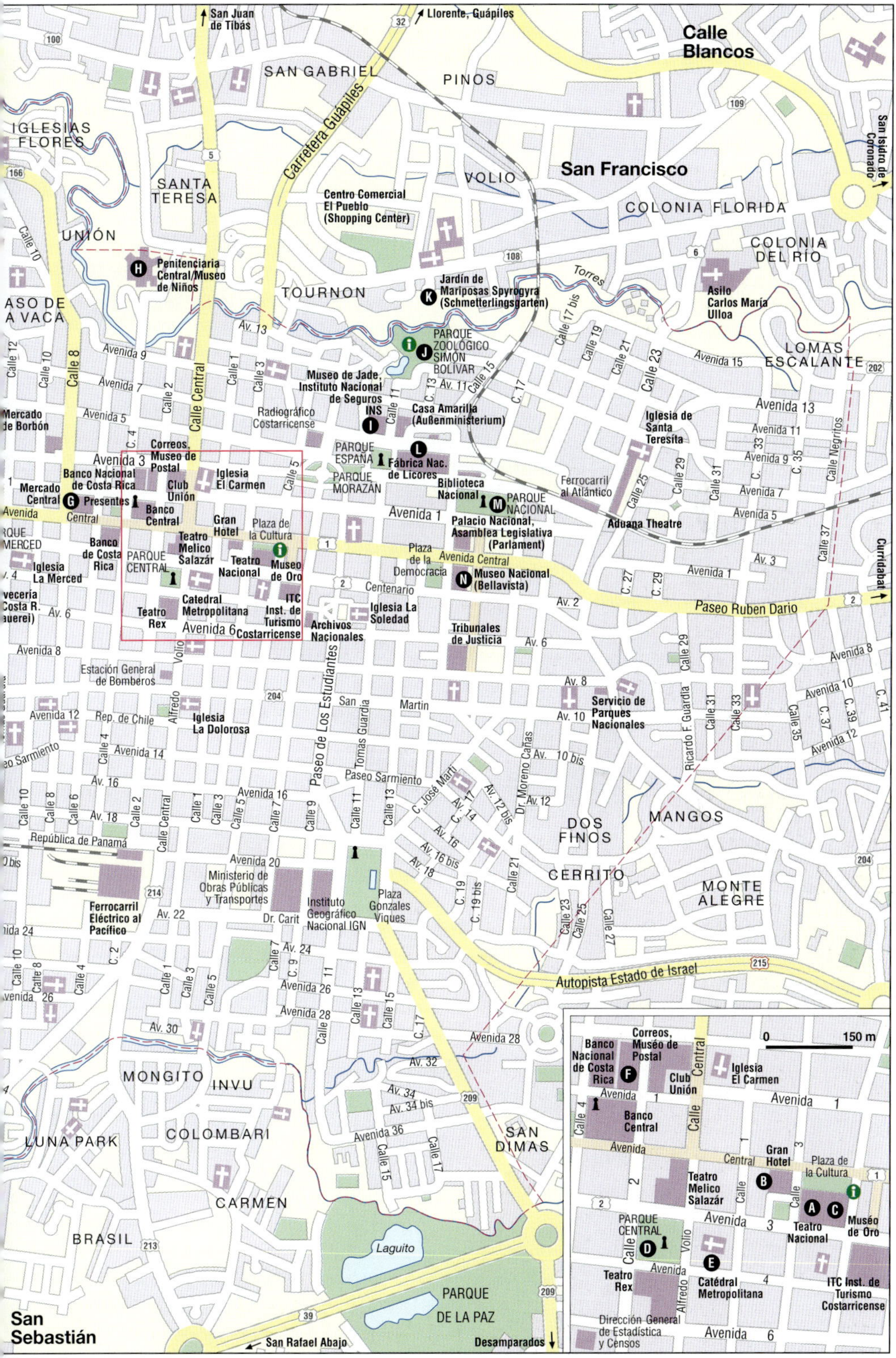
San Juan de Tibás
Llorente, Guápiles
Calle Blancos
SAN GABRIEL
PINOS
IGLESIAS FLORES
Carretera Guápiles
San Isidro de Coronado
SANTA TERESA
VOLIO
San Francisco
Centro Comercial El Pueblo (Shopping Center)
COLONIA FLORIDA
UNIÓN
COLONIA DEL RIO
Penitenciaria Central/Museo de Niños
TOURNON
Jardín de Mariposas Spyrogyra (Schmetterlingsgarten)
Torres
Asilo Carlos María Ulloa
ASO DE A VACA
PARQUE ZOOLÓGICO SIMÓN BOLÍVAR
LOMAS ESCALANTE
Museo de Jade, Instituto Nacional de Seguros INS
Casa Amarilla (Außenministerium)
Mercado de Borbón
Radiográfico Costarricense
Iglesia de Santa Teresita
Correos, Museo de Postal
PARQUE ESPAÑA
Fábrica Nac. de Licores
Banco Nacional de Costa Rica
Iglesia El Carmen
PARQUE MORAZÁN
Mercado Central
Presentes
Club Unión
Biblioteca Nacional
PARQUE NACIONAL
Ferrocarril al Atlántico
Banco Central
Gran Hotel
Plaza de la Cultura
Palacio Nacional, Asamblea Legislativa (Parlament)
Aduana Theatre
Teatro Melico Salazár
PARQUE CENTRAL
Teatro Nacional
Museo de Oro
Plaza de la Democracia
Museo Nacional (Bellavista)
Iglesia La Merced
Catedral Metropolitana
Teatro Rex
ITC Inst. de Turismo Costarricense
Iglesia La Soledad
Archivos Nacionales
Paseo Ruben Dario
Tribunales de Justicia
Estación General de Bomberos
Servicio de Parques Nacionales
Iglesia La Dolorosa
Paseo de Los Estudiantes
Paseo Sarmiento
DOS FINOS
MANGOS
República de Panamá
Ministerio de Obras Públicas y Transportes
CERRITO
MONTE ALEGRE
Ferrocarril Eléctrico al Pacífico
Instituto Geográfico Nacional IGN
Plaza Gonzales Viques
Autopista Estado de Israel
MONGITO
INVU
LUNA PARK
COLOMBARI
SAN DIMAS
CARMEN
BRASIL
Laguito
PARQUE DE LA PAZ
San Sebastián
San Rafael Abajo
Desamparados
Curridabat
0
150 m
Banco Nacional de Costa Rica F
Correos, Muséo de Postal
Club Unión
Iglesia El Carmen
Banco Central
Gran Hotel
Plaza de la Cultura
Teatro Melico Salazár
B
A
C
Teatro Nacional
Museo de Oro
PARQUE CENTRAL
D
E
Teatro Rex
Catédral Metropolitana
ITC Inst. de Turismo Costarricense
Dirección General de Estadística y Censos

San José

Seite 130

Mit ihren modernen Wolkenkratzern neben verfallenen Kolonialvillen mit Wellblech-Dächern macht die Hauptstadt Costa Ricas zunächst einen desolaten Eindruck. Aber bei näherem Hinsehen entfaltet sie schon bald einen gewissen Charme.

San José begann an dem Tag zu wachsen, als man sich in Europa entschloss, jeden Tag eine Tasse Kaffee zu trinken – das geschah irgendwann in der ersten Hälfte des 19. Jhs. In den 50er Jahren des letzten Jahrhunderts entwickelte sich die Stadt von einer unwichtigen Kleinstadt zu einer regelrechten Boomtown. Alles musste vom Besten sein, vom Modernsten, vor allem so europäisch wie möglich. Jeder Sack Kaffee, der exportiert wurde, bereicherte das wirtschaftliche, soziale und kulturelle Leben der Josefinos. Und je reicher die Stadt wurde, desto mehr verfeinerten sich die Bedürfnisse ihrer Einwohner, desto kultivierter und weltgewandter wurden sie.

Das goldene Zeitalter

Gegen Ende des 19. Jhs. schwamm San José auf der Welle des Kaffee-Exports. Es war die dritte Stadt der Erde, die eine elektrische Straßenbeleuchtung erhielt, eine der ersten mit öffentlichen Telefonen und die erste in Mittelamerika, vielleicht in ganz Lateinamerika, in der für alle Kinder die Schulpflicht eingeführt wurde und in der Frauen höhere Schulen besuchen durften. Zugegeben, die Straßen waren noch ohne Belag, dafür besaßen bereits viele bessere Familien ein Klavier.

Auch in der ersten Hälfte des 20. Jhs. wuchs der Wohlstand und mit ihm die Bautätigkeit: Eine Nationalbibliothek, Ministerien, Schulen, Krankenhäuser, Kirchen, Banken, Parks, Hotels, Theater, ein pompöses Postgebäude, ein Justizpalast und ein internationaler Flughafen wurden errichtet. 1956 überschritt die Bevölkerungszahl Costa Ricas die Millionengrenze. Die Welt wurde nun in ihrem Denken und Fühlen immer stärker von Europa als von Nordamerika beeinflusst.

Die moderne Stadt

Wo früher nur Pferdekutschen und Ochsenkarren entlangholperten, fuhren nun Autos und Lastwagen. Während der folgenden zwei Jahrzehnte verdoppelte sich die Bevölkerung und Mitte der 70er Jahre machte sich in San José erstmals die Luftverschmutzung bemerkbar. In den einst so kultivierten schmalen Straßen drängten sich Autos und Menschen, die alle so schnell wie möglich an irgendein Ziel ge-

TOP 50 Seite 282

TOP 50 Seite 283

◀ **Nationalstolz ist keine Frage des Alters**
▶ **Das nationale Jugendsymphonieorchester**
◀◀ **Deckengemälde im Foyer des Nationaltheaters**

Diebstahl ist ein ernsthaftes Problem in San José. Am besten ist es, auf einen Stadtrundgang nichts Wertvolles mitzunehmen. Reisepass, Bargeld und andere Wertsachen sollten im Hotelsafe bleiben. Ein Geldgürtel hat sich ebenfalls bewährt.

langen mussten. Altehrwürdige, reich verzierte Gebäude wurden abgerissen und durch hässliche Nachbauten nordamerikanischer Vorbilder ersetzt. Das kultivierte San José des 19. Jhs. konnte den Bedürfnissen des hektischen 20. Jhs. nicht gerecht werden – heute zeigt sich dies in einer Innenstadt, die verbaut, verschmutzt und unattraktiv geworden ist.

Oasen der Ruhe

Seite 271 TOP 50

Glücklicherweise blieben inmitten der Abgaswolken und Menschenmassen noch einige ruhige Oasen erhalten. Orte, an denen man sich erfrischen und erholen kann von der anstrengenden Suche nach dem Herz dieser Stadt. Das Nationaltheater ist wohl das schönste Bauwerk des ganzen Landes und sein Café ein beliebter Treffpunkt: ruhig, elegant und doch lebendig. Auch ein frischer Obstsaft auf der Terrasse des gegenüberliegenden Gran Hotel ist ein Erlebnis, das man sich nicht entgehen lassen sollte – hier mischt sich die Marimba-Musik mit dem Sprachengewirr von Menschen aus aller Herren Länder.

Das Nationalmuseum, das in einer alten Militärfestung untergebracht ist, das sehenswerte Jademuseum mit einer umfangreichen Sammlung präkolumbischer Keramiken, Jade- und Steinmetzarbeiten und natürlich das schön präsentierte Goldmuseum lohnen ebenfalls einen Besuch. Es gibt Souvenirläden, mehrere gute Theater, viele gediegene, wenn auch nicht unbedingt bemerkenswerte Restaurants, eine Vielzahl von Cabarets und Nachtclubs sowie ein paar interessante Kunstgalerien. Und es finden sich hie und da versteckt einige Überreste des alten San José, die einen Eindruck davon vermitteln, welch angenehmer Ort es vor nicht allzu langer Zeit gewesen sein muss.

Rätsel der Adressen

Bevor man sich auf den Stadtrundgang begibt, sollte man sich kurz mit dem Stadtplan (s. S. 130/131) vertraut ma-

▼ **Eine belebte Einkaufsstraße in der Innenstadt**

Seite 130

chen: Die Stadt ist in einem Schachbrettmuster angelegt, das aus *calles* (Straßen), die von Nord nach Süd verlaufen, und *avenidas,* die in ost-westlicher Richtung ausgerichtet sind, besteht. Die Straßen östlich und nördlich des Zentrums haben ungerade Nummern, die westlich und südlich gerade Nummern, die jeweils mit der Entfernung vom Zentrum ansteigen.

Etwas verwirrend jedoch ist, dass die einzelnen Gebäude keine Nummern tragen und die Straßen meist nur in der Innenstadt einen Namen tragen. Daher werden Adressen oft wie folgt angegeben: Kathedrale, Calle Central, Ave. 2–4, was bedeutet, dass die Kathedrale auf der Calle Central zwischen Avenida 2 und Avenida 4 zu suchen ist. Eine andere, weit häufigere Art, Adressen anzugeben, ist in Form von Entfernungen, d. h. nördlich, südlich, östlich oder westlich von bekannten Orientierungspunkten. Man sollte auch wissen, dass Ticos einen Häuserblock in der Regel mit 100 m gleichsetzen, unabhängig davon, wie breit er ist. Das Ergebnis ist, dass man immer wieder verzweifelte Besucher auf der Suche nach einer bestimmten Anschrift umherirren sieht – nur gut, dass die Menschen hier sehr hilfsbereit sind, so kommt man wenigstens mit ihnen ins Gespräch.

Die beste Zeit für einen Spaziergang durch San José ist der Sonntagmorgen, wenn es nur wenig Verkehr gibt auf den Straßen. An anderen Tagen sollte man sich entweder früh oder spät, vielleicht kurz vor Sonnenuntergang, auf den Weg machen, um dem Lärm und der Hektik zu entgehen.

5 Colones
→ Der nominell praktisch wertlose Geldschein mit dem Gemälde aus dem Nationaltheater (S. 128/129) gehört für Sammler zu den schönsten der Welt.

▲ Berge von Obst werden im Zentralmarkt angeboten
▼ Ein ruhiger Sonntagmorgen auf dem Paseo Colón

Stadtbusse

Busse sind in San José allgegenwärtig. Da gibt es die chromglänzenden neuen Mercedesbusse, frisch gewaschen, auf Hochglanz poliert und phantasievoll bemalt; oder das »Wrackmodell«: bis hin zum Bodenblech verrostet, eine dicke schwarze Qualmwolke hinter sich herziehend; oder aber das umweltfreundliche »Recyclingmodell«, den nordamerikanischen Schulbus, der – aufs Sorgfältigste gewartet – besser fährt als im »ersten Leben«. Wie auch immer die Busse aussehen mögen, eines haben sie alle gemeinsam: Sie sind herrliche Guckfenster ins Leben Costa Ricas, wo fast jeder Bus fährt, ob Schüler und Studenten, junge Frauen in Stöckelschuhen, Designerkostümen und makellosem Make-up, Leute vom Lande, die in der Stadt zu tun haben, junge Mütter mit Kindern oder korrekt gekleidete Männer mit Aktenkoffern.

◄ **Wer »a la Tica« reist, bekommt schnell einen guten Einblick in das Leben der Einheimischen**

Für nur wenige Colones befinden Sie sich mitten im alltäglichen Kommen und Gehen des Zentralen Hochtals. Es gibt kaum eine einfachere, bessere und unterhaltsamere Möglichkeit, die Ticos kennen zu lernen. Hier scheint der zuvorkommende Kavalier noch nicht ausgestorben – oder ist es nur natürlicher Anstand, eine unauffällige, weil selbstverständliche Art der Höflichkeit? Junge Männer helfen älteren Männern und Frauen immer beim Einsteigen; wer einen eigenen Sitzplatz hat, nimmt das Gepäck des andern auf den Schoß, irgend jemand bietet immer einem älteren Mitbürger oder einer schwangeren Frau seinen Platz an, und der Busfahrer fährt keinem vor der Nase weg, der in letzter Sekunde angerannt kommt.

Ein behinderter Junge, den der Busfahrer beim Namen kennt, steigt am Paseo Colón ein und wird für ein paar Haltestellen zum offiziellen »Türöffner« ernannt. Wenn er genug von diesem Spielchen hat, verabschiedet er sich vom Busfahrer und springt an der nächsten Station ab. Ein sehr alter »campesino« besucht Freunde in der Stadt. Umständlich steigt er ein, aus seiner Jutetasche riecht es nach Kaffee und Pejibaye-Früchten. Ein kleines Mädchen mit zerknittertem rosa Kleidchen steigt auf dem Coca-Cola-Busbahnhof in den wartenden Bus, spricht kurz mit dem Fahrer und singt dann ein schmachtendes Liebeslied. Anschließend sammelt es seine Gage in kleinen Münzen ein.

Fahren Sie in San José wenigstens einmal Bus. Sie sollten möglichst am Anfang einer Linie zusteigen, um einen Sitzplatz zu ergattern. Dann können Sie in Ruhe zuschauen, wie die Einheimischen einsteigen, dem Fahrer ihr Geld in die Hand drücken und Freunde und Nachbarn begrüßen, während sie nach hinten gehen. An jeder Haltestelle werden es mehr, bis selbst beim besten Willen keiner mehr reinpasst. Wenn Sie ein wenig Spanisch sprechen, haben Sie hier die beste Gelegenheit, es an die Frau oder den Mann zu bringen. ■

'laza de la Cultura

)ie Plaza de la Cultura ist das Herz der ;tadt. Der große Platz ist beliebter Treff- ›unkt für Touristen und Einheimische ;leichermaßen. Sein Prunkstück ist das **'eatro Nacional** Ⓐ (Mo–Sa 9–16 Uhr, vww.teatronacional.go.cr), zweifellos ei- ıes der architektonisch bedeutendsten ;ebäude in San José, wenn nicht Costa ℓicas. Der Bau wurde im 19. Jh. von Kaf- eebaronen finanziert, die so aufgebracht larüber waren, dass es für den weltbe- :annten Opernstar Adelina Patti keine an- ;emessene Bühne gab – und diese San osé auf ihrer Tournee 1890 links liegen ieß. Also zahlten sie freiwillig auf jeden xportierten Kaffeesack eine Extrasteuer.

Der Pariser Oper nachempfunden und m neoklassizistischen Stil errichtet, wur- le das Theater mit einer Aufführung von ;oethes *Faust* im Jahre 1897 eingeweiht.)er in Hufeisenform angelegte Zuschauer- aum, der über eine hervorragende Akustik verfügt, erstreckt sich über vier Ebenen, sein geneigter Boden kann auf Wunsch in die Waagerechte angehoben werden, auch die Bühnentechnik lässt keine Wünsche offen. Die Innendekoration wurde von spanischen und italienischen Künstlern angefertigt. Ironie des Schicksals: Adelina Patti kam nie nach Costa Rica, dafür kann man heute dem erstklassigen nationalen Symphonieorchester und gastierenden Künstlern lauschen. Das berühmte Deckenfresko im Eingangsbereich zeigt eine ländliche Szene mit Kaffee- und Bananenpflückern (s. S. 128 f.).

Das **Gran Hotel** Ⓑ (www.granhotelcostarica.com) gegenüber dem Nationaltheater hat seine besten Zeiten zwar hinter sich, aber sein Café ist dennoch einer der beliebtesten Treffpunkte der Stadt.

Unterhalb der Plaza befindet sich eines der feinsten Museen der Stadt: das **Museo de Oro** Ⓒ (Goldmuseum, tgl. 9.30 bis 17 Uhr, www.museodelbancocentral.org). Mehr als 2000 ausgewählte präkolumbi-

Seite 130

An der Avenida Central liegt auf Höhe der Plaza de la Cultura eine **Eisdiele** der »Pop's«-Kette. Hier gibt es das beste Eis des Landes.

TOP 50 Seite 272

TOP 50 Seite 275

▼ Die eindrucksvolle Fassade des Nationaltheaters

Am Nordende des Parque Central fällt die Fassade des **Teatro Melíco Salazar** ins Auge. Jeden Donnerstag wird hier eine Folkloreshow aufgeführt.

Seite 274 TOP 50

sche Goldartefakte der Indianervölker aus dem Südwesten des Landes, eindrucksvolle kleine Figuren, halb Mensch, halb Vogel, und erotische Darstellungen zählen zu den Höhepunkten. Im gleichen Haus sind eine Münzsammlung und eine Ausstellung moderner Kunst untergebracht.

Kultur und buntes Treiben

Der **Parque Central** Ⓓ ist ein weiterer guter Ort, um Menschen zu beobachten. Zwar beschwerten sich die Einwohner aufs Heftigste, als in den 1980er Jahren die Bäume des Parks gefällt wurden und nur ein paar Königspalmen zurückblieben, doch zumindest ist der Platz heute sicher. Der an den katalanischen Jugendstilkünstler Gaudí erinnernde Kiosk in seiner Mitte wurde von dem nicaraguanischen Ex-Diktator Somoza gestiftet und ist am Wochenende oft Schauplatz von Open-Air-Konzerten.

◄ **Der Zentralmarkt ist einer der farbenprächtigsten und lebendigsten Plätze der Stadt**

Auf der Ostseite des Parks erhebt sic die von Säulen umstandene **Catedra Metropolitana** Ⓔ. Das architektonisc eher unbedeutende Gebäude, das ers kürzlich nach seiner Renovierung feierlic wiedereröffnet wurde, beeindruckt i seinem spärlich dekorierten Innenraun durch die bunten Glasfenster. Auch di geschnitzte Holzdecke in der danebenliegenden Seitenkapelle »Capilla del Santís mo Sacramento« verdient Erwähnung.

Nördlich des Parks erreicht man übe die Calle 2 das Gebäude der **Correos** Ⓕ (Hauptpost) aus dem Jahre 1914, in den sich auch das Museo Postal (Postmuseum Mo–Fr 8–17 Uhr) befindet.

Zwei Häuserblocks weiter westlich au der Avenida 1 befindet sich der **Mercad Central** Ⓖ (Mo–Sa 6.30–18.30 Uhr), se 1881 das wichtigste Marktgebäude de Stadt. An über 200 Ständen kauft die Fra für ihre Küche Geräte und Lebensmitte der Rinderhirte Satteltaschen, und für di Gläubigen gibt es sogar Heiligenbilder und das zu relativ günstigen Preisen. Di Hallenmitte ist zugleich San Josés Dreh und Angelpunkt, um authentische Tico Küche zu probieren.

Wer mit Kindern reist, sollte einen Ab stecher in das **Museo de los Niños** (Kindermuseum, Di–Fr 8–16.30, Sa/S 9.30–17 Uhr, www.museocr.com) im ehemaligen Zentralgefängnis machen. Die in teraktiven Ausstellungen sind auch fü Erwachsene interessant. Das Museum vermittelt einen guten Überblick über di Geschichte mit Modellen von Indiane hütten, karibischen Holzhäusern und mo dernen Gebäuden. Da sich das Museum nicht im besten Stadtviertel befindet, sol te man ein Taxi nehmen.

An der Avenida 7, auf der Nordseit des Parque España, befindet sich im 11. Stock des INS-Hochhauses das seh empfehlenswerte **Museo de Jade** Ⓘ (Jademuseum; Mo–Fr 8–15.30, So 9–1 Uhr, Fei geschl.) mit einem herrliche Blick über die Stadt. Neben den fein bearbeiteten Jade-Artefakten (s. S. 28), di meist als Anhänger fungierten, sind hie wahre Meisterstücke präkolumbische

Seite 130

teinmetz- und Keramik-
kunst zu bewundern.

Gegenüber befindet sich eines der interessantesten Gebäude der Stadt, das komplett aus Eisen errichtete **Edificio Metállico**, das 1892 aus Belgien hierher verschifft wurde und bis heute als Schule dient.

Im Schatten eines alten Ceiba-Baumes liegt nebenan die schmucke **Casa Amarilla** (Gelbes Haus), die 1816 als Gerichtshof erbaut wurde und heute zum Außenministerium gehört.

Jade
→ **Diese grüne Gesteinsart kommt in Costa Rica nicht vor, sondern wurde aus Guatemala importiert. Die Kunst der Jadebearbeitung erreichte ihren Höhepunkt im 5. Jahrhundert.**

Natur in der Stadt

Nur wenige Minuten nördlich des Jademuseums gelangt man zum **Parque Zoológico Simón Bolívar** ❶ (Zoolog. Garten, Mo–Fr 9–15.30, Sa/So 9–16.30 Uhr), der sich mit seinen kleinen Käfigen und Gehegen derzeit in einem reichlich desolaten Zustand befindet. Doch es gibt Pläne, den Zoo in eine Visitenkarte der Stadt zu verwandeln – erste Ansätze sind in Sicht.

Unmittelbar nördlich des Zoos, aber nur über einen erheblichen Umweg per Taxi erreichbar, liegt der hübsche **Jardín de Mariposas Spyrogyra** ❸ (Spyrogyra-Schmetterlinge, tgl. 8–16 Uhr, www.butterfly-gardencr.com). Eines der Hauptanliegen der Anlage ist es, den Frauen vom Land eine alternative Verdienstmöglichkeit zur harten Arbeit auf den Feldern zu bieten. Sie sammeln Schmetterlings-Kokons, die nach Europa und in die USA exportiert werden. Besucher können neben den zahlreichen Schmetterlingen, die hier in einem Gehege frei umherschwirren, mit etwas Glück in den Gärten auch Kolibris entdecken.

▲ Ein grüner Leguan im Zoo
▼ Die Hauptpost (»Correos«) mit dem Postmuseum

Seite 130

Museen ohne Ende

Ebenfalls in unmittelbarer Nähe zum INS-Gebäude liegt der Komplex der ehemaligen **Fábrica Nacional de Licores** Ⓛ (Nationale Likörfabrik), die 1856 gegründet wurde. Vor einigen Jahren hat man sie jedoch vor die Tore der Stadt umgesiedelt, und so findet sich in den Hallen, wo einst hochprozentige Getränke gebraut wurden, ein Zentrum für Kunst und Kultur, genannt CENAC *(Centro Nac. de la Cultura y Ciencia)*. Dazu gehört das **Museo de Arte y Diseño Contemporáneo** (Museum für zeitgenöss. Kunst und Design, Mo–Sa 10.30–17.30 Uhr, www.madc.ac.cr) mit wechselnden Ausstellungen zu Malerei, Bildhauerei und Fotografie.

Einen Block weiter südöstlich gelangt man zum **Parque Nacional** Ⓜ, dem größten der zahlreichen Parks in der Innenstadt von San José. Hier treffen sich die Liebespärchen zum Stelldichein, und die Büroangestellten lassen sich ihr Mittagessen im Schatten von rund 50 verschiedenen Baumarten schmecken – bei Nacht sollte man diesen Ort allerdings besser meiden. Im Zentrum des Parks befindet sich ein Monument, das den Sieg gegen die verhassten Filibuster-Truppen des William Walker (s. S. 45) verherrlicht.

Seite 274 TOP 50

Zwei Blocks südlich an der Calle 17 stößt man auf das **Museo Nacional** Ⓝ (Di–So 8.30–16 Uhr, www.museocostarica.go.cr), das in der Bellavista-Festung von 1870 untergebracht ist. Wo bis zur Abschaffung der Armee 1949 Soldaten ein und aus gingen, befindet sich heute eine erlesene Sammlung von Keramik-, Stein- und Goldarbeiten, von Möbeln und Gemälden aus der Kolonialzeit, die einen Überblick über die Geschichte und Kultur des Landes vermittelt. Im Innenhof liegen einige der rätselhaften Steinkugeln der Bruncas, deren Geheimnis bis heute nicht gelüftet werden konnte (s. S. 28, 251).

Auf dem Gelände des ersten internationalen Flughafens von Costa Rica erstreckt sich nun der Stadtpark Parque La Sabana. Die ehemalige Abflughalle wurde zum **Museo de Arte Costarricense** Ⓞ (Museum costarican. Kunst, Di–Fr 9–17, Sa/So 10–16 Uhr, www.musarco.go.cr). Werke einheimischer Maler und Bildhauer aus dem 19./20. Jh. finden hier ebenso Platz wie Arbeiten ausländischer Künstler.

▲ Goldschmuck im Museo de Oro
◀ Kartoffeln bilden eine Abwechslung zu Reis und Bohnen
▶ Fingerhut

In der südöstlichen Ecke des Parks befindet sich das Naturhistorische Museum das **Museo La Salle** (Mo–Sa 8–16, So 9–16 Uhr). Die Hauptattraktion ist eine Sammlung präparierter Tiere aus Costa Rica und aller Welt. Neben Schlangen, Kröten, Fischen und einem Schwan, der von der Decke hängt, besitzt sie ein Modell des amerikanischen Space Shuttle.

Nur eine kurze Busfahrt entfernt liegt im Stadtteil La Uruca das **Pueblo Antiguo** Ⓟ (»Altes Dorf«, Do/Fr 10–18, Sa/So 9–21 Uhr), eine idealisierte Darstellung des alten Costa Rica. Schauspieler in traditionellen Kostümen demonstrieren Kunsthandwerk und landwirtschaftliche Techniken. Im Restaurant wird landestypische Kost serviert, und jeden Sonntag findet eine Fiesta statt. ■

Das Zentrale Hochtal

Seite 146

Im gemäßigten Klima des grünen Hügellandes im Herzen Costa Ricas leben 60 % der Bevölkerung. Hier tagt die Regierung, hier befinden sich die ältesten Städte und hier pulsiert das kulturelle und wirtschaftliche Leben des Landes.

Das Zentraltal *(Valle Central)* oder Zenralplateau *(Meseta Central)* ist genau geıommen weder ein Tal noch ein Plateau - es besteht vielmehr aus zahlreichen Tälern und Hochflächen. Passender wäre ılso die Bezeichnung Zentrales Hügeland. Das Gebiet umfasst eine Fläche von 24 x 64 km, auf der zwei große Bergzüge ufeinandertreffen. Das vulkanische Hügelland erhebt sich bis in Höhen von 500 m und wird von zahlreichen Flussälern durchzogen.

.eben im Hochland

)ie Landschaft breitet sich in unvergleichicher Vielfalt und Schönheit aus. Das Klina ist sehr gesund, die Luft weich und anenehm und die Leute sind freundlich, vürdevoll und unabhängig. Über den Hügeln am Rand des Tales erheben sich Vulane, manche noch aktiv, andere ruhend der erloschen. Darüber spannt sich ein veiter Himmel, in ständiger Veränderung egriffen. Oft schieben sich unvermittelt chwarze Regenwolken vor das leuchtene Blau, und hin und wieder erscheint ein unter Regenbogen.

Es gibt nebelverhangene, beinahe verauberte Orte wie das Orosi-Tal oder stauige Farmerstädtchen wie Santa Ana; Dörer aus Lehmhäusern wie Barva, die vom lten Costa Rica künden, und dicht bevölerte, laute Städte von großer Vitalität wie an José und Cartago. Tagesausflüge mit em Bus oder Mietwagen lassen sich eicht arrangieren.

Auf der Fahrt durch die Kleinstädte nd Dörfer in den Hügeln bietet sich ein ir Mittelamerika ungewöhnliches Bild: leine Häuser auf Grundstücken, die den ewohnern selbst gehören. Auch die tadtviertel sind oft ein buntes Gemisch aus stattlichen Villen und bescheideneren Häusern. Hausfrauen mit Schürze und dem Baby im Arm unterhalten sich in den Vorhöfen. Kinder in Schuluniformen kommen schwatzend und lachend die Straße entlang. Obst und Gemüse aus den Gärten wird auf kleinen Tischen vor den Häusern zum Verkauf angeboten: Erdbeer- und andere Marmeladen, Käse aus Eigenproduktion, Sauerrahm, Orangen und kandierte Grapefruits, Mangos und Tomaten. Besucher werden meist mit unaufdringlicher Neugier begrüßt. Niemand zeigt sich überrascht, wenn ein Fremder das Dorfgasthaus betritt und *arroz con pollo* (Huhn mit Reis) bestellt.

◄ Kaffeeplantage im Zentralen Hochtal ► Die Pfarrkirche ist das Zentrum jeden Dorfes ◄◄ Abendstimmung in den Bergen über Heredia

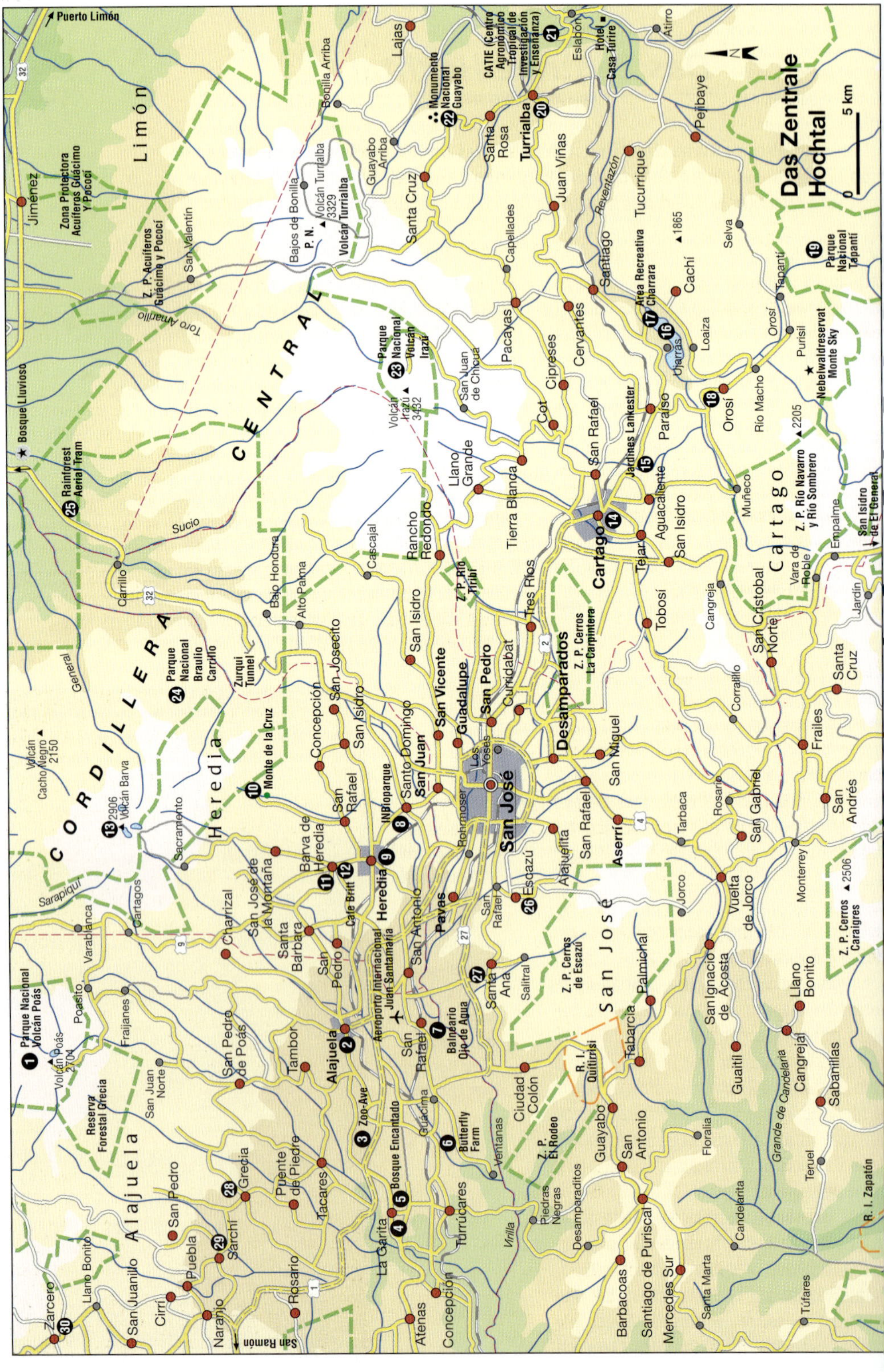
Das Zentrale Hochtal
0
5 km
Cordillera Central
Alajuela
Heredia
San José
Cartago
Limón
1 Parque Nacional Volcán Poás
2 Alajuela
3 Zoo-Ave
5 Bosque Encantado
6 Butterfly Farm
7 Balneario Ojo de Agua
8 INBioparque
9 Heredia
10 Monte de la Cruz
13 Volcán Barva
14 Cartago
15 Jardines Lankester
16 Ujarrás
17 Área Recreativa Charrara
18 Orosí
19 Parque Nacional Tapantí
20 Turrialba
21 CATIE (Centro Agronómico Tropical de Investigación y Enseñanza)
22 Monumento Nacional Guayabo
23 Parque Nacional Volcán Irazú
24 Parque Nacional Braulio Carrillo
25 Rainforest Aerial Tram
26 Escazú
27 Santa Ana
28 Grecia
29 Sarchí
30 Zarcero
Puerto Limón
San Ramón
San Isidro de El General

San José, Alajuela, Cartago und Heredia sind die größten und wichtigsten Städte im Valle Central. Die Vor- und Kleinstädte, die von San José auswuchern, haben ihren eigenen Charakter: das historische Escazú, das eher distanzierte Rohrmoser, das exklusive Los Yoses mit schönen alten Wohnhäusern und San Pedro, wo die Universität und das größte Einkaufszentrum Mittelamerikas beheimatet sind. Vier Nationalparks gilt es hier, mehrere Vulkane und eine der wichtigsten Ausgrabungsstätten des Landes.

Die meisten Besucher kommen in der Trockenzeit des Landes, zwischen Dezember und März, nach Costa Rica, um dem Winter in Nordamerika und Europa zu entfliehen. Diejenigen, die häufiger herkommen, wissen jedoch, dass sich das Zentraltal in der Regenzeit von seiner besten Seite zeigt: Nachmittägliche Regengüsse und Gewitter sorgen für sattes Grün, bunte Farben und gute Luft.

Volcán Poás

Der meistbesuchte Nationalpark des Landes ist der **Parque Nacional Volcán Poás ❶** (tgl. 8–15.30 Uhr). Er liegt 37 km von San José entfernt und ist auf guten Straßen über Alajuela zu erreichen. Der Poás kann sehr überfüllt und wolkenverhangen sein, es empfiehlt sich also, früh aufzubrechen, wenn die Aussicht noch gut und der Park noch leer ist. Die frische Höhenluft wirkt belebend, aber es kann auch kalt und regnerisch werden, gute Schutzkleidung wird daher empfohlen.

Eine Wanderkarte erhält man im Besucherzentrum des Parks, wo es auch ein kleines Museum, eine Insekten-Ausstellung, einen Laden und eine Cafetería gibt. Von einem Aussichtspunkt oberhalb des Kraters überblickt man den ganzen Vulkan, der 1989 einen Ascheausstoß von fast 2 km Höhe hatte. Der Hauptkrater zählt mit einem Durchmesser von 1,5 km und einer Tiefe von 300 m zu den größten der Welt. Im Unterschied zu den Vulkanen Irazú und Arenal sind die Ausbrüche des Poás meist nicht sehr heftig und so ist er für einen aktiven Vulkan relativ leicht zugänglich. Der Poás stößt gegenwärtig nur schwefelige Gase und säurehaltige Dämpfe aus, weshalb man auch nicht länger als 20 Minuten am Kraterrand verbringen sollte. Nur einen Fußmarsch von etwa 20 Minuten entfernt liegt die juwelengleiche Laguna Boto, der alte Krater.

Auf gut gepflegten Pfaden wandert man durch abwechslungsreiche Landschaft, am Wegrand wachsen Blumen, Moose, Bromelien und Farne in großer Vielfalt. Hier leben auch viele Frösche und Kröten und natürlich eine Vielzahl von Vögeln. Den farbenprächtigen Quetzal (s. S. 206), der ebenfalls im Bereich des Parks lebt, bekommt man leider nur selten zu Gesicht.

Nach der Wanderung können Sie in einem Restaurant einkehren, wo Sie *fresas en leche,* Erdbeermilch, probieren sollten. An Ständen entlang der Straße bieten Hausfrauen auch Erdbeermarmelade und selbstgemachte Plätzchen an.

Seite 146

TOP 50 Seite 271

▲ Reife Mangos sind eine Köstlichkeit
▶ Ein Bachbett im Braulio-Carrillo-Nationalpark

Seite 270 TOP 50

Seite 281 TOP 50

Schmetterlinge
Der spektakulärste Schmetterling Costa Ricas ist der **Blaue Morpho**, ein echter Gigant, der 13 bis 20 cm groß wird.

Alajuela und Umgebung

Im über 1000 m tiefer gelegenen **Alajuela** ❷ (50 000 Einwohner) ist es merklich wärmer. Im Zentralpark mit den vielen Mangobäumen gehen die Senioren ihrer Lieblingsbeschäftigung nach: Sie erfinden Spitznamen für die Vorübergehenden. An neun Tagen im Juli wird hier das Mangofest abgehalten.

Alajuela ist die Geburtsstadt des Soldaten Juan Santamaría, dessen Mut es zu verdanken war, dass 1856 der Agressor William Walker und seine Filibuster aus dem Lande vertrieben wurden (s. S. 45). Das **Museo Juan Santamaría** (Di–So 10 bis 16 Uhr, www.mhcjs.go.cr) im ehemaligen Gefängnis, einen Block nördlich des Parks, erzählt die Geschichte des Nationalhelden.

Auf der alten Straße Richtung Pazifikküste gelangt man zum **Zoo Ave** ❸ (tgl. 9–17 Uhr, www.zooave.com), in dem mehr als 60 Arten costaricanischer Vögel, aber auch Affen, Hirsche, Krokodile und Schildkröten leben.

La Garita ❹ ist ein grünes Städtchen, das sich – wie noch einige andere Orte – des besten Klimas in Costa Rica rühmt. Schöne Eigenheime mit Gärten liegen zwischen Feldern von dunkelgrünen Kaffeesträuchern und Baumschulen, in denen auch Besucher willkommen sind.

Südlich von La Garita liegt der **Bosque Encantado** ❺ (Verzauberter Wald, tgl. geöffnet), ein Kinderparadies mit See, mittelalterlicher Burg, Märchenfiguren, Spielhäusern und Ponyreiten.

Einige Kilometer südöstlich befindet sich in der Nähe von Guácima die **Butterfly Farm** ❻ (Schmetterlingsfarm, tgl. 8.30 bis 17 Uhr, www.butterflyfarm.co.cr), in der über 500 Arten exotischer Schmetterlinge gezüchtet und zu Zehntausenden exportiert werden. Mit dem Wasserfall, der tropischen Vegetation und den endlosen Farbvariationen der Falter lohnt sich unbedingt einen Besuch.

▼ **Der Vulkan Poás in einer aktiven Phase; Schilder warnen die Besucher, sich nicht zu lange in der Nähe des Kraters aufzuhalten**

Badefreuden

Wen es an einem warmen und sonnigen Tag nach einem erfrischenden Bad gelüstet, der kann auf dem Rückweg nach San José einen Halt einlegen beim Freibad **Ojo de Agua** ❼ (tgl. 8 bis 17 Uhr). Stündlich strömen aus der natürlichen Quelle Tausende Liter Wasser und speisen den Swimmingpool sowie einen künstlichen See. Auch zur Versorgung der Küstenstadt Puntarenas wird das Wasser genutzt. Am Wochenende platzt das Bad aus allen Nähten und ist fest in den Händen der Einheimischen.

Nur etwa einen halben Kilometer entfernt liegt **Aqua Maniá** (Di–So), ein Bade-Erlebnispark mit Rutschen, einem Wellenbecken, einem künstlichen Fluss und vielem mehr.

Schmetterlinge

→ Die meiste Zeit ihres Lebens verbringen diese zierlichen Wesen als Raupe oder Puppe. Ein geschlüpfter Schmetterling hat nur noch etwa 2–4 Wochen zu leben.

Kaffeeland

Seite 146

Ein Ausflug in die Provinz Heredia, das Zentrum des Kaffeeanbaus, lässt die Hitze von San José schnell vergessen. Schon 24 km außerhalb der Stadt kann man in einem Nebelwald wandern, der den Wäldern in entlegeneren Gebieten nicht nachsteht.

Der **INBioparque** in **Santo Domingo de Heredia** ❽, das noch schöne alte Kolonialhäuser besitzt, ging aus einer Kaffeeplantage. Neben dem Forschungsinstitut INBio entstand hier ein Themenpark, der auf dem 5,5, ha großen Gelände (mit einem See) Costa Ricas Biodiversität auf ebenso unterhaltsame wie wissenschaftlich fundierte Weise den Besuchern näher bringt. Geführte Touren ergänzen Videovorführungen und Ausstellungen. Restau-

▲ Die hübsche Kirche von Sarchí
▼ Am Sonntag nach der Kirche; Zuschauer bei einem Fußballspiel

rant, Café , netter Shop (Di–So 8–16 Uhr, Einlass bis 16 Uhr, www.inbio.ac.cr).

Heredia ❾ (25 000 Einwohner) liegt nur 9 km nördlich von San José und wird auch *La Cuidad de las Flores* (Blumenstadt) genannt. 1706 wurde der Ort von den Spaniern gegründet. Gut gefüllte Läden lassen ahnen, dass der Kaffee der Region einen gewissen Wohlstand gebracht hat. In Heredia hat die Staatliche Universität ihren Sitz; Sie bildet vor allem Lehrer aus, aber auch die veterinärmedizinische Fakultät hat einen guten Ruf in Lateinamerika. Die Basilika **Inmaculada Concepción** aus dem Jahre 1796 ist mit Glocken aus Cusco in Peru geschmückt und überstand dank ihrer massiven Bauweise zahlreiche Erdbeben unbeschadet.

Nach einer Wanderung im Bosque del Río sollte man dem **Hotel Chalet Tirol** einen Besuch abstatten, wo französische Spitzenküche den Gaumen erfreut.

6 km außerhalb von San Rafael bietet das Hotel **La Condesa** gepflegte Zimmer, Pool, Reit- und Wandermöglichkeiten. Tel. 267-60 00.

Alpine Landschaft

In **San Rafael de Heredia** beginnt der Anstieg in die Berge. Die Villen oberhalb der Stadt haben einen eher alpinen Charakter, oft sind die Fensterläden bäuerlich bemalt. Man fühlt sich hier fast in ein österreichisches Alpenpanorama versetzt. Die wohlhabenden Schichten früherer Generationen genossen traditionell eine europäische Erziehung und begeisterten sich oft für die mitteleuropäische Architektur, eine Vorliebe, die in dieser kühleren, bergigen Gegend offensichtlich wird. Heute machen die jungen Ticos ihren Abschluss an nordamerikanischen Universitäten, wodurch sich auch ihre kulturelle Affinität verändert.

◄ **Handgepflückte Kaffeebohnen im Wert von über 200 Mio. US-$ exportiert Costa Rica jedes Jahr**

Die Straße oberhalb von San Rafael führt in kühlere Regionen, vorbei am El Castillo Country Club (nur für Mitglieder) nach **Monte de la Cruz** ❿, wo in einem privaten Nebelwaldreservat ein kleiner Heiligenschrein steht. So manche sonntägliche Wanderung von San Rafael hat diesen Punkt zum Ziel.

Vor allem sonntags sind auf diesen Straßen die Costaricaner zum Familienausflug unterwegs. Die Busse fahren dann seltener, was oft einen längeren Fußmarsch bedeutet. Die hiesigen Autofahrer sind darauf eingestellt, dass sie die Straße mit den Fußgängern teilen, nur für Fremde im Mietwagen ist das etwas ungewohnt. Vor El Castillo verweist ein Schild auf den **Bosque del Río de la Hoja.** Hier kann man auf einer reizenden, von Bäumen gesäumten Straße zum Wasserwerk Heredia wandern und von dort weiter durch unbewohntes Gebiet das ganze Tal durchqueren und irgendwo ein schönes Picknick machen.

Von hier geht es zunächst wieder bergab bis zu einer Gabelung, dann wieder bergauf nach **El Tirol**, vorbei an den Pensionärs- und Ferienhäusern durch Bergwiesen und einen Zypressenwald, wo warmes Sonnenlicht durch die Zweige bricht und die Wiesen dicht mit Blumen bestanden sind.

Das Hotel Chalet Tirol (www.tirolcr.com) liegt in einem Nebelwaldgebiet, das an den **Nationalpark Braulio Carrillo** (s. S. 159) angrenzt. Ein Pfad, der fast unter Farnen verschwindet und sich unter alten, mit Bromelien und Orchideen bewachsenen Bäumen dahinwindet, führt mehrere Stunden durch den Wald bis zum Park. Wer über Nacht bleibt, schläft in einer spitzgiebligen Holzhütte im Wald.

Bei der Rückfahrt verspürt man schon bald die angenehme Wärme des Tals. Die Straße nach **San José de la Montaña** führt an riesigen Feldern voller Blumen vorbei, die für den Export bestimmt sind. An der Straße liegt das Hotel El Pórtico mit Konferenzräumen und einer netten Bar, das außerdem ein guter Ausgangspunkt für Wanderungen in den grünen Hügeln ist.

Barva und Umgebung

Der Stadtpark des alten Städtchens **Barva de Heredia** ⓫, das 1561 gegründet wurde, ist von restaurierten Adobe-Häusern umgeben, die der Stadt eine koloniale Atmosphäre verleihen. Steht man auf den Stufen der **Basílica de Barva** und blickt über die roten Ziegeldächer der Häuser auf die Berge im Hintergrund, ahnt man, wie es hier im 18. Jh. ausgesehen hat. Die Kirche wurde 1797 auf einer alten indianischen Begräbnisstätte errichtet. In der Nähe liegt die kleine Höhle der **Jungfrau von Lourdes** (1913).

In den Bergen oberhalb der Stadt wird eine unterhaltsame Kaffeetour auf die Kaffeefarm **Café Britt** ⓬ geboten. Dabei erfährt man alles über den Kaffeeanbau, besucht ein kurzweiliges Theaterstück und hat die Möglichkeit, verschiedene Kaffeesorten zu probieren. Auch sollten Sie hier eine reife rote Frucht kosten, die die Kaffeebohne umgibt, sie ist süß und schmackhaft. (Touren tgl. um 11 Uhr sowie in der Hochsaison um 15 Uhr; der Transport ab San José wird angeboten; www.cafebritt.com.)

Die Kunsthandwerker von Barva fertigen Körbe aus Bambus und Palmblättern, die am Straßenrand zum Verkauf angeboten werden und beim Einkauf, beim Kaffeepflücken oder als Brotkorb Verwendung finden.

Seite 146

▲ Das spanische Fort in Heredia
▼ Jardines Lankester

Die unvergleichliche Lage von **Cartago** lohnt einen Besuch. Schon Vásquez de Coronado schrieb dem spanischen König über den Ort: »Ich habe niemals ein schöneres Tal gesehen, und ich habe zwischen (seinen) beiden Flüssen eine Stadt gegründet.«

Das **Museo de Cultura Popular** (Volkskultur) in **Santa Lucía de Barva** (Mo–Fr 8–16, So 10–16 Uhr), etwa 4 km nördlich von Heredia, ist im renovierten Gonzaléz-Haus untergebracht. Die Villa wurde im 19. Jh. errichtet, kurz bevor der prosperierende Kaffeeanbau das Leben in Costa Rica grundlegend veränderte.

Der Vulkan Barva

Zum **Volcán Barva** ⓭ führt eine Straße, die oberhalb der Stadt verläuft und dann über San José de las Montañas nach Sacramento weitergeht. Der Vulkan liegt auf der Westseite des Braulio-Carrillo-Nationalparks (s. S. 159). Die Zufahrtsstraße befindet sich in einem katastophalen Zustand, und die letzten 4 km vor dem Eingang, wo man auch zelten kann, muss man ohnehin zu Fuß gehen. Von hier führt dann ein angenehmer Wanderweg bis zum Ufer des Kratersees. Eine andere, etwa einstündige Wanderung endet an der **Laguna Barva** (2906 m), einem von Bäumen gesäumten grünen See, der einen erloschenen Krater füllt.

Das Straßen verlaufen in dieser Gegend kreuz und quer, und die Beschilderung ist nicht immer klar. Selbst die Josefinos müssen beim Sonntagsausflug oft nach dem Weg fragen.

Cartago und Umgebung

Cartago ⓮ (27 000 Einwohner) liegt rund 23 km südöstlich von San José und war bis 1823 die Hauptstadt des Landes. Seine illustre koloniale Vergangenheit hat jedoch nur wenige Spuren hinterlassen, denn die meisten Bauten aus jener Zeit wurden durch Erdbeben oder Ausbrüche des Vulkans Irazú zerstört.

Wiederholt versuchten die Cartager dem Apostel Jakobus, dem Schutzheiligen der Spanier, ein Gotteshaus zu errichten. Als die erste Kirche nach achtjähriger Bauzeit 1570 geweiht wurde, gab es erst zwe

▼ **Blühende Bougainvillea vor den Ruinen von Costa Ricas ältester Kirche in Ujarrás**

Kirchen im ganzen Land. Nach ihrer Zerstörung baute man 1580 ein stabileres Gebäude, doch fiel auch dieses einem Erdbeben zum Opfer. Alle folgenden Konstruktionen traf das gleiche Schicksal, und als 1910 eine mächtige Kathedrale zusammenfiel, gab man weitere Versuche auf. Noch stehen die Wände mit den gotischen Fenstern, nur das Dach fehlt.

Cartago, einst kulturelles Zentrum des Landes, ist noch heute sein religiöser Mittelpunkt. Der riesige byzantinische Bau der **Basílica de Nuestra Señora de los Angeles** (»Unserer Jungfrau der Engel«), der für *La Negrita,* die Schutzheilige Costa Ricas, errichtet wurde, beherrscht die gesamte Umgebung (s. rechts).

Von Cartago ist es nur eine kurze Fahrt zu den **Jardines Lankester** ⑮ (tgl. 8.30 bis 17.30, Einlass bis 16.30 Uhr, www.jardinbotanicolankester.org) in Paraíso de Cartago. Den Namen *Paraíso* (Paradies) soll der Ort von den Spaniern erhalten haben, die von der Atlantikküste kommend das kühle Klima (ohne die Malaria übertragenden Stechmücken) schlichtweg »paradiesisch« fanden. Der englische Botaniker Charles Lankester kam 1900 als 21-Jähriger im Dienste einer britischen Firma hierher, um Kaffee anzubauen. Das Vorhaben scheiterte, doch er beschloss zu bleiben und kaufte 15 ha Land, auf dem er für einheimische Pflanzen, v. a. Orchideen und Bromelien, ein Schutzgebiet einrichtete und einen Wald wachsen ließ. Das Gelände wird heute von der Universität betreut. Die zahlreichen Orchideenarten ziehen eine große Zahl von Freunden dieser außergewöhnlichen Pflanzen an, besonders in den Blütemonaten Februar bis April. Darüber hinaus sind die Gärten ein lohnendes Ziel zur Vogelbeobachtung.

Ujarrás

Im Süden von Cartago wird die Landschaft grün und neblig und nimmt vor allem in der Regenzeit einen geradezu magischen Charakter an. Bei Ujarrás ⑯ stehen in malerischer Umgebung die Ruinen von Costa Ricas ältester Kirche *Nues-*

Eine Basilika für La Negrita

Die Geschichte der mächtigen Basílica de Nuestra Señora de los Angeles in Cartago geht auf eine Begebenheit im Jahr 1635 zurück: Eine im Wald gefundene Madonnenstatue kehrte mehrfach an den Ort zurück, an dem sie ein Mädchen gefunden hatte. 1926 ließ die katholische Kirche an der Stelle eine Basilika bauen. Ein ganzer Raum voll Krücken, Gipsverbände und Votivgaben (einige sogar aus Gold) in Form verschiedener Körperteile legt Zeugnis ab von den Heilkräften der »Schwarzen Madonna«. Auch dem Wasser aus der Quelle hinter der Kirche wird Heilwirkung zugeschrieben, und so füllen die Gläubigen damit Flaschen und Kanister.
Am Tag der Heiligen, dem 2. August, versammeln sich hier Tausende von Pilgern zum Gebet und zur Prozession durch den lebhaften Ort.

Seite 146

TOP 50 Seite 280

TOP 50 Seite 282

▶ **Tobende Wassermassen ergießen sich in den Überlauf des Cachí-Damms**

Die **Sanchiri Lodge,** nicht weit von den Jardines Lankester entfernt, ist ein guter Ort für einen Imbiss oder zum Übernachten. Der Speiseraum und die rustikalen Holzcabañas bieten einen herrlichen Blick über das Orosi-Tal.

tra Señora de Limpia aus dem 17. Jh. Anfangs wurde der Gottesdienst für die Region nicht in einer Kirche, sondern beim Schrein der *Virgen del Rescate de Ujarrás* gehalten. Sie hatte sich 1565 einem Indianer offenbart, der am Ufer des Reventazón fischte. Die Erscheinung kam aus einem kleinen Baumstamm, den der Indianer ins Zentrum von Ujarrás trug. Doch inzwischen war der Stamm so schwer geworden, dass ihn selbst zwölf Männer nicht heben konnten. Die Franziskanermönche interpretierten dieses Phänomen als Zeichen dafür, dass die Jungfrau an dieser Stelle einen eigenen Schrein wünschte.

Hundert Jahre später, im Jahr 1666, landete die Bande der berüchtigten Piraten Mansfield und Morgan an der Atlantikküste, um das ganze Land zu plündern.

> ***Orchideen***
>
> → Mit weltweit mehr als 30 000 Arten bilden Orchideen die größte Pflanzenfamilie. Die meisten davon leben epiphytisch, d. h. als Aufsitzerpflanzen.

Der spanische Gouverneur Juan López de la Flor sammelte alle kriegstüchtigen Männer und schickte die übrige Bevölkerung zum Gebet in die Mission. Die Piraten kamen bis Turrialba, kehrten dann aber plötzlich unvermutet um. Manche behaupten, de la Flor habe die Piraten überlistet, indem er seine wenigen Männer und Kanonen an strategisch günstigen Punkten in den Hügeln postierte und das Gerücht verbreiten ließ, dass die Piraten in einen Hinterhal gelockt werden sollten. Gewehrschüsse aus verschiedenen Richtungen sorgten dafür, dass diese verunsichert wurden und umkehrten. Andere hingegen hielten das Ganze für ein Wunder der Jungfrau.

Die Bewohner bauten zur Erinnerung an dieses Wunder die Kirche von Ujarrás, die jedoch wie so viele andere Gotteshäuser 100 Jahre später bei einem Erdbeben zerstört wurde. Die Ruinen stehen heute inmitten blühender Gärten und Bäume, von denen Spanisches Moos herabhängt.

◀ **Die Basilika der »Mutter Gottes der Engel« von Cartago, eine der heiligsten Stätten des Landes**

Das Orosi-Tal

Einige Kilometer hinter Orosi bilden die Flüsse Reventazón und Orosi am Damm eines Wasserkraftwerks den **Cachí-Stausee.** Die graue Betonwand steht in seltsamem Kontrast zu dem Meer von Grün, das sie umgibt, ähnlich wie die Wucht des ausschießenden Wassers zu dem friedlichen Fluss. Die **Area Recreativa Charrara ⓱** in der Nähe des Staudamms ist ein besonders an Wochenenden sehr beliebter Erholungsort mit Pool, Restaurant, Wanderwegen und Bootsverleih (Di–So).

An der Straße nach Orosi, etwa 5 km nördlich des Restaurants Motel Río, steht am Flussufer **La Casa del Soñador** (Haus des Träumers), ein einfaches, zweistöckiges Haus aus Bambusrohr, das von primitiven Holzskulpturen umgeben ist. Hier lebte und arbeitete der berühmte Bildhauer Macedonio Quesada bis zu seinem Tod m Jahre 1995. Seine Arbeiten sind in einigen Kunstgalerien in und um San José zu sehen; die Sammlung in seinem Haus und Atelier, in dem heute seine Söhne bäuerliche und religiöse Figuren aus Kaffeeholz fertigen, ist für Besucher geöffnet (s. S. 164 oben).

Auf dem Weg zum Nationalpark Tapantí (s. S. 155 f.) liegt das private Nebelwaldreservat **Monte Sky** (tgl. 7–17 Uhr). Diese private Schutzzone verfügt über zahlreiche Wanderwege zu Aussichtspunkten und Wasserfällen.

Die Stadt **Orosi** ⓲ blieb von Erdbeben weitgehend verschont und bietet daher immer noch ein Bild des alten Costa Rica. Besuchen Sie die Kirche San José de Orosi und das einstige Franziskanerkloster, das zu einem **Museo de Arte Religioso** (Di bis So 13–17 Uhr) umgestaltet wurde. Bummeln Sie ein bisschen durch den Ort und essen Sie etwas in einem der *sodas,* oder testen Sie die heilende Kraft des Mineralwassers im **Thermalbad Los Patios.**

Oberhalb des Tals wurde vom Tourismusverband ICT ein Aussichtspunkt eingerichtet. Von dem großen, leicht abfallenden Gelände mit seinem gepflegten Rasen hat man einen spektakulären Blick auf den Río Reventazón mit Cachí zur Rechten und Orosi zur Linken – ein Ort wie geschaffen für einen Spaziergang mit gemütlichem Picknick.

Nicht weit von Orosi entfernt liegt die **Casona del Café,** ein Restaurant, das in einer alten Hacienda eingerichtet wurde und inmitten einer großen Kaffeeplantage liegt. Nach dem Essen kann man auf dem dazugehörenden See eine Bootsfahrt unternehmen.

Der Nationalpark Tapantí

Im oberen Teil des **Orosi-Tals** fällt so viel Niederschlag, dass eine landwirtschaftliche Nutzung nicht möglich ist: Auf diese Weise blieb der ursprüngliche Regenwald erhalten. Im **Parque Nacional Tapantí** ⓳

Seite 146

TOP 50 Seite 275

▲ Gut erhalten ist die Kolonialkirche von Orosi
▼ La Casa del Soñador bei Orosi

(tgl. 8–16 Uhr) sind zudem die Flüsse geschützt, die San José mit Wasser und Strom versorgen. Aber es gibt hier auch gute Gelegenheiten zur Vogelbeobachtung, zum Angeln und zum Baden im Fluss. Wer Vögel beobachten will, sollte muss schon morgens um acht Uhr hierherkommen, wenn der Park seine Pforten öffnet. Die Fahrt von San José dauert etwa 1,5 Stunden und ist in der Morgendämmerung besonders reizvoll. Die Straße zweigt nach den Kaffeeplantagen rechts ab und führt nach 10 km über schlechte Wege zum Parkeingang.

Die Pfade im unteren Teil des Parks sind recht gut markiert. Die Stirnvögel, schwarze, rabenähnliche Tiere mit gelben Schwanzfedern und dickem elfenbeinfarbenem Schnabel, nisten hier ungestört in ganzen Kolonien. Bis zu 30 Nester baumeln wie Pendel im Geäst der Bäume. Die Weibchen legen nur zwei Eier, doch die riesigen parasitären Kuhstare deponieren, ähnlich dem Kuckuck, ihre Eier in deren Nest und lassen die Stirnvogel-Weibchen ihre Jungen aufziehen. Zum Ausgleich ernähren sich die Kuhstare von Dasselfliegen und halten so diese Parasiten von den Stirnvogel-Jungen fern. Meistens hört man die Stirnvögel, bevor man sie sieht. Das Männchen stößt einen gurgelnden, sprudelnden Gesang aus und verbeugt sich bei der Balz vor dem Weibchen.

Im Bach, der den Stirnvogel-Pfad begleitet, liegen große Steine, auf denen man es sich bequem machen kann, um die müden Füße ins kühlende Wasser zu strecken oder ein morgendliches Nickerchen in der Sonne zu machen. Dennoch sollte man auf eine Wanderung im Park immer warme Kleidung und einen guten Regenschutz mitnehmen.

Turrialba und Umgebung

Turrialba ⓴ (30 000 Einw.) ist eine lebendige Stadt, deren Straßen und Parks vom Lärm der Menschen erfüllt sind. An den

▲ **Turrialba wird immer mehr zu einem beliebten Zentrum für Wildwasserfahrten**
▼ **Symbiose von Büffeln und Kuhreihern**

Marktständen am Flussufer wird das beste und frischeste Gemüse und Obst in ganz Costa Rica angeboten; es stammt überwiegend von den Hügeln oberhalb der Stadt. Der Ruf von Turrialba als Mekka des Wildwassersports festigt sich, und immer mehr Kanuten und Schlauchbootfahrer aus aller Welt entdecken die Flüsse Reventazón und Pacuaré (s. S. 98).

Nur wenige Kilometer hinter Turrialba liegt CATIE, das **Centro Agronómico Tropical de Investigación y Enseñanza** ㉑ (Forschungs- und Ausbildungszentrum für Tropische Landwirtschaft). Auf einem über 800 ha großen Gebiet testen Wissenschaftler mehr als 5000 Untergruppen von 335 Arten von Feldfrüchten auf ihre wirtschaftliche Verwertbarkeit. Mehr als 2500 Kaffeearten, 450 Kakaoarten sowie zahlreiche Bananensorten und Pejibaye-Palmen gehören zur Genbank von CATIE. Man beschäftigt sich mit kritischen Problemen wie der Entwaldung, der Überweidung sowie der empfindlichen Ökologie der Flusstäler. Für Besucher ist das eigentliche Forschungszentrum im Normalfall nicht zugänglich.

Teil des Komplexes ist ein **Botanischer Garten** (Mo–Fr 7–15 Uhr) mit Hunderten von Nutzpflanzen sowie tropischen Bäumen und Zierpflanzen. Informationen unter Tel. 556-2700, www.catie.ac.cr.

Im Tal von Turrialba gibt es noch nicht viele Unterkünfte. Reisende steigen meist im Hotel Wagelia (www.hotelwagelia.com) oder in einem der einfacheren Hotels der Stadt ab. Etwa 5 km außerhalb steht an der Straße nach Siquirres das edle Hotel Casa Turire (www.hotelcasaturire.com) inmitten einer ehemaligen Zucker-, Kaffee- und Macadamianuss-Plantage.

In den Bergen oberhalb der Stadt, nicht weit entfernt, liegen das Hotel Turrialtico (mit Restaurant; www.turrialtico.com) und die rustikale Cerro Alto Mountain Lodge (Bed & Breakfast; www.cerroalto lodge.com), von deren Zimmern sich ein herrlicher Ausblick bietet.

Seite 146

TOP 50 Seite 277

TOP 50 Seite 267

▼ **Vulkanisches Agrarland in der Meseta Central**

»Pejibaye« In der Umgebung von Guayabo wachsen die besten »pejibayes« des Landes. Halten sie Ausschau nach Häusern, wo die Früchte verkauft werden. Sie müssen allerdings gekocht werden, da sie roh ungenießbar sind.

Seite 279 TOP 50

Nationalmonument Guayabo

Das **Monumento Nacional Guayabo** ㉒ (tgl. 8–15.30 Uhr) bezeichnet die Stelle einer präkolumbischen Stadtsiedlung, die man an den Hängen des Vulkans Turrialba, 18 km von der gleichnamigen Stadt entfernt, entdeckte. Man nimmt an, dass von 1000 v. Chr. bis 1400 n. Chr. 10 000 Menschen hier lebten. Weshalb der Ort aufgegeben wurde, bleibt ein Rätsel.

Man kann die Ausgrabungen auf eigene Faust erkunden. Zwischen Guava-Bäumen, wildem Springkraut und unzähligen Nistkolonien von Stirnvögeln erkennt man Fundamente von Gebäuden, Straßen sowie ein System von steinernen Aquädukten. Steingefasste Gräber lieferten den Archäologen den ersten Hinweis auf eine untergegangene Stadt. Die Bedeutung mehrerer großer Steinbilder ist noch nicht geklärt. Man sollte hier Pullover und Regenkleidung dabei haben, da es häufig kühl und neblig oder sogar regnerisch ist. Auch Campingmöglichkeiten sind im Park vorhanden.

Unweit des Parks liegt La Calzada (Tel. 559-9437), ein kleines Hotel mit Restaurant. Die Volcán Turrialba Lodge (www.volcanturrialbalodge.com) ist eine freundliche Pension auf einer Viehfarm, etwa 20 km von Guayabo entfernt.

Machen Sie auf dem Rückweg nach Cartago eine Erfrischungspause in der Posada de la Luna (Tel. 534-8330) im Dorf **Cervantes**. Die sympathischen Besitzer zeigen stolz ihre Sammlung von seltenen Kunstgegenständen, Kuriositäten und Krimskrams, die in Vitrinen an den Wänden des Restaurants untergebracht ist.

Nationalpark Vulkan Irazú

Der **Parque Nacional Volcán Irazú** ㉓ (tgl. 8–16 Uhr, letzter Einlass 15.30 Uhr) ist von Cartago aus leicht zu erreichen.

▼ **Rast an einem Aussichtspunkt über dem herrlichen Orosi-Tal**

Vom 3432 m hohen Gipfel sieht man bei klarem Wetter den Atlantik und den Pazifik. Der Irazú, Costa Ricas höchster Vulkan, brach am 8. Dezember 1994 mit einer kurzen aber gewaltigen Eruption sein beinahe dreißigjähriges Schweigen. Zuletzt war er am 19. März 1963 ausgebrochen, einen Tag vor der Ankunft von Präsident John F. Kennedy in Costa Rica zu einem der letzten Auslandsbesuche vor seiner Ermordung.

Cattleya skinneri
→ heißt die Nationalblume Costa Ricas, eine pinkfarbene Orchidee, die als Epiphyt auf Bäumen wurzelt. Die Gattung »Cattleya« umfasst etwa 50 weitere Arten und ist wegen ihrer Schönheit besonders beliebt.

Zwei Jahre lang verstreute der Irazú damals seine Asche über einen Großteil des Zentraltals. Die Leute mussten sich mit Regenschirmen schützen, die Asche verstopfte das Bett des Río Reventazón, was zu Überschwemmungen führte, die über 300 Häuser zerstörten. San José lag zeitweise unter einem dicken schwarzen Mantel begraben, dessen Beseitgung enorme Kosten verursachte.

Ein Besuch des Irazú nimmt nur einen halben Tag in Anspruch. Besucher können bis zum Gipfelgrat gelangen, am Rande des Kratersees entlanggehen und die fremdartige Schönheit der Landschaft genießen. Der leuchtend grüne Kratersee liegt eingebettet zwischen schwarzen und grauen Hänge, von denen hie und da ein weißer Wasserstrahl aufschießt, der durch einen Riss im Felsen dringt.

Der Nationalpark Braulio Carrillo

Der **Parque Nacional Braulio Carrillo** ㉔ (tgl. 8–16 Uhr) liegt nur 45 Min. von San José entfernt in Richtung Limón. Etwa

Seite 146

▲ Costa Ricas Nationalblume
▼ Alle Mann an Bord der Regenwald-Seilbahn

Vorsicht! Im **Braulio-Carrillo-Park** gibt es Sicherheitsprobleme. Lassen Sie keine Wertsachen im geparkten Auto und informieren Sie sich vor einer Wanderung bei der Parkverwaltung über die aktuelle Sicherheitslage.

17 km nach dem Zurquí-Tunnel befindet sich rechts ein Nationalpark-Posten, wo Wanderwege in die Umgebung beginnen. Die Pfade sind oft schlammig, und es werden häufig Schlangen gesichtet; gute Wanderstiefel und Insektenschutzmittel sind unerlässlich.

Der Nationalpark Braulio Carrillo, der eine Fläche von 445 km² einnimmt und vorwiegend aus Primärwald besteht, wurde 1978 auf Drängen von Umweltschützern eingerichtet. Sie befürchteten, dass mit der Öffnung dieser Straße zwischen San José und Guápiles die Holz- und Baufirmen leichten Zugang zum Regenwald haben würden und die rasche Abholzung des Waldes folgen würde. Man schloss einen Kompromiss: Die Straße wurde gebaut, doch die 32 000 ha Urwald beiderseits des Verkehrsweges wurden als Nationalpark unter Schutz gestellt.

Fünf deutlich verschiedene Arten von Regenwald kann man hier erkennen, wobei der immerfeuchte tropische Regenwald dominiert. Hunderte von Orchideen- und Farnarten sowie fast alle einheimischen Vogelarten sind vertreten. Ein bleibender Eindruck des Parks ist seine unglaubliche Weite: riesige Schluchten, nebelverhangene Berge und immergrüne, großblättrige Pflanzen, die die Berghänge bedecken.

Regenwald für Einsteiger

Um die Baumkronenregion des Regenwaldes einmal aus der Vogelperspektive zu erleben, kann man eine Fahrt mit der von dem amerikanischen Biologen Donald Perry konzipierten **Rainforest Aerial Tram ㉕** machen. Auf einer 90-minütigen Fahrt schwebt man auf 1,3 km Länge durch Tropenwald, und das bis zu 35 m über dem Boden – ein einmaliges Erlebnis, wenngleich inzwischen sehr touristisch und teuer (und mehrfach kopiert).

Die Seilbahn erlaubt es, den ansonsten unzugänglichen oberen Bereich des Wal-

▼ **Escazú und das Zentraltal aus der Luft**

des aus der Nähe zu erleben und auch den einen oder anderen Vertreter der Tierwelt zu erspähen. Wissenschaftler gehen heute davon aus, dass mehr als die Hälfte der Regenwaldbewohner im Kronenstockwerk leben.

Die Fahrt beginnt etwa 5 km nördlich des Río Sucio an der Straße nach Puerto Limón, eine Autostunde von San José entfernt. Die Anlage ist tgl. 6.30–16 Uhr, Mo ab 9 Uhr geöffnet, Reservierung empfehlenswert: Tel. 257-5961, www.rfat.com; Eintritt ca. 55 $).

Vorstädte von San José

Auf der Westseite von San José dehnen sich die Vorstädte Pavas, Rohrmoser, Escazú und Santa Ana Jahr für Jahr weiter aus. Die etwas farblosen modernen Viertel **Rohrmoser** und **Pavas** werden baulich durch die Botschaftsgebäude der USA und anderer Staaten aufgewertet. An den breiten, baumlosen Straßen von Rohrmoser leben viele Mitarbeiter der diplomatischen Vertretungen in modernen Häusern, die durch schmiedeeiserne Gitter geschützt sind.

Escazú

Escazú ㉖ war ursprünglich ein Kreuzungspunkt der Pfade zwischen den Indianerdörfern. Weil es hier Wasser gibt, blieben die Indianer gerne für eine Nacht und nannten den Ort »Rastplatz«. Später kamen spanische Siedler nach Escazú. Sie ließen sich in den Hügeln nieder und begannen mit dem Ackerbau. In jener frühen Zeit kam Escazú als Stadt der Hexen in Verruf, und es soll immer noch Frauen geben, die für ein kleines Entgelt die Zukunft voraussagen oder einen Liebestrank mischen.

Heute ist Escazú eine interessante, wenngleich chaotische Mischung aus dem alten Costa Rica und einer modernen, internationalen Einwohnerschaft. Im Stadtkern findet man noch viele Adobe-Häuser, eine nette Kirche und den obligatorischen Fußballplatz. Allem Anschein nach ist Escazú ein schläfriges *Campesino*-Städtchen, in dem sich die Nachbarn seit Generationen kennen. Am Stadtrand jedoch ist eine Enklave mit vornehmen Häusern entstanden, deren nordamerikanische und europäische Besitzer vom angenehmen Klima und der herrlichen Aussicht angelockt wurden.

San Rafael de Escazú ist ein neuer Stadtteil an der Straße Richtung Santa Ana. Hier finden sich mehrere Einkaufszentren mit modernen Supermärkten, vornehmen Restaurants und eleganten Einrichtungshäusern. Der weithin sichtbare, von Mauern umgebene Komplex mit Scheinwerfern, Wachen und Video-Alarm-Anlage etwas außerhalb ist nicht der Hochsicherheitstrakt des staatlichen Zuchthauses, sondern die Residenz des Botschafters der Vereinigten Staaten.

Santa Ana und Umgebung

Eine ländliche Atmosphäre prägt **Santa Ana** ㉗, eine Stadt, die berühmt ist für ihre Zwiebeln, die in Zöpfen an Restaurants

Seite 146

Nachtleben
In San Josés Vorort **San Pedro** ist dank seiner Universität abends viel los.

▲ **Adobe-Haus im Valle Central**
▶ **Fliegende Hexe im Wappen von Escazú**

Ochsenkarren in San Antonio de Escazú
Im Alltag sieht man die Gespanne immer seltener, zum »Día del Boyero« im März allerdings werden sie herausgeputzt.

Seite 281 TOP 50

Seite 275 TOP 50

und Verkaufsständen hängen. Am westlichen Ortsrand werden auch Keramik und Korbwaren angeboten. Bei Santa Ana gibt es zwei sehr empfehlenswerte Unterkünfte: die gepflegte Pension Villa Arboleda (Tel. 825-1688, www.villa-arboleda.com) und das nette Hotel Posada Canal Grande (Tel. 282-4089, www.hotelcanalgrande.com).

Im nahe gelegenen *Salitral,* wo auch eine Mineralwasser-Quelle sprudelt, stellt ein **Ochsenkarren-Museum** (s. S. 165) das Leben der *campesinos* vor (Di–So).

Cuidad Colón kann man von Santa Ana aus auf kleinen Straßen oder über die Autobahn erreichen. Das Städtchen ist wohl am ehesten denjenigen ein Begriff, die **La Universidad para la Paz** besuchen wollen, die »Friedensuniversität« außerhalb der Stadt. Sie wird von den Vereinten Nationen unterstützt und soll im Gegensatz zu den Militärakademien die Möglichkeiten des friedlichen Zusammenlebens erforschen. Studenten aus aller Welt können hier einen akademischen Titel erwerben.

Adobe
→ Die Häuser im Zentraltal wurden während der Kolonialzeit aus diesen ungebrannten Lehmziegeln errichtet.

◀ **Die Metallkirche von Grecia wurde 1897 aus Belgien importiert**

Sarchí und umliegende Dörfer

Für einen halbtägigen Ausflug zum Besuch typischer Dörfer des Zentraltals und zum Einkauf von Kunsthandwerk fährt man von San José über Alajuela nach Sarchí und legt unterwegs einen Stopp in **Grecia** ㉘ ein. Früher bekannt als die Ananaskapitale, wurde dieser nette kleine Ort auch zur saubersten Stadt in Lateinamerika gewählt. Hauptblickfang von Grecia ist die ungewöhnlich dunkle Kirche, die ganz aus Metall gebaut wurde.

Dass man sich der Bergstadt **Sarchí** ㉙ nähert, erkennt man an den farbenfrohen Malereien an Bushaltestellen, Bars und Bäckereien, Restaurants und Häusern, die typisch für diese Gegend sind. Sarchí ist eine vom Fremdenverkehr stark frequentierte Kunsthandwerkerstadt, in der man den Künstlern über die Schulter schauen kann, wie sie die typischen Ochsenkarren bemalen (s. S. 165) und aus tropischem Hartholz Möbel fertigen.

Um das Jahr 1910 soll ein *campesino* erstmals seinen Ochsenwagen mit bunten Mustern bemalt haben, die noch arabische Einflüsse zeigen. Die Kunstform, die daraus entstand, fand breiten Anklang. Früher hatte jeder Distrikt sein typisches Muster, und man konnte so am Ochsenwagen die Herkunft des Fahrers erkennen. Auch besaß jeder Wagen seinen eigenen *chirrico,* den spezifischen »Klang« der Räder, der jedem Eingeweihten verriet, welcher Nachbar gerade vorbeifuhr.

Noch in den 1960er Jahren wurde der Ochsenwagen als allgemeines Transportmittel benutzt. Nur dieses Fahrzeug war geeignet, die landwirtschaftlichen Produkte durch das zerklüftete Gelände von Costa Rica zu befördern. Der Vater des früheren Präsidenten Oscar Arias Sánchez hatte sein Vermögen damit gemacht, Kaffee auf Ochsenkarren nach Puntarenas zu transportieren. Die bunt bemalten, von Ochsen gezogenen Karren werden heute noch in Dörfern wie San Antonio de Escazú benutzt. Kleine Verkaufsstände am Rande von Sarchí bieten selbstgemachte kandierte Früchte, Honig und Karamelcreme an. Die freundlichen Besitzer sind immer zu einem Schwätzchen bereit.

Unter deutscher Leitung steht der **Jardín Botánico Else Kientzler** in Sarchí Norte (Tel. 454-2070, www.elsekientzlergarden.com, tgl. 8–16 Uhr).

Etwa 15 km weiter liegt die Stadt **Zarcero** ㉚. Wenn man hier an einem Tag ankommt, an dem die Wolken tief in den Straßen hängen oder nasser Nebel alles in ein weiches, diffuses Licht hüllt, fühlt man sich in einen Traum entrückt. Einzigartig in Costa Rica, vielleicht sogar auf der ganzen Welt, ist der **Parque Central** in Zarcero, wo der Parkgärtner Evangelisto Blanco seit mehr als 35 Jahren den Zypressenbüschen originelle Formen verleiht: dickbäuchige Elefanten mit elektrischen Birnen als Augen, eine Stierkampfarena mit Zuschauern, Matador und angreifendem Stier, Jesus Christus, der sein Kreuz trägt, eine Katze mit hochgestelltem Schwanz, die auf dem Motorrad auf einer Hecke entlangfährt. Evangelistos Leidenschaft und Energie, die er in das Werk steckt, wurden mit der des Spaniers Antonio Gaudí verglichen und Simón Rodías, der die Watts Towers in Los Angeles schuf.

Die nächste Abfahrt von der Hauptstraße führt in das 200 Jahre alte Kolonialstädtchen **Palmares.** In dieser reizvollen Gegend wurde einst Tabak angebaut. Vielleicht weil es hier so wenig Fremdenverkehr gibt, blieb Palmares bis heute ein schönes Beispiel für eine unverdorbene, typische Tico-Stadt. ■

Seite 146

In der von einem österreichischen Hobby-Herpetologen geführten **Schlangenfarm** »World of Snakes« bei Sarchí kann man eine Vielzahl einheimischer und exotischer Schlangen bewundern und bei einer Führung Wissenswertes aus dem Leben dieser Reptilien erfahren (www.theworldofsnakes.com).

▼ **Pause für den Fotografen auf der Kaffeeplantage**

Töpfer, Bildhauer und Goldschmiede

Die Indianer von Costa Rica hinterließen bezaubernde Gold-, Keramik- und Steinmetzarbeiten. Forscher gehen davon aus, dass zur Zeit der Eroberung etwa 400 000 Menschen – organisiert in etwa 20 Kazikengesellschaften – das Land bewohnten. Leider verschwanden mit der Conquista unwiederbringlich einige der alten Handwerkstraditionen.

Die frühen Costaricaner, speziell im Gebiet von Gran Nicoya (Provinz Guanacaste), trieben Handel mit entfernten Kulturkreisen, deren Mitglieder bis aus Ecuador und Mexiko in die Region kamen. Unter anderem übernahmen sie deren Techniken der Keramikherstellung, der Weberei sowie der Gold-, Jade- und Steinbearbeitung und entwickelten dabei mit der Zeit einen eigenen Stil. So fertigten sie Keramiken in Form von Mischwesen – halb Vogel, halb Mensch – und menschliche Figuren mit übergroßen Genitalen, was auf einen bedeutenden Fruchtbarkeitskult hindeutet.

In den drei großen Museen der Hauptstadt San José – Goldmuseum, Jademuseum und Nationalmuseum – kann man die frühen Kunstwerke bewundern.

Kunsthandwerk im Aufwind

Während die Spanier niemals die Goldlager entdeckten, wegen derer sie das Land »Reiche Küste« nannten, hatten die indianischen Handwerker Gold und Jade (die nicht im Land gefunden wurde) für Statuen und andere kunstvolle Stücke bearbeitet. Kam diese Tradition vor Jahrhunderten zum Erliegen, so wurde die Töpferei durch die Nachfrage aus dem Tourismus wiederbelebt. Für Töpferwaren sollte man **Guaitil** und **Nicoya** besuchen, anderes Kunsthandwerk findet man in **Sarchí,** wo mit den bemalten Ochsenkarren ein völlig neuer Zweig des Souvenirgeschäfts entstand.

▶ »Haus des Träumers«
Der autodidaktische Bildhauer Macedonio Queseda, der 1997 starb, schnitzte bezaubernde lebensnahe Statuen. Seine beiden Söhne setzen die Tradition fort und formen Skulpturen aus Kaffeeholz im Orosí-Tal. Teilweise sind sie käuflich.

▼ Heimindustrie
Der lehmreiche Boden ist exzellentes Material für die Töpferei, wobei die meisten Keramiken ohne Töpferscheibe entstehen. Viele Familien in Guanacaste haben Brennöfen im Freien.

◀ Steinbearbeitung
Die frühen Costaricaner benutzten Granit-Andesit und Sedimentgesteine, um daraus mit Holzwerkzeugen Figuren zu meißeln. Man vermutet, dass sie die Steinblöcke brachen, indem sie Holzpflöcke in Spalten trieben und diese mit Wasser füllten. Das quellende Holz sprengte das Gestein.

◄ **Vogel oder Mensch?** Nachbildungen präkolumbischer Goldfiguren eignen sich hervorragend als Geschenke.

► **Lebendige Traditionen** Boruca-Indianer fertigen ihre Webarbeiten und Kürbisschnitzereien nach traditionellen Mustern.

◄ **Bemalte Tonwaren** Die Nachfahren der Chorotegas benutzen nach altem Vorbild Wasserfarben, um Tongefäße mit Tieren und anderen präkolumbischen Symbolen zu verzieren.

► **Lied der Räder** Die Bauern können angeblich jeden Ochsenkarren am Knarren der Räder unterscheiden.

Verzierte Ochsenkarren

Die hölzernen Ochsenkarren, die bis ins 20. Jh. ausschließlich zum Transport von Kaffee und anderen Landwirtschaftsprodukten verwendet wurden, sind unverwechselbar costaricanisch. Optimal an die gebirgige Landschaft und die holprigen Feldwege angepasst, sind Ochsenkarren mancherorts noch verbreitet. Die Gefährte, die es in allen Größen bis hin zur Miniatur gibt, werden in Sarchí gefertigt, dem Zentrum des Landes für kunsthandwerkliche Holzverarbeitung. Hier begannen die Meisterschnitzer Anfang des 20. Jhs., die Räder zu bemalen. Ursprünglich mit knalligen Farben und geometrischen Mustern verziert, werden die Ochsenkarren heutzutage auch mit Urwaldszenen, wilden Tieren, Blumen und nicht traditionellen Motiven bemalt. Besucher von Sarchí können selbst versuchen, die Karren mit feinen Pinseln zu verschönern, oder sie überlassen dies den Experten und bestellen ein maßgearbeitetes Exemplar.

Die zentrale Pazifikküste

Seite 170

Die Strände der zentralen Pazifikküste gehören zu den besten ganz Costa Ricas, und in Manuel Antonio werden Tropenträume wahr. Auf dem Weg zur Küste gibt es herrliche Landschaften und zahlreiche Naturwunder zu bestaunen.

Wenn Ihnen das Chaos von San José zu viel geworden ist, wird es Zeit für einen Ausflug an die Pazifikküste und die himmlische Ruhe ihrer Strände. In weniger als zwei Stunden ist man schon an der Playa Jacó, dem nächstgelegenen Strand. Eine Stunde weiter südlich finden sich im Nationalpark Manuel Antonio einige der schönsten Strände des Landes. Es gibt auch regelmäßige Flugverbindungen in die nahe gelegene Stadt Quepos, aber zumindest eine Strecke sollte man auf dem Landweg zurücklegen.

Leguane und Aras

Wenn man mit dem Auto unterwegs ist, bietet sich die landschaftlich überaus reizvolle Straße an, die nach dem internationalen Flughafen Juan Santamaría in Richtung Atenas von der Autobahn abbiegt. Diese Straße schlängelt sich durch Kaffeeplantagen, die atemberaubend steil an den Hängen kleben, und eröffnet den Blick auf grünes Farmland und sanft gewellte Täler.

Außerhalb von Orotina liegt der **Vergnügungspark Turu Ba-Ri** ❶ (tgl. 8 bis 17 Uhr, www.turubari.com), einer von zahlreichen Orten, an denen Canopy-Touren durchgeführt werden. Die Kronendach-Touristen »fliegen« dabei an Seilen und Kabeln von Plattform zu Plattform und betrachten die Tierwelt von oben.

Der **Parque Nacional Carara** ❷ (tgl. 8 bis 16 Uhr, Nov.–April 7–17 Uhr) liegt an der Straße zwischen Puntarenas und Playa Jacó, in der Übergangszone zwischen Feucht- und Trockenwald. Sein Tierbestand umfasst Arten des Berglandes, des Primär- und Sekundärwaldes sowie der Lagunen und Sümpfe des Rio Tárcoles. Auch die Vegetation ist sehr artenreich, von der für andere Bäume tödlichen Würgerfeige bis hin zu Epiphyten und Kletterpflanzen.

Zu den am häufigsten gesichteten Vogelarten gehören Geier, Baumhühner, Enten, Tukane und Aras. Mit etwas Glück bekommt man auch einen Klammer-, Brüll- oder Kapuzineraffen zu Gesicht, aber auch Faultiere, Nasenbären, Agutis und eine Vielzahl von Reptilien und Schmetterlingen, darunter der farbenprächtige blaue Morphofalter (s. S. 148) finden in der Region ideale Lebensbedingungen.

Sehr zurückgezogen leben Ozelots, Wiesel und andere Raubkatzen, denen man daher kaum begegnet.

◀ **Wasserfälle versorgen die Pflanzen mit Feuchtigkeit** ▶ **Man schätzt, dass es in Costa Rica nur noch 1000 wild lebende Aras gibt, während etwa 1500 in Gefangenschaft gehalten werden** ◀◀ **Nationalpark Manuel Antonio**

Carara ist stolz auf seine mehr als 200 Arapaare. Diese riesigen roten oder gelb-blauen Papageien bilden lebenslange Paargemeinschaften und werden über 30 Jahre alt. Eine kleine Mannschaft überwacht den Park und hält unablässig Ausschau nach Wilderern, die diesen wertvollen Vögeln nachstellen. Die Aras brüten im Dezember; im Januar sind die Jungen zwar schon kräftig, bleiben aber noch eine Weile ans Nest gebunden und stellen so für Diebe eine leichte Beute dar.

Diebstahlgefahr! Lassen Sie Ihr Auto an der Brücke über den Río Tárcoles nicht unbeaufsichtigt.

Wie die meisten Vögel kann man Aras am besten in den frühen Morgen- oder Abendstunden beobachten. Am Abend, wenn es abkühlt, kehren die Arapärchen von ihren Futterplätzen in den Bergen zurück. Wenn man bei Sonnenuntergang sein Auto neben der Brücke über den Río Tárcoles unweit des Parkeingangs abstellt, hört man das heisere Krächzen der Aras, die zu ihren Schlafplätzen in den Mangroven fliegen. Auch Rosa Löffler sind mit ihrem leuchtenden Gefieder im Sonnenuntergang ein spektakulärer Anblick.

Spitzkrokodile

→ Zu Dutzenden liegen diese mächtigen Reptilien, die eine Länge von bis zu 3,50 Metern erreichen können, am Ufer des Río Tárcoles und warten geduldig auf Beute.

Die Strände

Wer den zuckerweißen Pudersand der Reisebroschüren erwartet, mag von den Strände der zentralen Pazifikküste vielleicht enttäuscht sein (der Sand von Jacó beispielsweise ist eher grau). Was diese Strände dennoch attraktiv macht, ist ihre Nähe zu San José, die für Surfer idealen Wellen und ihre lebendige Atmosphäre. Wer jedoch auf Erkundungsfahrt abseits der Hauptstraße geht und die bekannten Strände meidet, kann hier leicht einen

Seite 170

sauberen und ansprechenden Strand oder eine abgeschiedene Bucht finden.

Playa Herradura liegt wenige Minuten nördlich von Jacó, die Wellen sind an dieser Stelle eher gemäßigt, und es gibt Schatten sowie Bäume, an denen man eine Hängematte befestigen kann. **Playa Esterillos** (ca. 10 km südlich von Jacó) ist ein gut 11 km langer und meist menschenleerer Strandabschnitt, doch mit einer gefährlichen Strömung. Die sehr verschmutzten Strände im Umfeld der Flussmündung des Río Tárcoles sollte man meiden. Auf dem Fluss bieten mehrere Veranstalter Bootstouren zur Krokodilbeobachtung an, doch handeln einige dabei sehr verantwortungslos, wenn sie die Tiere mit Hühnern füttern und sie damit auf Menschen fixieren.

Einige Kilometer abseits der Hauptstraße nach Jacó kommt man zu **Pura Vida Gardens and Waterfalls ❸** (tgl. 8–17 Uhr, www.puravidagardensandwaterfalls.com). Auf einfachen und gut befestigten Wegen kann man hier die vielfältige tropische Pflanzenwelt erleben, Vögel beobachten. Außerdem eröffnet sich in der Anlage ein herrlicher Blick auf die pazifische Küste.

In **Playa Jacó ❹** herrscht das ganze Jahr über Partystimmung mit kühlem Bier und Hängematten zwischen Kokospalmen. Einfache Zimmer *(cabinas)* sind billig, im Allgemeinen sauber und oft in unmittelbarer Meernähe. Außerdem gibt es einige Luxushotels mit Swimmingpool, Klimaanlage und Ausflugsangeboten. Der Hotelpool ist vielleicht der beste Platz zum Baden, da der Strand nicht immer sauber ist, und gefährliche Unterströmungen den unbedarften Schwimmer bedrohen.

Das Angebot an Freizeit- und Sportmöglichkeiten ist vielfältig: Pferde, Fahrräder, Motorroller, Surfboards und Kajaks kann man mieten, im Ortszentrum gibt es sogar einen Minigolfplatz. Und wer noch genügend Kräfte hat, den lockt ein lebendiges Nachtleben mit mehreren Discos (z. B. La Central) und Bars.

▲ **Die farbenfrohen Tukane zieren auch T-Shirts**
▼ **Leguane sieht man vielerorts**

Seite 272 TOP 50
Seite 276 TOP 50
Seite 277 TOP 50

Bei Jacó gibt es eine weitere Urwaldseilbahn: **Teleférico del Pacífico** (www.rfat.com, Di–So 6.30–16, Mo ab 9 Uhr). Die Fahrt mit der Gondel über 1,6 km dauert eine gute Stunde.

Playa Hermosa ❺, einer der besten Surfstrände an der Küste, liegt nur 3 km südlich von Playa Jacó. An diesem leicht zugänglichen Ort kann man aber auch viele Wasservögel beobachten: Silberreiher, Blaureiher, Schmuckreiher, auch Pfeifenten und Blatthühnchen, die mit ihren langen gelben Zehen behende über die Blätter der Wasserpflanzen stelzen.

Gut planen! Für welche Art der **Unterkunft** man sich auch entscheidet, in der Hauptferienzeit, besonders an Weihnachten und Ostern, ist sowohl in Manuel Antonio als auch in Quepos eine vorherige Reservervierung unbedingt erforderlich.

Die Regenmacher

Wenn man von Jacó etwa 40 km in Richtung Quepos fährt, erreicht man das kleine Städtchen **Parrita,** das von ausgedehnten Palmölplantagen beherrscht wird, die 1985 von der United Brands Fruit Company angelegt wurden. Die Ölpalmen gedeihen zwar gut, das Palmöl aber wird immer weniger verwendet, da es zu viele gesättigte Fettsäuren enthält. Die Plantagenarbeiter wohnen an der Straße in kleinen Dörfern mit zweistöckigen Gebäuden um das Fußballfeld, den Mittelpunkt eines jeden Tico-Dorfes.

Etwa 10 km weiter liegt der kleine Ort Pocares. Fährt man von hier etwa 7 km landeinwärts, so gelangt man zu einem umstrittenen Projekt, genannt **Rainmaker ❻** (»Regenmacher«). Hier befindet sich ein System von Hängebrücken, mit dem man die Baumkronenregion des Regenwaldes entdecken kann. Sechs Hängebrücken, bis zu 90 m lang, sind mit Holzstegen verbunden und schweben bis zu 25 Stockwerke über dem Boden. Für einen (nicht gerade billigen) Besuch ist eine Voranmeldung bei einem der Veranstalter in Quepos und Manuel Antonio notwendig.

◀ **Autofahren in Costa Rica birgt so manche Überraschung**

Nationalpark Manuel Antonio

Früher ein wichtiger Hafen zum Export von Bananen, ist **Quepos ❼** heutzutage nur mehr eine Alternative zu den meist teuren Unterkünften seines berühmten, 7 km entfernten Nachbarn Manuel Antonio. Es gibt regelmäßige Busverbindungen und einige recht ordentliche Unterkünfte, Restaurants (z. B. Monchados), Läden und Kneipen, und doch hat der Ort noch etwas von der Atmosphäre eines costaricanischen Fischer- und Bananendorfes der alten Zeit. Leider sind auch hier die Strände verschmutzt, nicht zuletzt wegen der oft ungeklärten Abwässer der Hotels.

Es ist nur wenigen bekannt, dass die erste Mission von Costa Rica im Jahre 1570 hier in der Nähe entstand. Die Ruinen der 1751 wieder aufgegebenen Station stehen am Fluss Naranjo. Zu sehen sind noch der Friedhof und Überbleibsel des Obstgartens, der sich wieder über den alten Baumstümpfen ausbreitet. Nördlich der katholischen Kirche liegt der Kräuterladen La Botánica von Maria Ester und Milo Bekins, die in den Bergen bei Quepos eine Gewürzkräuterfarm betreiben.

und Zimt, Pfefferkörner Vanilleschoten, Kräutertees und interessant duftende Gewürzmischungen verkaufen.

Der **Parque Nacional Manuel Antonio** ❽ (Di–So 8–16 Uhr, Hochsaison ab 7 Uhr), der berühmteste Strandbereich des Landes, besteht aus drei herrlichen weißen Sandstränden, mit Dschungel auf der einen und dem Pazifik auf der anderen Seite. Hohe Felsklippen werden von dichter Urwaldvegetation überwuchert, die Strände sind breit und sauber. Dieser Nationalpark ist einer der wenigen Plätze im Land, an dem der Primärwald stellenweise bis an die Küste reicht und den Schwimmern Schatten spendet. Um das Ökosystem des Parks zu schützen, werden nur 600 bzw. an Wochenenden 800 Besucher pro Tag zugelassen.

Totenkopfäffchen

→ Diese kleinste Affenart des Landes ist massiv vom Aussterben bedroht. Der Nationalpark Manuel Antonio ist eines der letzten Rückzugsgebiete der possierlichen Tierchen.

Einer der Strände ist die **Playa Espadilla Norte,** sehr schön gelegen, aber wegen der Strömungen nicht ungefährlich. Eine Sandbank, die bei Flut manchmal überschwemmt wird, führt zu den Stränden **Playa Espadilla Sur** und **Playa Manuel Antonio,** die beide sichere Bade- und gute Tauchmöglichkeiten bieten.

Man kann im Park wandern und sich am Strand bräunen, surfen, schwimmen, schnorcheln oder außerhalb des Reservats ein Pferd mieten. *Sunset Cruises* bietet auf 11 oder 16 m langen Segelbooten 4-stündige Törns mit der Möglichkeit zu schnorcheln entlang der Küste an. Manchmal wird das Schiff von Delfinen begleitet. Im Park gibt es mehrere Wanderwege zur Tierbeobachtung – hier leben alle vier Affenarten Costa Ricas, da-

Seite 170

Vorsicht Affen!
Hüten Sie sich vor den Affen in Manuel Antonio, die immer auf Suche nach Essbarem sind. Auf keinen Fall füttern, sondern Distanz halten, da ein Biss Infektionen übertragen kann.

▼ Das beste Argument für den Flug nach Manuel Antonio: der grandiose Blick von oben

Seite 170

runter auch die gelben Totenkopfäffchen. Die reiche Vogelwelt umfasst Wasservögel wie Tölpel, Fregattvögel, Pelikane und Seeschwalben. Auch Schlangen und Leguane können gesichtet werden, und wer gute Augen hat, entdeckt sogar ein Faultier. Der nur 680 ha große Park umfasst Primärwald, Sümpfe und Tropenwälder mit Hunderten von Pflanzenarten.

Am nördlichen Rand des Parks fällt in den Hügeln über dem Strand die aufdringliche Werbung für immer mehr Hotels, Restaurants und *cabinas* ins Auge. Mit wenigen Ausnahmen sind die meisten Unterkünfte auf den Klippen über dem Strand erbaut und bieten daher zwar Meerblick, aber keinen direkten Zugang zum Strand.

Seite 274 TOP 50

Seite 268 TOP 50

Manuel Antonio ist per Bus, Auto oder Flugzeug erreichbar, die Straße ist inzwischen bis Quepos durchgehend geteert. Der Flug von San José nach Quepos dauert 20 Minuten, täglich gibt es mehrere Verbindungen mit SANSA und Nature Air.

▲◄ Baden am Strand und am Pool in Manuel Antonio ► Blüten des »pavoncillo«

Zum Schluss noch ein offenes Wort: Seien Sie vorsichtig, denn in Quepos/Manuel Antonio treiben immer mehr Diebe ihr Unwesen. Man sollte nichts Wertvolles im Wagen oder am Strand lassen und nach Möglichkeit den Hotelsafe nutzen.

In Ruhe genießen

Die am wenigsten frequentierte Strecke nach Manuel Antonio führt in westlicher Richtung aus San José heraus durch Ciudad Colón und Puriscal. Früher einmal war es *die* Straßenverbindung zur Pazifikküste, heute fließt der ganze Verkehr durch Orotina. Die alte Straße bleibt für diejenigen, die eine entspannte Fahrweise durch eine ursprüngliche Landschaft bevorzugen. Wer die Fahrt unterbrechen möchte, dem stehen renovierte Farmhäuser als Unterkünfte zur Verfügung.

Etwa 6 km westlich von **Ciudad Colón** führt die Straße durch das Guayabo-Reservat der Quitirrisí-Indianer, die geflochtene Körbe und andere selbst hergestellte Artikel an Straßenständen verkaufen.

Das lebendige **Santiago de Puriscal** mit seiner hübschen Kirche ist der letzte Außenposten städtischen Lebens vor Quepos an der Pazifikküste. Schon kurz hinter Puriscal endet der Teerbelag, und die Straße windet sich durch Berge und Täler, die mit Kaffee-, Zuckerrohr- und Bananenpflanzungen und Orangenhainen überzogen sind, nur unterbrochen von kleinen Anwesen und Siedlungen. Das ist Costa Rica pur! Abgesehen von einem holprigen Abschnitt hinter Puriscal ist die Straße normalerweise in einem recht guten Zustand. Nach dem Dorf La Gloria fällt sie rasch auf Meeresniveau ab und mündet südlich von Parrita auf die Straße nach Quepos und Manuel Antonio.

Matapalo ❾ ist ein kleiner Strandort etwa 25 km südlich von Manuel Antonio an der »Costanera Sur« genannten Straße mit einem langen, ruhigen Strand und guten Surf-Möglichkeiten. Nördlich bzw. südlich davon liegen die nur selten besuchten, aber wunderschönen Strände **Playa Savegre** und **Playa Barú.** ■

Der Norden
0
20 km
N
PAZIFISCHER OZEAN
Lago de Nicaragua
Golfo de Santa Elena
Golfo de Papagayo
Golfo de Nicoya
Cangrejo
Guadalupe
Peñas Blancas
Cárdenas
Escamea
Monte Verd
Colpachi
La Flor
San Antonio
El Tigre
El Ostional
La Garita
La Virgen
Colón
Punta Pizote
I. Mancarroncita
I. Mancarrón
I. San Fernando
Islas Solentiname
I. La Venada
Punta Guacalito
Bahía Salinas
13
La Cruz
Hacienda Inocentes
Santa Cecilia
Las Haciendas
Playa Pochotes
Puerto Soley
Las Pilas
Brasilia
Valle Pueblo Nuevo
Playa Mostrencal
Soley
Mesas
El Hacha
Volcán Orosí 1487
Birmania
México
Sapoa
EL Hacha
Santa Rita
Cerro Cacao 1659
Delicias
Nazareth
Playa Cuajiniquil
Playa Blanca
Cuajiniquil
14 Parque Nacional Guanacaste
CORDILLERA DE GUANACASTE
San José
San Isidro
Upala
San Jorge
Pizote
Santa Clara
Brisas
Caño Negro
Península Santa Elena
Colonia Dos Rios
Cabo Santa Elena
Hacienda La Casona
García Flamenco
Volcán Rincón de la Vieja 1895
Milpas
Rosario
Laguna Caño Negro
Islas Murciélagos
Parque Nacional
15 Santa Rosa
Volcán Santa María 1916
Aguas Claras
San Isidro
Canalete
Colonia Puntarenas
Playas Coloradas
Schlacht bei Santa Rosa 20. März 1856
Potrerillos
Parque Nacional Rincón de la Vieja
Finca Armenia
Playa Nancite
16
Pital
12
Colonia Blanca
Volcán Miravalles 2018
Zona Protectora Miravalles
Buenavista
Playa Naranjo
Hacienda Los Ahogados
Cañas Dulces
Hda. Santa María
Cerro La Giganta
Santo Domingo
Unión
Bijagua
San Rafael de Guatuso
Tempisque
Ingaray
Curubandé
Limonal
Fortuna
Volcán Tenorio 1916
Hacienda Culebra
Salto
San Jorge
Frío
Nacascolo
Colorado
La Ese
Cuipilapa
P. N. Tenorio
Margarita
Puerto Culebra
Cereceda
11 Liberia
Santa Ana
Torno
Santa Fé
Cerro Jilguero 1058
Cabanga
Playa Panamá
17
Daniel Oduber Aeropuerto
Guanacaste
L. de Cote
Playa Hermosa
18
Panamá
Salitral
Hacienda Tenorio
Aguacate
Jardín Botánico Arenal
Playas del Coco
Guardia
Blanco
Tenorio
Sabalito
Playa El Ocotal
19
20
Comunidad
Hda. El Real
Liberia
Hacienda San Jerónimo
Pijije
Bagaces
Palmira
39
Nuevo Arenal
Punta Zapotal
El Coco
Reserva Biológica Lomas Barbudal
Montano
Laguna de Arenal
Zapotal
Artola
Sardinal
Paso de Tempisque
Hacienda Las Ciruelas
Corobicí
Los Angeles
Tronadora
Playa Pan de Azúcar
Nuevo Colón
San Blas
Hacienda Asientillo
8
Tilarán
Playa La Penca
Playa Potrero
Potrero
Filadelfia
Hda. Tamarindo
Las Pumas
Cañas
Sangregado
Playa Flamingo
Playa Brasilito
21
Tempate
Planes
Guinea
Colonia Menonita
Playa Conchal
Cartagena
Belén
Corralillo
Hacienda Mojica
Jabilla Abajo
Quebrada Grande
33
Reserva Santa Elena
Cabo Velas
Playa Real
Huacas
Valle de Tempisque
Dos de Tilarán
Parque Nacional Marino Las Baulas
Salinas
Portegolpe
Coyolito
Ortega
Hda. Palo Verde
9 Parque Nacional Palo Verde
San Miguel
CORDILLERA DE
Playa Grande
22
Ref. Nac. de Fauna Silvestre Tamarindo
Cañas
Bolsón
Rosario
Finca Lajas
Santa Elena
Playa Tamarindo
23
Villa Real
Bernabela
Talolinga
Quesara
Las Juntas
32
Tamarindo
Hatillo
Limón
Tempisque
Bebedero
Monteverde
Caimito
Santa Cruz
Guaitil
San Lázaro
Pozo de Agua
Solimar
Playa Langosta
San José Pinilla
Veintisiete de Abril
24
25
Limonal
San Joaquín
San Juan Grande
Icacal
Diriá
Caballito
Porozal
Lagarto
San Antonio
Playa Avellana
Río Seco
Arado
San Juan
San Antonio
Corralillo
Puerto Moreno
Pueblo Nuevo
Huacas
Estrella
Paraíso
Ceiba Mocha
Bosque Nacional Diriá
P. N. Barra Honda
30
Millal
Quebrada Honda
Finca Cóbano
Playa Junquillal
Junquillal
Retallano
Oriente
26
Piave
Nacaome
Colorado
Yomale
Playa Lagarto
Lagarto
PENÍNSULA DE NICOYA
Cabeceras
Nicoya
Reserva Indígena Matambú
Coyolito
San Gerardo
Isla Chira
Playa Manzanillo
Marbella
Alemania
Quirimán
Lajas
Dulce Nombre
Vista al Mar (Cenzosa)
Puerto Jesús
Playa Camerita
Manzanillo
Morales
Rancho Grande
Playa Coco
Cuajiniquil
Mansión
Boca Letras
Pilas
Isla de Pájaros
10
San Agustín
Limonal
Iguanita
Playa Azul
San Juanillo
Jazmínal
Pilas Blancas
Hojancha
Santa Rita
San Pablo
Chomes
Pitahaya
Playa Ostional
El Ostional
Las Huacas
Carmona
Corazal
Isla Caballo
1
Puntarenas
Refugio Nacional de Fauna Silvestre Ostional
Nosara
Lajas
Zapotal
Canjel
Playa Naranjo
Playa Nosara / Playa Pelada
27
Maquenco
Altos de Socorro
1018 Cerro Azul
Jicaral
Lepanto
2 I. San Lucas
Playa Guiones
Garza
Primavera
Cerro Azul
Cuajiniquil
Montaña Grande
Esperanza
Isla Guayabo
Punta Guiones
Ora
San Pedro
Unión
Gigante
Bahía Gigante
Playa Garza
Esterones
Sámara
San Gabriel
Puntarenas
Isla Cedros
Playa Sámara
28
Puerto Carrillo
Bejuco
Fresca
Río Grande
Playa Carrillo
29
Punta Islita
Zapote
Guadalupe
San Rafael
Paquera
Punta Cortezas
Playa Camaronal
Playa Bejuco
Millal
Jabilla
Río Seco
Bongo
3
4
Isla Tortuga
Playa San Miguel
Guaria
Refugio Nacional de Vida Silvestre Curú
Playa Coyote
Río Frío
Pochote
Punta Coyote
Caletas
Arío
Pachanaga
Playa Caletas
Bajos de Arío
5
Bahía Ballena
Playa Bongo
Playa Arío
Santa Fé
Tambor
Playa Pochote
Playa Tambor
Playa Manzanillo
Manzanillo
Cóbano
6
Playa Cocalito
Montezuma
Playa Cocal
Playa Santa Teresa
Malpais
Playa Montezuma
Cabuya
7
Reserva Natural Absoluta Cabo Blanco
Playa Balsitas
Cabo Blanco
Isla Cabo Blanco

KARIBISCHES
MEER
NICARAGUA
Indio
Caño Negro
Deseado
San Juan
San Juan del Norte
Punta Castilla
Delta de San Juan
Los Chiles
San Carlos
La Azucena
San Francisco
Sábalo
Santa Cruz
El Castillo de la Concepción
Santa Lastenia
Medio Queso
Santa Fé
Coquital
Pocosol
Guaria
Conchito
Llanura de los Guatusos
Cristo Rey
Crucitas
Llano Verde
Cuatro Esquinas
Pavón
Playuelas
Parque
Arco Iris
Refugio Nacional de Vida Silvestre Caño Negro
Amparo
San Macario
Corrales
Concho
Chamorro
Carmen
Caño Ciego
Alajuela
Ceiba
Pocosol
Internito
Coopevega
Patastillo
Boca San Carlos
Palo Seco
Paraíso
San Jorge
Llanura de San Carlos
Trinidad
San Joaquín
Plomo
Acapulco
Pataste
Orquídea
Betania
San Carlos
Boca Tapada
Tambor
Chimpó
Colorado
Laurel Galán
Boca Sahíno
Heredia
Sarapiquí
Refugio Nacional de Fauna Silvestre Barra Del Colorado
Jicarito
Santa Rosa
San Gerardo
San Marcos
Sahíno
Chaparrón
Pangola
Santa Delia
Las Medias
Zona Protectora Tortuguero
Venado
Santo Domingo
San Andrés
Boca de Arenal
Chambacú
Griega
Toro
Ahogados
Pitahaya
Llanura de Tortuguero
Monterrey
Mirador
Tabacón Hot Springs
La Fortuna
San Cristóbal
Altamira
Veracruz
San Rafael
Sardinal
Muelle
Encina
Suerte
Canta Gallo
Volcán Arenal 1633
Tanque
Muelle San Carlos
Bellavista
Llanos
Pinar
Chilamate
Puerto Viejo de Sarapiquí
Porvenir
Palmitas
Cuatro Esquinas
San Francisco (Burrito)
Platanar
Pital
Cuarto
Selva Verde
Estación Biológica la Selva
Carolina Tica
Vega
Palmera
Tabla
Vuelta de Kopper
Santa Rita
La Virgen
Suerte
Cariari
Millón
Chachagua
Cerro Los Perdidos 1315
Ciudad Cutris
Charrizal
Zona Protectora La Selva
Rambla
Tapa Viento
Griega
Limón
Reserva Biológica del Bosque Nuboso de Monteverde
San Isidro
Florencia
Aguas Zarcas
Venecia
Río Cuarto
San Ramón
Las Horquetas
Banamola
Roxana Tres
Villa Franca
Pocosol
La Tigra
Ciudad Quesada (San Carlos)
Parque Nacional Juan Castro Blanco
Colonia Cubujuquí
Río Frío
Teresa
Rita
Roxana
Cerro Poco Sol 1327
San Lorenzo
Sucre
Volcán Porvenir 2267
Cariblanco
Colonia Virgen del Socorro
Corazón de Jesús
Zona Protectora De San Ramón
Buena Vista
San José de La Montaña
Parque Nacional Volcán Poás
Parque Nacional Braulio Carrillo
Santa Clara
Porvenir
Curva
Río Jiménez
Tilarán
Bajo Jamaica
Zapote
Tapezco
Cinchona
Guápiles
Guácimo
Bajo Caliente
Palmital
Anateri
Bajos del Toro
Volcán Poás 2704
Volcán Cacho Negro 2150
Patricia
Jiménez
Finca Paz
Zarcero
Cordillera Central
Zona Protectora Acuíferos Guácimo Y Pococí
Pocora
Unión
Zapotal
Guadalupe
Varablanca
Carrillo
Alto Villegas
San Juanillo
2906 Volcán Barva
Toro Amarillo
Sucio
Cabuyal
San Antonio
Volio
Cirri
Fraijanes
Puerto Limón
Miramar
Peñas Blancas
San Juan
Naranjo
San Pedro
San Pedro de Poás
Sacramento
San Valentín
Salvador
Alfaro
San Ramón
Grecia
San José de la Montaña
Parque Nacional Volcán Turrialba
Cerrillo
Montserrat
Sarchí
Chaparral
Alto Palma
San Isidro
San Jerónimo
Zaragoza
Tacares
Tambor
Santa Bárbara
Concepción
Parque Nacional Volcán Irazú
P. N. Vn. Turrialba
Pascua
Macacona
Santiago
Rosario
San Josecito
Volcán Turrialba 3329
Barranca
Espíritu Santo (Esparza)
La Garita
Alajuela
Heredia
San Juan
San Isidro
Bonilla Arriba
Chacarita
Atenas
San Rafael
San Isidro
Volcán Irazú 3432
Santa Cruz
Lajas
Mata de Limón
San Mateo
Concepción
San José
San Vicente
Llano Grande
Monumento Nacional Guayabo
Playa Doña Ana
Mastate
Hacienda Vieja
Turrúcares
Santa Ana
San Pedro
Santa Rosa
Puerto Caldera
Ceiba
Orotina
San Pablo de Turrubares
Ciudad Colón
Escazú
Curridabat
Cot
Pacayas
Caralillo
San Juan de Mata
Barbacoas
Guayabo
Alajuelita
Desamparados
Cervantes
Turrialba
Zona Protectora Tivives
San Jerónimo
R. I. Quitirrisí
Tabarca
Aserrí
Cartago
San Rafael
Santiago
Tucurrique
Mercedes Sur
San Antonio
Palmichal
San Miguel
Tejar
Paraíso
Cachí
La Suiza
Z. P. Cerros De Turrubares
Tarcoles
Tarbaca
San Isidro
Loaiza
Cartago
Vuelta de Jorco
Playa Tarcoles
Cerro Turrubares 1756
Jilguera
Salitrales
Guaitil
Orosi
Selva
Parque Nacional Carara
Carara
Cangrejal
San Gabriel
San Cristobal Norte
Tapanti
Zona Protectora Cuenca Río Tuis
Tárcoles
Llano Bonito
Purisil
Bijagual
Zona Protectora La Cangreja
Teruel
Sabanillas
San Andrés
Santa Cruz
Empalme
Parque Nacional Tapantí
Quebrada Ganado
Delicias
Concepción
San José
San Isidro
Cañon
Pacuare
Reserva Indígena Zapatón
Caspirola
Tres de Junio
Punta Conejo
Herradura
San Gabriel
Parrita
San Rafael Arriba
San Marcos de Tarrazú
Grande de Orosi
San Isidro
Gloria
San Vicente
Cerro Vueltas 3156
Reserva Forestal Río Macho
Playa Herradura
Jacó
Gamalotillo
Mesas
2115 Cerro San Jerónimo
San Carlos
San Lorenzo
Copey
Ojo de Agua
Playa Jacó
Pochotal
Tulín
Vista al Mar
Fila Surubres
Porvenir
Reserva Forestal Los Santos
Cerro Sakira
Finca Rancho Nuevo
San Joaquín
Providencia
Villa Mills
Playa Hermosa
Quebrada Amarilla
Puntarenas
San Rafael Norte
Albergue de Montaña Río Savegre
San Gerardo de Dota
Parrita
Valle de Parrita
San Isidro
1
2
3
4
9
15
27
32
34

Der Nordwesten

Seite 178

In dieser großen und besuchenswerten Region findet man beinahe alle Facetten des Landes: kilometerlange Strände und dampfenden Regenwald, ausgedehnte Viehweiden und dazwischen verschlafene Cowboy-Städtchen.

Der Nordwesten ist in zwei Provinzen aufgeteilt. Den größeren Teil nimmt die Provinz **Guanacaste** ein, die sich schier endlos ausdehnt. Während der Trockenzeit ist sie zum größten Teil mit Savannengras bedeckt, das sich wie ein Meer aus Gold im Winde wiegt. Während der Regenzeit jedoch scheint das Land mit dichtem Tropenwald überzogen zu sein. Guanacaste ist das Texas Mittelamerikas, ein Gebiet, dessen unendliche Fläche nur von ausladenden Bäumen und Herden weißer Zeburinder unterbrochen wird.

Obwohl traditionell für seine Viehwirtschaft bekannt, rücken heutzutage auch die langen, sonnigen Strände, viele davon mit großen Hotelkomplexen, in den Mittelpunkt des Interesses. Der neue internationale Flughafen von Liberia bringt jetzt sonnenhungrige Touristen aus Nordamerika direkt an die Strandorte.

Die Provinz **Puntarenas,** die sich beiderseits des Golfes von Nicoya erstreckt und den südlichen Teil der Nicoya-Halbinsel einnimmt, wird mit ihren weiten Sandstränden, dem türkisfarbenen Meer, schattigen Palmen und einigen Hotelanlagen ebenfalls zunehmend zu einem Urlaubsparadies. Im Nordwesten liegt auch der populäre **Nebelwald von Monteverde,** der zur Provinz Alajuela gehört.

Die Guanacastecos

Die *Guanacastecos,* so nennt man die Bewohner der Provinz Guanacaste, sind ein unabhängiges Volk. Viele sind Abkömmlinge der dunkelhäutigen Chorotega-Indianer. Ihre Hautfarbe gleicht der eines Schildkröten-Panzers, sie haben braune Augen, schwarzes gewelltes Haar und sind für ihre Gelassenheit, ihre Freundlichkeit und Würde bekannt.

1787 entschied das Generalkapitanat in Guatemala, dem das Gebiet zwischen Guatemala und Costa Rica seit 1570 unterstand, dass Guanacaste ein Teil von Nicaragua werden solle. Als 1821 die Länder Mittelamerikas unabhängig wurden und die spanische Verwaltung aufgelöst wurde, forderte man die Bewohner Guanacastes auf, ihre nationale Identität festzulegen. Doch die Bevölkerung war gespalten: Im Norden, in der Gegend von Liberia, wäre man gerne nicaraguanisch geworden, im Süden, auf der Halbinsel Nicoya, tendierte man zu Costa Rica. Bei der Abstimmung votierte die Mehrheit für den Verbleib bei Costa Rica.

◄ **Gefährliche Expedition ins Innere der Erde**
► **Cowboy aus Guanacaste**
◄◄ **Blühender Tabebuia-Baum**

Puntarenas

Meerestiere hautnah
In Puntarenas' neuem Meerespark mit 28 Aquarien erleben Besucher die Unterwasserwelt des Golfs von Nicoya aus nächster Nähe. Di–So 9–17 Uhr, www.parquemarino.org.

Seite 280 TOP 50

Für viele ist Puntarenas ❶ (40 000 Einwohner) nur eine Zwischenstation auf dem Weg zu den Inseln im Golf von Nicoya oder nach Tambor und Montezuma, aber die Stadt lohnt durchaus einen kurzen Zwischenstopp. Früher war sie ein lebendiger Ort mit Hafenarbeitern, Seeleuten, Prostituierten und Geschäftsleuten. Wohlhabende Händler aus San José kamen hierher, um Geschäfte abzuwickeln und der Hauptstadt zu entfliehen. Doch die zunehmende Bedeutung des Hafens von Limón und die Eröffnung des Überseehafens Puerto Caldera haben Puntarenas in den Hintergrund gedrängt.

Puerto Caldera

Im neuen Hafen von **Puerto Caldera** an der Küste zwischen Orotina und Puntarenas schlagen pro Jahr über 360 Ozeanriesen ihre Ladung um und machen ihn zum zweitwichtigsten Hafen nach Puerto Limón. Autos aus Japan, Reis und Mais aus den USA sowie Kaffee, Bananen und Ananas aus dem Inland werden hier verschifft. Die Fischerei ist zur wichtigsten Einnahmequelle in Puntarenas geworden, der Tourismus dagegen kaum entwickelt, obwohl im Süden der Stadt große Hotels wie das Fiesta eröffnet haben. Inzwischen legen auch Kreuzfahrtschiffe wieder an und erlauben ihren Passagieren einen flüchtigen Blick auf Costa Rica. Spektakulär sind der Blick über die geschwungene Küstenlinie und die romantischen Sonnenuntergänge über der Halbinsel Nicoya. Obwohl das Meer hier bis vor kurzem sehr verschmutzt war, hat das Gesundheitsministerium inzwischen das Baden für unbedenklich erklärt. Die Buchten und Flüsse sollte man aber meiden.

Die Innenstadt

Das Zentrum von Puntarenas, nur drei Häuserblocks vom Strand entfernt, ist am Morgen voller Betriebsamkeit. Ein Teil

▼ **Beliebter Strand in Puntarenas**

der traditionellen Architektur ist zwar wie in San José dem Vormarsch des Betons zum Opfer gefallen, doch sind noch viele alte Gebäude erhalten: Holzbauten mit Gitterwerk unter dem Dach zur besseren Luftzirkulation, in grellem Türkis und Rot gehalten, die zusammen mit den wenigen verbliebenen Kaufmannsvillen und der Kirche einen Eindruck von der Blütezeit der Stadt vermitteln.

Das **Seefahrtsmuseum** in der **Casa de Cultura** (Di–So 10–12, 13–17 Uhr), dem früheren Gefängnis, dokumentiert die Geschichte der Region, ihre Geografie, die Tier- und Pflanzenwelt sowie das Kunsthandwerk ihrer Ureinwohner.

Der Abend ist wohl die schönste Zeit in dieser Stadt. Am späten Nachmittag gönnt man sich einen *refresco* (»erfrischendes Getränk«) in einem der *sodas* am **Paseo de Turistas** und genießt den Sonnenuntergang über den Bergen von Nicoya auf der gegenüberliegenden Seite der Bucht. Dies ist vielleicht der einzige Ort des Landes, wo man *maté* bekommt, eine Art Milchshake mit einem würzigen Nachgeschmack. Oder versuchen Sie einen kalten, cremigen *pinolillo* aus gemahlenem und geröstetem Mais.

An der Uferpromenade reihen sich Fischrestaurants an Hotels, die meisten mit Klimaanlage; Hotel Alamar (www.alamarcr.com) und Las Brisas (www.lasbrisashotelcr.com) sind zu empfehlen. Die Hotels an der Flussmündung, z. B. das Portobello (Tel. 661-1322) mit einem großen Garten, bieten Anlegestellen für Segelboote. Der Jachtklub ist recht groß, gut geschützt, professionell geführt und eine der beliebten Anlaufstellen für Hochseejachten auf dem Weg von der Westküste der Vereinigten Staaten nach Süden.

Nur wenig weiter südlich liegt die **Playa Doña Ana** mit Bar, Restaurant, Duschen und Parkmöglichkeiten. Die Bucht ist von zwei spektakulären Felsnasen eingeschlossen und beliebtes Ziel der einheimischen Surfer.

▲ Hier gibt es zerstoßenes Eis mit süßem Sirup
▼ Paddeln mit dem Kajak im Golf von Nicoya

Flott über die Wellen
Im Jachthafen von Puntarenas beginnen die drei- und sechstägigen Touren an Bord des **Catamarans Lohe Lani.** Er kreuzt durch den Golf von Nicoya und legt in Küstennationalparks wie Manuel Antonio und Corcovado an (http://lohelani.com).

Der Golf von Nicoya

Von Puntarenas verkehrt eine Fähre nach Playa Naranjo und zur **Halbinsel Nicoya.** Die zweistündige Fahrt über den Golf von Nicoya führt zwischen grünbewachsenen Inseln hindurch. Eine andere Fährverbindung besteht nach Paquera weiter südlich; von hier hat man Anschluss zum Resorthotel Playa Tambor sowie nach Montezuma.

> ***Nicoya***
> → **Die größte Halbinsel Mittelamerikas wird durch den Río Tempisque fast ganz vom Festland getrennt. Eine Vielzahl herrlicher Sandstrände machen die Wahl zur Qual.**

In der Mitte des Golfes liegt neben rund 40 anderen Inseln die **Isla San Lucas ❷**, eine ehemalige Gefängnisinsel. Als das Gefängnis 1991 geschlossen wurde, blieb die Insel verlassen, bis auf die wenigen Aufseher. Da es jedoch keine Zugangsbeschränkungen gibt, kann man die Insel nach Belieben besuchen und zahlreiche Erinnerungsstücke an das Leben der Häftlinge aufstöbern. Ein Ausflug zur Insel lässt sich in Naranjo organisieren.

Calypso Tours (www.calypsotours.com) bietet eine Kreuzfahrt zu den Inseln im Golf an. Der 21 m lange Katamaran durchquert die Bucht und legt auf der **Isla Tortuga ❸** (Schildkröteninsel) an, um dort auf weißem Sand und vor türkisblauem Ozean das vielleicht beste Fischbüfett zu genießen, das im Lande zu haben ist. Dazu wird Folkloremusik und Unterhaltung geboten, und natürlich hat man genügend Zeit, um zu schwimmen und sich zu sonnen.

Der Süden der Nicoya-Halbinsel

Die Fährüberfahrt nach Nicoya versetzt den Reisenden in eine andere Welt. Am

▼ **Der eindrucksvolle Wasserfall »Catarata La Cangreja« bei Rincón de la Vieja**

Ufer erstreckt sich zeitweise trockenes Grasland, auf dem sich gigantische Bäume und Viehfarmen ausbreiten, dann wieder entdeckt man unvergessliche Buchten und wunderschöne Strände.

Vom Fährhafen Paquera führt eine neue Teerstraße nach Tambor, und auch Montezuma ist in einer Stunde bequem zu erreichen. Playa Naranjo besitzt keine Busverbindungen in diese Region, doch von Paquera aus fahren regelmäßig Busse über Tambor nach Montezuma. Die Reise entlang der Küste der Halbinsel ist zwar rau, aber lohnend. Sie führt durch Städtchen, Dörfer und über weites Weideland. Man trifft Menschen zu Pferde und sieht Häuser in jeglicher Form; ab und zu eröffnen sich fantastische Ausblicke auf die tiefblauen Pazifikbuchten.

Rund 7 km südlich von Paquera liegt das **Refugio Nacional de Vida Silvestre Curú ❹.** Obwohl das Tierreservat recht klein ist, umfasst es fünf verschiedene Naturräume und bietet einer überraschend großen Zahl von Pflanzen- und Tierarten Lebensraum, darunter Kapuzineraffen und 220 Vogelarten. Es gibt hier drei herrliche Strände, die sich ideal zum Schwimmen und Tauchen eignen, ferner gute Wandermöglichkeiten. Das Reservat ist im Privatbesitz der Familie Schütt (Tel. 641-0100; einfache Unterkunft).

Die Walfischbucht

Die **Bahía Ballena ❺** (Walfischbucht) ist eine große, weit geschwungene Bucht von erstaunlicher Schönheit und Ruhe. Das Wasser ist ruhig und warm, ein ideales Revier nicht nur für Badenixen, sondern auch für große Pelikanschwärme, die hier nach Fischen tauchen. Außerdem werden besonders im Januar häufig Wale gesichtet.

Im Schutze der Bucht liegen die beiden Strände **Playa Pochote** und **Playa Tambor.** Doch die ruhigen Zeiten sind vorüber, seit das riesige Strandhotel Barceló

Seite 178

Unterkunft für Aktive
Wer gerne Golf spielt oder reitet, für den gibt es auf der Nicoya-Halbinsel mehrere geeignete Resort-Hotels.

▼ Beim Stierkampf in Costa Rica wird höchstens der Torero verletzt

Playa Tambor gebaut wurde und eine Debatte ausgelöst hat, welche Art von Tourismus für Costa Rica am besten ist: Mammutprojekte wie dieses oder kleine Privatbetriebe, die den Charakter des Landes nicht verändern. Der Bau weiterer Mega-Hotels scheint die Frage bereits beantwortet zu haben. Im nahen **Tambor** gibt es noch einfache Unterkünfte und Kost, ganz so wie vor der Ankunft der Massen. Die Straße führt von hier weiter über Cóbano nach Montezuma.

Schlemmeradresse Verborgen in einer kleinen Bucht wenige Gehminuten außerhalb von Montezuma serviert das romantische **Playa de los Artistas** Seafood an kleinen Tischen unter dem Sternenhimmel. So geschl., Tel. 642-0920.

Seite 286 TOP 50

Montezuma

Die Staubstraße von Cóbano nach **Montezuma** ❻ holpert einen Berg hinab und endet plötzlich vor einer Reihe verrückter Hotels und *cantinas* am Strand. Hier sind junge Nordamerikaner und Europäer gegenüber den Einheimischen in der Überzahl, die das Ganze scheinbar gelassen hinnehmen und mit kleinen Hotels, preisgünstigen Lokalen und der Vermietung von Privatzimmern von diesem Trend profitieren. In der Trockenzeit sollte man allerdings rechtzeitig reservieren, denn meist dauert es nicht lange, bis alle Zimmer belegt sind.

Das einfache Hotel Montezuma (Tel. 642-0058) im Ortszentrum überblickt den Strand und serviert kaltes Bier und Fisch-*casados* zu lauter Musik. Chico's Bar führt landestypisches Essen und Getränke, und das weiß leuchtende El Sano Banano wartet mit besten Fruchtsäften, herzhaftem vegetarischen Essen und einem großen Videobildschirm auf, wo dreimal pro Woche gute Filme zu sehen sind.

Während die Unterkünfte und Restaurants in Montezuma meist einfach sind, sind die Bademöglichkeiten hervorragend. Nördlich des Ortes dehnen sich breite Sandstrände mit klarem Wasser und vielen Muscheln aus. Ein Spaziergang führt zu einem beeindruckenden Wasserfall am Fluss. Im Süden branden weiße Gischtwellen gegen die Vulkanfelsen, und

nicht weit davon rauscht ein weiterer Wasserfall. Die ersten felsigen Buchten nördlich von Montezuma sollte man wegen der starken Strömung meiden, aber an der Playa Grande kann man gefahrlos schwimmen.

Fahrräder und Surfbretter vermietet das Sano Banano; die besten Pferde bieten die oberhalb der Stadt gelegene Finca Los Caballos Nature Lodge sowie einige Anbieter im Ort. Die meisten Besucher scheinen jedoch zu einem Badeurlaub hierher zu kommen; sie wollen in der Sonne liegen oder einfach ausspannen, denn dieser Platz scheint wie geschaffen für junge Leute, die mit wenig Geld reisen.

Naturreservat Cabo Blanco

Die etwa 11 km lange, ungeteerte Straße von Montezuma zur **Reserva Natural Absoluta Cabo Blanco ❼** (Streng geschütztes Naturreservat Cabo Blanco; Mi–So bis 16 Uhr) führt parallel zum Strand zur Südspitze der Halbinsel. In Cabuya gibt es einige meist einfache Unterkünfte und Zeltmöglichkeiten. Das Reservat wurde 1963 dank der unermüdlichen Bemühungen des schwedischen Einwanderers Nils Olaf Wessberg gegründet und ist das älteste Tierreservat Costa Ricas. Wessberg, der zu den wichtigsten Pionieren des Nationalparksystems in Costa Rica zählt, wurde bei einem Attentat ermordet, nachdem er versucht hatte, auf der Halbinsel Osa ein ähnliches Projekt zu verwirklichen.

Ursprünglich durfte man Cabo Blanco nicht einmal betreten: Die Natur sollte vor jeglichem Eingriff durch den Menschen geschützt werden. Inzwischen sind zwei Drittel des Reservats, das mit seinem feuchten Tropenwald und der Lage an der Südspitze der Halbinsel einen der spektakulärsten Abschnitte der gesamten Pazifikküste umfasst, für Besucher zugänglich. Eine große Zahl von Küsten- und Seevögeln kommt hier ebenso vor wie zahlreiche Säugetiere. Über gut angelegte Wanderwege erreicht man einen herrlichen einsamen Strand, an dem Baden (aber nicht Schnorcheln) erlaubt ist. Das Reservat ist montags geschlossen.

Nördlich von Cabo Blanco (Anfahrt über Cóbano) hat sich an den Stränden von **Malpaís** und **Santa Teresa** in den letzten Jahren eine ansehnliche Infrastruktur an Hotels und Restaurants entwickelt. Für Fans spektakulärer Sonnenuntergänge ist diese Küste ein Muss!

Seite 178

TOP 50 Seite 266

TOP 50 Seite 279

Auf der Interamericana gen Norden

Von San José aus führt die Interamericana, die das Herzen Guanacastes durchschneidet, zur Hauptstadt dieser Provinz, Liberia, und weiter nach Norden bis zur Grenze mit Nicaragua. Nordwestlich von Barranca zweigt ein Straße nach **Miramar** ab, in dessen Nähe das Hotel Vista Golfo de Nicoya eine Vielzahl an sportlichen Aktivitäten bietet.

TOP 50 Seite 276

In **Cañas** hat man zuerst den Eindruck, man sei in einem anderen Land, irgendwo

▲ **Stachelagave im Süden der Halbinsel**
▶ **Verträumte Bucht in Nicoya**
◀ **Schon früh gewöhnen sich die jungen Guanacastecos an das Leben im Sattel**

In der Nähe von **Las Pumas** lädt das Restaurant Rincón Corobicí am Ufer des gleichnamigen Flusses zu einer Rast und Erfrischung ein.

Seite 276 TOP 50

zwischen Costa Rica und Nicaragua, angekommen. Cañas, das seinen Namen von den Blüten des Zuckerrohrs hat, ist ein angenehmes Cowboy-Städtchen und guter Ausgangspunkt für einen Besuch des Nationalparks Palo Verde sowie einen Abstecher zum Arenalsee (S. 217).

Nördlich von Cañas bietet das private Schutzprojekt **Las Pumas** ❽ (tgl.; Spenden erwünscht, Tel. 669-6096, www.laspumas.com) vielen Raubkatzen, die in freier Natur nicht überleben könnten, eine Zuflucht. Es wurde bis zu ihrem Tod von der Schweizerin Lily Hagenauer geleitet, die in den 1950er Jahren nach Costa Rica emigrierte. Um die enormen Kosten für das »Katzenfutter« aufzubringen, werden Vögel zum Verkauf gezüchtet.

Safaris Corobicí (Tel. 669-6191) bietet auf dem Río Corobicí beschauliche Flussfahrten mit Schlauchbooten an – gute Gelegenheit, die Tierwelt am Ufer zu beobachten. Die Avifauna ist sehr artenreich: Insbesondere in den frühen Morgenstunden kann man Lachfalken, Trogone, Waldstörche, Motmots, Papageien oder Fischadler und jede Menge Reiher sehen. Mehr als 220 Arten sind gesichtet worden, u. a. der exotische Kahnschnabel, dessen bootsförmiger Schnabel in dieser Größe nutzlos erscheint und den Wissenschaftlern noch immer Rätsel aufgibt.

Nationalpark Palo Verde

Der **Parque Nacional Palo Verde** ❾, in der Nähe der Mündung des Río Tempisque gelegen, ist eines der größten Tierschutzgebiete Mittelamerikas. Um dorthin zu gelangen, biegt man bei Bagaces von der Panamericana nach Westen ab. In der Regenzeit ist ein Allradantrieb unerlässlich. Der von Cañas aus nächstgelegene Südeingang kann dann geschlossen sein. Am besten erkundigt man sich beim Nationalpark-Service (Tel. 200-0125), welche Straßen befahrbar sind, oder man bucht eine Tour in Cañas oder Liberia.

▼ **Vater und Sohn auf einem Rodeo bei Liberia**

Seite 178

Der Park Palo Verde umfasst Seen, Sümpfe, Wälder und Grasflächen und ist eines der wichtigsten Brutgebiete für Zugvögel in Zentralamerika. Von Ebbe und Flut beeinflusste und im jahreszeitlichen Rhythmus überschwemmte Flüsse locken über 300 Arten von Land- und Wasservögeln hierher, darunter Reiher, Pfeifenten, Ibisse und der riesige Jabirú-Storch. Auch große Säugetiere und Reptilien kann man in der Trockenzeit an den Wasserlöchern gut beobachten. Rotwild, Nasenbären, Gürteltiere, Leguane und bis zu 5 m lange Krokodile sind hier keine Seltenheit.

Erst vor 25 Jahren formten Strömungen und Sedimente vom Festland eine Sandbank, die zu einer Insel im Río Tempisque emporwuchs und heute **Isla de Pájaros** ⑩ heißt. Vom Park aus oder von Puerto Humo am gegenüberliegenden Ufer kann man sich ein Boot mieten und die Insel besuchen. Dieser ruhige, abgelegene Ort ist ein Paradies für Vogelfreunde. Der weiße Ibis und eine Unterart des Silberreihers sind die einzigen »festen« Bewohner der Insel, aber man trifft hier gelegentlich auch auf Rosa Löffler, Waldstörche und Schlangenhalsvögel.

Weiße Stadt Liberia

Liberia ⑪, die Hauptstadt der Provinz Guanacaste, ist über 200 Jahre alt. In Costa Rica ist sie auch unter der Bezeichnung *Ciudad Blanca,* die Weiße Stadt, bekannt. Die ersten Einwohner brachten weiße Vulkanerde und Schotter von den Hängen der Vulkane Rincón de la Vieja und Miravalles mit und bedeckten damit die Straßen. Eine Besonderheit sind die Adobe-Häuser mit ihren so genannten *Puertas del Sol* (siehe Glossar).

Puertas del Sol

→ Die »Sonnentüren« Liberias wurden auf beiden Seiten der Nordostecke der Häuser angebracht und sollten sowohl die Morgen- als auch die Nachmittagssonne einfangen.

Viele dieser reizenden Adobe-Häuser sieht man in der Calle Real auf der Südseite des Parks. Einige werden gerade restauriert, und die Besitzer zeigen gerne die Fortschritte ihrer Arbeit. Große Räume mit hohen Decken, Wandgemälde aus dem 19. Jh. und klassische Innenhöfe zeichnen die Häuser aus. Die Küche geht auf Höfe hinaus, wo Mais und andere Getreidearten getrocknet werden.

Der frühe Morgen ist ein guter Zeitpunkt für einen Bummel durch die Innenstadt von Liberia. Die **Agonía-Kirche,** ein Adobe-Bau aus dem Jahre 1852, ist eine der ältesten katholischen Kirchen des Landes.

In der **Casa de Cultura** (Haus der Kultur) ist das kleine **Museo del Sabanero** untergebracht (Mo–Sa 8–12, 13.30–17, Sa bis 16 Uhr). Gewidmet ist es den berittenen Viehhirten, den Cowboys.

TOP 50 Seite 280

In der Nähe des Busbahnhofs findet täglich ein quirliger Bauernmarkt statt – auch hier gilt: Früh aufstehen lohnt sich.

▲ Der Sattel – Stolz eines jeden Cowboys
▶ Blubbernde Schlammlöcher in Rincón de la Vieja

Nationalpark Rincón de la Vieja

Seite 279 TOP 50

Von Liberia gelangt man ins Bergland zum **Parque Nacional Rincón de la Vieja ⓬**, der auf einer Fläche von über 14 000 ha vier verschiedene Ökosysteme beherbergt. Der Name, der sowohl für den Park als auch den Vulkan steht, stammt von einer alten Frau, die einst an seinen Hängen lebte. Ihr Haus hieß »Ecke der alten Frau« – *Rincón de la Vieja.* Wegen der schlechten Straßen gestaltet sich die Anfahrt schwierig, aber wer das Abenteuer wagt, wird mit unberührter Natur belohnt. Es gibt ausgezeichnete Wandermöglichkeiten, auch wenn die Wege nicht beschildert sind. Da es jederzeit zu heftigen Regenschauern kommen kann, sollte man einen guten Regenschutz dabeihaben. April und Mai sind in der Regel die besten Monate für einen Besuch.

An der Kreuzung der Interamericana in Liberia liegt das **Restaurant El Bramadero,** das auf traditionelle und wohlschmeckende Fleischgerichte spezialisiert ist. Hier sitzen dunkelhäutige Cowboys an schweren Holztischen und trinken Bier.

Die »offizielle« Zufahrtsstraße führt zunächst über die Interamericana nördlich aus Liberia hinaus, dann geht es noch weitere 27 km über teilweise wüste Pisten bis zur Parkverwaltung. Wie in einer Schneelandschaft fühlt man sich, wenn man die Pisten mit kreideweißer Erde befährt, von der Liberia seinen Spitznamen »weiße Stadt« hat. In der Nähe der Rangerstation gibt es einen schönen Campingplatz am Fluss.

Außergewöhnlich am Fuß des Vulkans ist **Las Pailas,** die »Bratpfanne«. Auf 8 ha verteilt findet man hier heiße Quellen, brodelnde Schlammlöcher, Schwefelseen und Dampf speiende Geysire, die die umliegenden Felsen rot, grün und grellgelb eingefärbt haben – ein hochinteressantes vulkanisches Phänomen, das in Costa Rica seinesgleichen sucht. Der Schlamm aus den brodelnden Erdlöchern (genannt *sala de belleza,* »Schönheitssalon«) wurde früher als Gesichtsmaske verwendet, ähnlich dem Schlamm des Toten Meeres, was aber innerhalb des Nationalparks inzwischen verboten wurde.

Unterkunft findet man in einigen **Lodges**, die auch Pferde vermieten: Unweit des Parkeingangs Las Pailas liegen die Rincón de la Vieja Mountain Lodge (www.rincondelaviejalodge.net) und die Hacienda Guachipelín Lodge (www.guachipelin.com). Schwieriger ist die Anfahrt zum hochpreisigen Hotel Borinquén (www.borinquenresort.com), doch die herrliche Anlage lohnt die Mühe. Um dorthin zu gelangen, muss man in Cañas Dulces, 14 km nördlich von Liberia, rechts abbiegen und 17 km über eine Piste holpern. Nicht nur wegen der mühevollen Anfahrt ist eine Vorreservierung unbedingt empfehlenswert.

◄ **Auf den vielen Schotterpisten ist man am Besten mit einem Allrad-Fahrzeug unterwegs**

Zur Grenze nach Nicaragua

Für die Erkundung des äußersten Nordwestens bis zur Grenze nach Nicaragua ist die **Finca Cañas Castilla** (www.canascastilla.com) ein hervorragender Ausgangspunkt. Die Lodge liegt abseits der Interamericana nördlich von La Cruz bei Sonzapote. Sie wird von einer

Schweizer Familie geführt, die auch Reittouren sowie Ausflüge in die schöne Umgebung und bis nach Nicaragua anbietet. Die einsamen Strände der Bahía Salinas und der Nationalpark Santa Rosa (s. S. 193) sind von hier aus ebenfalls schnell zu erreichen.

Während des jüngsten Bürgerkriegs im benachbarten Nicaragua kämpften viele Männer dieser Gegend entweder auf der Seite der von den USA unterstützten Contras oder der regierenden Sandinistas. Im nördlichen Teil des Nationalparks Santa Rosa legte die CIA zur Unterstützung der Contras eine Landebahn an und verletzte damit die Neutralität Costa Ricas. Zwar hatte Ex-Präsident Alberto Monge seinen Segen dazu gegeben, doch ließ sein Nachfolger Oscar Arias die Piste zerstören, woraufhin die Reagan-Regierung ihre Finanzhilfe für Costa Rica drastisch kürzte.

Nach einer Steigung der holprigen Straße blickt man etwa 8 km hinter Santa Cecilia plötzlich auf die weite Fläche des Lago de Nicaragua. Der See passte einst gut in die Pläne des Sklavenhändlers William Walker (s. S. 45), der Nicaragua erobern und die Einwohner als Arbeitssklaven benutzen wollte, um einen Kanal vom Nicaraguasee zum Pazifik zu bauen. Seine Vision war ein Wasserweg, auf dem man Waren vom Pazifik zum Atlantik transportieren konnte. Reiche Investoren aus den USA unterstützten seine Pläne, doch Walkers Niederlagen in Costa Rica und später in Nicaragua und Honduras setzte seinen Unternehmungen ein Ende.

Ein Ausflug zur Bucht von **Puerto Soley,** dem nördlichsten Pazifikstrand in Costa Rica, führt durch die Kleinstadt **La Cruz,** eine wichtige Durchgangsstation für Reisende auf dem Weg nach Norden und für Wanderarbeiter aus Nicaragua, die in Costa Rica Arbeit suchen. Von einem Aussichtspunkt nahe dem Zentrum bietet sich ein herrlicher Blick über das Tal und die Bucht. Puerto Soley zieht sich den Hügel hinab, vorbei an der früheren

Seite 178

Baden & Camping
Einer der schönsten Plätze dafür liegt an der Bahía Junquillal. Man erreicht das Naturreservat über die nördliche Zufahrt zum Nationalpark Santa Rosa und zweigt nach dem Ort Cuajiniquil rechts ab in Richtung Meer.

▼ Ein Parkranger auf dem Weg zur Arbeit an der Playa Nancite

Ranch des Ex-Diktators Somoza. Der Strand ist leer und atemberaubend schön.

Isla Bolaños

Mitten in der Bucht erhebt sich das Naturreservat **Isla Bolaños** ⓭ bis zu 81 m über die Wasseroberfläche. Die mit ihren fast senkrechten Felswänden praktisch unzugängliche Insel ist einer der wenigen Nistplätze des Braunen Pelikans und der einzige des Fregattvogels in Costa Rica.

Die Fregattvögel bauen ihr Nest im Lianendickicht auf den Klippen, 40 m über dem Meer. Mit ihrer großen Flügelspannweite und ihrem kleinen Körper ist es ihnen nicht möglich, vom Boden oder mit Anlauf aufzufliegen. Also starten sie von hohen Felskanten, um den Aufwind zu nutzen. Anstatt selber Beute zu machen, jagen sie anderen Vögeln die Beute ab. In der Paarungszeit sieht man die Männchen ihre scharlachroten Säcke am Hals aufblasen, um den Weibchen zu imponieren.

In La Cruz lohnt ein Besuch in **Amalia's Inn,** einem netten B&B mit Swimmingpool im ehemaligen Privathaus einer Künstlerin. Der Blick von der Terrasse über die Bucht ist überwältigend.

Wer die Insel besuchen möchte, wendet sich am besten an Gustavo, den man fast sicher in Puerto Soley findet, wo er seit vielen Jahren lebt. Die 25-minütige Fahrt mit seinem Fischerboot, das bis zu fünf Passagiere fasst, eröffnet eine großartige Ansicht der Küstenlinie.

Nationalpark Guanacaste

Der **Parque Nacional Guanacaste** ⓮ (tgl. 7.30–16 Uhr) wurde 1989 mit Hilfe ausländischer Gelder gegründet, um den Lebensraum der Tiere zu schützen, die aus dem benachbarten Santa-Rosa-Nationalpark (S. 193) hierher wandern. Der Park erstreckt sich in Form eines breiten Bandes zwischen den Vulkanen Orosi und Cacao sowie dem Pazifik. Vorherrschend ist tropischer Trockenwald, aber auch Mangrovensümpfe, Regen- und Nebelwälder bieten Lebensraum für die verschiedensten Tierarten. In den vergangenen Jahrhunderten wurde das Land abgebrannt,

▼ **Idyllisch gelegener Swimmingpool an der Playa Ocotal**

abgeholzt, abgeweidet und landwirtschaftlich bebaut, damit zergliederte man es in ein komplexes Mosaik verschiedener Lebensräume. Der Ökologe Dan Janzen, der die Erhaltung und Aufforstung Guanacastes zu seinem Lebenswerk erhoben hat, glaubt, dass der Park eines Tages in seinen Originalzustand zurückversetzt werden wird: »Trockenwälder sind zerstört worden«, sagt Janzen, »aber sie sind zäh, sie können pro Jahr eine Dürre von sechs Monaten durchstehen, und sie erholen sich gut.« Mit dem Erwerb des Guanacaste-Nationalparks steht nun eine vom Staat verwaltete Landfläche unter Naturschutz, die für eine erfolgreiche Wiederaufforstung groß genug ist.

Im Park leben auch große Populationen von Tierarten, die in den aufgeforsteten Waldinseln während der Sommerdürre Zuflucht finden. Die Tiere fressen die Früchte der Bäume und sorgen somit für die Verbreitung der Samen. Insekten des Regenwalds, die trockene Waldpflanzen bestäuben, werden von den nahe gelegenen Berghängen angezogen. Man schätzt, dass sich bereits in 20 Jahren die ersten hohen Wälder entwickelt haben und Guanacaste in 200 oder 300 Jahren wieder von einem ausgewachsenen Trockenwald überwuchert sein wird.

Nationalpark Santa Rosa

Der **Parque Nacional Santa Rosa** ⓯ (tgl. 8–16 Uhr) umfasst praktisch alle Naturräume dieser Region. Das ausgedehnte Wegesystem führt durch Bestände von tropischem Hartholz, trockenes Bergland mit Kakteenwüsten und Dornengestrüpp, an Flussläufe mit Wäldern und Mangrovensümpfen. Zwei seiner Strände, Nancite und Naranjo, sind wichtige Eiablageplätze für Meeresschildkröten. Ferner leben zahlreiche Säugetiere im Park, darunter Affen und Pekaris (Wildschweine) sowie mehr als 20 Fledermausarten.

Wie viele Pfade in Santa Rosa verläuft auch der **Sendero Indio Desnudo** durch einen Wald, der in der Trockenzeit die Blätter verliert, was die Tierbeobachtung deutlich erleichtert. Riesige, bunt schillernde Leguane sind in den Bäumen am Wegesrand häufig zu sehen.

Maßgebend für die Einrichtung eines staatlichen Nationalparks in Santa Rosa war der Umstand, dass hier der Schauplatz einer historischen Entscheidungsschlacht gegen William Walker war (s. S. 45). Sie fand auf dem Grund der Hacienda La Casona statt. Nur dreimal in seiner Geschichte wurde Costa Rica von Invasoren angegriffen und jedesmal konnten die Eindringlinge in diesem Gebiet aufgehalten werden.

Heute wird in Santa Rosa eine ganz andere Schlacht geschlagen. Die Aufseher berichten von Auseinandersetzungen mit Wilderern, denn obwohl die Jagd im Park verboten ist, können die wenigen Ranger dem Gesetz keinen Respekt verschaffen. Oft riskieren die unbewaffneten und schlecht bezahlten Aufseher bei Auseinandersetzungen mit den gut ausgerüsteten Jägern ihr Leben.

Seite 178

TOP 50 Seite 281

▲ **La Casona, Santa-Rosa-Nationalpark** ▶ **Töpferin aus Guaitil bei der Arbeit**

Die einst aufwändig restaurierte Hacienda **La Casona** bietet mit alten Möbelstücken und Kunstgegenständen einen Einblick in die koloniale Vergangenheit Costa Ricas. Im Mai 2001 ist sie, vermutlich durch Brandstiftung, abgebrannt, inzwischen aber wurde das historische Denkmal wieder aufgebaut (8–16 Uhr).

Im Nationalpark Santa Rosa genießt man einen herrlichen Ausblick vom **Monumento a los Héroes** – einem Betonbogen, der an die Gefallenen der Schlacht von Santa Rosa im Jahre 1856 erinnert.

Kriegsgeheimnisse

Um für die Tiere einen größeren Lebensraum zu schaffen, wurde der nördliche Teil des Nationalparks um die Ranch des nicaraguanischen Ex-Diktators Somoza erweitert, der sich hier in Grenznähe einen Zufluchtsort schuf. Zudem erkannte man, dass die Gegenwart eines abgesetzten und vertriebenen Diktators in der Nähe der Grenze den Interessen des Landes nicht gerade dienlich war. Daraufhin wurde die **Hacienda Murciélago** 1979 verstaatlicht und in das nationale Parksystem eingegliedert. Die Hacienda liegt an der Bucht **Santa Elena,** in der Nähe des unberührten Sandstrandes **Playa Blanca.** Man erreicht ihn am besten über seinen nördlichen Zugang; kurz nach dem Haupteingang von Santa Rosa weist ein Schild an der Interamericana den Weg.

Jüngeren Datums ist die Übernahme der geheimen Landebahn Santa Elena in den Nationalpark. Sie war von einer panamesischen Scheinfirma finanziert worden und wurde von den USA als Ausgangspunkt für ihre kontra-iranischen Aktivitäten genützt. Die Beschlagnahme durch die Regierung von Costa Rica 1986 sorgt bis heute für Spannungen.

Trockenwald

→ **Im Gegensatz zum Regenwald ist der Trockenwald bei uns kein Thema. Doch ist dieser noch stärker bedroht und nur wenige Überreste sind entlang der Pazifikküste Mittel- und des nördlichen Südamerikas erhalten.**

▼ **Einsamer Strand an der Pazifikküste**

Seite 178

Die Strände im Nationalpark

Ein holpriger, 13 km langer Weg, den man nur in der Trockenzeit mit Allradfahrzeugen benutzen kann, führt von der Rangerstation in Santa Rosa zur **Playa Naranjo.** Weißer Sand und glasklares Wasser mit einer für Surfer idealen Brandung beim Hexenfelsen, einem etwa 2 km vor der Küste liegenden Monolithen, machen Naranjo zu einem beliebten Ausflugsziel für Wellenreiter. Auf einfachen Zeltplätzen bei der Casa Argelia und dem Estero Real wird frisches Duschwasser von einer Windmühle aus der Tiefe gepumpt, Trinkwasser sollte man unbedingt mitbringen.

Die **Playa Nancite** ⓰ nordwestlich von Naranjo zählt zu den unberührtesten Stränden von Costa Rica. Kurz vor Vollmond kommen hier jeden Monat Meeresschildkröten an Land, um ihre Nester zu graben. Zehntausende mögen es sein, die, ohne es zu wissen, eines der größten Naturschauspiele des Landes aufführen (s. S. 203/240). Der Zeitpunkt einer solchen *arribada* (Massenankunft) ist schwer vorherzusagen, doch vereinzelte Schildkröten kann man an den Stränden fast immer bei der Eiablage beobachten.

Von der Playa Panamá zur Playa Ocotal

Playa Panamá, Hermosa, Coco und Ocotal heißen die Strände, die etwa 30 bis 40 km von Liberia entfernt liegen. Man erreicht sie teilweise nur über Straßen, die zwar befestigt, aber während der Regenzeit voller Schlammlöcher sind.

Nördlich der **Playa Panamá** ⓱ haben sich einige luxuriöse Hotels und Villen, zum Teil All inclusive, angesiedelt. Sie gehören zum in den 1990er Jahren heftig umstrittenen Tourismus-Entwicklungsprojekt Papagayo, das eine gigantische Ferienstadt werden sollte. Öffentliche Diskussionen und Rechtsstreitigkeiten führten zu einem Ausbau nach reduzierten Plänen.

▼ Idyllische Strandszene auf der Nicoya-Halbinsel

Das **Hotel El Velero** wurde nach dem Segelboot benannt, mit dem seine Besitzer aus Québec in Kanada bis hierher zur Playa Hermosa gekommen sind. Das Boot kann für Ausflüge an einsame Strände gebucht werden.

Seite 278 TOP 50

Südlich davon liegt **Playa Hermosa** ⓲, eine glitzernde Bucht mit sanfter Brandung. Unterkünfte für jeden Geldbeutel und eine Reihe von kleinen Fischrestaurants am Meer erklären die zunehmende Beliebtheit des Strandes. Am anderen Ende der Bucht liegen das luxuriöse Hotel Villas Sol (www.villassol.com) und das Hotel Condovac La Costa (Tel. 672-0152, www.condovac.com), deren Angebot von Windsurfen bis zu Golf reicht.

Wenn man aus Liberia anreist, bekommt man den Ozean erstmals in **Playas del Coco** ⓳ zu Gesicht, einem lebenslustigen Fischerstädtchen mit Strandbars, Restaurants, Hotels und vielen Teenagern, die hier Urlaub machen. Die breite Bucht und ihre Sandstrände sind immer von Betriebsamkeit erfüllt. Für die richtige Stimmung sorgt die laute Salsamusik oder der Rock 'n' Roll der Strandcafés.

Südlich von Coco trohnt in **Playa Ocotal** ⓴ ein Luxushotel auf einem Hügel und überblickt die Brecher der Brandung, sandige Buchten, felsige Klippen und die Inseln an der Küste von Nicoya. Das herrlich gelegene Restaurant in dem Rundbau am Rande einer Klippe ist jedermann zugänglich. Am Strand kann man unbedenklich schwimmen und über das Hotel kann man Tauch-Expeditionen bis hinüber auf die Isla del Coco organisieren.

Obwohl die Anfahrt nach **Bahía Pez Vela** nicht ganz einfach ist, wartet dort ein schwarzer Sandstrand und ein Luxushotel auf Besucher. Die gut betuchten Sportfischer, die hier absteigen, sind allerdings weniger am Baden interessiert als am blauen Marlin und an den Segelfischen, die hier Rekordgröße erreichen.

Gen Süden locken weitere lohnende und wenig besuchte Strände. Der Weg dorthin scheint durch ein Labyrinth von Schotterstraßen zu führen, aber man muss sich nur im Klaren sein, dass der Ozean immer im Westen und die Hauptstraße im Osten liegen muss, dann kann kaum etwas schiefgehen!

▼ **Stattliche Boote in der Marina von Flamingo**

Von Punta Zapotal nach Cabo Velas

Zweigt man bei Comunidad von der Hauptstraße ab und fährt Richtung Belén, gelangt man schon bald zu den Stränden **Playa Brasilito** und **Playa Potrero.** In unmittelbarer Nachbarschaft zu Brasilito, wo es eine Reihe einfacher Unterkünfte gibt, liegt die **Playa Conchal,** ein früher einsamer Strand, dessen Sand aus bunten Muschelschalen besteht. Inzwischen wurde hier auf einer Fläche von 360 ha eine der größten Hotelanlagen des Landes, das Paradisus Playa Conchal (www.paradisus playaconchal.solmelia.com), errichtet, mit einem 18-Loch Golfplatz und dem größten Swimmingpool Costa Ricas.

Wenige Fahrminuten nordwestlich von Brasilito liegt die **Playa Flamingo ㉑**, einer der exklusivsten Strandabschnitte dieser Küste mit Marina und eigener Landebahn. Leider wurde der an sich schöne Strand durch jahrelange Bautätigkeit regelrecht »zubetoniert«. An einem weißen Strand mit Blick auf die Felsen und Inseln vor der Küste liegt die unpersönlich wirkende Ferienanlage **Flamingo Marina Resort** (www.flamingomarina.com). Die Kaimane, Affen und Sumpfvögel werden dieses Mündungsgebiet wohl bald verlassen, denn in Flamingo entstand der erste große Jachthafen der Pazifikküste südlich von Acapulco. Er kann jetzt schon etwa 80 Boote kurzfristig aufnehmen. Im Hafen werden Angeltouren organisiert.

Weiter nördlich folgt die **Playa Potrero,** eine Kokospalmenbucht mit ruhigem Wasser, wo man wunderbar picknicken kann und den Ozean noch für sich hat. Gepflegte Unterkunft bietet das Hotel Bahía del Sol (www.potrerobay.com). Je besser die Aussicht, desto schlechter wird die Straße entlang der malerischen Küste in Richtung **Playa Pan de Azúcar.** Genießen Sie die unglaubliche Aussicht im Hotel Sugar Beach (www.sugar-beach.com) oder ein Bad in der Bucht.

Seite 178

TOP 50 Seite 278

▼ **Harmlose »Jagd« auf Meeresschildkröten**

Seite 272 TOP 50

Seite 279 TOP 50

Ein unvergessliches Erlebnis ist eine **Kajakfahrt** auf dem »estero« im Naturschutzgebiet Tamarindo, besonders in den frühen Morgenstunden. Kajaks und Boote vermietet auch das empfehlenswerte Hotel Cantarana in Playa Grande.

Südlich von Cabo Velas

Von Brasilito fährt man zurück bis zur Abzweigung zur **Playa Grande** ㉒ oder nach Huacas und von dort 13 km weiter gen Süden, wo nach rechts die Straße nach **Playa Tamarindo** ㉓ abzweigt. Man kann kaum glauben, dass Tamarindo ein Tierschutzgebiet ist, denn tierisch geht es eher in den zahlreichen Bars des Ortes zu.

Das luxuriöse Hotel Cala Luna (www.calaluna.com) liegt abseits an der Playa Langosta, und auch das freundliche Hotel Capitán Suizo (www.capitansuizo.com), unter Schweizer Leitung, bietet allen erdenklichen Komfort. Ebenfalls direkt am Meer empfängt das Ferienhotel Tamarindo Diría (www.tamarindodiria.com) mit zwei Pools und einer netten Strandbar seine Gäste. Man findet hier auch relativ günstig Unterkunft in kleinen Hotels und Pensionen. Tamarindo ist bei Surfern angesagt; im Iguana Surfshop kann man Bretter, Kajaks und Schnorchelausrüstung mieten; auch Windsurfen erfreut sich zunehmender Beliebtheit. Iguana organisiert Ausflüge wie z. B. eine zweistündige Paddeltour durch die Bucht, bei der man viele Vögel und andere Tiere sieht.

◀ **Fernab von den Stränden und Hotels geht das Alltagsleben seinen gemächlichen Gang**

Playa Grande erreicht man von Tamarindo in etwa einer Stunde über holprige Straßen oder bei Ebbe zu Fuss in nur 40 Minuten. Dieser Strand hat ebenfalls eine ausgezeichnete Brandung zum Wellenreiten, ist aber auch ein wichtiger Brutplatz der Lederschildkröten, um den es zu heftigen Auseinandersetzungen zwischen Umweltschützern und der Tourismusbranche gekommen ist. Wenn eine sinnvolle Lösung des Konflikts zustandekommt, könnte sie wegweisend sein für ein neues Konzept eines »Sanften Tourismus« in Costa Rica.

Der **Parque Nacional Marino Las Baulas** (Meeresnationalpark Las Baulas), der sich entlang der Playa Grande erstreckt, wurde 1991 zum Schutz des weltweit bedeutendsten Brutgebiets der Lederschildkröte geschaffen und 1995 erweitert. Man schätzt, dass von den 35 000 Lederschildkröten (span. *baulas),* die weltweit noch vorkommen, rund 900 alljährlich hierher zur Eiablage kommen. Während der langen Brutzeit zwischen August und Februar wurden pro Nacht bis zu 80 Tiere gezählt. Am Strand von Playa Grande ist das Hotel Las Tortugas für sein besonders schildkrötenfreundliches Management bekannt. Genießen Sie die leichte Brise von Guanacaste in einer bequemen Hängematte am Swimmingpool – selbstverständlich in Form einer Schildkröte! – oder machen Sie eine geführte Tour durch die Mangrovenbucht in einem Boot, dessen Motor kaum zu hören ist – sehr zur Freude der Teilnehmer und der Vögel, die sie beobachten wollen.

Playa Langosta liegt südlich von Tamarindo auf der anderen Seite einer Flussmündung, die bei Flut nicht passierbar ist. Auch hierher kommen die Schildkröten, vor allem aber Surfer, die die Wellen vor der Flussmündung reiten.

18 km landeinwärts von Tamarindo biegt man an der Kreuzung vor der Schu-

le des Ortes »27 de Abril« in Richtung Küste ab und erreicht nach etwa 12 km die **Playa Junquillal,** einen paradiesischen, breiten Strand mit hohem Wellengang, an dem man das Gefühl hat, einen geheimen Ort entdeckt zu haben. Leider ist in diesem Garten Eden nicht alles so rosig, wie es scheint, denn es beeinträchtigen gefährliche Strömungen und gelegentlich Haie das Badevergnügen.

Tamarindo
→ Aus den Früchten dieses bis zu 25 m hohen Baumes gewinnt man einen wohlschmeckenden Saft. Die im Fruchtmark eingelegten Samen sind ebenfalls essbar.

Landeinwärts bei Santa Cruz

Etwas abgesetzt von der Küste liegt Paraíso inmitten sanft gewellter Täler und Hügel, deren Schönheit ungebrochen ist. Nur gelegentlich scharen sich vier, fünf Häuser zusammen und bilden ein Dorf. Hier ist die Straße noch für Hühner, Enten und einsame Radfahrer reserviert. Man sieht Zeburinder am Straßenrand grasen, ein *sabanero* begleitet sie hoch zu Ross auf ihrer gemächlichen Reise. Diese Cowboys treiben das Vieh nicht etwa von der Straße, vielmehr muss sich das Auto einen Weg durch die Herde bahnen. Die Kühe lassen sich davon jedenfalls nicht sonderlich beeindrucken.

Santa Cruz ㉔ (17 000 Einwohner) ist ein freundliches Städtchen, das irgendwo zwischen Gegenwart und Vergangenheit lebt. Am Hauptplatz steht eine moderne Kirche neben den Überresten der 1950 durch ein Erdbeben zerstörten – nur der Glockenturm blieb erhalten. An einem schattigen Plätzchen im Stadtpark kann man das beschauliche Leben einer typischen Kleinstadt in Guanacaste erspüren, die nur zu Festen »aus den Fugen gerät«.

Seite 178

TOP 50 Seite 282

▼ **Nicoya bietet großartige Sonnenuntergänge**

Die Vampire von Guanacaste

Über einhundert Fledermausarten gibt es in ganz Costa Rica. Am häufigsten trifft man sie in den Höhlen von Barra Honda, wo Millionen dieser Tiere leben. Die meisten Fledermäuse sind völlig harmlos und ernähren sich von Nektar, Früchten und Insekten. Außerdem sind sie sehr nützlich: Sie übertragen Pollen und verstreuen Samen, vor allem in den stark abgeholzten Gegenden Costa Ricas.

Forscher kennen sie als saubere und gelehrige, ja sogar freundliche Tiere. Nektarfledermäuse sind gesellig und hängen tagsüber in dichten Scharen von Höhlenwänden. Am Abend suchen sie nach Insekten. Eine Kolonie von einer Million Fledermäusen konsumiert pro Nacht rund 5000 Kilo Insekten! In der Dunkelheit trinken sie den Nektar von Pflanzen, die nachts blühen, und befruchten sie dabei.

◄ Im Nationalpark Santa Rosa existiert eine Population von Fledermäusen namens »Desmodex rotundum«, so genannte Vampirfledermäuse

Nur drei Fledermausarten trinken Blut. Die Autoren von Gruselromanen und Hollywoodschockern haben daraus den Mythos des Vampirs geschaffen, der vom Blut unschuldiger Menschen lebt. Auch das Aussehen der Vampirfledermaus trug zur Legendenbildung bei: Sie hat große »Daumen« an den Flügeln, mit Hilfe derer sie sich an ihre Beute heranschleicht. Eine flache rote Schweinsnase, große Augen, vorstehende Vorderzähne und relativ kleine, spitze Ohren lassen sie wenig sympathisch erscheinen.

Graf Dracula aus Transsylvanien mit seinen langen Eckzähnen entsprang ohne Zweifel den Phantasien früher Romanciers und Filmemacher, die von den Aktivitäten dieses Nachtschwärmers gehört hatten. Denn dass Fledermäuse kommen, wenn es am dunkelsten ist, sich geräuschlos nähern und einen schmerzlosen Riss mit rasiermesserscharfen Zähnen setzen, das entspricht tatsächlich der Wahrheit. Jedoch wird das Blut des Opfers nicht ausgesogen, sondern aufgeleckt, etwa wie eine Hauskatze Milch trinkt.

Eine Vampirfledermaus (wissenschaftlich: Desmodex rotundum) saugt ihr Opfer nicht völlig aus. Ihre Beute wird vielmehr durch Tollwut oder andere Infektionen getötet, deren Erreger durch die offenen Wunden eindringen. Über eine Million Tiere sterben jährlich auf diese Weise. Auch Menschen wurden schon im Schlaf von Fledermäusen angefallen und dabei infiziert.

Die Viehzüchter stellen den Vampiren mit allen erdenklichen Mitteln nach: Man versuchte, die Tiere in ihren Höhlen zu vergasen oder in die Luft zu sprengen. Doch diese Methoden treffen auch andere Tiere. Besser durchdacht ist ein System, bei dem einzelne Fledermäuse in feinen Netzen gefangen, mit Gift besprüht und dann wieder zu ihren Artgenossen entlassen werden. Ein jedes dieser besonders geselligen Tiere steckt dann bis zu 20 weitere an. ■

Falls Sie in Santa Cruz vom Hunger übermannt werden, sollten Sie sich die einheimische Küche im **Coopetortilla,** 500 m westlich der Kirche, nicht entgehen lassen. In einem riesigen Gebäude aus Blech und Gitterdraht, das nur aus einem Raum besteht, brennt ein offenes Holzfeuer, auf dem große, handgemachte *tortillas guanacastecas,* Reis mit Bohnen und andere lokale Spezialitäten zubereitet werden. Ein Schild verweist auf das »ambiente familiar« – eine Beschreibung, die in jeder Hinsicht zutrifft.

Wer in Sta. Cruz übernachten will, findet eine Reihe einfacher Unterkünfte, ferner im Hotel Diría (Tel. 680-0442) klimatisierte Zimmer und ein Schwimmbad.

Guaitil

Die Hauptattraktion für die meisten Besucher in diesem Teil von Guanacaste ist die Kleinstadt Guaitil ㉕, wo man Keramik im Stil der präkolumbischen Kultur dieser Gegend anbietet. Nach der Eroberung durch die Spanier starb die Töpfereikunst der Indianer schnell aus, vielleicht weil die »heidnischen« Darstellungen auf den Keramiken der katholischen Kirche missfielen. Erst in den letzten Jahrzehnten wurde das Töpferhandwerk wiederbelebt Wie beliebt die riesigen, teils üppig bemalten Keramiken heute sind, zeigt ihre Präsenz in fast allen Hotelhallen, Restaurants und auch öffentlichen Einrichtungen in Guanacaste.

Fast jede Familie scheint sich hier kreativ zu betätigen. Die beste Auswahl findet man jedoch gleich neben dem Fußballplatz vor der Kirche.

Möglicherweise wird Ihnen vermeintliche »präkolumbische Töpferei« zum Verkauf angeboten. Falls die Stücke tatsächlich echt sind, wurden sie aus einer indianischen Grabstätte gestohlen und dürfen nicht außer Landes gebracht werden. Der Kauf fördert überdies die weitere Schändung indianischer Grabstätten.

Seite 178

TOP 50 Seite 274

▲ **Keramik der Chorotega**
▼ **Der von Mangroven gesäumte »Fluss« bei Tamarindo**

Nicoya

Von Guaitil fährt man am besten auf der neuen Hauptstraße nach **Nicoya ㉖**, dem kulturellen Zentrum von Guanacaste. Der ganze Stolz dieses Städtchens ist sein Park mit der Kolonialkirche, die heute als Museum zugänglich ist (Mo–Fr 8–16, Sa 8 bis 11 Uhr). Sie geht zurück auf ein Gebäude aus dem Jahre 1522, das Nicoya zur ältesten noch bestehenden Stadt der Spanier in Costa Rica macht.

Seite 266 TOP 50

Drei Stunden sind es von der Interamericana bei Nicoya und sieben Stunden von San José zum selten besuchten **Tierschutzgebiet Ostional** (s. S. 203).

Playa Nosara

Seite 270 TOP 50

Seite 279 TOP 50

Die Strände von Nosara und dem nahen Sámara werden besonders bei nordamerikanischen und europäischen Urlaubern immer beliebter. **Playa Nosara ㉗** ist ein herrlicher breiter Strand mit weißem Sand und guten Surfwellen vor der Kulisse grüner Hügel. Da die Zufahrtsstraße von Nicoya während der Regenzeit oft unpassierbar ist, reisen viele Besucher per Flugzeug an. Viele der Bewohner von Playa Nosara vermieten ihre Häuser für eine Woche oder einen Monat; halten Sie bei der Fahrt durch die verschlungenen Straßen dieser internationalen Gemeinde auf den grünen, baumbestandenen Anhöhen Ausschau nach dem Schild »Se alquila« (zu vermieten).

◄ **Eine Baby-Schildkröte erkämpft sich gegen mächtige Wellen ihren Weg ins Meer**

Ein guter Teil von Nosara wurde als Tierschutzgebiet deklariert, sodass man hier mehr Wald sieht als in anderen Teilen der Region. Nasenbären, Gürteltiere, Papageien, Tukane und Affen gibt es in großer Zahl. Man kann hervorragend schnorcheln, wattwandern und zelten. Das Hotel Playa Nosara (www.nosarabeachhotel.com) liegt spektakulär auf einer Landspitze über der Playa Guiones und der Playa Pelada und bietet einfache Zimmer mit Meerblick. In der Umgebung gibt es eine wachsende Zahl von Apartments und *cabinas.*

Das Städtchen **Nosara,** etwa 5 km landeinwärts, hat einfache Restaurants, eine Apotheke, eine Poststelle und sogar eine Sprachenschule. Ferner starten und landen auf dem Flugfeld Maschinen von und nach San José.

Playa Sámara und Umgebung

Playa Sámara ㉘, fast eine Stunde südlich von Nosara, besitzt einen wunderschönen Sandstrand und ein Riff, das den Strand vor Brechern schützt. Man kann also ungestört im kristallklaren, warmen und flachen Wasser schwimmen und schnorcheln. Einige Windsurfer haben diesen Strand zwar schon entdeckt, aber außerhalb der Saison fühlt man sich hier fernab von der übrigen Welt. In der Hochsaison kommen viele Einheimische nach Playa Sámara, die hier ihr Sommerhaus haben.

Villas Playa Sámara (www.villasplayasamara.com) ist ein Feriendorf außerhalb von Sámara am Strand mit über 50 Privat-

Seite 178

La Arribada

Das Tierschutzgebiet Ostional, das zum Schutz der bedrohten echten Karrettschildkröten eingerichtet wurde, ist Schauplatz eines eindrucksvollen Naturphänomens, das als »arribada« (Ankunft) bekannt ist. Zu Zehntausenden kommen die Schildkröten an diesen einsamen Strand und legen hier ihre Eier ab. Man schätzt, dass während der kurzen Brutzeit etwa 100 000 Karrettschildkröten über zehn Millionen Eier hinterlassen. Diese Massenanlandung von Meeresschildkröten findet normalerweise von April bis Dezember in zwei- bis vierwöchigen Intervallen zwischen dem dritten Mondviertel und Vollmond statt, mit Schwerpunkt in den Monaten Juli bis September. Eine sehr umstrittene Regel gibt den Dorfbewohnern von Ostional das Recht, innerhalb der ersten 36 Stunden nach einer solchen Arribada so viele Schildkröteneier zu sammeln, wie sie wollen.

Wer das Spektakel miterleben möchte, wie Tausende dieser Kreaturen an Land kommen und mit ihren kräftigen Flossen die Nester aus dem Sand ausheben, in die sie dann ihre Eier ablegen, sollte sich unbedingt vorher bei der Wachstation anmelden und alles vermeiden, was die Schildkröten stören könnte.

villen, die auch vermietet werden. Mit Tauchen, Schnorcheln, Fischen, Radfahren und Reiten vergeht die Zeit hier wie im Fluge. An der Südseite des Strandes steht das Hotel Las Brisas del Pacífico (www.brisas.net), dessen Pool einen Blick auf den Pazifik bietet. Überall an der Playa Sámara findet man kleine *cabinas* und Hotels, auch Camping ist erlaubt. Linienflüge mit Nature Air und SANSA nach Nosara

▲ Ein Reiher auf Beutefang
▼ Wieder ein fauler Tag auf der Nicoya-Halbinsel

sowie Carillo bei Sámara: eine angenehme Alternative zur Autofahrt, bei der man in der Regenzeit zwischen Nosara und Sámara einen seichten Fluss queren muss.

Wenig weiter südlich kommt man zur **Playa Carrillo ㉙**, einem makellos weißen Sandstrand mit Riff vor der Küste. Das Anglerhotel Guanamar (www.crica.com/hotels/guanamar.htm) und einfache *cabinas* bieten Unterkunft. Im Süden von Carrillo liegen weitere einsame Strände, allerdings gibt es teils kein Trinkwasser.

Über eine unbefestigte, kaum erkennbare Straße erreicht man nach wenigen Kilometern **Playa Caletas,** das für seine guten Surfbedingungen bekannt ist. Noch weiter südlich liegt inmitten eines malerischen Tals das Luxushotel Punta Islita (www.puntaislita.com), das eine herrliche Lage über dem Meer, einen schönen Pool und eine originelle Architektur bietet. Die Anreise sei allerdings per Flugzeug empfohlen, denn die Anfahrt ist selbst per Allradfahrzeug ein Abenteuer!

◀ **Das »Elefantenohr« trägt seinen Namen zu Recht**

Nationalpark Barra Honda

Etwa 16 km von Nicoya entfernt erstreckt sich der **Nationalpark Barra Honda ㉚**, der aus einem weit verzweigten Netz von Höhlen besteht. An der Straße zur Brücke über den Río Tempisque weisen Schilder den Weg zu diesem nur selten besuchten Gebiet.

Auf gekennzeichneten Wegen erreicht man einen Aussichtspunkt, der auf einem flachen Grat etwa 300 m über den Höhlen liegt. Dort hört man das Getöse eines gewaltigen Wasserfalls, das Kreischen der Tropenvögel und das unverkennbare Röhren der Brüllaffen in den Bäumen. Weit schweift der Blick über die Halbinsel Nicoya.

Um Barra Honda genießen zu können, muss man kein frenetischer Höhlengänger sein. Einige Höhlen sind allerdings sehr tief und verlangen senkrechtes Abseilen. Namen wie *La Trampa* (Die Falle) und *Terciopelo* (Lanzenotter) klingen nicht gerade einladend, aber die wundersamen Formationen in den Höhlen entschädigen für die Mühen. Die »Orgel« bringt sogar melodische Töne hervor, wenn man sie leicht anschlägt.

Überreste früher menschlicher Gegenwart, blinde Salamander, Vampirfledermäuse und seltene Vögel trifft man in der Finsternis der Barra-Honda-Höhlen, die vor Vandalen und Souvenirjägern bisher sicher waren, weil sie keinen leicht zugänglichen horizontalen Eingang haben.

In der dem Park am nächsten gelegenen Ortschaft **Barrio Cubillo** organisiert eine Gruppe unter Führung von Luis Alberto Díaz Höhlentouren an. Einfache Zimmer und gute Hausmannskost (versuchen Sie *Las Delicias!*) wird ebenfalls geboten. In der Trockenzeit ist es sehr heiß, sodass ein guter Kopfschutz und eine Wasserflasche für die Unternehmungen unbedingt notwendig sind.

Wo früher Fähren pendelten, führt heute eine neue Brücke bequem über den **Río Tempisque,** den größten Fluss im Nordwesten des Landes.

Während der Brutzeit der Meeresschildkröten tragen Erwachsene und Kinder die Eier der bedrohten Tierart nach Hause, denn immer noch glaubt man an deren aphrodisische Wirkung. Manche sind selbst ausgegraben, andere stammen von sog. *hueveros,* die mit der Plünderung der Gelege ein gutes Geschäft machen (s. S. 203).

Bis San José sind es noch 185 km. An der Straße locken Dutzende von Ständen mit Honig, selbst gemachten Süßigkeiten und tropischen Früchten sowie Straßenrestaurants mit einfacher Hausmannskost.

Río Tempisque
→ **Der längste Fluss auf der Pazifikseite des Landes ist ein wahres Vogelparadies. Zehntausende von Zugvögeln aus Nordamerika ziehen alljährlich hier ihre Jungen auf.**

Region Monteverde

Das berühmte Nebelwaldreservat **Reserva Biológica del Bosque Nuboso de Monteverde ㉛** liegt genau auf der kontinentalen Wasserscheide, etwa 180 km von San José entfernt. Die Zufahrt nach Monteverde ist nicht einfach, und man sollte etwa vier Stunden Fahrtzeit ab San José einkalkulieren.

Etwa 17 km hinter der Abzweigung nach Puntarenas sieht man rechts die Wegweiser nach Sardinal und Monteverde. In Guacimal beginnt die anstrengende Schotterstraße in die Cordillera de Tilarán, bis man nach 36 km Santa Elena und schließlich Monteverde erreicht. Besonders der letzte Abschnitt dieser Fahrtstrecke ist sehr beschwerlich.

Der Nebelwald

Dennoch kommen jedes Jahr Tausende Besucher in dieses private Naturschutzgebiet – der »cloud forest« mutiert zum »crowd forest«, dem Wald der Massen.

Seite 178

Insektenmuseum
Die weltberühmte Insektensammlung des US-Amerikaners Richard Whitten fand nach langer Odyssee einen festen Ausstellungsplatz in Monteverde (neben dem Büro des Canopy-Veranstalters Selvatura).

▼ **Mit rund 7600 mm Niederschlag jährlich hat Monteverde keinen Mangel an Wasserfällen**

Der Quetzal

Der Quetzal gilt zu Recht als schönster Vogel der westlichen Hemisphäre. Rund 40 Arten von Trogonen gibt es weltweit, zehn davon kommen in Costa Rica vor.

Das etwa taubengroße Männchen verdankt seine elegante Erscheinung der Intensität und dem Kontrast seiner leuchtenden Farben, dem Glitzern seines Federkleides, der Schönheit seines Kopfschmucks und seiner edlen und würdigen Haltung.

Das intensive Karmesinrot der Bauchfedern kontrastiert mit dem schillernden Grün der Brust und des Kopfes. Dieser ist mit einer schmalen Krone aus senkrecht stehenden Federn geschmückt, die von seinem kleinen gelben Schnabel bis in den Nacken reicht. Besonders auffällig sind die langen Schwanzdeckfedern, die weit über die reinweißen, kürzeren Schwanzfedern hinausreichen und sich wie zwei schlanke grüne Schmuckanhänger im Flug anmutig rollen. Viele Skulpturen oder Gemälde zeigen die langen Schwanzfedern, die schon von der Aristokratie der Azteken und Maya als Schmuck hochgeschätzt wurden.

◀ **Der Quetzal mit seiner Lieblingsspeise »aguacatillo«, der Frucht des wilden Avocadobaumes**

Der friedliche Quetzal setzt sich als Nationalemblem Guatemalas auf erfrischende Weise von den Raubtieren und Feuer speienden Monstern ab, die sonst als Wappentiere gebräuchlich sind. Früher glaubte man, dass er in Gefangenschaft sterben würde und deshalb ein Symbol der Freiheit sei, doch haben Vogelhalter inzwischen erfolgreich den Gegenbeweis zu diesem wunderschönen Mythos angetreten.

Die Laute des Quetzals werden seinem prachtvollen Aufzug gerecht. Sie sind voller und tiefer als bei anderen Trogonarten und nicht klar unterschieden, vielmehr verschmelzen sie zu einem weichen, sanften Fluss von Tönen.

Die monogamen Quetzalpärchen nisten in Baumlöchern im Bergwald oder auf Lichtungen. Die Höhlen haben wie bei Spechten ihren Eingang an der Oberseite und sind groß genug, um beide Vögel aufzunehmen, so dass nur noch die langen Schwanzfedern des Männchens herausschauen. Am Boden dieser Kammer legt das Weibchen zwei blaue Eier und brütet die ganze Nacht und zur Mittagszeit. Morgens und am Nachmittag wird sie vom Männchen abgelöst. Sobald es durch seine Partnerin von der langen Brutsitzung wieder entlassen wird, fliegt das Männchen manchmal senkrecht über die Baumwipfel hinauf und jubiliert laut. Am höchsten Punkt seines Aufstiegs kreist es und taucht dann ins schützende Blätterdach zurück. Diese »Vergnügungsflüge« demonstrieren seine Vitalität, die bereits in seinem eleganten Federkleid zum Ausdruck kommt.

In unberührten Waldgebieten kommt der Quetzal noch in relativ großer Zahl vor. Solange solche Wälder geschützt sind, ist er nicht vom Aussterben bedroht. Doch wenn auch sie einmal abgeholzt werden, sieht der prachtvollste Vogel Mittelamerikas seinem Untergang entgegen. ■

Um die Flora und Fauna sowie die Wanderwege besser zu schützen, hat man die Zahl der Besucher eingeschränkt: Maximal 120 dürfen gleichzeitig in das Reservat hinein – am Eingang kommt es deshalb oft zu Wartezeiten (www.cct.or.cr). Es empfiehlt sich, zumindest die erste Nacht vorzubuchen. Um die wichtigsten Sehenswürdigkeiten der Region zu sehen, braucht man zwei bis drei Tage.

Kein anderes Regenwaldreservat zieht so viele Besucher an wie Monteverde. Der Grund ist einfach zu erklären: Alle wollen den Quetzal zu sehen, den wohl farbenprächtigsten Vogel der Tropen. Obwohl er auf der Liste der bedrohten Tierarten in Mittelamerika steht, wird die Anzahl der Quetzale in Monteverde auf fast 1000 geschätzt. Doch man sollte wissen, dass es nicht gerade einfach ist, ihn zu erspähen. Abgesehen von der scharlachroten Brust ist sein Gefieder leuchtend grün, was ihn vor dem Hintergrund des Nebelwaldes fast unsichtbar macht. Die beste Zeit zur Beobachtung des Quetzals sind die Monate Januar bis September, besonders die Paarungszeit zwischen März und Juni.

Doch Monteverde hat weit mehr zu bieten. Der nebelverhangene grüne Hochgebirgswald ist die Heimat zahlreicher Lebewesen: 400 Vogelarten, 490 Schmetterlingsarten, 2500 Pflanzenarten und 100 verschiedene Spezies von Säugetieren tummeln sich hier. Es gibt auch Jaguare, obwohl diese noch schwieriger zu sichten sind als der Quetzal. Am Besucherzentrum erhält man Tierlisten und eine Karte des Parks; geführte Touren werden ebenfalls angeboten.

Gegenüber dem Verwaltungsgebäude lohnt die **Hummingbird Gallery** der bekannten Naturfotografen und Biologen Michael und Patricia Fogden einen Besuch. Seit zwei Jahrzehnten fotografieren sie die Pflanzen- und Tierwelt von Monteverde und stellen hier ihre ausgezeichneten Arbeiten aus (auch einige

Seite 178

▲ Blütenpracht in Monteverde
▼ Nebelschwaden über den Baumwipfeln

Dem Quetzal auf der Spur
Die Reservate in Monteverde sind während der Hauptreisezeit hoffnungslos überfüllt. Weit weniger Besucher verzeichnet die Region am **Cerro de la Muerte** (s. S. 262), sodass man dort weit bessere Chancen hat, einen der bezaubernden Vögel zu sehen.

Seite 275 TOP 50

▼ **Ein scheuer Tapir, den man in freier Wildbahn nur selten zu Gesicht bekommt**

der Fotos in diesem Buch stammen von ihnen).

Die Quäker-Gemeinde

Die Gemeinde **Monteverde** ㉜ wurde von einer Gruppe von Quäkern gegründet, die auf der Flucht vor der Militärpflicht in den USA im Jahre 1951 aus Alabama hierher kamen. Für ihren Lebensunterhalt produzierten sie Käse aus Milch, die ihnen die Tico-Nachbarn anlieferten.

Heute ist Queso de Monteverde eine bekannte Spezialität des Landes. Tonnenweise wird sie in ganz Mittelamerika verkauft. Die **Fábrica de Queso** (Käsefabrik) liegt auf dem Weg zum Reservat und kann besichtigt werden (Mo–Sa 9 und 14 Uhr, So nur vormittags, Tel. 645-7090).

Heute begegnet man nur noch wenigen Quäkern in Monteverde, die zurückgezogen auf ihren Farmen leben und das geschäftige Treiben des Ortes nach Möglichkeit meiden.

Nördlich der Käsefabrik besitzt **CASEM** *(Comité de Artesanía Santa Elena-Monteverde)* ein Büro und interessante Verkaufsräume. 1982 wurde die Künstlerkooperative von acht Frauen gegründet und ist seither auf weit über 100 Mitglieder angewachsen. Vieles kauft man hier günstiger als in San José. Auf der anderen Straßenseite liegen das beliebte Café Stella's Bakery und die Reitställe Meg's Stables, wo man Ausritte buchen kann.

Weitere Sehenswürdigkeiten

An das Nebelwaldreservat Monteverde grenzen noch zwei weitere, wesentlich kleinere Reservate. Gute Möglichkeiten zur Tierbeobachtung bietet die **Reserva Sendero Tranquilo** (Reservat »Ruhiger Weg«), die nur mit Führer drei Mal pro Tag zugänglich ist (Vorbuchung notwendig, Tel. 645-5010).

Im Zentrum von Santa Elena liegt der **Jardín de Mariposas,** in dem alle Schmetterlingsarten der Region zu bewundern

sind. Die Führungen vermitteln Wissenswertes über die Lebensphasen der Tiere, die zu Hunderten durch das Freigehege flattern (tgl. 9.30–16 Uhr).

Kommt man von Santa Elena, zweigt gegenüber dem Hotel Heliconia rechts die Zufahrt zum **Santuario Ecológico** (Öko-Farm, tgl. 7–17 Uhr) ab. Es ist ein kleines Privatreservat mit vier einfachen Rundwanderwegen. Der längste beansprucht bei langsamer Gangart maximal zwei Stunden. Agutis, Nasenbären und Faultiere werden häufig gesichtet, und auch Stachelschweine und Affen sind regelmäßige Besucher. Natürlich gibt es auch gute Möglichkeiten zur Vogelbeobachtung – sogar der Quetzal (s. S. 206) wurde schon gesichtet; am Eingang liegt eine Liste aus, auf der die besten Beobachtungsplätze verzeichnet sind.

Eine weitere Attraktion ist der **Sky Walk:** Über ein System von Hängebrücken spaziert man durch die Baumwipfel des Regenwalds und kann die Landschaft aus der Vogelperspektive betrachten (tgl. 7–16 Uhr, www.skytrek.com).

Quäker
→ Die protestantische Glaubensgemeinschaft wurde im 17. Jh. in England gegründet und lehnt den Militärdienst ab. 1947 erhielten sie den Friedensnobelpreis.

Das Reservat Santa Elena

Etwa 5 km außerhalb von Santa Elena in nordöstlicher Richtung kommt man, vorbei am Sky Walk, zur **Reserva de Bosque Nuboso Santa Elena** ㉝ (Nebelwaldreservat, tgl. 7–17 Uhr, www.reservasantaelena.org), die durch ein gut gepflegtes Wegesystem von mehreren Kilometern erschlossen ist. 1992 wurde sie als Projekt der örtlichen Schule gegründet. Es werden Führungen angeboten, die günstiger sind als in Monteverde – außerdem entgeht man hier den Besuchermassen. Die Natur ist allerdings genauso eindrucksvoll wie bei dem berühmten Nachbarn: Es gibt Quetzale, Jaguare und Brüllaffen sowie einen Aussichtspunkt, von dem aus man den Vulkan Arenal sehen kann – entsprechendes Wetter vorausgesetzt.

Die aufregendste Art, dieses Reservat zu entdecken, ist, an einer der berühmten *Canopy Touren* teilzunehmen. Vie die Vögel oder auch Affen erlebt man dabei die hohen Baumkronen von oben. Diese rund zweistündigen Touren beginnen mehrmals täglich und werden von verschiedenen Veranstaltern organisiert.

Etwas weiter außerhalb, an den in Richtung Atlantik weisenden Berghängen im Osten, liegt der **Bosque Eterno de los Niños** (Ewiger Wald der Kinder). 1987 sammelten Kinder einer schwedischen Hauptschule Geld, um 6 ha Wald zu kaufen. Mit Unterstützung von jungen Menschen aus über 20 Ländern konnten bis heute schon über 22 000 ha dazuerworben werden. Ein kleiner Sektor des Reservats ist inzwischen für die Öffentlichkeit zugänglich. ■

Seite 178

TOP 50 Seite 270
TOP 50 Seite 276

▲ Besucher und Einwohner des Serpentario von Monteverde ▶ Die vermeintlichen Augen schützen vor Feinden

Costa Ricas tausend Flügel

Mit über 850 Vogelarten ist Costa Rica eine der wichtigsten Destinationen für professionelle Ornithologen und Amateur-Vogelbeobachter aus aller Welt. Trotz seiner geringen Größe kommen in Costa Rica etwa genauso viele Vogelarten vor wie in ganz Nordamerika und deutlich mehr als in Europa oder Australien. Diese unglaubliche Vielfalt erklärt sich aus der Tatsache, dass das Land in den Tropen und an den Hauptflugrouten der **Zugvögel** zwischen Nord- und Südamerika liegt.

Für die meisten Vogelbeobachter sind die heimischen Spezies von größerem Interesse als die Zugvögel. Der wohl meistgesuchte Vogel ist der prächtige **Quetzal,** ein Fruchtfresser, der in den Nebelwäldern des Zentralen Hochtals vorkommt. Die amselgroßen Vögel sind normalerweise scheu und ruhig. Man braucht schon etwas Geduld, um sie zu Gesicht zu bekommen. **Tukane** hingegen treten viel lautstärker auf, und auch die **Aras** sind schwatzhaft und lärmend, wenn sie heiser krächzend in Scharen die Baumkronen überfliegen. Die Zahl der **Singvogelarten,** viele davon mit prächtig leuchtendem Gefieder, ist unüberschaubar.

Costa Rica beheimatet an die 50 Arten bunt schillernder **Kolibris.** Die winzigen Vögel, wahre Perfektionisten der Flugkunst, ernähren sich überwiegend von Blütennektar. Häufig werden sie von künstlichen Futterstellen angelockt und bieten dort mit ihrem farbintensiven Federkleid ein unvergessliches Schauspiel.

▶ **Auftanken in der Luft**
Ein Kolibri kann, in der Luft stehend, Nektar aus einer Blüte saugen (hier in Monteverde). Obwohl diese Vögel sich überwiegend von Blütensaft ernähren, fangen sie für ihre Jungen Insekten.

▼ **Göttervogel Quetzal**
Prächtig erscheint der Quetzal im Freien, doch stellt das schillernde Grün des Gefieders vor dem Hintergrund der Blätter eine wirksame Tarnung dar. Die Schmuckfedern des Männchens sind bis zu 1 m lang und werden um den Körper herumgelegt, wenn der Vogel in seiner Nisthöhle sitzt.

▲ **Riesenschnabel**
Obwohl er massig aussieht, ist der Schnabel des Tukans leicht. Hohlräume im Inneren reduzieren das Gewicht.

▶ **Hängende Nester**
Montezuma-Stirnvögel hängen ihre langen, taschenförmigen Nester an die Äste hoher, freistehender Bäume.

Bedrohte Tierarten

Trotz der spürbaren Bemühungen Costa Ricas, seine Wälder zu schützen, hat die Zerstörung von Lebensräumen für einige Vogelarten bereits ernsthafte Auswirkungen. Nur einige wenige Arten wie Kuhreiher und Wegebussard haben von den Veränderungen der Umwelt profitiert, da sie offene Flächen zur Nahrungssuche brauchen. Doch für viele andere hat der Rückgang des Waldbestandes äußerst negative Folgen. Der Quetzal ist besonders empfindlich, da er nur in unberührtem Nebelwald überleben kann, ebenso wie der für seinen lauten Ruf bekannte Hämmerling. Auch den großen Papageien ist es schlecht ergangen, und nur die großen Kolonien in Carara und Corcovado haben Überlebenschancen. Noch weiter oben auf der Liste der bedrohten Tierarten steht der größte Raubvogel des Landes, der Haubenadler. Er frisst u. a. Affen. Hat er früher in den Wäldern der Osa-Halbinsel gebrütet, wurde er dort in letzter Zeit nur noch selten gesichtet.

▲ **Vogelbegeisterte**
… finden entlang der Kanäle von Tortuguero gute Plätze, um die gefiederten Gesellen bei Tagesanbruch oder in der Abenddämmerung zu beobachten.

▲ **Insektenfresser**
Der Blauscheitelmotmot lebt in Wäldern und Kaffeeplantagen. Die meiste Zeit verbringt er damit, von seinem Ansitz nach Nahrung – überwiegend Insekten – Ausschau zu halten.

▼ **Gewichtige Schwimmer**
Anhingas oder Schlangenhalsvögel suchen ihr Futter in Seen oder Küstenlagunen. Beim Schwimmen sieht man nur ihren Kopf und den Hals.

Der Nordosten

Seite 178

Der Vulkan Arenal ist die Hauptsehenswürdigkeit dieser Region, aber auch der Río Sarapiquí und die Lodges in Rara Avis und La Selva erfeuen sich bei umweltbewussten Reisenden zunehmender Beliebtheit.

Die üppige und fruchtbare Landschaft nördlich von San José wurde mit Ausnahme des Vulkans Arenal früher nur von anspruchslosen und abenteuerwilligen Individualreisenden besucht. Das hat sich inzwischen geändert, immer mehr Besucher entdecken die herrlichen Regenwälder dieser Region.

Ciudad Quesada, La Fortuna und Umgebung

Zu Füßen der Cordillera Central liegt **Ciudad Quesada ㉞**, das Tor zum Norden. San Carlos, so der frühere Name der Stadt, fungiert als landwirtschaftliches und kommerzielles Zentrum der Region und ist ein wichtiger Umschlagplatz für deren Hauptprodukte Vieh, Zitrusfrüchte und Zucker. Ciudad Quesada ist eine angenehme, geschäftige Stadt mit ungefähr 30 000 Einwohnern und einigen schönen und guten Unterkunftsmöglichkeiten in ihrer Umgebung.

Rund 15 km nördlich des Ortes liegt kurz nach Platanar am gleichnamigen Fluss die **La Garza Lodge** (www.hotellagarza.com), eine Vieh- und Pferderanch mit angenehmen Zimmern und gepflegten Gärten. Für Hausgäste besteht die Möglichkeit zu reiten, zu schwimmen oder zu fischen, und sie erfahren eine Menge über Viehzucht, Milchwirtschaft und Pferde.

Das luxuriöse **Tilajari Hotel Resort** (www.tilajari.com) bei Muelle, ca. 22 km nördlich von Ciudad Quesada, liegt wunderschön in der Ebene des Río San Carlos. Auch diese Unterkunft hält ein großes Angebot von sportlichen Aktivitäten bereit, darunter Ausritte und Wandertouren im eigenen, 300 ha großen Reservat. Ferner organisierte Ausflüge zum Tierschutzgebiet Caño Negro (s. S. 219).

Von Muelle sind es noch etwa 25 km in westlicher Richtung nach **La Fortuna ㉟**, ein angenehmes Städtchen am Fuße des Vulkans Arenal. Als idealer Ausgangspunkt für Ausflüge im Umfeld des Vulkans verfügt Fortuna über eine wachsende Zahl von Unterkünften und Restaurants.

Etwa 5 km östlich von La Fortuna liegt die Abzweigung zum Wasserfall **Río Fortuna** (tgl. 8–17 Uhr), den man zu Pferd oder mit einem Allradfahrzeug erreichen kann. Das letzte Stück zum Wasserfall, in dessen Becken man sich hervorragend erfrischen kann, muss man allerdings über einen oft rutschigen Weg zurücklegen, der recht steil bergab führt.

TOP 50 Seite 273

TOP 50 Seite 276

TOP 50 Seite 277

◀ **Wasserfall in Rara Avis**
▶ **Weiße Ibisse**
◀◀ **Der Vulkan Arenal**

Die Thermalquellen von Tabacón

Noch näher am Vulkan liegen an der Straße von Fortuna zum Arenalsee die leider überteuerten **Tabacón Hot Springs** ㉟. Von hier blickt man direkt hinauf in ein kleines Tal an einer Flanke des Vulkans und auf ganze Hänge heiß glühender Felsbrocken, die gefährlich nahe zu kommen scheinen. Der Arenal bringt das heilwirksame Wasser von Tabacón auf die ideale Temperatur. Allerdings birgt der Vulkan auch Gefahren, und das Thermalbad liegt nach neuestem Forschungsstand in der höchsten Gefahrenzone. Bei einem starken Ausbruch besteht Lebensgefahr durch heiße und giftige Gaswolken!

Seite 267 TOP 50

Sicherer und weitaus weniger kostspielig ist ein Besuch des Thermalbades **Baldi Termae** (an der Straße in Richtung Fortuna) und bei den neuen **Eco Termales.** Dort ist eine Reservierung erforderlich (Tel. 479-8484).

Nach dem Thermalbad zweigt eine unbefestigte Straße links zur **Arenal Observatory Lodge** (www.arenalobservatory lodge.com) ab, einer früheren Forschungseinrichtung der Smithsonian Institution und der Universidad Nacional de Costa Rica. Die Lodge verfügt über ein eigenes Reservat, das Primär- und Sekundärwald, Wasserfälle und Wander- sowie Reitwege umfasst. Der Zufahrtsweg führt etwa 9 km nach der Abzweigung durch zwei Flussbetten. Der Arenal ist von hier nur noch 1 km entfernt und die Nachtluft erfüllt vom Geschrei der Affen und vom Leuchten der Glühwürmchen.

Der Vulkan Arenal

Bis Anfang Juli 1968 war der Arenal ein dicht bewaldeter, flacher Hügel, wie sie um La Fortuna zahlreich zu sehen sind. Doch eines Tages fing die Erde an zu beben, aus den Wäldern drangen Rauch und Dämpfe. Die Frauen freuten sich beim

▼ Der aktive Vulkan Arenal bietet einen unvergesslichen Anblick

Wäschewaschen in den Bächen zunächst über das heiße Wasser. Am 29. Juli brach dann die Hölle los, als der **Volcán Arenal** ㊲ explodierte. Donnernde Gaswolken, glühend rote Felsbrocken und geschmolzene Lava gingen wie ein Bombenregen auf das Land nieder. Offiziell war von »nur« 78 Toten die Rede, aber die Einheimischen sagen, dass es viel mehr waren. Auf einer Fläche von über 5 km^2 hatte sich die Umgebung des Vulkans von einer idyllischen Landschaft in ein wahres Inferno verwandelt.

Seitdem ist der Arenal nicht mehr zur Ruhe gekommen. Als Urbild eines Vulkans erhebt er sich konisch unvermittelt aus der Ebene. Versuchen Sie aber nicht, ihn zu besteigen. Die Lava, die den Westhang hinabfließt, ist glühend heiß, der Steinschlag und der Ausstoß giftiger Gase unberechenbar. Alle paar Jahre fordert der Vulkan ein weiteres Opfer, wenn wieder einmal ein Besucher die Warnschilder missachtet hat.

Einen wunderbaren Blick auf den Vulkan bieten auch Aussichtspunkte im Areal der **Arenal Hanging Bridges** ㊳ (www.hangingbridges.com). Kurz nach der Staumauer am Arenalsee zweigt rechts die Zufahrtsstraße ab. Ein rund 3 km langer Rundweg führt hier durch ein privates Regenwaldreservat und über zahlreiche Brücken, darunter sechs Hängebrücken. Da sie bis zu 60 m über dem Boden schweben, gewähren sie Einblick in das Leben in den Baumwipfeln.

Der Arenalsee

Die Straße am Westufer des Arenalsees ist manchmal selbst während der Trockenzeit nicht mit einem Allradfahrzeug passierbar. Auf der Nordseite führt die von Schlaglöchern durchsetzte Hauptstraße weiter nach **Nuevo Arenal.** Der Ort wurde von den Bewohnern der Ortschaft Arenal errichtet, die nach der Flutung des Sees unterging. Hier gibt es preisgünstige

Seite 178

Achtung aktiver Vulkan!
Befolgen Sie unbedingt das Warnschild am Fuße des **Arenal:** »Vulkanische Gefahrenzone. Wenn Sie abnorme Aktivität bemerken, verlassen Sie schnellstens das Gebiet und benachrichtigen die nächste Behörde.«

▼ Ein herrlich gestalteter Garten umgibt die Thermalquellen von Tabacón

Seite 275 TOP 50

Seite 278 TOP 50

▲ Rinder bei La Fortuna
▼ Naturfreunde auf einer Brücke über den Río Sarapiquí bei Selva Verde

Restaurants und Unterkünfte, eine Auswahl an angenehmen Hotels an der Straße nach Tilarán.

Der **Arenalsee** ㊴ ist einer der reichsten Süßwasserfischgründe Costa Ricas. Der *guapote* (Regenbogenbarsch) ist hier der Liebling aller Angler. Ob Sie nun fischen oder nicht, Sie sollten auf jeden Fall ein Boot mit Führer mieten, um auf den See hinauszufahren. Vor allem am frühen Morgen, wenn die Wasseroberfläche wie Glas daliegt und den Vulkan in kristallklarer Schärfe spiegelt, zeigen sich die Landschaft und ihre Vogelwelt von der schönsten Seite. Nur von Dezember bis März, wenn der Nordostwind fast jeden Nachmittag bläst, verliert der See seine gläserne Ruhe. Mit 40 bis 50 Knoten peitscht er das Wasser zu gischtenden Wellen, in denen die Windsurfer ihren Spaß haben. *Tico Wind* in Nuevo Arenal betreibt von Dez. bis Ende April einen Verleih und gibt Unterricht. Besonders das westliche Seeende eignet sich hervorragend zum Windsurfen, und so gibt es inzwischen eine Reihe von Unterkünften in der Nähe von **Tilarán,** einem Städtchen mit kaum 9000 Einwohnern, dessen Name von den Chorotega-Wörtern für »Wind« und »Regen« abgeleitet ist. Auch für Nicht-Windsurfer ist hier ein gutes Übernachtungsplätzchen, denn durch die Lage auf den Hügeln von Guanacaste ist es meist erfrischend kühl. Boote und Angeltrips kann man bei den Einheimischen organisieren.

Arenalsee
→ Als 1978 der Staudamm im Osten des Sees fertig gestellt wurde, wuchs der Arenalsee mit der Flutung um das Dreifache seiner Größe auf rund 80 km².

Es ist nur allzu verständlich, dass in einem so geheimnisvollen See auch ein Monster wohnt. Erst vor ein paar Jahren waren einheimische Angler am frühen Abend mit ihrem Boot unterwegs, als sie

eine seltsame Bewegung und ein Rumpeln im Wasser vernahmen. Plötzlich schoss genau vor ihnen eine riesige, behaarte Schlange mit großem Gebrüll und Gestank an die Oberfläche, um sogleich wieder in die Tiefe zu verschwinden, wobei sie einen über zwei Meter langen Schwanz hinter sich herzog. Die Fischer eilten ins Dorf zurück, wo sie die Geschichte immer wieder erzählten. Natürlich verbreitete sie sich sofort und wurde mit Berichten über halb angefressene Pferdeleichen, die auf dem See schwammen, angereichert. Inzwischen gehört das Monster vom Arenalsee fest zum Sagenschatz der Region.

Über San Ramón zum Vulkan Arenal

Eine alternative Fahrtstrecke von San José zum Arenal führt über **San Ramón.** Nicht weit entfernt kann man als Gast von Ex-Präsident Rodrigo Carazo und seiner Frau, Doña Estrella im Hotel Villablanca (www.villablanca-costarica.com) übernachten, inmitten von 154 ha Farmland, das vom wunderschönen **Los Angeles Cloud Forest** umgeben ist. Das Reservat in Familienbesitz umfasst 800 ha Primärwald und verfügt über mehrere Wanderwege.

Von San Ramón geht es weiter über San Lorenzo weiter nach La Tigra. An der unbefestigten Straße zwischen La Tigra und Chachagua liegt die **Bosques de Chachagua Lodge,** eine Vieh- und Pferderanch mit 15 rustikalen Gästehäusern.

Nach Norden bis Caño Negro

Nordöstlich von San Carlos in Richtung Aguas Zarcas überquert man den Río Planatar und erreicht das **Hotel El Túcano** (Tel. 460-6000, www.occidentalhotel.com). Die große Anlage bietet neben luxuriösen Zimmern und einem riesigen Pool auch mehrere Whirlpools mit Thermalwasser sowie einen gepflegten Thermalbadbereich, in dem medizinische Anwendungen möglich sind. Ferner besitzt das Hotel Tennisplätze, einen Minigolfplatz und eine sehr schöne Natursauna.

Nördlich von Aguas Zarcas kommt man über Pital zur **Laguna del Lagarto Lodge,** (www.lagarto-lodge-costa-rica.com) die neben Zimmern über ein eigenes, 500 ha großes Reservat mit Wanderwegen und Möglichkeiten zur Vogelbeobachtung verfügt. Pferde- und Kanutouren sowie Bootsausflüge auf dem Río San Carlos zur Grenze mit Nicaragua werden ebenfalls angeboten. Für die Anfahrt ist ein Allrad-Fahrzeug zu empfehlen.

Nördlich des Lago Arenal liegt das großartige, relativ selten besuchte **Refugio de Vida Silvestre Caño Negro ⓴.** Hier leben große Gruppen von Schlangenhalsvögeln, rosa Löfflern, Ibissen und Jabirú-Störchen. Letztere sind die größten Vögel der Region und in ihrem Bestand stark bedroht. Auch Raubkatzen finden ausreichend Beute im dem großen Tierschutzgebiet, dessen Zentrum der **Lago Caño Negro** bildet. Während der Regenzeit be-

Seite 178

Lake Coter
An dem kleinen See oberhalb des Arenalsees ist die **Lake Coter Ecolodge** guter Ausgangspunkt für Wanderungen, u.a. zu heißen Quellen. www.ecolodgecostarica.com.

TOP 50 Seite 274

▶ Ob per Schlauchboot, im Kajak oder mit einem Gummireifen, der Río Sarapiquí ist auf jeden Fall eine Tour wert

deckt er eine Fläche von rund 800 ha, in der Trockenzeit aber trocknet er fast vollständig aus.

Man erreicht das Reservat entweder über Los Chiles oder Upala nordwestlich von Cañas. Die Tierwelt lässt sich am besten vom Boot aus beobachten, das man in **Los Chiles** mitsamt Führer buchen kann. Während der Trockenzeit werden auch Ausritte angeboten. Die Besitzerin des Restaurant El Parque, Doña Julia Pizarro, arrangiert Bootstouren. In Los Chiles gibt es mehrere einfache Unterkünfte. Tagestouren ins Reservat Caño Negro werden auch von verschiedenen Veranstaltern in La Fortuna angeboten, darunter Canoa Aventura und Aventuras Arenal.

Seite 276 TOP 50

Die Region Sarapiquí

Seite 277 TOP 50

Die saftig grünen tropischen Regenwälder der **Río-Sarapiquí**-Region auf der atlantischen Seite der Zentralkordillere liegen weniger als 100 km östlich von San José, und dennoch fühlt man sich dort wie auf einem anderen Kontinent. Die Biologische Forschungsstation La Selva, die Selva Verde Lodge und Rara Avis sind private Schutzgebiete mit Unterkunftsmöglichkeiten. Man erreicht sie über eine asphaltierte Straße, die in San José beginnt und endet. Die Rundfahrt, die man in Richtung Heredia antritt und mit dem Nationalpark Braulio Carrillo (s. S. 159) beendet, dauert ohne Pausen ca. fünf Stunden.

◀ **Der Dschungelweg nach Rara Avis**

Von Heredia windet sich die Straße hinauf nach Varablanca, wo die Straße zum Poás abzweigt. Bei sehr früher Abfahrt bleibt Zeit, den Vulkan zu besuchen, bevor man über den Grat durch dichte Bergwälder an einem spektakulären Wasserfall vorbei in den tiefer gelegenen Regenwald an der Atlantikküste hinunterfährt. Zu empfehlen ist ein Stopp in der Quinta de Sarapiquí Lodge (Tel. 761-1052, www.laquintasarapiqui.com) bei La Virgen. Die direkt am Fluss gelegene Lodge bietet gutes Essen, gepflegte Zimmer, einen Pool und Kajaktrips auf dem Río Sarapiquí.

Eine einfachere, aber landschaftlich ebenso eindrucksvolle Strecke führt von San José nach Norden durch den Braulio-Carrillo-Nationalpark. Nächtliche Fahrten sollte man allerdings vermeiden, da dichte Nebelbänke häufig die Sicht behindern.

Puerto Viejo und Rara Avis

Puerto Viejo de Sarapiquí ㊶ ist ein Hafenstädtchen, von dem Boote über kleine Flüsse zu unzugänglichen Dschungelsiedlungen verkehren. Regelmäßig legen motorisierte Einbäume mit Passagieren und Ladung zu ganztägigen Fahrten auf dem Río Sarapiquí ab. Zunächst geht es flussaufwärts zum **Río San Juan** und der Grenze zu Nicaragua und dann gen Osten nach Barra del Colorado am Atlantik.

Rara Avis (www.rara-avis.com) ist ein ursprüngliches, 600 ha großes Regenwaldreservat in den Bergen am Rande des Nationalparks Braulio Carrillo. Das Hauptbüro und der Ausgangspunkt zum Reservat liegen in Las Horquetas, etwa 17 km südlich von Pto. Viejo. Ob zu Pferde oder auf einem Traktoranhänger, die Reise nach Rara Avis ist schwierig und nur Besuchern in guter körperlicher Verfassung zu empfehlen. Die mörderische vierstündige Fahrt auf schlechten Pisten, durch Schlammlöcher und Flüsse ist Teil des Abenteuers Rara Avis. Der abrupte Übergang von Farmland zu dichtem Dschungel verdeutlicht die zerstörerische Wirkung der Abholzung besser als ein Buch oder Film. Mühsam arbeitet sich der Traktor auf ausgewaschenen Pfaden über das Gelände der Rinderfarmen, das mit gefälltem, ungenutztem Holz übersät ist. Selbst das Vieh ist nicht sehr zahlreich. Das offene Land liegt heiß, trocken und staubig in der Sonne und sieht unwirtlich aus.

Der letzte Halt vor dem 6 km langen Weg bis zur Waterfall Lodge in den Bergen ist die **El Plástico Lodge**. Diese ehemalige Strafkolonie hat ihren unpassenden Namen von den Plastikdecken, unter denen die Lagerinsassen einst schliefen. Danach taucht die Straße in einen dunklen, kühlen Wald ein, in dem es von Leben nur so wimmelt.

Aufgrund der isolierten Lage ist eine vorherige Reservierung unbedingt erforderlich. Der kürzeste Rückweg nach San José führt etwa 30 Minuten nach Horquetas auf die Straße aus Puerto Limón und dann nach rechts durch den Braulio-Carrillo-Nationalpark.

Biologische Station La Selva

Einige Kilometer hinter Puerto Viejo muss man einen Einheimischen nach dem Weg fragen, um die unbeschilderte Schotterstraße zur Forschungsstation von **La Selva** zu finden. Die Vielfalt und Üppigkeit des tropischen Tiefland-Regenwaldes am Río Sarapiquí regte Tropenbiologen vor über 25 Jahren zur Gründung der Organisation für Tropische Studien (OTS) und zur Einrichtung der **Estación Biológica La**

Seite 178

▲ **Keine Weiterfahrt möglich**
▼ **Vorsicht, die afrikanische (Killer-) Biene kann aggressiv sein!**

Selva ㊷ (Biologische Station La Selva, www.ots.ac.cr) an. 1986 beschloss die Regierung, sich verstärkt für die Erhaltung des Regenwalds einzusetzen und die Grenzen des Braulio-Carrillo-Nationalparks bis zum 600 ha großen Reservat von La Selva zu erweitern. Damit wurden 21 000 ha Urwald unter Schutz gestellt und mit ihm die Lebensräume seltener oder bedrohter Vogel- und Säugetierarten, die ohne ein großflächiges Rückzugsgebiet nicht überleben könnten.

Selva
→ **Das spanische Wort für »Urwald« oder »Dschungel« findet sich in den Namen zahlreicher Ökoprojekte des Landes.**

Nahezu alle Tropenbiologen der Welt haben La Selva wenigstens einmal besucht, sei es als Student, Dozent oder Forscher – zumindest aber haben sie von der enormen Menge an interessantem Forschungsmaterial profitiert, das dort im Laufe eines Vierteljahrhunderts zusammengetragen wurde. Zweimal pro Jahr bietet die OTS einen achtwöchigen Kurs für Ökologie-Studenten an. Doch nicht nur Biologen werden in La Selva unterrichtet, auch Bewohner der Sarapiquí-Region, die in den Ökotourismus-Lodges beschäftigt sind, wurden hier zu Naturführern ausgebildet. La Selva ist in erster Linie zu Forschungs- und zu Unterrichtszwecken bestimmt, aber bei Voranmeldung werden Führungen durch das Gebiet arrangiert (Tel. 542-0607).

Privatreservat Selva Verde

Im Jahre 1986 kauften Giovanna und Juan Holbrook, beides Naturschützer aus Florida, **Selva Verde** ㊸, um das 200 ha große Gebiet am Río Sarapiquí, das aus Primär- und Sekundärwald besteht, vor

▼ **Ein Bach im Tiefland-Regenwald**

der Abholzung zu bewahren. Die hübsche Lodge (www.holbrooktravel.com), die ca. 6 km von Puerto Viejo in Richtung La Virgen liegt, wurde mit einem Minimum an Umweltbelastung errichtet. Die Gebäude stehen auf Pfählen und sind in Form einer Spinne angeordnet. So wohnen die Gäste in Zimmern aus tropischem Hartholz am Ende überdachter Gänge, die von einem zentralen Konferenzraum in den Wald hinausführen. Hier ist der Dschungel samt seinen Bewohnern immer ganz nahe. Die außergewöhnliche Atmosphäre, die der Tieflandregenwald vermittelt, veranlasst die Besucher häufig dazu, nur im Flüsterton zu sprechen.

Selva Verde verfügt über eine spektakuläre Vogelwelt: Regenbogentukane und Braunschnabeltukane gehören zu den beiden häufigsten Vogelarten, die sich am Muskatbaum laben. Beim Spaziergang auf dem Weg zum Hauptgebäude wird man mit dem verwirrenden Farbenspiel mehrerer Kolibriarten belohnt. Nicht weit entfernt stoßen Montezuma-Stirnvögel ihre gurgelnden Paarungsschreie aus, die sich mit der Klangkulisse der anderen Vögel und einer Unzahl von Fröschen und Insekten zu einer nie endenden Symphonie vereinen. Man kann fast 100 verschiedene Vogelarten in Selva Verde sehen. Eine andere Hauptattraktion ist das in den Bäumen lebende Faultier, das sich unglaublich langsam bewegt und nur halb so schnell verdaut wie andere Tiere gleicher Größe. Faultiere steigen nur einmal pro Woche von ihrem Baum herab, um ihren Darm zu entleeren – eine ungewöhnliche Verhaltensweise, die vielleicht den Grund hat, dass die Tiere keine verräterische Spur hinterlassen möchten.

Von Selva Verde aus lohnt sich ein kurzer Abstecher über Puerto Viejo zur **MUSA** bei El Tigre. Frauen aus Sarapiquí haben sich hier zu einer Kooperative zusammengeschlossen. Man kann ihnen jederzeit bei der Arbeit zuschauen oder auch ein paar Heilkräuter einkaufen. ■

Seite 178

▲ Regenbogentukane sieht man in Selva Verde häufig
▼ Per Seilbahn durch den Regenwald

Berge aus Feuer

Vulkanologen haben in Costa Rica immer genug zu tun, denn es gibt hier neun aktive und rund 200 schlafende oder erloschene Vulkane. Das kleine Land auf der mittelamerikanischen Landbrücke ist Inbegriff für Erdbeben und Vulkane und ein Urlaubsziel, wo eilige Touristen in zwei Tagen die vier aktiven Gipfel des Zentralen Hochtales besteigen können. Doch sollten die Besucher wissen, dass man einem tätigen Vulkan mit Respekt begegnen sollte; eine vernünftige Ausrüstung (vor allem gute Schuhe) ist unbedingt erforderlich. Am besten schließt man sich einer geführten Tour an. Die Einheimischen sind stolz auf ihre explosive Geologie, und so sind die Nationalparks der Feuerberge Poás und Irazú die meistbesuchten des Landes.

Der dynamischste und majestätischste Vulkan Costa Ricas ist der Arenal mit seiner fast perfekten Kegelform. Der 1633 m hohe Vulkan erhebt sich mächtig über das flache Farmland des Nordens und bietet eine spektakuläre Show. Laut donnernde Explosionen kündigen eine Eruption an, die von farbigen Wolken aus Gas und Rauch begleitet wird. Während ausländische Besucher diese Naturerscheinungen Ehrfurcht einflößend oder erschreckend finden, schauen die Einheimischen kaum auf, wenn der Arenal donnert.

Eine gewaltsame Vergangenheit

Lange Zeit glaubte man, der Arenal ein erloschener Vulkan, bis am 28. Juli 1968 eine Reihe von Erdbeben einsetzte. Am darauffolgenden Morgen explodierte der Arenal und hinterließ eine Spur der Zerstörung, die rund 5 km weit nach Westen reichte; die Erschütterungen waren noch bis nach Colorado/USA spürbar. Mehr als 80 Menschen starben, vergiftet von vulkanischen Gasen oder erschlagen von umherfliegenden Felsbrocken. Auch zahlreiche Häuser wurden zerstört. Seither hat der Vulkan keine Ruhe mehr gefunden und ist oft mehrmals pro Tag aktiv, spuckt glühende Lavaströme und hausgroße Felsen aus.

▼ **Heißer Schlamm**
Der Rincón de la Vieja erhebt sich 1900 m über den Wäldern von Guanacaste. Einer seiner neun Krater ist aktiv und Fumarolen blubbern in seinem Schlund.

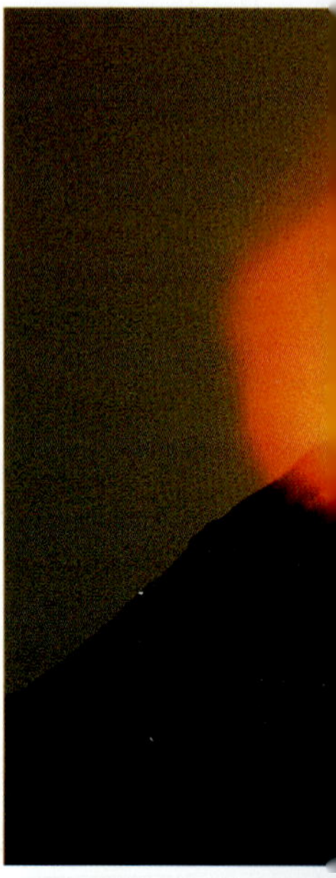

▼ **Der Blick vom Irazú**
… reicht an klaren Tagen vom Atlantik bis zum Pazifik. Auf den fruchtbaren Vulkanböden gedeihen beste Kartoffeln, Zwiebeln und andere Feldfrüchte.

◀ Tödliche Schönheit
Der Arenal ist am eindrucksvollsten bei Nacht, wenn weiß glühende Felsbrocken und Lava den Nordhang, der überwiegend frei ist von Vegetation, hinunterfließen. Während seinen aktiven Perioden gibt es alle paar Stunden eine Explosion, aber er kann auch monatelang in Ruhe verharren. Der Gipfel ist oft in Wolken gehüllt.

▼ Der aktive Poás
Der Vulkan Poás beendet gerade eine aktive Phase, und vom Aussichtspunkt über dem Krater sind Fumarolen sichtbar. Oft wird die Sicht jedoch von Schwefelgasen beeinträchtigt.

◀ Mondlandschaft
Während der Kraterbereich des Poás einer Mondlandschaft gleicht, überziehen die Hänge ein zwergwüchsiger Nebelwald sowie Bergregenwald. Der Park verfügt über ein gutes Museum und Wanderwege.

▶ Quellen der Freude
Einer der besten Plätze, den Arenal zu sehen, sind die Thermalbäder von Tabacón.

Am Fuße des Vulkans

Um den Arenal in einem angenehmen und luxuriösen Ambiente zu beobachten, empfiehlt sich ein Besuch der Thermalbäder von Tabacón. Erhitzt wird das Wasser durch die Wärme einer Lavalawine, die 1975 niederging. Obwohl die Vulkanologen weitere Lavaabgänge nicht ausschließen, ließen sich bislang weder Einheimische noch Urlauber davon abhalten, im wohlig warmen Wasser die müden Muskeln zu entspannen. Einem Bad in den Thermalquellen wird auch Heilwirkung bei Hautkrankheiten und Arthritis nachgesagt.
Fünf große Becken unterschiedlicher Tiefe und Temperatur (bis zu 38° C), ein Whirlpool, ein warmer Wasserfall, Rutschen und kleine Becken mitten in den herrlichen tropischen Gärten - da fühlt sich vom Kind bis zum Rentner jeder wohl. In der Nähe der Bäder wurde ein Luxus-Hotelkomplex errichtet. Zwei günstigere Möglichkeiten, in Thermalwasser zu baden, sind die Anlage gegenüber von Tabacón und die neuen Baldi Termae westlich La Fortuna.

soy feliz así...
sin drogas.
IAFA
90-137

Die Karibikküste

Seite 230

Herrliches warmes, blaues Wasser, strahlender Sonnenschein, lange Sandstrände mit Kokospalmen, die sich sanft im Wind wiegen, heißen alle Besucher der karibischen Küste Costa Ricas willkommen.

Über eine gut ausgebaute Straße, die sich an den Bergen, Tälern, Wasserfällen und Regenwäldern des Braulio-Carrillo-Nationalparks (s. S. 159) vorbei windet, erreicht man in nur zwei Stunden von San José die Karibikküste. Bei der Fahrt vom kühlen, wolkenverhangenen Braulio Carrillo hinunter in das tropische Tiefland der Karibikebene steigt die Temperatur merklich an, und die Luft wird schwerer.

Puerto Limón

In **Puerto Limón ❶** (90 000 Einw.) erlebt man die Karibik hautnah, mit ihrer üppigen, anregenden Mischung aus schnellen Rhythmen, Bildern und Gerüchen. Es ist ein heißer, schwüler und leichtlebiger Ort, dem die meisten Mittelklasse-Ticos aus dem zentralen Hochtal eher zurückhaltend gegenüberstehen.

Im Zentrum vermisst man zunächst das obligatorische Ensemble aus Kathedrale und Fußballfeld. Dafür steht der **Parque Vargas** voller Banyan-Bäume, in denen sich sogar eine Familie von Dreizehen-Faultieren *(perezosos)* angesiedelt hat. Ein guter Platz, um die Hafenstadt Puerto Limón und ihre Bewohner zu verstehen, ist das **Museo Etnohistórico** (Ethnohistorisches Museum, Mo–Fr 9–12, 13 bis 16 Uhr) mit einer Ausstellung zur bewegten Geschichte und Entwicklung der Stadt sowie zu Themen wie Literatur, Erziehung, Kunst, Sport und Politik.

Es gibt nur zwei bessere Hotels in Puerto Limón. Die meisten Besucher steigen entweder im Hotel Acón (Tel. 758-1010) bzw. im Park Hotel (Tel. 798-0555) ab. Auch an der Küstenstraße nach Moín finden sich ein paar komfortablere Unterkünfte. Wer es hingegen einfach mag, wird im Zentrum fündig.

Kakao, Kaffee, Bananen

Im 17. Jh. wurden an der Atlantikküste große Kakaoplantagen angelegt, auf denen schwarze Sklaven schufteten. Doch immer wieder überfielen Piraten aus Jamaika die Pflanzungen, sodass sie zu Beginn des 19. Jhs. aufgegeben wurden und diese unerträglich heiße, schwüle und sumpfige Region für mehrere Jahrzehnte in Vergessenheit geriet.

Mit wachsendem Kaffeeabsatz stellte sich die Frage nach einem Hafen am Atlantik, von dem aus man das begehrte Genussmittel nach England und Europa verschiffen konnte. Im Jahr 1871 beschloss die Regierung, diesen in El Limón, damals

Vorsicht!
Kein Leitungswasser trinken; Eiswürfel, ungeschältes Obst und Gemüse meiden. Taschen- und Autodiebstahl sowie nächtliche Überfälle sind häufig.

◄ Morgenstimmung in Barra del Colorado ► Das zahme Faultier »Buttercup« im Reservat Aviarios del Caribe ◄◄ Die Straße nach Cahuita

ein Fischerdorf mit fünf Hütten, zu errichten. Im gleichen Jahr vergab sie den Auftrag zum Bau einer Eisenbahn von San José zur Atlantikküste, und Jamaikaner, Italiener und Chinesen wurden für die harte Arbeit gewonnen.

Unterdessen begann der Nordamerikaner Minor Keith, der das Eisenbahnprojekt leitete, entlang der Bahnlinie Bananen anzubauen, um mit deren Absatz die steigenden Baukosten aufzufangen. So wurde Limón zur Stadt der Eisenbahn und der Bananen, in der sich viele Afrikaner aus der Karibik und chinesische Bahnarbeiter niederließen.

Seit 1872 erlebte der Bananenanbau in Limón sowohl Blütezeiten als auch Krisen: Rekordernten, die zeitweise sogar die Einnahmen aus dem Kaffee-Export in den Schatten stellten, Arbeiterunruhen, blutige Streiks und schwere Zeiten der Arbeitslosigkeit, als sich die United Fruit Company nach der Ausbreitung einer Krankheit der Bananenpflanzen völlig von den Gebieten an der Atlantikküste zurückzog (s. S. 231, 239).

Die Regierung im Zentralen Hochtal nahm die ganze Zeit über von Puerto Limón wenig Notiz. Die schwarzen Arbeiter und ihre Familien besaßen kein Staatsbürgerschaftsrecht und durften weder an der Pazifikküste noch im Zentraltal arbeiten. Erst nach dem Bürgerkrieg von 1948 besserte sich ihre Lage. Heute sind sie gleichberechtigte Bürger von Costa Rica, die leben und arbeiten können, wo immer sie wollen.

Karneval à la Karibik

Viele Besucher aus CostaRica selbst und aus aller Welt kommen vor allem wegen des Karnevals in die Hafenstadt Limón. Das viel bejubelte Ereignis im Oktober wurde jedoch von Bürokraten in San José bereits einige Male abgeblasen. Der erste Karneval fand 1949 statt. Organisiert hatte ihn der Friseur Alfred Henry King, um an Kolumbus' Landung an der Küste Südamerikas nahe Limón zu erinnern. Heißt dieser Tag in den übrigen Ländern Lateinamerikas *Día de la Raza* (Tag

Karibische Bananenrepublik

Der Anbau von Bananen begann in Costa Rica als Nebenprodukt der Atlantik-Eisenbahn. Sie wurden nur am Rande der Geleise angepflanzt, um die Finanzierung der Bauarbeiten zu unterstützen. Doch langsam begann ausländisches Kapital ins Land zu fließen, und schon bald wurden die Früchte in großen Mengen exportiert.

1889 gründete der Eisenbahnpionier Minor Keith die United Fruit Company (UFC) und verwandelte Costa Rica damit in die erste mittelamerikanische Bananenrepublik. Die UFC wurde schon bald zum Inbegriff ausländischer Dominanz und Kontrolle über die einheimische Wirtschaft, denn die großen Gewinne machten nur wenige. Obwohl die skrupellosen Methoden der UFC und die Ausbeutung menschlicher Arbeitskraft allgemein kritisiert wurden, war sie wirtschaftlich äußerst erfolgreich: 1913 produzierten die Plantagen bereits 11 Mio. Bündel pro Jahr und machten Costa Rica zum weltweit größten Exporteur.

Nachdem die Plantagen an der Karibik von einer Krankheit zerstört wurden, gab die UFC 1930 die Provinz Limón auf und ließ eine praktisch mittellose Region zurück, die sich bis in die 1970er Jahren nicht erholen konnte. Heutzutage werden wieder im großen Stil Bananen angebaut, die dennoch nur 7,7 % des Exportvolumens ausmachen.

des Volkes), so wird er in Costa Rica als *Día de las Culturas* (Tag der Kulturen) begangen: Man wollte die Bezeichnung neutraler halten und damit die Voraussetzungen schaffen, dass auch die Indianer sich angesprochen fühlen und mitfeiern. Denn in Anbetracht der nachfolgenden Ereignisse hätten sie keinen Grund, die Landung

▲ Einige Restaurants bieten auch vegetarische Küche

▼ Karneval in Limón

Seite 283 TOP 50

Das Naturreservat **Barra del Colorado** ist ein Dorado für Sportfischer und Naturfreunde. Vor allem Reiher, Kormorane und andere Wasservögel gibt es hier in großer Zahl. Das Gebiet ist noch weitgehend unerschlossen, es gibt nur wenige markierte Wege.

von Kolumbus als Anlass zu einem Fest zu sehen.

Höhepunkt der Karnevalswoche ist ein Umzug. Die Steeldrums, die Hitze, der Rhythmus, die Tänzer und Trommler und die grellbunten Kostüme machen es jedem Zuschauer leicht, sich der Magie der Karibik hinzugeben. Und so füllen Limonenses und Touristen gleichermaßen ausgelassen tanzend und singend bis in die späte Nacht hinein die Straßen.

Region Tortuguero

Das Dorf **Tortuguero** ❷, auf einer engen Landspitze zwischen Karibik und dem Río Tortuguero gelegen, ist ein interessanter Ort für einen Bummel. Schmale Pfade führen durch üppiges Grün, und Palmen biegen sich über Holzhäusern, die auf Pfählen erbaut wurden. Es gibt Läden, Restaurants und Unterkünfte für Touristen, aber dennoch geht das Leben hier seinen gewohnten zeitlosen Gang. Das für die spanischsprachige Karibik und ganz Mittelamerika typische Gericht *rice and beans* (Reis und Bohnen) erhält hier durch die Zugabe von Kokosmilch eine besondere Note und ist in praktisch jeder Dorfkneipe zu bekommen.

Die Känale von Tortuguero

Bei einer Fahrt durch die Kanäle von Tortuguero fühlt man sich wie auf der »African Queen« oder auf dem Amazonas. Dies ist sicher einer der schönsten und romantischsten Ausflüge, die man hier unternehmen kann. Besänftigende Ruhe legt sich auf die Seele, wenn man verträumt durch den Duft weißer Ingwerblüten, nach Lavendel riechender Wasserhyazinthen und frischer Ylang-Ylang-Blüten gleitet. Immer wieder entdeckt man Faultiere, Krokodile und Flussschildkröten, die ein Sonnenbad nehmen. Hoch oben in der dichten Vegetation kreischen grüne Aras und andere farbenfrohe Papageien, und Brüllaffen schütteln die Zweige.

▼ **Die Tortuga Lodge an den Kanälen von Tortuguero**

Rund 19 000 ha Küste und Hinterland wurden zum **Parque Nacional Tortuguero** ❸ (Tortuguero-Nationalpark) deklariert. Es gibt verschiedene Möglichkeiten, dieses System von Wasserwegen zu bereisen, z. B. auf einem Lastkahn, in einem Einbaum oder im Motorboot. Oder man bucht ein Paket, das die Anfahrt durch die Kanäle, ein Zimmer in einer Lodge, volle Verpflegung und Ausflüge mit einem Führer einschließt.

Boote verkehren von dem kleinen Ort Moín aus, nur wenige Kilometer nördlich von Limón. Die beiden Fluglinien Nature Air und SANSA bieten Flüge von San José nach Tortuguero oder **Barra del Colorado,** einem Schutzgebiet weiter nördlich an der Grenze zu Nicaragua. Von dort kann man ein Boot mieten für die Fahrt durch die Kanäle.

Der Park der grünen Meeresschildkröten

Tortuguero – der Name kommt von *tortuga* (Schildkröte) – ist das wichtigste Brutgebiet der grünen Meeresschildkröte in der ganzen Kaibik. Schon seit den 50er Jahren stehen diese Tiere auf der Liste der bedrohten Tierarten, und die *Caribbean Conservation Corporation* (Gesellschaft zum Schutz der Karibik, CCC) wurde hier zur Erforschung und zum Schutz dieser verletzlichen Kreaturen geschaffen. Sie betreibt ein **Naturhistorisches Zentrum,** das sich nördlich des Dorfes Tortuguero befindet. Dort erhalten Besucher Informationen über die Flora und Fauna der Gegend und natürlich über die grüne Meeresschildkröte. Seit dem 16. Jh. wurde sie wegen ihres Fleischs, ihrer Eier und ihres Panzers gejagt. Erst mit der Errichtung des Nationalparks im Jahre 1970 konnte dem Treiben ein Ende gesetzt werden. Nun genießen die Tiere zumindest in dieser Region einen gewissen Schutz.

Besuchen Sie Tortuguero möglichst während der Brutzeit der Schildkröten und vertrauen Sie sich einem erfahrenen Naturführer an, der genau weiß, wie man sich zu verhalten hat, um die Lebensgewohnheiten dieser großartigen Geschöpfe nicht zu stören. Zwischen Juli und Oktober ist die günstigste Zeit, um das prähistorisch anmutende Brutritual der Schildkröten zu erleben, die Lederschildkröten bekommt man am ehesten zwischen Februar und Juli zu sehen. Die breiten Spuren, die sie hinterlassen, wenn sie sich mühsam ihren Weg über den Strand bahnen, um ihre Nester zu graben, sind selbst in einer mondlosen Nacht leicht zu erkennen. Der Eiablage einer solchen Schildkröte beizuwohnen, ist ein Erlebnis, das selbst einen weitgereisten Globetrotter nicht unberührt lässt (s. auch S. 240).

Am Südeingang des Parks (Joluva) befindet sich ein Informationszentrum und ein etwa 1 km langer Naturpfad, der über die Tiere und Pflanzen im Park informiert.

Region Talamanca

Die meisten Besucher, die an die Atlantikküste kommen, verbringen nur eine kurze Zeit in Puerto Limón, um dann

Seite 230

TOP 50 Seite 277

▲ Eine geführte Tour durch Tortuguero ist empfehlenswert

▶ Per Einbaum auf einem Seitenfluss im Talamanca-Gebiet

Seite 266 TOP 50

Einen guten Platz zum Übernachten zwischen Limón und Cahuita bietet **Aviarios del Caribe.** Das nette Haus im Reservat hat komfortable Zimmer und die Lage am Río Estrella ermöglicht gute Vogelbeobachtung. Star des Hauses ist das zahme Faultier »Buttercup« (s. S. 229).

nach Süden an die Talamanca- Küste weiterzureisen. Die Fahrt verläuft parallel zum Atlantik durch ausgedehnte Kokospalmenhaine. An dieser Straße liegt, etwa 32 km südlich von Limón, das kleine Privatreservat **Aviarios del Caribe** (www.ogphoto.com/aviarios) mit ausgezeichneten Möglichkeiten zur Vogelbeobachtung, vor allem bei einer Bootsfahrt durch die ruhigen Lagunen und Inseln.

Indianische und karibische Wurzeln

Irgendwo am Río Tuba beginnt die Region Talamanca, die von der Atlantikküste bis hinauf in die Berge reicht. Dieses Gebiet bot vielen indianischen Ureinwohnern letzte Zuflucht vor den Spaniern – und war der letzte Teil des Landes, der von diesen erobert wurde. Bis in die 1970er Jahre hinein war die Region fast nur von Bribri- und Cabécar-Indianern besiedelt, die in den Bergen lebten, sowie von den Nachkommen Englisch sprechender schwarzer Einwanderer von den karibischen Inseln, die sich in großer Zahl entlang der Küste niederließen.

Die Ureinwohner sprechen heute neben ihrer eigenen Sprache (davon gibt es mehrere) meist Spanisch und beteiligen sich am politischen und wirtschaftlichen Leben, wobei viele an alten Glaubensvorstellungen und Sitten festhalten. In Talamanca existieren drei **Indianerreservate:** das große Talamanca-Bribri-Reservat, das Talamanca-Cabécar-Reservat und das kleinere Kékoldi-Reservat. Zugang zu den Reservaten haben nur wenige Besucher mit einer besonderen Erlaubnis. Mauricio Salazar, der Besitzer der Chimuri Beach Cottages in Puerto Viejo, darf mit Besuchern durch das Kékoldi-Reservat wandern und hilft auch weiter, wenn man das Talamanca-Bribri-Reservat besuchen möchte.

Die schwarze Bevölkerung trieb Ackerbau und Fischfang in der Tradition ihrer Vorfahren aus Jamaica. Ihre Lebensweise ist in der lesenswerten Kulturgeschichte

▼ **Der »Black Beach« in Puerto Viejo**

»What Happen« von Paula Palmer liebevoll beschrieben – zum Teil in den Worten der Schwarzen selbst. Diese Siedler pflanzten auch die Kokospalmen, die heute die Strände säumen, und entwickelten eine lokale Küche, die auf dem basierte, was angebaut wurde. Ein bescheidenes Einkommen erzielten sie mit dem Verkauf von Kokosöl, den Panzern der Karrettschildkröte und Maniokmehl *(cassava)*.

Kreolen

→ So bezeichnete man früher die in Lateinamerika geborenen Nachfahren der spanischen Eroberer. In der Karibik hingegen versteht man darunter die Nachfahren schwarzer Siedler oder Sklaven.

Sie sprachen ein kreolisches Englisch, spielten Kricket, tanzten die Quadrille, zimmerten Einbäume und rezitierten Shakespeare. Das Meer und die Berge schirmten sie von den Spanisch sprechenden Costaricanern ab, denn es gab keine Straßen, und so lebten sie recht friedlich und unabhängig. Mit der Eröffnung der Überlandstraße, welche die verschlafenen Küstendörfer von Talamanca mit San José und dem Rest der Welt verbindet, hat sich das alles inzwischen geändert.

Die Mehrzahl der schwarzen Bevölkerung spricht jetzt sowohl Englisch als auch Spanisch, doch man muss genau hinhören, um diese Variante des karibischen *Patois* zu verstehen. Einige der häufigsten Ausdrücke: »Wh'appen?« (»What's happening«) ist die allgemeine Grußformel, das Äquivalent zu »Adios« im zentralen Hochtal. »How de morning?« heißt »Guten Morgen« und »Go good« »Passen Sie auf«. Die höfliche Form der Anrede, vor allem gegenüber einer älteren Person, besteht aus dem Vornamen, verbunden mit Mr. oder Miss.

Cahuita

William Smith (auch bekannt als »Old Smith«), ein Schildkrötenfischer, soll im Jahr 1828 der erste gewesen sein, der von Panama aus nach Norden segelte und diese wunderschöne ruhige Bucht fand, die ein Korallenriff gegen das offene Meer abschirmte. Er beschloss, sich hier am Cahuita Point mit seiner Familie niederzulassen. Zu jener Zeit gab es noch genügend grüne Meeres- und Karrettschildkröten, und weil sie vom Menschen nicht verfolgt wurden und ihn nicht fürchteten, ließen sie sich auch leicht fangen. Man sagt, Old Smith sei der erste Englisch sprechende afro-karibische Siedler in dieser Gegend gewesen, die zu jener Zeit nur von Indianern bewohnt und regelmäßig von Piraten aufgesucht wurde.

Cahuita ❹ ist die größte Ortschaft in Talamanca. Heruntergekommene, einst respektable Holzhäuser, deren bunter Anstrich zu weichen Pastelltönen verblichen ist, säumen die staubigen Straßen. Viele junge Touristen aus Europa, Kanada und den USA schlendern ohne Rücksicht auf lokale Gepflogenheiten mit gewagter Ba-

Seite 230

TOP 50 Seite 266

TOP 50 Seite 270

▲ Das Fahrrad ist ein geeignetes Transportmittel an der Karibikküste ▶ Rotaugen-Baumfrosch, Cahuita

Touren zu den Bribri-Indianern organisiert der Deutsche Willie: Tel. 843-4700, Büro bei der Bushaltestelle in der Ortsmitte.

Gesunder Saft Achten sie am Straßenrand auf Verkaufsstände mit dem Schild »**Hay pipas**«. Die grünen Kokosnüsse werden mit einer Machete geöffnet und der wohlschmeckende Saft mit einem Strohhalm getrunken. Er erfrischt mehr als die gezuckerten Limonaden und soll für Nieren und Magen gesund sein.

dekleidung über die Straßen zum Strand. Leider hat Cahuita ein Drogenproblem, und häufig kommen auch Touristen damit in Kontakt, doch die Behörden versuchen die Situation in den Griff zu bekommen.

Cahuita Tours, an der Hauptstraße in Cahuita, vermietet Schnorchelausrüstung und Surfboards und organisiert auch Angeltouren, Dschungeltrecks sowie andere Ausflüge. Eine Reihe von Führern stehen zur Verfügung, um den Besuchern die Gegend zu zeigen.

Am schwarzen Sandstrand (»Black Beach«) im Norden von Cahuita ist der Wellengang leicht, und man kann gut schwimmen. An Unterkünften, teilweise mit Küche, herrscht kein Mangel. Zu Weihnachten, Ostern und während des Karnevals im Oktober ist eine Zimmerreservierung ratsam. Die beste Zeit für einen Besuch von Cahuita ist von Februar bis April und im Oktober.

Schlichte, gute Küche servieren Miss Edith's neben der Polizei und die Cabinas Algebra am Nordende des Ortes. Gehobenen Qualitätsvorstellungen (mit entsprechenden Preisen) genügt man bei Kelly Creek (span. Küche), im Restaurant Cha Cha Cha im Zentrum sowie im Restaurant des empfehlenswerten Hotels Magellan Inn (www.magellaninn.toposrealestate.org) am Nordende des Black Beach.

◄ **Strand bei Punta Uva nach einem Sturm**

Nationalpark Cahuita

Unmittelbar südlich von Cahuita dehnt sich der **Parque Nacional Cahuita** ❺ aus, der für seine feinen, sandigen Strände und sein Korallenriff berühmt ist. Das Riff erstreckt sich von Cahuita Point 500 m ins Meer hinaus und bietet ausgezeichnete Schnorchelmöglichkeiten – und das, obwohl es 1991 bei einem Erdbeben ernsthaft beschädigt wurde. Zwischen den Korallen sieht man zahlreiche Arten von Tropenfischen, Krabben, Hummer, Fächerkorallen, Seeanemonen, Schwämme, Seegras und unzählige andere Meeresbewohner. All das kann man aber auch trockenen Fußes erleben: an Bord eines Glasbodenbootes.

Im Sektor Vargas auf der Südseite des Nationalparks, etwa 5 km von Cahuita entfernt, ist Zelten erlaubt. Regelmäßig suchen Nasen- und Waschbären auf dem Campingplatz nach Essbarem und machen dabei auch vor den Zelten nicht Halt. Frisches Wasser, Toiletten und Tische sind vorhanden. Von **Puerto Vargas** aus kann man auf einem Naturpfad in den Dschungel wandern oder das Wrack einer britischen Sklavengaleone erforschen, aus der Kanonenkugeln, Schwerter, Handschellen und Armbänder aus Kupfer und Bronze geborgen wurden.

Kokosnüsse und Kakao

Eine gute Teerstraße führt in Richtung Süden. In vielen kleinen Hinterhöfen sieht man niedrige Holzgestelle mit Blechdach, auf denen Kakao und Kaffee getrocknet werden. Auch auf den inzwischen verlassenen Kakaoplantagen am Straßenrand sind noch Kakaobäume zu sehen. Die Früchte wachsen aus dem Stamm des Baumes und nehmen bei der

Reife wunderschöne Farben an: Einige zeigen ein weiches Türkis, andere ein leuchtendes Korallenrot. Die Samen der reifen Frucht schmecken zwar leicht bitter, aber unverkennbar nach Schokolade.

Kurz vor der Abzweigung nach Puerto Viejo liegt **Hone Creek.** Hone ist der Name einer kurzen Palmenart mit großen Wurzeln. Auch die Frucht dieser Palme heißt so, aus der die einheimischen Indianer Öl gewinnen. In Hone Creek steht ein Wachposten, der mehr oder weniger erfolglos die Flut von Schmuggelware aus Panama aufzuhalten versucht. Die Zufahrtsstraße nach Puerto Viejo zweigt hier nach links ab.

Puerto Viejo

Im Gegensatz zu Cahuitas angegrauter Würde ist **Puerto Viejo ❻** ein heruntergekommenes, doch sehr lebendiges karibisches Städtchen. Bis vor nicht allzu langer Zeit gab es noch keine Straße dorthin, infolgedessen auch keine Autos, keine Touristen und kein Geld. Aber die Zeiten ändern sich, und längst sind die wunderschönen unberührten Strände und die geruhsame Lebensweise von Puerto Viejo kein Geheimnis mehr. Wie überall künden auch hier immer mehr *cabinas,* Hotels, Restaurants und Bars von der Ankunft des Tourismus.

In Surfer-Kreisen ist Puerto Viejo berühmt für seine *Salsa Brava,* eine schnelle, explosive Welle, die sich zwischen Dezember und April und nochmals im Juni und Juli am vorgelagerten Riff bricht und Surfer aus aller Welt anzieht. Während der übrigen Zeit ist das Meer ruhig, besonders innerhalb des Riffs, und bietet sich zum Schnorcheln an.

Empfehlenswerte Unterkünfte finden sich südlich an der **Playa Cocles,** z. B. das für ökologisches Management und guten Service ausgezeichnete Cariblue Hotel (www.cariblue.com), Azania Bungalows (www.azania-costarica.com) oder Cabinas Río Cocles (www.riococles.com).

Seite 230

▲ In Puerto Viejo gibt es genügend Plätze zum Essen und Schlafen
▼ Mexikanischer Baumstachler

Bei Soda Támara gibt es karibische Fischgerichte oder schmackhaftes Huhn mit Bohnen und Reis, der typischen Beilage. Stanford's liegt direkt am Strand und ist bekannt für sein Nachtleben und seine Fischgerichte. Das Frühstück im Coral bezeichnen manche als das beste in ganz Costa Rica, die Pizza ist ebenfalls exzellent. Im Restaurant Animodo direkt am Meer versteht man sich auf raffinierte italienische Küche, serviert in einem freundlichen Ambiente.

Wer mehr über die Region Talamanca erfahren möchte, sollte sich bei **ATEC** (gemeinnütziger Verband für Ökotourismus und Naturschutz in Talamanca, s. Infoteil S. 296) nach einer Tour erkundigen, die von umwelt- und kulturkundigen Führern begleitet wird. Im Angebot sind Schnorchel- und Angelausflüge, Vogelbeobachtung, verschiedene Abenteuertrecks, ein Besuch der Indianerreservate oder bei einheimischen Familien, um die lokalen Spezialitäten zu kosten.

Punta Uva und Gandoca-Manzanillo

Südlich von Puerto Viejo liegt **Punta Uva ❼**, der vielleicht beste zugängliche Strand an der Karibikküste Costa Ricas. Kristallklares Wasser umspült die Palmenstrände, und die Luft- und Wassertemperaturen scheinen sich für alle Ewigkeit bei 27 °C eingependelt zu haben. An der Straße von Puerto Viejo nach Punta Uva herrscht kein Mangel an reizvollen Unterkünften jeder Preisklasse in der Nähe wunderschöner Sandstrände mit Palmen und Mandelbäumen.

Noch weiter südlich kommt man nach **Manzanillo,** einem kleinen Dorf direkt am Strand, das man auf einer rund zweistündigen Strandwanderung von Punta Uva oder in 20 Minuten mit dem Auto von Puerto Viejo aus erreicht. Surfer schätzen die schnellen Wellen dieser Gegend. Der Ort selbst besteht aus ein paar Häusern, Restaurants, preiswerten *ca*

▲ Ein Imbiss auf der Straße gehört zum Lebensstil in Costa Rica
▼ Bananentransportzug der United Fruit Co., um 1916

Seite 230

binas, einem Laden und ist umgeben von wunderschönen Stränden. Die Kinder baden im Fluss, die Männer fischen von ihren Einbäumen aus, und die Alten sitzen im Schatten und unterhalten sich – viel mehr passiert hier auch nicht. Kaum irgendwo in Costa Rica herrscht eine so entspannte Atmosphäre. Die einheimischen Frauen bereiten Besuchern in ihren Häusern auf Wunsch ein Essen zu, und die Fischer und Farmer erzählen gerne von ihrer Arbeit.

> ***Indianer***
> → Heute gibt es nur noch wenige Nachfahren der ersten Bewohner des Landes. Die meisten leben zurückgezogen an den Hängen beiderseits der Cordillera de Talamanca.

Südlich des Dorfes beginnt das **Tierschutzgebiet Manzanillo-Gandoca ❽**, in dem Sumpfland, Korallenriffe, Brutstätten von Schildkröten sowie der einzige Mangrovenwald an der Atlantikküste Costa Ricas geschützt werden. Das Gebiet ist überwiegend flach und mit Wald, Grasflächen und ein wenig Farmland bedeckt. Wandern ist nur entlang der Küste erlaubt; ein ausreichender Wasservorrat sollte unbedingt mitgebracht werden.

Bananenland

Sixaola ist eine Bananenstadt an der Grenze zu Panama. Man erreicht sie, indem man von Hone Creek nach Süden weiterfährt, statt nach Puerto Viejo abzubiegen. Die Straße ist bis kurz vor Bribri geteert, die restliche Strecke eine passable Schotterstraße.

Anfang dieses Jahrhunderts entschloss sich die United Fruit Company, ihre erfolgreichen Bananenpflanzungen auf der panamaischen Seite des Río Sixaola nach Costa Rica hinein fortzusetzen. Und obwohl diese Firma längst nicht mehr existiert, ist die Gegend zwischen Bribri und Sixaola heute weitgehend »Bananenland«. Auf beiden Seiten der Straße stehen Bananenstauden, so weit das Auge reicht, die reifenden Früchte in blaue Plastiksäcke gehüllt, die mit Insektiziden getränkt sind. Nur die kleinen Siedlungen der Bananenarbeiter, die oft nur aus ein paar verblichenen Häusern, einem Laden und einer Bar bestehen, unterbrechen das Meer aus Bananenblättern.

In regelmäßigen Abständen tauchen Verpackungsanlagen auf, wo die Bananen sortiert, gewaschen und in Kisten gelegt werden, die heute nicht mehr die Aufschrift »United Fruit«, sondern »Chiquita« tragen. Berge grüner Bananen, die makellos aussehen, aber nicht den Anforderungen nordamerikanischer oder europäischer Käufer entsprechen, türmen sich im Sortierbereich. Sie werden zu Mus für Babykost verarbeitet, verfüttert oder kompostiert. Der Geruch faulender Bananen liegt in der Luft, obwohl die Früchte vielseitig verwertet werden: von grünem Bananen-*ceviche* bis hin zu Kompressen mit Bananenessig, ein beliebtes Mittel bei Verstauchungen. ■

▲ Warum ist die Banane krumm?

▶ Bananenplantagen an der Grenze zu Panama

Meeresschildkröten

Meeresschildkröten gleichen eher ihren ausgestorbenen Verwandten, den Dinosauriern, als modernen Tieren. Ihre bemerkenswerte Anpassung an das Leben im Meer hat es ihnen ermöglicht, nahezu 150 Millionen Jahre unverändert zu überleben. Wie Vögel »fliegen« sie durch das Wasser, wobei sie ihre Vorderflossen als Flügel benutzen. Sie besitzen aber auch amphibische Eigenschaften und kriechen an Land, um ihre Eier abzulegen.

In Costa Rica sind insgesamt fünf Arten von Meeresschildkröten zu Hause: die grüne Meeresschildkröte, die echte Karrettschildkröte, die Bastardschildkröte, die Lederschildkröte und die unechte Karrettschildkröte. Sie legen ihre Eier an mehreren Stränden auf der Pazifik- und Atlantikseite ab, und wer zur richtigen Zeit am richtigen Ort ist, wird Zeuge eines Schauspiels, das im Tierreich seinesgleichen sucht: die sogen. »arribada«, bei der 100 000 oder mehr Bastardschildkröten an den Strand kriechen und ihre Nester graben (s. S. 203). Auch der Anblick einer 750 kg schweren Lederschildkröte, die ihren Körper aus dem Wasser hievt, um ihr Gelege im Sand zu deponieren, ist sehr eindrucksvoll.

◄ **Mühsam ist der Weg zur Eiablagestelle**

Der 35 km lange Strand von Tortuguero (s. S. 233) ist der wichtigste Brutplatz der grünen Meeresschildkröten in der westlichen Karibik. Zwischen September und November paaren und brüten sie mehrfach. Mit einem scharfen Haken an seiner Vorderflosse hält das Männchen das Weibchen fest und besteigt es. Wenn das sexuell erregte Männchen keine weibliche Schildkröte findet, besteigt es in seiner Not alles, was im Wasser treibt: Holzstücke, andere Männchen, ja selbst Taucher sind vor seiner Leidenschaft nicht sicher.

Eine befruchtete weibliche Schildkröte wartet vor der Küste bis zum Einbruch der Dunkelheit, um sich dann auf den mühevollen Weg über den Strand zum Legeplatz zu machen. Wenn sie durch Lärm oder helles Licht gestört wird, unterbricht sie ihren Marsch und kehrt ins sichere Wasser zurück. Hat sie jedoch einmal begonnen, das Nest zu graben, gibt es kein Halten mehr. Mit den Hinterflossen hebt sie eine vasenförmige Kuhle aus, die bis zu 1 m tief ist. 100 oder mehr ledrige, golfballgroße Eier, die mit einem pilztötenden Schleim überzogen sind, fallen ins Nest. Dann bedeckt sie das Gelege, klatscht den Sand fest, kehrt ins Meer zurück und überlässt ihre Nachkommenschaft dem Zugriff von Nasenbären, Hunden, Waschbären und menschlichen Räubern.

In unberührten Nestern beginnen die Schildkrötenbabys nach zwei Monaten zu schlüpfen. Mit Hilfe eines eigens dafür gewachsenen Schalenzahns reißen sie die Eihülle auf, dann kämpft sich das gesamte Gelege durch die meterdicke Sandschicht an die Oberfläche. Meist kurz vor Einbruch der Dunkelheit ergießen sich schließlich Massen von winzigen Schildkröten über den Strand, orten die hellste Stelle am Horizont und beginnen ihren Spießrutenlauf zum Wasser, bei dem ihnen Krebse und Vögel nachstellen; im Meer lauern bereits Haie oder andere Raubfische auf die Winzlinge. Hunderttausende rennen zum Meer, aber nur weniger als 3 % überleben. Diese finden in treibenden Algenfeldern Schutz und Nahrung für die ersten und schwierigsten Monate ihres neuen Lebens.

Mehrere Jahrzehnte leben sie nun als Nomaden, legen dabei große Strecken im offenen Ozean zurück und ernähren sich von Schildkrötengras. Einige steuern über Tausende von Kilometern ohne jegliche Orientierungshilfe die Inseln unter dem Wind an. Man vermutet, dass magnetische Eisenkristalle im Gehirn der Schildkröten als eine Art innerer Kompass dienen. Erst nach 15–30 Jahren sind sie geschlechtsreif und kehren an den Strand zurück, an dem sie geboren wurden, um sich dort zu paaren und zu vermehren.

Für die frühen Entdecker stellte frisches Schildkrötenfleisch eine willkommene Abwechslung zu Pökelfleisch und Zwieback dar. Und noch immer verzehren die Bewohner der Tropen das Fleisch von Schildkröten. Aber leider sind die Tiere eher von »frivoler« Verwertung bedroht als vom bloßen Verzehr: Von der Karibik bis nach Sri Lanka werden ihre Eier als Aphrodisiaka geschlürft. Ihr Panzer steht als Schildpatt – geschnitzt, poliert und zu Schmuck, Kämmen oder Brillenrahmen verarbeitet – auf dem Schwarzmarkt hoch im Kurs, und die Haut der Schildkröte wird als Ersatz für Krokodilleder verwendet.

Obwohl es weltweit Initiativen zu ihrer Erhaltung gibt und der Import von Schildkrötenprodukten in vielen Staaten mit hohen Strafen geahndet wird, sind sie weiterhin vom Aussterben bedroht. Viele erwachsene Schildkröten verfangen sich in den Netzen der Garnelenfischer und werden mancherorts sogar legal gefischt. Die Regierung von Costa Rica etwa gibt für die Provinz Limón 1800 Schildkröten im Jahr zum Fang frei. Die Zukunft der Tiere sieht düster aus, auch wenn im Jahr 1991 ein neuer Nationalpark namens »Las Baulas« (»die Lederschildkröten«, s. S. 198) an der Playa Grande zu ihrem Schutz gegründet wurde, wo illegale Eiersammler strikt verfolgt werden. Vielleicht hilft dies, zusammen mit den zahlreichen Bemühungen privater Initiativen und der steigenden wirtschaftlichen Bedeutung des Öko-Tourismus, die Tiere doch noch zu retten.

Die meisten Menschen mögen Schildkröten, obwohl sie rein äußerlich nicht besonders schön oder liebenswert erscheinen. Doch die bedächtige Art und Weise, in der sie sich vorwärtsbewegen, ihr friedlicher Charakter und die unglaubliche Beharrlichkeit, mit der sie von einem Ort zum anderen gelangen, scheinen einen unwiderstehlichen Kontrapunkt zur Hektik der modernen Welt zu setzen. ■

▶ Die unechte Karettschildkröte ist eine von fünf verschiedenen Arten von Meeresschildkröten in der Karibik

VM

Der Süden
0
20 km
N
KARIBISCHES
MEER
PAZIFISCHER OZEAN
PANAMÁ
Bahía
de
Coronado
Puerto Limón
Isla Uvita
Playa Bonita
Westfalia
Bomba
Bananito Norte
San Clemente
Playa Cahuita
Punta Cahuita
Puerto Vargas
Cahuita
Comadre
Puerto Viejo
Hotel Creek
Bribrí
Shiroles
Sibube
Paraíso
Bratsi
Bris
Barranco
Amubri
Valle de Talamanca
Reserva Indígena Talamanca
Reserva Biológica Hitoy Cerere
Valle de la Estrella
Vesta
Guaria
Penshurt
Reserva Indígena Tayni
Selva Bananito Lodge
Banaga
Finca
Zona Protectora Río Banano
Aguas Zarcas
Asunción
Petróleo
Trébol
Liverpool
Moín
Río Blanco
Strafford
Larga Distancia
Boca del Pantano
Matina
Batán
Siquirres
Cairo
Florida
Linea B
Reserva Indígena Barbilla-Dantas
Playa Hermosa
Limón
Zona Protectora Río Pacuare
Zona Protectora Barbilla
Cerro Tigre 1617
Reserva Indígena Chirripó
Cerro Matama 2251
Chirripó Abajo
Hacienda Grano de Oro
Cerro Silencio 1968
Cerro Tsuitebeta 2378
Cuen
Cerro Dichibeta 1420
Reserva Indígena Telire
Telire
San José Cabécar
Cerro Nimaso 1093
Kichuguecha
Cerro Punibeta 2435
Namucki
Alto Lari
Coroña
Sukut
Purisquí
Guachalaba
1877
Cerro Kamúk 3549
Cerro Utyum 3078
Cerro Nai 3122
Cerro Aká 2259
Cerro Fábegra 3336
Cerro Bine 3204
Cerro Echandi 3162
2475
Parque Internacional La Amistad
TALAMANCA
CORDILLERA DE
Cerro Dúrika 3280
Cerro Eli 3097
Cerro Cabécar 3030
Ujarrás
Reserva Indígena Ujarrás-Salitre-Cabagra
Cabagra
Buenos Aires
Mosca
Helechales
Potrero Grande
Naranjal
Valle de Coto Brus
Zona Protectora Las Tablas
Cerro Pando 2468
Alturas
Palmira
Mellizas
Río Negro
Río Sereno
Sabalito
San Vito
Piedra Pintada
Santa Elena
Jabillo
San Miguel
Limoncito
Wilson Botanical Gardens
Agua Buena
Cañas Gordes
Plaza de Caisán
Los Planes
Santa Cruz
Cd. Neily
Abrojo
Coto 47
Santa Rita
Canoas
Portón
Santo Domingo
La Cuesta
Progreso
Laurel
Colorado
Esperanza
Reserva Indígena Guaymí de Conte Burica
Quebrada de Piedra
Palo Blanco
Puerto Armuelles
Península de Burica
Yerbazales
Resbalosa
Punta Burica
Isla Burica
Tiskita Jungle Lodge Reserve
Reserva Indígena Guaymí de Conte Burica
Punta Banco
Nicaragua
Bella Luz
Puerto Pilón
Playa Zancudo
Zancudo
Coto Colorado
Pueblo Nuevo
Finca 58
Bahía Pavón
Cabo Matapalo
Golfito
Golfo Dulce Lodge
Playa Cacao
Gamba
Río Claro
Briceño
Esquinas
Chacarita
Reserva Indígena Guaymí de Coto Brus
Cerro Anguciana 1707
Paraíso
Puntarenas
Chánguena
Santa Lucía
Fila
Paraíso
San Francisco
Finca Cartago
Riyito
Mogos
Parque Nacional Piedras Blancas
Playa Cativo
Golfo Dulce
Playa Gallardo
Barrigones
Puerto Jiménez
Tigre
Dos Brazos
P. Zapote
P. Tamales
Reserva Forestal Golfo Dulce
Carate
Playa Carate
Finca Ojo de Agua
Playa Madrigal
Punta Salsipuedes
Sirena
Playa Sirena
Laguna Corcovado
Claro
Parque Nacional Corcovado
Península de Osa
Los Patos
Playa Corcovado
Playa Llorona
Punta Llorona
San Pedrillo
Punta San Pedrillo
Playa San Josecito
Refugio Nacional de Vida Silvestre Río Claro
Reserva Indígena Guaymí de Osa
Drake
Bahía Drake
Rincón
Reserva Forestal Golfo Dulce
Playa Ganado
Playa Violín
Potrero
Reserva Biológica Isla del Caño
Isla del Caño
Steinkugeln
Sierpe
Valle de Diquís
Cámbar
Palmar Sur
Palmar Norte
Cortés
San Buenaventura
Playa Boca Brava
Puerto Nuevo
Vueltas
Boruca
Reserva Indígena Boruca-Térraba
Térraba
Bolas
Pilas
Colinas (Maíz de Boruca)
Valle de El General
Santa Cecilia
Florida
Volcán
Cacao
Peje
Aguila Abajo
Tortuga Abajo
Piñuela
Playa Piñuela
Playa Ballena
Parque Nacional Marino Ballena
Playa Uvita
Punta Uvita
Uvita
Playa Hermosa
Pejibaye
Mesas
Cerro Uvita 1223
General
San Pablo
Juntas
San Pedro
Altamira
Guadalupe
Cajón
General Viejo
Cedral
Playa Dominical
Cambutal
Dominical
Barú
Playa Barú
Playa Matapalo
Guabo
Matapalo
Rosario
Palma
San Isidro
La Ese
Rivas
San Gerardo de Rivas
Herradura
Cerro Chirripó 3819
Cerro Urán 3333
Cerro Amí 3295
Cerro Ena 3126
Parque Nacional Chirripó
Cerro División
División
Villa Mills
Cerro de la Muerte 3491
3510
San Gerardo de Dota
Cerro Sakira
Cerro Vueltas 3156
Reserva Forestal Los Santos
Savegre
San José
Río Nuevo
El Brujo
Santo Domingo
Savegre
Playa Savegre
Quepos
Londres
Naranjito
Zona Protectora Cerro Nara
Santa María de Dota
Copey
San Lorenzo
San Marcos de Tarrazú
San Andrés
San Gabriel
Aserrí
San Isidro
Muñeco
Empalme
Cañón
Tapantí
Parque Nacional Tapantí
Reserva Forestal Río Macho
Cartago
Zona Protectora Cuenca Río Tuis
Pejibaye
Orosí
Paraíso
Tucurrique
Platanillo
Tuis
La Suiza
Pavones
Chitaria
Peralta
Lajas
Turrialba
Cervantes
Cartago
Desamparados
San José
Guadalupe
San Juan
Heredia
Llano Grande
Santa Cruz
Volcán Irazú 3432
San Josecito
Concepción
San José de la Montaña
CORDILLERA CENTRAL
San Valentín
Reserva Forestal Cordillera Volcánica Central
Bonilla Arriba
Linda Vista
32
10
36
2
12
34
22
16
14

Der Süden

Seite 246

Selbst für costaricanische Verhältnisse ist der Süden ein wildes Land. Hier liegen der höchste Gipfel Zentralamerikas, der größte und unzugänglichste Nationalpark und der ursprünglichste tropische Regenwald.

Die *Zona Sur*, die Südliche Zone, beginnt mit den landwirtschaftlichen Flächen des Valle de El General, steigt zu den Gebirgszügen um den Cerro de la Muerte an und fällt dann wieder ab zu den Tälern des tiefen Südens und der Grenzregion zu Panama. Die *Interamericana* bildet über die ganze Länge eine Art Rückgrat der Region. Dies ist die richtige Gegend für Wanderer und Entdecker – aber bringen Sie auf jeden Fall einen guten Regenschutz mit, denn Niederschläge sind hier an der Tagesordnung.

Playa Dominical

Eine wunderschöne Fahrt auf 35 km Teerstraße führt von San Isidro durch den Südteil des Valle de El General nach **Playa Dominical ❶**. (Die Fahrt von San José über San Isidro dauert etwa 4 Std.) Von Quepos aus erreicht man Dominical in zwei Stunden auf der Küstenstraße, der *Costanera*, die durch eine herrliche Landschaft führt.

Die netten, gepflegten Cabinas Punta Dominical (Tel. 787-0016), die außerhalb der Stadt am Meer liegen, oder das luxuriösere Escaleras Inn (www.villa-escaleras.com), das in den Bergen hoch über dem Ort thront, laden zum Verweilen ein. Speisen mit italienischer Note serviert das Restaurant ConFusione im Hotel Domilocos (Tel. 787-0244).

Der lange Strand von Playa Dominical besteht aus braunem, schlickigen Sand und hat schattige Plätze zum Zelten. Wegen der Brandung eignet er sich gut zum Surfen, doch Schwimmen ist infolge der Strömung gefährlich. Der kleine Ort verfügt über einige einfache Unterkünfte und Restaurants. In der Trockenzeit wird es hier unerträglich heiß, kein Lüftchen regt sich dann, und die Landschaft ist kahl.

Ein Reitausflug zu den **Nauyaca-Wasserfällen** dauert etwa 2 Stunden. Die beiden Katarakte stürzen donnernd 65 m in die Tiefe in ein herrliches Warmwasser-Schwimmbecken.

Südlich von Dominical liegt die **Playa Dominicalito**, die ebenfalls gute Surfmöglichkeiten bietet.

Meeresnationalpark Ballena

TOP 50 Seite 277

17 km südlich von Dominical liegt bei der Ortschaft Uvita der **Parque Nacional Marino Ballena ❷**, einer der kleinsten und jüngsten Nationalparks des Landes. Er

► **Uralte Brettwurzeln**
◄◄ **Grenze zwischen Meer und Dschungel: Strand im Corcovado-Nationalpark – In den abgelegenen Regionen wird der Strand zur Straße**

Der Weg lohnt sich
Wer über ein Auto verfügt, sollte sich zu dem empfehlenswerten Restaurant **Exótica** in Ojochal aufmachen (Tel. 786-5050, So Ruhetag).

Seite 268 TOP 50

Seite 279 TOP 50

umfasst herrliche Strände, Mangrovengebiete, in denen man Waschbären, Echsen und Kaimane sehen kann, sowie das am besten erhaltene Korallenriff an der Pazifikküste. Häufig sieht man hier auch Delfine, und die beiden Sandstrände dienen als Brutplätze für Meeresschildkröten.

Die ebenfalls zum Park gehörigen **Islas Ballenas** sind von Dezember bis April ein wichtiges Rückzugsgebiet für Buckelwale und ihre Jungen. Das Meer bietet nahe der Landspitze Punta Uvita bei Ebbe hervorragende Tauchbedingungen. Einheimische Bootsführer bringen Besucher hinaus zum Riff, wo man schnorcheln, fischen und Vögel beobachten kann.

In der kleinen Siedlung **Uvita** gibt es einfache *cabinas* und *sodas.* Weiter südlich liegen an der Fernstraße *Carretera Costanera Sur* die Strände **Playa Hermosa** und **Playa Uvita.** Die Straße, die hinter Cortés auf die Interamericana trifft, ist inzwischen in einem recht gutem Zustand.

Die Osa-Halbinsel

Über 50 km ragt die **Península de Osa** in den Pazifik hinaus und schützt den Golfo Dulce vor dem heranbrandenden Ozean wie ein riesiger natürlicher Hafen. Malerische Strände und felsige Landspitzen säumen die Halbinsel, Bäche und Flüsse stürzen im Landesinneren über vulkanische Klippen und bahnen sich ihren Weg zum Ozean. Im ganzen Land finden die majestätischen Wälder, die Hügel und Täler dieses Landstrichs bedecken, nicht ihresgleichen. Vielfach bilden sie die letzte Zufluchtsstätte für bedrohte Tierarten und Pflanzen der pazifischen Südküste Costa Ricas – ein in seiner Wildheit und Unberührtheit äußerst beeindruckender Ort.

Goldrausch

Die Indianer der Diquis-Region waren die ersten Bewohner der Halbinsel, die sie nach einem ihrer Häuptlinge »Osa« nannten. Sie waren kunstfertige Goldschmiede

▼ Familienausflug

und stellten sakrale und zeremonielle Schmuckstücke aus Gold her, das sie in den Flüssen Tigre und Claro fanden. Während der Eroberung fielen die Spanier wiederholt auf der Halbinsel ein, töteten die Indianer, raubten ihr Gold und suchten nach den legendären Minen von Veragua.

Leider stellt das Gold noch immer eine Bedrohung für Corcovado und die Bewohner der Halbinsel Osa dar. In den 80er Jahren löste die Entdeckung eines 12 kg schweren Goldklumpens einen Goldrausch im Nationalpark aus. Im Nu wurden aus Bauern Goldsucher, die das Schutzgebiet in Scharen überfluteten und Bäche und Flüsse durchwühlten, die Tiere jagten und den Wald niederbrannten, um Gemüse anzubauen. Das Goldfieber zerstörte viele hundert Hektar Parkfläche; Alkoholismus, Prostitution und andere soziale Übel folgten und befielen Corcovado wie eine Krankheit.

Als Konsequenz wurde der Park für Jahre geschlossen, und man versuchte, die Eindringlinge zu entfernen. Erst nach einem kleinen Bürgerkrieg entschlossen sich die Behörden zögernd, den Goldsuchern eine Ablöse zu zahlen, damit sie den Park verließen. Zwar hatte diese Maßnahme Erfolg, doch leben noch immer etwa 100 Goldwäscher im Park und schürfen weiter. Dabei gelangen Schadstoffe in die Flüsse, doch die Behörden ignorieren dies lieber, als weitere Unruhen in Kauf zu nehmen.

Die Drake-Bucht

Die **Bahía Drake ❸** (Drake Bay) an der Nordküste der Osa-Halbinsel erhielt ihren Namen durch den englischen Weltumsegler Sir Francis Drake. Die nur vom Wasser und aus der Luft zugängliche Bucht lockt mit kristallblauem Wasser, wunderschönen Stränden und tropischem Dschungel. Die Lodges bieten Pauschalarrangements, die meist die Fluganreise bis Palmar, den Transfer nach Sierpe, die Bootsfahrt zur Lodge sowie den Aufenthalt mit Vollpension und sogar Ausflüge beinhalten. Bei der Anreise überfliegt man den Park Manuel Antonio und hat einen herrlichen Blick auf die Küste des Südpazifiks bis Corcovado. Nach der Landung auf einer Graspiste sieht man oft schon hellrote Riesenaras aus den umstehenden Bäumen auffliegen. Man kann aber auch in etwa 5,5 Stunden die Strecke nach Palmar mit dem Bus oder Auto zurücklegen.

Das 500 ha große Privatreservat **Río Claro ❹** liegt südlich der Drake Bay. Dort wohnt man in der Punta Marenco Lodge in mit Palmwedeln gedeckten Holzhäusern, und vom Garten schweift der Blick bis zum Pazifik und zum Naturschutzgebiet der Insel Caño (s. S. 251). Dreitägige Pauschalangebote enthalten geführte Touren durch den Regenwald, einen Tag am Rande von Corcovado mit einer Wande-

Drake Bay

→ Der erste englische Weltumsegler, Sir Francis Drake, soll im Jahre 1579 hier gelandet sein.

Seite 246

TOP 50 Seite 267

▲ Rätselhafte Steinkugel
▶ Kleine Insekten machen oft den meisten Lärm

Ameisen-Metropolen

Falls Ihnen jemals eine Stierhornakazie gezeigt wird, sollten Sie genau hinsehen. Die Pflanze wird bis zu 3 m hoch und hat Zweige, auf denen rötliche Stacheln sitzen, die wie die Hörner eines Texas-Langhorns aussehen – daher der Name.

Mancherlei Verhältnis hat sich schon zwischen Ameisen und Pflanzen entwickelt, aber die Beziehung zwischen der Stierhornakazie und ihren Ameisen gehört zu den seltsamsten. Es ist auch eines der dramatischsten Beispiele der Co-Evolution zweier verschiedener Arten in den Tropen.

Die Ameisen graben Löcher in die Stachelenden, höhlen das Astinnere aus und richten dort eine Kolonie ein. Wenn die Pflanze gestört wird, z. B. wenn jemand einen Ast schüttelt, flitzen die Tiere aus ihren Löchern, den Stachel im Anschlag, um ihren Wirt zu verteidigen. Ihr Stich hat bislang noch jeden überzeugt.

◄ **Blattschneiderameisen sind in den Tieflandwäldern von Costa Rica allgegenwärtig**

Die Ameisen schlagen jedoch nicht nur Pflanzen fressende Angreifer wie Raupen und Kühe zurück, sie pflegen auch den Boden rund um die Akazie und halten ihn frei von Sprossen anderer Pflanzen, die den Lebensraum ihres Wirtes einengen könnten. Das will in einem Tropenwald mit 1200 Baumarten und unzähligen anderen Pflanzen schon etwas heißen. Und die Akazie zeigt sich erkenntlich. Nicht nur indem sie ihren Beschützern Unterkunft gewährt, sie ernährt sie auch. Winzige, wurstförmige Gebilde, die Zucker und Proteine enthalten, hängen von den Blattenden und werden von den Ameisen geerntet.

Auf dem Waldboden sieht man überall die Pfade der Blattschneiderameisen, die durch den Dschungel marschieren und nach zarten Blättern suchen. Stellen Sie sich Tausende von Menschen vor, die auf der Autobahn nach Hause eilen und dabei Sperrholzplatten mit Abmessungen von 2,50 auf 1,50 m auf dem Kopf tragen, dann haben Sie die Lebensweise dieser Ameisen erfasst. Blattschneiderameisen sind erstaunlich fleißige Insekten. Sie können einen ausgewachsenen Mangobaum über Nacht »entkleiden«, indem sie 1,5 cm große rundliche Stücke aus den Blättern schneiden, sie hochstemmen und damit den Baumstamm hinunter zu ihrem Bau eilen, der 1 km oder weiter entfernt ist.

Riesige Ameisenhaufen mit über 100 m Durchmesser und einer Tiefe von 2 m sind nicht ungewöhnlich. In diesen Ameisenmetropolen kauen Millionen, vielleicht Milliarden von Tieren an Blattteilen und mischen sie mit Speichel zu einem Schleim, aus dem sie Pilze züchten, die ihre Nahrung ausmachen. Große Kolonien können am Tag fast 45 kg Blätter verarbeiten. Bei einer Lebensdauer von mehreren Jahrzehnten, die eine solche Kolonie erreichen kann, werden Tonnen von Pflanzenteilen zersetzt. Konstanter Regen und große Hitze zehren die Böden aus, und so schaffen die Nahrungslager und Komposthaufen der Ameisen Oasen aus gehaltvoller Erde. ■

Seite 246

Das Geheimnis der Steinkugeln

Am höchsten Punkt der Isla del Caño, wo der Wald dicht und ruhig daliegt, knistert dürres Laub unter der Sohle, wenn man sich der präkolumbischen Begräbnisstätte der Brunca-Indianer nähert. Zwei Steinkugeln liegen unter den Bäumen. Sonnenflecken flirren auf den grünbemoosten Globen, deren Symmetrie inmitten dieses formlosen Pflanzenchaos Rätsel aufgibt.

Tausende dieser Kugeln wurden an verschiedenen Stellen im Süden Costa Ricas und manche sogar in Panama gefunden. Obwohl sich ihre Herkunft und Bedeutung bislang jeder Erklärung entzog, vermutet man, dass sie in Dörfern auf Osa, bei Palma Norte, hergestellt und in Kanus nach Caño gebracht wurden, wo man sie zum Friedhof am höchsten Punkt der Insel rollte.

Kleinere Steinkugeln in Orangengröße dienten wohl als Spielzeug, die größeren von bis zu 2 m Durchmesser könnten die politische und soziale Position des Verstorbenen symbolisiert haben. Die nach Osten gerichteten Gräber, auf denen solche Kugeln sitzen, enthielten geheime Kammern mit kostbarem Schmuck und waren mit einer Schicht aus Sand, Korallen und Kiesel bedeckt. Mehrere Kugeln wurden in Gruppen platziert, die die Position der Gestirne darstellen.

rung zu den Wasserfällen von Llorona mit einem Bad in den kühlen Becken des Río Claro sowie einen Ausflug zur Insel Caño.

Das nördlich am Strand gelegene Drake Bay Wilderness Camp (www.drakebay.com) offeriert ein ähnliches Programm, Fahrten mit Kanus oder Seekajaks sowie Walbeobachtung (Januar/Februar). Die Las Caletas Lodge (www.caletas.co.cr, unter Schweizer Leitung) begeistert mit herrlicher Aussicht aufs Meer. Die einfachen, strohgedeckten *cabinas* am Hang fügen sich gut in die Dschungelwelt ein.

Isla del Caño

Das biologische Reservat **Isla del Caño ❺** liegt 15 km vor der Küste von Corcovado im Meer und ist in einer Stunde mit dem Boot von Marenco oder Drake Bay aus zu erreichen. Nach Erkenntnis der Archäologen diente die Insel als Grabstätte der Eingeborenen und als Piratenstützpunkt.

Delfine reiten in der Bugwelle des Bootes, und fliegende Fische segeln über die Brecher und eskortieren die Besucher zur Insel. Zwischen Dezember und August kommen die 40 t schweren Buckelwale von ihren Futterplätzen in Alaska hierher. Die Männchen versuchen mit ihren Gesängen die Weibchen anzulocken und vollführen oft eindrucksvolle Luftsprünge, mit denen sie ihre »Flitterwochen« in den warmen Gewässern vor Costa Rica feiern.

Die Insel ist umgeben von türkisfarbenem Wasser, kleinen Stränden und koral-

Einkaufstipp

Die Drake Bay ist eigentlich kein typischer Ort für einen Shoppingtrip, aber das Dorf **Agujitas** ist einer der wenigen Plätze in Costa Rica, wo »molas« hergestellt werden – handgenähte, mit Applikationen versehene Blusen und Stoffe, die man sonst eher mit Panama in Verbindung bringt.

▶ **Ein Geschenk aus dem Weltall oder ein antiker Grabstein?**

Für Notfälle
Im Corcovado-Nationalpark mit so gefährlichen Tieren wie Korallenschlangen und Buschmeistern ist man ganz auf sich gestellt. Auch wenn eine Begegnung mit diesen Lebewesen unwahrscheinlich ist, führen vorsichtige Wanderer ein Schlangenbiss-Set mit (u. a. erhältlich in Outdoor-Geschäften).

Seite 276 TOP 50

lenbewachsenen Felsenriffs. In allen Farben funkelnde Tropenfische können mit einer einfachen Schnorchelausrüstung in 15 m Entfernung vom Strand der Parkverwaltung beobachtet werden. Gepflegte Pfade führen durch den üppigen Wald, in dem Epiphyten und Philodendren wuchern, die leicht ein ganzes Wohnzimmer füllen würden.

Landeinwärts nach Sierpe

Ein abenteuerlicher Weg, die Osa-Halbinsel zu verlassen, ist eine Bootsfahrt auf dem breiten, schlammigen Río Sierpe zur Ortschaft **Sierpe.** An der Mündung des Flusses ist das Wasser oft sehr bewegt, und man sollte auf alle Fälle eine Schwimmweste anlegen.

Die Flussufer sind von Mangroven gesäumt, in deren Wurzellabyrinth viele kleine Fischarten leben. Auf dem Weg flussaufwärts lohnt es sich, nach Krokodilen und Kaimanen Ausschau zu halten, die im Wurzelgeschlinge auf Beute lauern. Blaureiher und ganze Schwärme von Schmuckreihern fliegen auf, wenn das Boot vorbeifährt.

Selbst diese ozeanischen Mangrovenwälder sind nicht sicher vor der elektrischen Säge. Sie werden abgeholzt, um Holzkohle zu gewinnen, oder ihre Rinde wird abgeschält, um aus ihr den Ledergerbstoff Tannin zu gewinnen. Doch bislang hält sich der Schaden in Grenzen, so dass in den Mangroven des Río Sierpe noch viele Tiere im Grenzbereich zwischen Land und Meer leben.

Auf dem Sierpe verkehren Schiffe verschiedenster Größe. Verwitterte Einbäume sind mit Bananen beladen, rauchende Schlepper teilen sich den Fluss mit den Motorbooten der Urlauber aus den umliegenden Dschungelherbergen. Nach zwei Stunden Flussfahrt kann man an der Las Vegas Bar im staubigen Sierpe einen Bus nach Palmar und von dort weiter Richtung Süden nehmen.

▼ **Einsamer Strand auf der Isla del Caño**

Nationalpark Corcovado

Am Ostrand des Corcovado-Nationalparks liegt **Puerto Jiménez ❻**, die größte Siedlung auf der Halbinsel und Hauptzugang zum Park. Es ist ein freundliches Städtchen mit einer wachsenden touristischen Infrastruktur. Hier findet man günstige Unterkunft und Verpflegung und in der Umgebung gibt es Lodges in allen Preisklassen. Von San José benötigt man etwa sieben Stunden nach Puerto Jiménez.

Der rund 40 000 ha große **Parque Nacional Corcovado ❼**, der den größten Teil der zerklüfteten Halbinsel bedeckt, ist ein wichtiger Rückzugsort für eine vielfältige Pflanzen- und Tierwelt. Hier spielten sich einige der härtesten Auseinandersetzungen in Sachen Umwelt ab, die in Costa Rica je vorkamen. Wilde Tiere leben hier zwischen hohen Bäumen, die mit Schlingpflanzen und Lianen bedeckt sind und auf gigantischen Brettwurzeln über dem Waldboden stehen, auf dem es von Leben nur so wimmelt.

Da im Corcovado-Park jährlich fast 6000 mm Regen fallen, wird er in der Fachwelt als »feuchter tropischer Regenwald« bezeichnet. Die Vereinfachung, die in einer solchen Einteilung liegt, wird allerdings durch die ökologische Komplexität des Gebiets Lügen gestraft. Allein dreizehn unterschiedliche Lebensräume können aufgrund des einzigartigen Zusammenspiels von Pflanzen, Tieren und Topografie unterschieden werden. 500 Baumarten – ein Viertel aller Arten in Costa Rica –, 10 000 Insektenspezies, Hunderte von Vogelarten, Frösche, Echsen, Schildkröten und viele der am meisten bedrohten und spektakulärsten Säugetiere der Erde leben hier.

Kapokbaum

→ Im Süden des Corcovado-Nationalparks steht ein 70 m hoher Kapokbaum – er gilt als höchster Baumriese des Landes.

Touren und Unterkünfte

Eine der großen Segnungen von Corcovado ist seine Unzugänglichkeit. Es ist ein Park, der dem Naturfreund Opfer an Zeit und Energie abverlangt, will er ihn in seiner Gesamtheit erfahren. Man kann sich die Schönheiten unterschiedlich erschließen: von Charterflügen über die Halbinsel mit Unterkunft in Luxus-Lodges bis hin zu mehrtägigen, anstrengenden Wanderungen – inklusive aufregenden Flussüberquerungen, Insektenplage und Campen am Strand.

Die beste Zeit für Wandern und Zelten ist die Trockenzeit von Dezember bis April. Man wandert von einer Parkstation zur anderen, wo einfache Unterkunft und Verpflegung geboten werden. Sehr wichtig sind Moskitonetz, Insektenschutz und lange Socken, eventuell eine Machete.

Eine rechtzeitige Reservierung bei der Parkverwaltung in Puerto Jiménez (Tel. 735-5036, 735-5580, 735-5282) ist unbedingt erforderlich.

Seite 246

TOP 50 Seite 277

▲ Bromelienblüte
▶ Brauner Pelikan

Pekaris haben einen übertriebenen Ruf als angriffslustigste Waldbewohner. Aber nichtsdestotrotz sollte man, wenn man einer Gruppe dieser Wildschweine begegnet, oder schlimmer, von diesen eingekreist wird, zur Sicherheit auf den nächsten Baum klettern.

Lapa Ríos (www.laparios.com), ein Luxus-Resort mit strohgedeckten Bungalows inmitten eines 400 ha großen Privatreservats, hat Zugang zu einem ruhigen Strand. **Bosque del Cabo** (www.bosquedelcabo.com) ist eine kleinere, freundliche Anlage, an der sich häufig Aras einfinden. Eine weitere gute Übernachtungsmöglichkeit in der Nähe von La Leona bietet **La Leona Eco Lodge** (www.laleonaecolodge.com), wo man in großen Zelten auf Holzplattformen wohnt.

Flora und Fauna

Von den geschätzten 250 Jaguaren, die noch im Lande existieren (s. S. 256), finden sich die meisten in den Wäldern von Corcovado, Tortuguero und in den Bergen von Talamanca. Um seinen Nahrungsbedarf zu decken, braucht ein Jaguar ein riesiges Territorium mit Beutetieren wie Pekaris, Hirschen und Agutis. Seit der Corcovado-Park existiert, hat sich die Jaguarpopulation mehr als verdreifacht. Auf den Wegen sieht man häufig ihre leicht identifizierbaren Spuren. Ganze Herden von Weißbartpekaris, eine tropische Wildschweinart, ziehen durch den Wald und suchen in den abgefallenen Blättern nach Nahrung. Wo sie sich aufgehalten haben, sieht es so aus, als ob eine Planierraupe durch den Dschungel gewalzt wäre.

Fast 300 Vogelarten leben im Nationalpark Corcovado, wobei die hellroten Aras am auffälligsten sind. Sie kündigen ihr Kommen mit knirschenden Schreien an. Glaubt man, einen jungen Hund heulen zu hören, sollte man nach einem Tukan Ausschau halten, der an seinem riesigen, gebogenen Schnabel leicht zu erkennen ist. Fallen Samen oder Fruchthülsen aus dem Dschungeldach herab, ist wohl ein Schwarm Papageien unterwegs, oder eine Herde Totenkopfäffchen oder Klammeraffen lässt es sich in den Baumwipfeln schmecken. Auch hier gilt: Je früher man sich morgens auf den Weg macht, desto größer ist die Chance, Tiere zu sehen.

▼ **Auf Schmetterlingsjagd im Reservat Golfito**

Orchideen, Bromelien, Philodendren und Farne wachsen an den Bäumen empor, wo die Licht- und Nährstoffverhältnisse gut sind. Der gehaltvolle Kompost, den die Epiphyten (Aufsitzerpflanzen) produzieren, wird vom Wirtsbaum genutzt, indem er Luftwurzeln auf den Urwaldboden hinunterwachsen lässt.

Die dichte Laubhülle der Epiphyten ist auch ein phantastisches Zuhause für winzige rot-blaue Giftpfeilfrösche, die in kleinen Wasserpfützen auf den Blättern der Bromelien leben. Die Weibchen legen ihre Eier auf die Erde und tragen die Kaulquappen dann in die Bäumen hinauf, wo sie sie mit unbefruchteten Eiern füttern.

Pilze und Flechten überwuchern umgestürzte Baumriesen. Fingernagelgroße Frösche und winzige Salamander leben in den feuchten Aushöhlungen von Baumstämmen oder unter dem feuchten Blattwerk am Boden. Sie sind nur schwer zu entdecken, doch die Bewegung eines Blattes verrät oft ihren Standort.

Seehafen Golfito

Golfito ❽ liegt am östlichen Ufer des Golfo Dulce und wird von Inseln und Halbinseln gegen die offene See abgeschirmt, die innerhalb des Golfes einen perfekten Hafen bilden. 1938 erkannte die United Fruit Company (s. S. 231) die günstigen Gegebenheiten und legte hier einen wichtigen Seehafen an. 1955 wurden über 90 % der Bananenernte Costa Ricas von dort aus verschifft. Schiffsmannschaften und 15 000 Einwanderer aus Guanacaste, die in den Plantagen arbeiteten, ließen sich in Golfito nieder, das sich zu einer Stadt der Bordelle und Schmuggler entwickelte. Die United Fruit Company oder »Mamita Yunai« schleuste ihre Gewinne aus Costa Rica in die Taschen amerikanischer Aktionäre und wurde zum Symbol des verhassten Yankee-Imperialismus.

Nach lähmenden Streiks und Arbeitskonflikten beschloss die United Fruit 1985, sich aus Golfito zurückzuziehen.

Seite 246

▲ Waschbären betteln oft nach Essbarem
▼ Schmetterlinge bei der Paarung

Flinke Raubkatzen

Costa Rica ist die Heimat für ein halbes Dutzend Raubkatzenarten. Diese zurückhaltenden und nachtaktiven Tiere gehören zu den seltensten und am meisten gefährdeten des Landes – über Jahre hinweg haben Jagd und Abholzung ihren Bestand radikal reduziert. Da alle Wildkatzen sehr scheu sind und Menschen aus dem Weg gehen, haben nur wenige Besucher das Glück, sie zu sehen.

Wie alle Katzen sind sie elegante und gute Jäger und machen sich nachts meist allein auf die Suche nach Beute. Tagsüber verstecken sie sich – getarnt durch ihr schön geflecktes Fell, das sie ironischerweise selbst zur begehrten Beute macht.

Der Jaguar oder »tigre« kann bis zu 100 kg wiegen und hat eine für Katzen ungewöhnliche Vorliebe für Wasser. Er bevorzugt Lebensräume wie Mangrovendickicht und bewaldete Flussufer, und er scheint gerne zu schwimmen. Als Nahrung bevorzugt er den Pekari (eine Wildschweinart), aber er erbeutet auch Fische und sogar Wasserschildkröten, deren Schale er mit seinen starken Zähnen knackt. Unglücklicherweise greift er auch Rinder. Viele Bauern betrachten ihn daher nicht als einen wertvollen nationalen Besitz, sondern als gefährlicher Räuber. Früher war der Jaguar überall im Land zu finden, inzwischen hat er sich in die Nationalparks zurückgezogen. Man wird zwar auch dort kaum diesem majestätischen Tier begegnen, aber man kann seine Spuren entdecken.

Fast so groß wie der Jaguar ist der Puma oder Berglöwe, eine der beiden Katzenarten Costa Ricas ohne geflecktes Fell. Die zweite einfarbige Katzenart, die Wieselkatze, ist viel kleiner als der Puma, hat kurze Beine und eine seltsam flache Stirn. Wieselkatzen sind in verschiedenen Lebensräumen zu Hause, aber im Gegensatz zu den Pumas sind sie am häufigsten im Flachland anzutreffen.

Die anderen drei Katzenarten mussten für ihr wunderschönes Fell teuer bezahlen, doch infolge eines geänderten Bewusstseins bei den Käufern und des Verbots, ihre Felle zu handeln, scheinen ihre Zukunftsaussichten nun wieder besser zu sein.

Der Ozelot – vielleicht die schönste aller Katzenarten – jagt meistens auf dem Boden, obwohl auch er ein sehr gut Kletterer und Schwimmer ist. Der Baumozelot, der wie ein kleiner, langschwänziger Ozelot aussieht, klettert besonders geschickt und erbeutet seine Opfer meist hoch über dem Boden. Er ist die einzige Katze, die in der Lage ist, ein Baum mit dem Kopf voraus hinunterzuklettern.

Die kleine Ozelotkatze ist ein Waldtier, das bis in Höhen von über 3000 m lebt. Obwohl sie früher heftig bejagt wurde, sind ihre Lebensgewohnheiten noch immer kaum bekannt. Doch eines ist sicher: Trotz ihrer geringen Größe kann sie gut zuschlagen und sich bei Zusammenstößen mit Hauskatzen meist durchsetzen. ■

◀ Der Puma oder Berglöwe ist ein echtes »panamerikanisches« Tier, das von Kanada bis Patagonien vorkommt

Seite 246

Infolge der einsetzenden Depression mussten ehemalige Mitarbeiter des Unternehmens die Stadt verlassen und als Fischer oder Bauern arbeiten. In letzter Zeit geht es mit dem Ort wieder aufwärts, und in der Altstadt, *Pueblo Civil,* spürt man einen Anflug von Boomtown-Atmosphäre. In den Seitenstraßen findet man Bars, und Prostituierte gehen ihrem Geschäft nach; die Straßencafés am Pier leben auf.

In der *Zona Americana,* der ehemaligen Siedlung der United Fruit Company, stehen großzügige Privathäuser, im Plantagenstil auf Stelzen gebaut, mit vergitterten Veranden und Walmdächern. In der »zollfreien Zone« im Uferviertel werden Fernsehgeräte, Kühlschränke, Schlafzimmer und andere Konsumträume 40 % billiger verkauft als in San José. Wer nach günstigen Angeboten sucht, sollte es in dem großen Open-Air-Einkaufszentrum von Golfito versuchen.

Bevor Sie den Ort verlassen, sollten Sie zum **Naturschutzgebiet Golfito** hinauffahren. Im Barrio Invu weist ein Schild gegenüber dem Fußballplatz an der Plaza Deportes den Weg. Halten Sie auf der Fahrt Ausschau nach Tukanen und Faultieren in den Bäumen an der steilen Schotterstraße. Oben blickt man auf das großartige Panorama des **Golfo Dulce.**

SANSA und Nature Air unterhalten regelmäßige Flugverbindungen nach Golfito. Für den geduldigen Reisenden bietet sich alternativ die anstrengende, doch äußerst eindrucksvolle siebenstündige Busfahrt von San José an.

Nördlich von Golfito

Nördlich von Golfito liegen schöne Kieselstrände, dichter Dschungel und eine Reihe von Lodges. Etwa 20 Minuten entfernt ist die **Casa Orquídea,** ein wunderschöner Garten, der vor mehr als 25 Jahren angelegt wurde. In einer bezaubernden Landschaft gedeihen Ingwer, Kakao- und Papayabäume, etwa 100 verschiedene Orchideen, üppig blühende Bauhinien-Bäume (orchid trees) und andere tropische Pflanzen. Eine Tour dauert etwa eine Stunde; sie erläutert u. a. den medizinischen Nutzen mancher bereits von den Indianern zu Heilzwecken verwendeten Pflanzen (tgl. geöffnet).

Im Jahre 1991 wurden 1200 ha Regenwald auf der Ostseite des Golfo Dulce zum **Parque Nacional Piedras Blancas ❾** erklärt. Doch zunächst konnten die vormaligen Landbesitzer nicht entschädigt werden, sodass lange die Gefahr bestand, diese könnten den Anspruch auf das Land wiedererlangen und den Weg für Rodungen frei machen. Daraufhin sammelte der in Golfito lebende Österreicher Michael Schnitzler bei seinen Landsleuten Spenden und konnte mit Unterstützung nationaler wie internationaler Organisationen die früheren Landbesitzer ausbezahlen und den Status des Nationalparks sichern.

TOP 50 Seite 269

Der Nationalpark Piedras Blancas ist dem Nationalpark Corcovado (s. S. 253) eingegliedert, und so erscheint er auf manchen Landkarten nur unter diesem Namen. Verwirrenderweise wird er auch

▶ **Riesiger Philodendron**

nach einem Fluss »Esquinas Nationalpark« genannt und trägt zudem den Spitznamen »Regenwald der Österreicher«.

Die biologische Station Las Gambas, die von der Universität Wien unterhalten wird, bietet einfache Unterkunft für Studenten und Wissenschaftler, die in der Artenvielfalt des Nationalparks Forschungen betreiben wollen. Weitaus luxuriöser wohnt man in der **Esquinas Rainforest Lodge** (www.esquinaslodge.com) mit Pool und einem feinen Restaurant. Die Wege im Park sind schwer zu begehen, ein Führer ist daher empfehlenswert.

Nationalparks

→ **In Costa Rica gibt es derzeit 24 Schutzgebiete mit Nationalparkstatus und zahlreiche weitere Biologische Reservate und Naturschutzgebiete, die zusammen fast 20 % der Landesfläche ausmachen.**

Südlich von Golfito

Südlich von Golfito, zwischen der Mündung des Río Coto bei Golfito und Punta Banco, der letzten Siedlung vor der Grenze zu Panama, liegen an der Ostküste des Golfes einige der unzugänglichsten Strände von Costa Rica.

Von Golfito gibt es eine Fährverbindung über den Río Coto nach Pueblo Nuevo. Hier ist die Abzweigung zum schönen, 8 km langen Badestrand von **Playa Zancudo.** Der gleichnamige angenehme Ort verfügt über gute Bade- und Surfmöglichkeiten sowie zahlreiche *cabinas.* Parallel zur Küste führt die Straße weiter Richtung Süden nach **Pavones,** kurz vor dem Río Claro. Zwar eignet sich der Strand weniger zum Schwimmen, doch Surfer kommen voll auf ihre Kosten. Auch hier gibt es mehrere einfache Unterkunftsmöglichkeiten.

◄ **Gelbes Totenkopfäffchen**

Nach ermüdender Fahrt durch Schlaglöcher, Morast und über eine Waschbrettpiste gelangt man nach 30 Minuten an die **Punta Banco.** Weites Wattland aus Vulkan- und Sedimentgestein, durchzogen von Prielen, in denen es von Leben wimmelt, und das Donnern der Brandung charakterisieren diese Landspitze.

Am Ende von Punta Banco markiert ein Tor zur Linken den Eingang zur **Tiskita Jungle Lodge ⑩** (www.tiskita-lodge.co.cr), einem privaten Regenwaldreservat mit einer Versuchsfarm für Tropenfrüchte und »Öko-Lodge«. Die qualvolle Anfahrt (ein Allradfahrzeug ist unbedingt nötig) kann man vermeiden, wenn man ab San José ein Pauschalpaket bucht, das die Anreise mit einer Chartermaschine einschließt, die auf einer Graspiste direkt neben der Lodge landet. Einzeln stehende Hütten mit Blick auf den Ozean liegen nur wenige Minuten vom Haupthaus entfernt. Gepflegte Wege führen zu rauschenden Wasserfällen, idyllischen Naturschwimmbecken und anderen interessanten Plätzen im 162 ha großen Wald. Mehr als 100 Obstbäume aus allen Tropenländern der Erde werden hier gezüchtet.

Seite 246

San Vito und Umgebung

Die Straße von **Ciudad Neilly** nach San Vito wurde ähnlich wie die Panamericana 1945 von den USA zum strategischen Schutz des Panamakanals gebaut. Die Straße führt steil bergauf nach **San Vito** auf 960 m Höhe. Der Ort wurde von Einwanderern aus Italien gegründet, die die costaricanische Regierung nach dem Krieg aufgefordert hatte, hier zu siedeln. Die saubere, moderne Stadt mit 10 000 Einwohnern, die vorwiegend Italienisch sprechen, liegt in einem Hochtal, und man bekommt hier hervorragendes italienisches Essen.

Die Hauptattraktion der Gegend sind die **Wilson Botanical Gardens ⓫** (tgl. 8 bis 16 Uhr, www.ots.ac.cr) in Las Cruces, etwa 6 km südlich von San Vito. Die Gärten werden von der Organisation für Tropische Studien (OTS) als Forschungszentrum und zu Unterrichtszwecken auf dem Gebiet der Tropenbotanik unterhalten.

Der Park wurden von einem italienischen Landschaftsarchitekten konzipiert, und Wege führen durch ausgedehnte Bestände von Helikonien, Bromelien, Baumfarnen, Orchideen und Palmen in den dahinterliegenden Urwald. Man kann hier in recht netten Unterkünften schlafen, sich mit Gastdozenten unterhalten oder Seminare von Gartenbaugesellschaften aus der ganzen Welt besuchen.

Indianerreservat Boruca

Nach der Brücke über den Río General kommt man wieder zurück auf die Interamericana. Einige Kilometer weiter in Richtung Palmar Sur führt eine ungeteerte Zufahrtsstraße nach **Boruca ⓬**. In diesem kleinen Indianerdorf geht das Leben noch seinen gewohnten Gang. Die Bewohner schnitzen Masken aus Balsaholz, sie stellen Gürtel, Geldbeutel und Tischdecken her und verkaufen ihr Kunsthandwerk an Straßenständen.

▲ Bromelienblüte in den Wilson Botanical Gardens
▼ Ein Moment der Besinnung im Dschungel

Jedes Jahr am 30. Dezember feiern die Boruca-Indianer die **Fiesta de los Diablitos** (Fest der Teufelchen), bei der die kriegerischen Auseinandersetzungen zwischen Indianern und Spaniern wieder aufleben – doch dieses eine Mal gewinnen die Indianer!

Seite 277 TOP 50

Nationalpark La Amistad

Der **Parque Nacional La Amistad** ⑬ ist Teil eines riesigen Schutzgebiets mit nahezu 600 000 ha Fläche, das 12 % des Territoriums von Costa Rica einnimmt und sich grenzübergreifend in Panama fortsetzt. La Amistad – »die Freundschaft« – wurde zum Biosphären-Reservat erklärt und von der UNESCO wegen seiner großen Artenvielfalt und seiner Bedeutung für die Wissenschaft in die Liste des Weltnaturerbes der Menschheit aufgenommen. Mehr als die Hälfte des Gebietes ist noch unerforscht.

In der Umgebung des in den Nationalpark eingebundenen Privatreservats Las Tablas gibt es lohnende und sichere Wandermöglichkeiten, aber nur tropenerfahrene und gut ausgrüstete Abenteurer sollten sich weiter ins Innere des Gebiets hineinwagen. Es gibt hier keine Serviceeinrichtungen wie in anderen Parks, doch die Parkbehörden helfen gerne auf der Suche nach Führern oder Pferden. Tagesausflüge werden von San Vito und San Isidro aus angeboten.

Nationalpark Chirripó

Der rund 150 km südlich von San José gelegene **Parque Nacional Chirripó** ⑭ bedeckt eine Fläche von 43 700 ha und ist vor allem wegen seiner unterschiedlichen Landschaftsformen interessant: *Páramo*-Hochebenen mit Krüppelbäumen wie in den Anden, Eichenwälder, Farnhaine, Nebelwälder, Sümpfe, Gletscherseen und der höchste Berg im südlichen Mittelamerika.

Den Aufstieg zum Gipfel des 3819 m **Cerro Chirripó** schaffen nur Bergwanderer, die auch Kälte und Regen nicht scheuen. Eine neue Berghütte und Wanderpfade, die regelmäßig instand gehalten werden, haben den Aufstieg inzwischen etwas erleichtert. Die höchsten Tagestemperaturen liegen bei 27 °C, nachts kann es bis zum Gefrierpunkt abkühlen. Die bes-

▼ **Der Cerro Chirripó – höchster Berg im Süden Mittelamerikas**

ten Monate für einen Aufstieg sind die trockenen Monate Februar/März, doch gerade in der Regenzeit zeigt sich die Pflanzenwelt von ihrer schönsten Seite.

Für den Aufstieg muss man sich rechtzeitig beim Büro der Nationalparkverwaltung in San Isidro anmelden (s. S. 262). Die Tour ist für durchtrainierte Wanderer von **San Gerardo de Rivas** aus in zwei Tagen zu schaffen, sicherheitshalber sollte man drei/vier Tage veranschlagen. Ausgangspunkt ist das ca. 20 km von San Isidro entfernte **San Gerardo,** wo man in einer der zahlreichen *cabinas* übernachten kann, z. B. in den Cabinas del Descanso (Tel. 742-5061). Empfehlenswert ist das ruhig gelegene Río Chirripó B & B (www.riochirripo.com). Bei der Parkverwaltung erhält man eine einfache Landkarte, topografische Karten muss man in San José besorgen. Die *campesinos* des Ortes vermieten Gepäckpferde für den Aufstieg.

Auch ohne Chirripó-Tour lohnt die Gegend um San Gerardo einen Abstecher. Es gibt gute Wandermöglichkeiten in herrlicher Landschaft, natürliche Thermalquellen, Wasserfälle und jede Menge Vögel – auch der seltene Quetzal (s. S. 206) wird hier von Zeit zu Zeit gesichtet.

Valle de El General

Schon in der Kolonialzeit hatte man versucht, einen befahrbaren Weg durch die Berge von Talamanca zu finden, um das unbekannte Land jenseits der Dota-Berge mit dem zentralen Hochtal zu verbinden. Erst 1860 gelang dies Don Pedro Calderón, nachdem die Regierung einen Preis dafür ausgesetzt hatte.

Die Eröffnung der Straße führte zur Besiedelung des **Valle de El General** und später zum Bau der *Carretera Interamericana,* die San José und das Zentrale Hochtal mit der südlichen Pazifikregion verbindet.

Man sollte schon früh in Richtung des Valle de El General aufbrechen, um Regen

Seite 246

Frühzeitig anmelden muss man sich für eine Wanderung auf den **Cerro Chirripó,** auch wer eine Lodge als Ausgangspunkt hat. In der Hochsaison sind die Plätze in den Berghütten oft über Wochen ausgebucht. Einen warmen Schlafsack und feste, wasserdichte Wanderschuhe sollte man am besten von zu Hause mitbringen.

▼ Innenstadt von San Isidro

Seite 246

Seite 274 TOP 50

und Nebel zuvorzukommen, die tagsüber häufig auftreten. Von San José fährt man auf der Interamericana zunächst nach Cartago und von dort weiter in Richtung San Isidro.

Die Route passiert den spektakulären, 3491 m hohen **Cerro de la Muerte** ⓯. Sein Name »Berg des Todes« leitet sich von den zahlreichen Reisenden ab, die früher zu Fuß diesen Berg überqueren wollten und in Stürmen und Temperaturstürzen umkamen. Heute kann man sich die Entbehrungen dieser Pioniere nur noch schwer vorstellen, wenn man in wenigen Stunden auf der guten Teerstraße den Pass überquert – und vielleicht an einem der Stände, die Souvenirs verkaufen, anhält.

Regen, Kälte und Nebel begleiten meist nur die erste Hälfte der Fahrt. Schon bald durchbricht man die Wolkendecke; im kühlen, klaren Sonnenschein liegen Blumenwiesen und Bergbauernhöfe. Wolken ziehen durchs Tal und um die Berggipfel – der Blick ist überwältigend. Abseits der Hauptstraße gibt es eine Reihe von kleinen Hotels.

▲ Am Busen der Natur – aber mit allem Komfort!
◀ Nebelverhangenes Blattwerk am Cerro de la Muerte

Wenn man bei Empalme rechts von der Hauptstraße abzweigt, kommt man nach **Santa María de Dota,** einen kleinen Ort, in dessen hübschen Park ein Denkmal an die Opfer des Bürgerkriegs erinnert.

Die Straße, die nach San Marcos de Tarrazú, San Pablo de León Cortes und San Cristóbal Sur weiterführt, trägt den Namen *La Ruta de Los Santos* (»Der Weg der Heiligen«). Sie zu fahren erfordert einen Wagen mit Allradantrieb.

In **Copey,** einem Dorf in den Bergen oberhalb von Santa María, kann man an einem See mit Wasserfall Rast machen, eine Rosenzucht oder Don Fernando Elizandos Forellenteiche besichtigen, stundenweise Pferde für idyllische Ausritte mieten und in der *soda* von William Rodríquez eine Forelle essen.

Zurück auf der Interamericana trifft man etwa eine halbe Stunde nach Empalme auf ein Schild mit der Aufschrift »San Gerardo«. Hier zweigt eine 9 km lange, gute, aber unbefestigte Straße nach **San Gerardo de Dota** ab, die parallel zum Río Savegre verläuft. Im grünen Tal sind die Trogon Lodge (www.grupomawamba.com) und die Savegre Lodge (www.savegre.co.cr) empfehlenswerte Adressen für eine angenehme Unterkunft.

San Gerardo de Dota ist wegen seines Nebelwaldes berühmt, der eine der weltweit besten Möglichkeiten bietet, den Quetzal zu sehen. Die Vögel kommen zum Fressen bis in die Bäume hinter den Lodges, und in den unterschiedlichen Gästebüchern finden sich begeisterte Eintragungen wie »Acht Quetzale heute!«. Warme Kleidung sollte man unbedingt mitbringen, denn es wird recht kühl, und man kuschelt sich am Ende des Tages gerne in drei Decken.

Die Fahrt nach **San Isidro de El General** kann sehr schön sein, wenn sich der Nebel vom Cerro de la Muerte verzogen hat. San Isidro ist das Marktzentrum dieses ländlichen Gebiets, eine geschäftige Stadt mit großem Park und viel Verkehr. ■

Isla del Coco

Die »Isla del Coco« (Kokosinsel) ist der abgelegenste Teil von Costa Rica: Sie befindet sich inmitten des Pazifischen Ozeans, ungefähr 600 km südwestlich vom Festland, auf gleicher Höhe mit Kolumbien. Die Isla del Coco zählt nur einige Hundert Touristen pro Jahr, aber Millionen ist sie aus dem Film »Jurassic Park« bekannt.

Ihre Gipfelregion ist von dickem Nadelwald bewachsen, durch den sich zahlreiche Flüsse ziehen. Die über 100 m hohen Klippen, die rund um die Insel den Zugang versperren, sind mit dichter Tropenvegetation bedeckt, und rund 200 Wasserfälle stürzen teilweise direkt ins Meer. Der Pirat Lionel Wafer, der die Insel vor über 300 Jahren besuchte, schrieb: »Was am meisten zur Schönheit des Ortes beiträgt, ist die Anzahl der klaren frischen Wasserfälle, die den ganzen unteren Teil der Insel bedecken.« Vorgelagert sind zahlreiche Klippen und von Wind und Wasser geformte Inselchen. Kein Wunder, dass Stephen Spielberg von diesem Ort inspiriert wurde.

Die Isla del Coco ist ungefähr 12 x 5 km groß und damit die größte unbewohnte Insel der Welt. Sie steht heute als artenreichster Nationalpark des Landes unter Schutz. Die Insel ist auch Schauplatz von Piratengeschichten, und viele sind überzeugt, dass dort noch Schätze versteckt sind – doch selbst mehr als 500 Expeditionen haben nichts zu Tage gefördert.

Zwei Buchten bieten die Möglichkeit zu tauchen und die Insel zu erforschen. In der Chatman Bay mit ihrem steinigen Strand scheinen die Geister vergangener Forscher und Piraten greifbar. Die meisten Besucher der Insel – überwiegend Schatzsucher, Taucher und Umweltforscher – halten jedoch die Wafer Bay für den besten Zugang zum Inneren der Insel.

Den höheren Teil des Feuchtwaldes erreicht man über steile Klippen, Felsen und Flüsse. Der Boden ist bedeckt mit wunderschönen Bromelien, Farnkraut, Orchideen, namenlosen Blütenpflanzen, Moosen und Farnen. Von einem hohen Gipfel blickt man auf eine unfassbar grüne Landschaft und das tiefblaue Meer. Jeder Fluss, jeder Wasserfall, jeder Strand scheint einen seltenen Schatz zu bergen. Der Friede ist betörend, und auch der Anblick des Korallenriffs, die Klarheit des Wassers sowie die Üppigkeit der Landschaft tragen zu dieser Atmosphäre bei, in der die mysteriösen Legenden der Vergangenheit lebendig werden.

Auf der Insel ist Zelten verboten, man muss auf dem Boot schlafen. Trinkwasser ist vorhanden, und es gibt nicht gekennzeichnete Wanderwege. Allgemeine Informationen und die Erlaubnis, die Insel zu besuchen, bekommt man beim Nationalpark-Service. Spezialisierte Touristikunternehmen organisieren Ausflüge von Puntarenas aus, sie sind allerdings leider sehr teuer. Für die meisten bleibt die »Kokosinsel« nur ein Traum – und vielleicht ist das auch besser so. ■

▶ Im dicht bewachsenen und unbekannten Inneren der Isla del Coco

In diesem Urlaub verstehe
ich nicht nur Bahnhof.
Fabian, 27, Globetrotter
Neubearbeitung
Englisch
Langenscheidt
Universal-Wörterbuch
Englisch
Stichwörter IN BLAU
Englisch – Deutsch
Deutsch – Englisch
Langenscheidt
...weil Sprachen verbinden
Verständigung leicht gemacht:
Diese Wörterbücher gibt
es für über 30 Sprachen.

TOP 50 – unsere besten Tipps

Schon seit 30 Jahren sind die Polyglott Apa Guides berühmt für ihre Autoren, Experten, die das Land von innen heraus kennen und wirklich vor Ort zu Hause sind. In den Top 50 teilen sie Geheimnisse mit Ihnen: die besten Adressen, ob Sie sich nun etwas Luxus leisten möchten oder ob Sie außerhalb der ausgetretenen Pfade unterwegs sind. Entdecken Sie die angenehmsten Hotels, die typischsten Restaurants, die originellsten Läden, die interessantesten sportlichen Aktivitäten und feiern Sie die prächtigsten Feste vor Ort mit.

Zusätzlich bieten wir Ihnen noch einen besonderen Service: Wenn Sie ein Hotel in einer anderen Gegend des Landes suchen, wenden Sie sich per E-Mail an uns. Unter der Adresse **apaservice@polyglott.de** beantworten wir Ihre E-Mail und geben Ihnen weitere aktuelle Adressen.

Infoteil

TOP 10 Hotels

Hotel Luna Azul

Playa Ostional, Halbinsel Nicoya, Tel. (00506) 821-0075, info@hotellunaazul.com, www.hotellunaazul.com. ○○○
Lage: ca. 3 km nördl. des Ortes Ostional, an der Straße nach San Juanillo

Es gibt sie noch, die außergewöhnlichen Plätze abseits der bekannten Strandorte. Ein Beispiel ist diese persönlich geführte Hotelanlage nahe der Playa Ostional. Die Schweizer Besitzer haben sich hier ein kleines Paradies geschaffen, das sie gerne mit Gästen teilen. Allein die erhöhte Lage inmitten eines Naturreservats ist die Reise wert – sogar vom Pool aus genießt man den Blick zum Pazifik. Man wohnt in einem der sieben geräumigen, geschmackvoll eingerichteten Bungalows mit Klimaanlage, Terrasse und offenem Bad (mit Blick auf den Trockenwald). Das Wohlbefinden steigern Massagen und homöopathische Anwendungen, geführte Touren in die Umgebung machen mit Brüllaffen, Vögeln und anderen Tieren bekannt. Der traumhaft einsame Strand liegt knapp 4 km entfernt. Zu Sonnenuntergang verwöhnt die Gäste ein genussvolles Dinner.

El Encanto B & B

Cahuita, Karibikküste, Tel. (00506) 755-0113, Fax 775-0432, info@elencantobedandbreakfast.com, www.elencantobedandbreakfast.com. ○○

Nur wenige Meter von der Playa Negra entfernt liegt diese reizende kleine Privatpension inmitten eines gepflegten tropischen Gartens. Zur Auswahl stehen freundliche Zimmer mit Bad sowie Apartments mit Küche. Gruppen bis 7 Personen können in einem eigenen Haus wohnen. Die kanadischen Gastgeber verwöhnen ihre Gäste mit einem vorzüglichen Frühstück und bereiten auf Wunsch weitere Mahlzeiten zu. Ein Katzensprung ist es ins Ortszentrum mit Shops und Restaurants. Interessant sind der Nationalpark sowie ein Ausflug zu den Bribri-Indianern.

Selva Bananito Lodge

Bei **Bananito Sur,** Karibikküste, Tel. (00506) 253-8118, Fax 280-0820, conselva@racsa.co.cr, www.selvabananito.com. ○○○○ (inkl. VP)
Lage/Anfahrt: 17 km südlich von Puerto Limón Abzweigung rechts nach Bananito Sur (5 km); von dort ausgeschilderte Zufahrt (ca. 1 Std. Piste)

Kein Komfort ohne Elektrizität? Hier wird man eines Besseren belehrt: Dank Solarenergie bieten die ansprechenden Bungalows eine warme Dusche und nachts erhellen Gaslaternen den Weg zum Restaurant, wo ein Candlelight-Dinner wartet. Tagsüber kann man durch das nur Hausgästen zugängliche Privatreservat wandern, das an das Biosphärenreservat La Amistad grenzt – das größte Naturschutzgebiet Mittelamerikas. Außerdem stehen Pferde und Mountainbikes zur Verfügung, lädt ein verwilderter Helikonien-Garten zum Verweilen ein. Abenteuerlustige können sich im »tree climbing« üben. Und dann wäre da noch die Hängematte auf der Bungalowterrasse mit Blick auf die Cordillera de Talamanca.

Punta Marenco Lodge

Drake Bay, Halbinsel Osa, Tel./Fax (00506) 222-5852, info@puntamarenco.com, www.puntamarenco.com. ○○○ (inkl. VP) Bootstransfer ab Sierpe (ca. 1,5 Std.) oder per Flugzeug nach Drake Bay und weiter per Boot (ca. 20 Min.); Ausflugspakete mit Transfer/Unterkunft.

Einfache Bäder ohne Warmwasser, keine Klimaanlage, die Zimmertüren nicht abschließbar ... Dennoch zählt die Punta Marenco Lodge zu den aufregendsten Unterkünften des Landes. Für alle Mühen der Fahrt entschädigen die herrliche Lage über dem Meer und unvergessliche Sonnenuntergänge, die man von der Hängematte der rustikalen Cabañas aus erlebt. Ein Motorboot und ein Funkgerät sind die einzige Verbindung zur Außenwelt: Direkt hinter der Lodge beginnt das Naturreservat Río Claro.

Ceiba Tree Lodge

5 km südöstl. von **Nuevo Arenal,** Arenalsee, Tel./Fax (00506) 692-8050, ceibaldg@racsa.co.cr, www.ceibatree-lodge.com. ○–○○

Wer in der populären Region um den aktiven Vulkan Arenal Ruhe sucht, wird enttäuscht – außer er fährt zum Arenalsee. Als Insider-Tipp gilt dort die Ceiba Tree Lodge: einzigartige Lage über dem See zu Füßen einer gewaltigen Ceiba, freundliche Gastgeber und leckeres Frühstück. Nur den Feuerberg sieht man nicht. Die Lodge unter deutscher Leitung verfügt über fünf Zimmer und ein Apartment. Orchideenfreunde kommen im gepflegten Garten auf ihre Kosten, und für Ausritte stehen Pferde bereit. Lohnendes Ausflugsziel: das Hängebrückensystem am Arenal-Staudamm.

Hotel Casa Turire

Bei **Atirro/Turrialba,** Valle Central, Tel. (00506) 531-1111, Fax 531-1075, turire@racsa.co.cr, www.hotelcasaturire.com. ○○○–○○○○

Wundervolle Palmen und die Architektur vermitteln die Illusion einer historischen Filmkulisse. Doch das Tophotel mit 12 Luxuszimmern und 4 Suiten wurde erst 1991 im Stil einer Südstaaten-Villa errichtet. Etwa 10 km außerhalb von Turrialba abseits der Straße nach Siquirres sehr ruhig gelegen, ist es ein optimaler Zwischenstopp auf dem Weg zur Karibikküste oder auch krönender Abschluss einer Rundreise. Das gehobene Ambiente, die Ausstattung der Zimmer und das gepflegte Restaurant vermitteln Wohlbehagen und machen das Hotel zu einem idealen Platz, um auszuspannen. Ferner bestehen zahlreiche Ausflugsmöglichkeiten: Das archäologische Nationalmonument Guayabo sowie die Vulkane Turrialba und Irazú liegen ebenso in Reichweite des Hotels wie das Orosí-Tal und das Naturreservat La Marta. Zum botanischen Garten des Agrarforschungszentrums CATIE und zum Schlangenpark »Parque Viborana« sind es nur wenige Minuten mit dem Auto. Lediglich mit dem Golfen hat es nicht geklappt, wie geplant: Mit dem Angostura-Stausee verschwand der 18-Loch-Platz unter dem Seespiegel. So verfügt man heute über den einzigen Unterwasser-Golfplatz der Welt ...

Finca Los Caballos Nature Lodge

Montezuma, Halbinsel Nicoya, Tel./Fax (00506) 642-0124,
Fax 642-0664, naturelc@racsa.co.cr, www.naturelodge.net. ○○–○○○
Anfahrt: 4,3 km nach Cobano in Richtung Montezuma Abzweigung links

Wer abseits vom Trubel des quirligen Touristenzentrums Montezuma die Ruhe sucht, ist hier gut aufgehoben: Die gepflegte Anlage unter deutscher Leitung liegt abseits der Straße und bietet mit ihrer Hanglage einen herrlichen Blick aufs Meer. Die Zimmer sind mit natürlichen Materialien geschmackvoll modern gestaltet, der Pool ist klein, aber fein, und im Restaurant verwöhnen u. a. feine Seafood-Gerichte mit lokalen Gemüsen und Früchten. Ein besonderes Highlight sind die gepflegten und gut genährten Criollo-Pferde – in Costa Rica leider nicht immer selbstverständlich. Mit versierten Guides kann man Ausritte in die Umgebung unternehmen, egal, ob man Anfänger oder ein geübter Reiter ist.

Hotel Cristal Ballena

Playa Ballena/Uvita, zentrale Pazifikküste, Tel. (00506) 232-8356,
Fax 231-7962, office@cristal-ballena.com, www.cristal-ballena.com.
○○○–○○○○
Anfahrt: ca. 6 km hinter Uvita in Richtung Süden Abzweigung links

Das Konzept dieses neuen Luxushotels ist schlüssig: beste Hanglage mit Meerblick, gutes Restaurant mit aufmerksamem Service und köstlichen Spezialitäten, ein ungewöhnlich großer Pool, überaus komfortable Zimmer und Suiten mit Himmelbetten, das Ganze gepaart mit herzlicher österreichischer Gastfreundschaft. Wer den weiten Weg hierher gefunden hat, möchte nicht mehr weg. Die übervölkerte Küste von Manuel Antonio scheint Welten entfernt, wenn man sich im Meeresnationalpark Ballena eine einsame Bucht sucht. Viele Strände sind nur zu Fuß und manche nur bei Ebbe zugänglich. Auch wenn Erholung hier im Vordergrund steht, gibt es in der Umgebung schöne Ausflugsangebote, z. B. eine Bootsfahrt zu Vogelfelsen, bei der man nicht selten von einer neugierigen Gruppe von Delfinen begleitet wird. Oder ein Ausritt zu einem einsamen Wasserfall, eine Exkursion im Naturreservat Barú, ein Rundflug mit einem Ultralight-Flugzeug … die Aktivitäten sind vielfältig.

Bahari Beach Bungalows

Playa Matapalo, zentrale Pazifikküste, Tel. (00506) 787-5014,
Fax 787-5057,
andrealudwig10@hotmail.com,
www.baharibeach.com.
○○–○○○

Nur gut, dass viele nicht wissen, wie schön und einsam es an der Playa Matapalo ist, nur 30 km südlich von Quepos! Der kilometerlange, dunkle Sandstrand mit kräftigem Wellengang und herrlichen Sonnenuntergängen liegt direkt vor der Haustür des ungewöhnlichen Strand-»Hotels« unter österreichischer Leitung. Die Gäste wohnen in komfortablen Luxuszelten aus Südafrika: Der Fußboden ist gefliest, es gibt Strom, ein bequemes Bett sowie ein gemauertes Bad mit Warmwasserdusche. Die vier Zelte gruppieren sich um einen Pool, dahinter spenden Bäume Schatten. Zum Relaxen am Strand stehen Liegestühle bereit.

Unterkunft

Die Bandbreite der Unterkünfte reicht in Costa Rica von der einfachsten Herberge bis zum Fünf-Sterne-Luxushotel. Hotels werden in der Regel nicht mit Sternen kategorisiert, einige entsprechen nicht einmal dem Niveau einer drittklassigen »pensión«. Die günstigeren werden oft von einheimischen Familien geleitet, die besseren Unterkünfte überwiegend von Ausländern.

Bei den meisten Unterkünften ist das Frühstück im Preis eingeschlossen.

Lassen Sie sich bei günstigen Domizilen unbedingt vorher das Zimmer und Bad (meist separat) zeigen. Neben der einzigen offiziellen Jugendherberge im Osten von San José (Hostal Toruma) gibt es in der Hauptstadt viele einfache Backpacker-Hostels mit Gemeinschaftsschlafräumen und Privatzimmern.

Nur im Umland von San José sind die sog. Apartotels üblich: kleine Apartments mit Küche, Bad und Aufenthaltsraum. Trotzdem gibt es einen Zimmerservice wie im Hotel.

Auf der Halbinsel Nicoya kann man wochen- oder monatsweise Häuser und Apartments mieten.

Eine Besonderheit sind die Urwaldlodges, die meist abseits inmitten tropischer Natur liegen und in der Regel nur im Paket mit Vollpension buchbar sind. Alle Costa-Rica-Reisenden sollten zumindest einmal eine Lodge besucht haben, denn nur so kommt man in unmittelbaren Kontakt mit der Natur.

Preisniveau

Insgesamt ist das Preisniveau günstiger als in Europa. Eine einfache Unterkunft ohne Komfort gibt es ab 15 $ pro Doppelzimmer, in einem ordentlichen Mittelklassehotel sind 60–80 $ zu kalkulieren, Luxushotels beginnen bei 100 $ pro Zimmer. Zu den veröffentlichten Preisen werden in der Regel noch die Mehrwertsteuer (derzeit 13 %) sowie die ICT-Steuer (derzeit 3,39 %) addiert. Die Preise liegen in der Hochsaison (Dez.–April) meist deutlich höher als in der übrigen Zeit und eine Vorreservierung ist empfehlenswert, vor allem über Weihnachten/Neujahr und in der Osterwoche. Viele Hotels berechnen dann einen Spitzensaisonzuschlag und akzeptieren nur Reservierungen ab einer bestimmten Aufenthaltsdauer.

Buchung

Das staatliche Tourismusbüro ICT listet auf der Webiste www.visitcostarica.com über 400 Hotels mit Fotos und Preisen. Eine große Auswahl empfehlenswerter Hotels findet sich auch beim deutschen Spezialveranstalter Costa Rica Reisedienst: www.costarica-reise.de.

Einige Hotels haben sich zu Gruppen zusammengeschlossen, u. a. Small Distinctive Hotels (sechs Luxushotels, www.distinctivehotels.com), Charming & Nature Hotels (neun gehobene Mittelklassehotels, www.charminghotels.net), Rincones de Ensueño (acht Mittelklassehotels, www.rinconesdeensueno.com) und die preisgünstigen Tucan Hotels (elf Hotels, www.tucan-hotels.com).

Wer seinen Aufenthalt bei einer Privatfamilie verbringen möchte, kann sich an Bells' Home Hospitality wenden (Tel. 225-4752, Fax 224-5884, homestay@racsa.co.cr; www.homestay.thebells.org. Dieser Service wird vor allem von amerikanischen Besuchern genutzt und ist deshalb auch von Miami aus organisiert.

Preiskategorien

(DZ mit Frühstück)

○	bis 60 $
○○	60–100 $
○○○	100–150 $
○○○○	über 150 $

Golfo Dulce Lodge

Golfo Dulce/westlich Golfito,
Tel. (00506) 821-5398,
Fax 775-0573,
esther@golfodulcelodge.com,
www.golfodulcelodge.com.
○○○○ (inkl. VP)

Schon die Anfahrt zu dieser überaus empfehlenswerten, sympathischen Urwaldlodge ist ein Erlebnis: Mit dem Boot geht es von Golfito hinaus in den Golfo Dulce, vorbei an einsamen Stränden und Bäumen voller Pelikane. An der Lodge angekommen, wird man von der Schweizer Besitzerin Esther herzlich empfangen und fühlt sich vom ersten Moment an wie zu Hause. Die großen, freistehenden Bungalows bieten viel Privatsphäre. Unmittelbar von der Veranda aus sind gleich die ersten Tiere zu beobachten, denn die Lodge grenzt direkt an den artenreichen Nationalpark Piedras Blancas. Dieser ist vor größerem Besucherandrang bislang verschont geblieben. Auf zahlreichen Wanderwegen kann man unter Anleitung eines versierten Führers den tropischen Regenwald erkunden und sich gleich danach im hauseigenen Swimmingpool oder am Strand von der oft schweißtreibenden Exkursion erholen. Auch bei Nacht lassen sich in der Umgebung der Lodge zahlreiche Tiere beobachten, u. a. der fotogene Rotaugenfrosch, der die Besucher mit seinen Knopfaugen überrascht anblickt.

TOP 10 Restaurants

Restaurant Cha Cha Cha

Cahuita, Karibikküste, Tel. 755-0191; tgl. außer Mo 17.30–22 Uhr. ○○

Mitten im Ortszentrum der »Karibikmetropole« Cahuita, rund 100 m nördlich des Dorfplatzes, liegt dieses Lokal unter italienischer Leitung. Im Lauf der Jahre hat es sich einen ausgezeichneten Ruf erworben. Das Ambiente ist eher einfach, aber durchaus ansprechend, die Räume prägt der luftige karibische Stil mit Holz und weichen Pastellfarben. Geboten werden ausgezeichnete Fischgerichte und Meeresfrüchte zu zivilen Preisen. Eine Tischreservierung ist anzuraten.

Lagarta Lodge

Nosara, ca. 5 km westlich des Ortes, Halbinsel Nicoya, Tel. 682-0035; tgl. außer Di 7.30–9.30 Uhr, 12–20.30 Uhr. ○○–○○○

Das Küstenpanorama in der kleinen Lagarta Lodge hoch über der Mündung des Río Nosara ist einmalig. Aber auch die Küche lohnt den Besuch. Ihr Angebot reicht von vegetarischer Pasta und knackigen Salaten mit Avocado oder Palmherz über saftige Rindersteaks bis hin zu Fischfilet in Weißweinsoße und reichhaltigem Meeresfrüchte-Fondue (auf Vorbestellung!). Mit Cocktails unterstreicht die Sunset Bar das Tropenfeeling.

Las Delicias de mi Tierra

La Garita de Alajuela,
Tel. 433-8536; tgl. 8–19 Uhr.
Von Alajuela zum Ortsteil Barrio San José, dann links in Richtung Zoo Ave. ○–○○

Der Ort für landestypische Küche in authentischem Ambiente! Das rustikale, offene Lokal ist mit alten Fotos und allerlei Krimskrams liebevoll dekoriert und offeriert, was Tico-Herzen höher schlagen lässt: vom Gallo Pinto, dem traditionellen Frühstück mit Eiern, Reis und Bohnen, über Chicharrones (frittierte Stücke Schweinefleisch) und Olla de Carne (Fleischeintopf) bis hin zum Casado genannten Tagesgericht. Auch Rindersteaks sind zu bekommen, nett angerichtet auf einem Holzbrettchen und zu sehr akzeptablen Preisen. Zum Dessert munden Tres Leches (aus Milch) und Flan de Coco (Kokospudding).

Hotel Miramontes

Santa Elena (Monteverde), an der Straße nach Tilarán rechts, Tel. 645-5152, www.swisshotelmiramontes.com. Mo–Sa 13–20.30, So 18–20.30 Uhr. ○○

Seit Jahren bürgt das Swiss-Hotel Miramontes für kulinarische Qualität. Der Schweizer Chefkoch Walter bietet neben Spezialitäten aus seiner Heimat wie Bündner Gerstensuppe, Rahmgeschnetzeltes mit (Maniok-)Rösti oder Käsefondue eigene Kreationen mit regionaler Note: Riz Casimir (Huhn mit Reis, Currysoße und Früchten), Pollo bzw. Lomito »Cahuita« (Huhn bzw. Steak mit Kokos-Rumsoße, Reis und gebratenen Bananen) oder »Orotina« (mit Mango-Biersoße und Früchten). Als Nachspeisen verführen Palatschinken, Apfelstrudel und Eis.

Casa Bavaria

Carrizal de Alajuela, Tel. 483-0716, www.casabavaria.net; Do–Sa 12 bis ca. 23 Uhr, So 11–17 Uhr. OO–OOOO

An der Straße von Alajuela zum Vulkan Poás liegt im Ortsteil Carrizal am Estadio Alejandro Morera dieses Restaurant, dessen Küche sich einen hervorragenden Ruf erwarb. Von der großen Terrasse bietet sich eine grandiose Aussicht fast über das gesamte Valle Central. Hier sitzt man im Freien und genießt eine große Auswahl an Fleischspeisen, die am Grill zubereitet werden. Neben den obligatorischen Huhn- und Rindfleischgerichten stehen Lamm, Kaninchen und Ente sowie Gulasch und sogar deutsche »salchichas« (Würste) auf der Speisekarte. Außerdem überrascht die Vielfalt bei Fisch und Meeresfrüchten, Pasta, Suppen und Salaten. In den gediegen-eleganten Innenräumen unterhält am Samstagabend Livemusik die Gäste.

Restaurant Tin Jo

San José, Zentrum, Calle 11, Av. 6–8 (Nähe Plaza Viquez), Tel. 221-7605, www.tinjo.com, Mo–Do 11.30–15, 17.30–22 Uhr; Fr/Sa bis 23 Uhr, So 11.30–22 Uhr. OO–OOO

Überall in Costa Rica gibt es viele chinesische Speiselokale, aber es gibt nur ein Tin Jo! Dieses Restaurant im Zentrum der Hauptstadt ist zweifellos die beste Adresse für asiatische Küche im ganzen Land. Man hat die Wahl zwischen verschiedenen Räumen und genießt in einem freundlich-gepflegten Ambiente einen wohltuend aufmerksamen Service. Neben chinesischen Gerichten serviert die Küche liebevoll zubereitete Spezialitäten aus Japan, Indonesien, Indien und Südostasien. Probieren Sie Chicken Coconut Soup, Vietnamese Crispy Rolls, Samosas, Ginger/Shiitake Pot Stickers, Pineapple Shrimp Curry und viele weitere Köstlichkeiten mehr.

La Esquina de Buenos Aires

San José, Zentrum, Calle 11, Av. 4 (neben Iglesia de la Soledad), Tel. 223-1909; Mo–Do 11.30–15, 18–22.30 Uhr, Fr bis 23 Uhr, Sa 12.30–23 Uhr, So 12–22 Uhr. ○○–○○○

Leider entdeckt man im Zentrum von San José nur wenige nette Restaurants. Die berühmte löbliche Ausnahme ist La Esquina de Buenos Aires, ein gemütlich eingerichtetes argentinisches Steakhaus, das erst 2005 seine Pforten geöffnet hat. Das kleine Lokal vermittelt den Eindruck eines Privathauses, sieht man die liebevoll gedeckten Tische. Auf der umfangreichen Speisekarte finden sich neben herzhaften Fleischgerichten in vielen Variationen hausgemachte Pasta und Salate. Hier sollten nur Vegetarier auf ein saftiges »lomito« verzichten – ein wahres Prachtstück von einem Steak!

Hotel Cantarana

Playa Grande, Halbinsel Nicoya, Tel. 653-0491, www.hotelcantarana.com; tgl. zu Frühstück, Mittag- und Abendessen; in der Nebensaison (nach Ostern bis etwa Ende Okt.) nur mit telefon. Voranmeldung. ○○○

Nördlich von Tamarindo liegt die Playa Grande, ein nur wenig besuchter Strand, der zu einem Schutzgebiet für Meeresschildkröten erklärt wurde. Nicht weit vom Ufer entfernt ließ sich vor einigen Jahren der deutsche Koch Manfred Margraf nieder, der zuvor schon in der Karibik ein ausgezeichnetes Lokal geführt hatte. Wer nun vermutet, es gäbe hier Schnitzel und andere deutsche Spezialitäten, liegt falsch: Im Cantarana ist Haute Cuisine angesagt, Fusionküche europäischer, karibischer und costaricanischer Einflüsse, wie sie im Land ihresgleichen sucht. Zu den zufriedenen Gästen zählen auch bedeutende Persönlichkeiten aus Politik und Wirtschaft, die sich hier ihr Wochenende am Strand versüßen lassen. Meist stehen auf der Tageskarte nur fünf Hauptgerichte sowie einige Vorspeisen und Desserts, die allesamt hervorragend zubereitet und angerichtet werden. Ein oder zwei Fischgerichte sind immer dabei. Das stilvolle kleine Restaurant (des sympathischen Hotels mit fünf Zimmern) erreicht man am besten über Huacas; von Tamarindo aus besteht die Möglichkeit, per Boot über den Río Matapalo anzureisen.

La Cantina BBQ

Manuel Antonio; an der Straße von Quepos nach Manuel Antonio, gegenüber Hotel Costa Verde, Tel. 777-0584 oder 777-0187, www.costaverde.com; tgl. 16–24 Uhr. ○○–○○○○

Billige Restaurants wird man in Manuel Antonio vergeblich suchen. Aber wer bereit ist, ein wenig mehr auszugeben, um dafür feines Essen in heiterer Atmosphäre zu bekommen, ist hier goldrichtig. Im La Cantina sitzt man lauschig im Freien neben einem ausrangierten historischen Zugwaggon. Die lockere Stimmung wird von Livemusik untermalt. Täglich spielen hier Bands, meist Reggae- und Salsarhythmen. Die Spezialität des Hauses sind Fleisch, Fisch und Meeresfrüchte vom offenen Grill. Darüber hinaus offeriert die Küche eine große Speisenauswahl in sehr guter Qualität, die der aufmerksame Service bestens zur Geltung bringt.

Steak-House El Novillo

La Fortuna/Arenal; ca. 11 km nach La Fortuna in Richtung Arenal rechts (etwa 600 m vor Tabacón), Tel. 460-6433 (nicht vom Ausland aus erreichbar); tgl. 10–23 Uhr. ○○–○○○

Längst hat sich herumgesprochen, dass es hier die besten Steaks im Umkreis von 100 km gibt. Die Gäste dürfen das gut abgehangene Fleisch sogar begutachten, ehe es gefühlvoll gewürzt und perfekt gegrillt wird. Die Lage zu Füßen des Vulkans Arenal, dessen Lavaregen man an klaren Abenden beobachten kann, ist ein weiteres handfestes Argument für einen Besuch. Wen stört bei diesem Erlebnis die nüchterne Einrichtung?

Essen und Trinken

»Sodas« sind in Costa Rica nicht etwa Softdrinks, sondern zwanglose Restaurants mit kleiner Speisekarte. Meist steht die Besitzerin selbst in der Küche, um ein günstiges und dabei schmackhaftes »casado« (Gericht des Hauses) zuzubereiten: Zu Schmorfleisch (carne en salsa), Kotelett (chuleta) oder gebratenem Fisch (z. B. corvina) reicht man Reis und Bohnen, ergänzt um eine Art Krautsalat und gebratene Kochbananen.
Die gehobenen Speiselokale finden sich überwiegend im Umfeld der Hauptstadt (v. a. in Escazú und San Pedro) sowie in den Touristenzentren. Häufig enttäuscht die Qualität in Relation zur gesalzenen Rechnung. Zu den Preisen in der Speisekarte werden oft Mehrwertsteuer (13 %) und fast immer »Service Charge« (10 %) addiert.

Die Vielfalt der Speisekarte

Morgens servieren viele Hotels ein »Continental breakfast«: Toast mit Butter und Marmelade, Kaffee oder Tee, bisweilen ein wenig Obst oder Saft. Eier muss man in der Regel extra bestellen (und bezahlen). Das landestypische Frühstück »Gallo Pinto«, Reis und Bohnen, vielfach scharf gewürzt, gibts fast nur in Einheimischenlokalen.
Als Vorspeisen kann man neben Suppen (nicht jedermanns Sache ist »sopa negra« aus schwarzen Bohnen mit Ei) fast überall Salate wählen. Köstlich ist der Palmito genannte Salat mit frischen Palmherzen. Wer Salat wählt, sollte sicher sein, dass es in der Küche hygienisch zugeht und keimfreies Wasser verwendet wird.
Obwohl es ausgezeichnetes Rindfleisch (lomito) gibt, sind bei Besuchern Fischgerichte gefragt – speziell am Meer. Der Großteil der Fische, die an der Karibikküste auf der Karte stehen, stammen jedoch aus dem Pazifik und werden in Kühllastern via San José gebracht. Liebling der Köche ist Seebarsch (corvina), manchmal als kalte Vorspeise in Limonensaft mariniert (ceviche). Ebenso verlocken Garnelen (camarones) und andere Meeresfrüchte.
Günstig sind Reisgerichte, z. B. mit Huhn (arroz con pollo), Rindfleisch oder Meeresfrüchten (con mariscos). Wer allerdings mit Koriander gewürzte Speisen nicht mag, sollte eine andere Wahl treffen.
Ein typischer Nachtisch ist »arroz con leche«, süßer Milchreis, oder Karamelpudding (flan). Dazu gehört eine kräftige Tasse Kaffee (von dunkel gerösteten Bohnen) oder ein Kaffeelikör, die Spezialität des Landes. Als Digestif eignet sich hervorragend einheimischer Rum der besseren Sorte (Centenario).
Trinkgeld ist zwar nicht obligatorisch, wird aber gerne gesehen. Üblicherweise rundet man den Rechnungsbetrag auf, wenn man mit dem Service zufrieden war.

Getränke

Die »Tropen im Glas« erfrischen fast überall im Land. »Fresco natural« heißt die Zauberformel für frisch gepressten Saft aus den reifen Früchten der Saison: Mango, Papaya, Ananas, Banane, Melone, Guave oder Maracuja.
Daneben sollte man die vielen in Mitteleuropa unbekannten Sorten wie Mora (eine Art Brombeere), Cas (sehr erfrischend, erinnert im Geschmack an Birne) oder Tamarindo (aus dem Fruchtmark in den Schoten des Tamarindenbaumes) einmal probieren.
In Costa Rica werden einige gute Biere gebraut: »Imperial«, »Pilsen« und »Bavaria«. Die Namen klingen deutsch, das Bier aber stammt aus heimischer Produktion. Gleiches gilt für das süffige Dunkelbier »Bavaria Dark«.
Inzwischen existiert zwar ein kleines Weinanbaugebiet, aber der Großteil der Weine wird aus Chile importiert und ist daher recht teuer.

Preiskategorien

Die Preisangaben beziehen sich auf ein gängiges Hauptgericht inkl. Steuern (13 %) und Bedienungsgeld (10 %):

○	bis 6 $
○○	6–10 $
○○○	10–15 $
○○○○	über 15 $

TOP 10 Shopping

Töpfereien in Guaitil, Halbinsel Nicoya

Über Jahrhunderte blühte im Norden der Halbinsel Nicoya die Chorotega-Kultur, bekannt für ihre vielgestaltige Keramik. Noch heute existieren in dieser Region zahlreiche Töpferwerkstätten, in denen nach überlieferten Formen und Mustern bemerkenswerte Keramikarbeiten entstehen, meist sogar nach traditionellen Methoden. Ein Zentrum ist das Dorf Guaitil rund 10 km östlich von Santa Cruz: Fast hinter jedem Haus steht ein Holzofen zum Brennen der Objekte. Verkauft werden sie in großer Auswahl vor Ort. Wer den Umweg scheut, kann auf Nicoya auch an etlichen Ständen am Straßenrand Keramiken erwerben – Handeln ist hierbei in begrenztem Rahmen durchaus möglich.

Mercado Central in San José

Eine Welt für sich ist der Zentralmarkt im Herzen von San José an der Avenida Central: ein buntes Gemisch aus Obst- und Gemüseständen, Metzgereien und Fischtheken neben Textilien, Haushaltsbedarf und Blumen. Dazwischen Lederwaren und Souvenirläden mit allerlei Kunsthandwerk. In der Mitte des Marktes versorgen die einfachen »sodas« die Händler und Besucher mit Imbissgerichten.

Tabakfabrikation in Puriscal und San Ramón

Vegas de Santiago, **Santiago de Puriscal,** Tel./Fax 416-6744 (span.) oder 828-2270 (deutsch), www.vegassantiago.com/de/index.htm
Don Pedro, **San Ramón,** Informationen bei La Casa de Los Hidalgo, Tel. 445-5463, lacasadepablo@hotmail.com

Nicht nur in Kuba, auch in Costa Rica hat Zigarrenfertigung Tradition. Zwei Manufakturen sind zu besichtigen: Seit über 80 Jahren entstehen im Zentraltal in Santiago de Puriscal Zigarren der Marke Vegas de Santiago. Besucher sind willkommen und können den Fertigungsprozess mitverfolgen.
Im Zentrum der Stadt San Ramón findet man die Fabrikation der edlen Don Pedros: Hier darf man seine eigene Versuchszigarre drehen und meist steht bald ein Gläschen Rum auf dem Tisch …

Indianische Holzarbeiten am Cerro de la Muerte

Latin Art Gallery, Dantica Cloud Forest Lodge, **San Gerardo de Dota** (Zufahrt bei Straßen-Km 80), Tel. 740-1067, www.dantica.com, tgl. 9–17 Uhr

Die Fahrt über den höchsten Pass des Landes ist bei gutem Wetter wegen der grandiosen Panoramen sehr lohnend. Zum Erlebnis gehört auch ein Stopp an den Verkaufsständen entlang der Straße, wo neben Hängematten und anderen Souvenirs indianische Holzarbeiten angeboten werden, u. a. Obstschalen aus leichtem Balsaholz. Wer lieber in einer Boutique einkauft, entdeckt in der Latin Art Gallery der neuen Dantica Cloud Forest Lodge traditionelle Handwerkskunst verschiedener Länder.

Kunsthandwerksmarkt am Nationalmuseum, San José

Neben den zahlreichen Souvenir- und Kunsthandwerksläden in der Innenstadt (z. B. La Casona, Calle Central, zw. Avda. Central und 1) lockt v. a. der Markt am Nationalmuseum, der jeden Tag geöffnet ist. In den Buden findet man neben T-Shirts mit Costa-Rica-Motiven und kitschigem Krimskrams auch schöne Andenken wie z. B. Holzschnitzarbeiten und bemalte Arafedern. Die Stände sind Fundgruben voller Überraschungen.

Galerie in der Orosi Lodge

Orosi Lodge, **Orosi,** Tel./Fax 533-3578, www.orosilodge.com

Die Cafetería der Orosi Lodge ist nicht nur Freunden aromatischen Kaffees und guter Kuchen ein Begriff: Die deutschen Besitzer veranstalten hier Wechselausstellungen mit Werken lokaler bildender Künstler. Außerdem verkaufen sie Postkarten, röstfrischen Kaffee aus biologisch-organischem Anbau von der nahen Finca Cristina in hübscher Verpackung, »Don Pedro«-Zigarren aus San Ramón und CDs von Papaya Music. Das von costaricanischen Musikern gegründete Label will den Reichtum der im Land vertretenen Musikstile einem größeren Publikum vorstellen. Tipp: Nur wenige Fahrtminuten entfernt kann man im Restaurant La Milpa am Cachi-Stausee einen kleinen Kunsthandwerksmarkt besuchen.

Mercado de Artesanía CASEM in Monteverde

Ca. 2,5 km nach **Sta. Elena** an der Straße nach Monteverde rechts (etwa 3 km vor dem Monteverde-Reservat); Mo–Sa 8–17 Uhr, Dez.–April auch So 10–16 Uhr; Tel. 645-5190; www.monteverdeinfo.com/casem/

In der Nebelwaldregion von Monteverde fördert ein beispielhaftes Projekt einheimische Künstler und Kunsthandwerker: das Comite de Artesanas de Santa Elena y Monteverde, kurz CASEM. Das Angebot umfasst Erzeugnisse von rund 140 freien Mitarbeitern, die in Kommission verkauft werden. Neben Holzarbeiten, Wandteppichen und Tischtüchern ergänzen das Sortiment Puppen, T-Shirts, Fotografien und Kaffee aus Monteverde. 75 % des Verkaufspreises gehen direkt an die Hersteller.

Buchladen »7th Street Books«, San José

Calle 7, zwischen Avenida Central und 1 (50 m nördlich des Hotel Balmoral), Tel. 256-8251; Mo–Sa 9–18, So 10–17 Uhr

Die wohl größte Auswahl an Reiseführern, Fachbüchern und Landkarten bietet dieser Buchladen nur wenige Schritte von der Plaza de la Cultura. entfernt. Wer sich mit Flora und Fauna näher beschäftigen möchte, findet hier Bestimmungstafeln und -bücher, ferner Sprachführer und überwiegend englischsprachige Literatur. Nett sitzt man im kleinen Café.

Ochsenkarren-Manufaktur

Fábrica de Carretas Eloy Álfaro, **Sarchí,** Tel. 454-4131, 150 m nördl. des Gebäudes von Mutual Alajuela, meist Mo–Fr 8–16 Uhr

Meiden Sie Sarchís riesige Geschäfte und erleben Sie in der Manufaktur Eloy Álfaro, wie noch Ochsenkarren für den heimischen Bedarf gefertigt werden. Außerdem stellt man »carretas« im Miniformat und andere Mitbringsel her: handbemalt und zu günstigen Preisen. Im Nebengebäude entstehen Tische und Holzschatullen.

Art Studio Lake Arenal

Am Arenalsee, etwa 1 km nach dem Hotel Tilawa in Richtung **Tilarán** auf der rechten Seite; Anmeldung erbeten unter Tel. 692-8050; www.artstudio-lakearenal.com

Die deutsche Künstlerin Leona hat sich vor mehreren Jahren am Arenalsee niedergelassen. In ihren ansprechenden Airbrush-Arbeiten (Acryl auf Seide) greift sie bevorzugt landestypische Motive auf, meist Tiere und Pflanzen, aber auch Menschen sind ihr Thema.

TOP 10 Aktiv

Canopy-Touren

Orginal Canopy Tour, Tel. (00506) 291-4465, www.canopytour.com
Sky Trek, Tel. (00506) 645-5238, www.skytrek.com
Selvatura,Tel. (00506) 645 59 29 , www.selvatura.com
Aventura Canopy, Tel. (00506) 645-6959 und 645-6388, www.aventuracanopy.com; alle in **Monteverde**
Vista Golfo Adventure Park, Miramar, Richtung Cordillera de Tilarán, Tel. (00506) 639-9900, www.vistagolfo.com

Canopy-Touren sind eine Erfindung aus Costa Rica. Mittels eines Seilsystems hangelten sich ursprünglich die Wissenschaftler von einer Baumkrone zur nächsten. Die Tourenteilnehmer werden heute – mit einem Gurtsystem gesichert – an einer Rolle an Seile gehängt und gleiten so von Plattform zu Plattform. Mit Naturerlebnis hat das nur bedingt zu tun, aber es macht riesig Spaß, seine Angst zu überwinden und sich in luftiger Höhe durch den Urwald zu bewegen. Monteverde ist eine Canopy-Hochburg, wenngleich neue Anbieter überall auftauchen. Allerdings sollte man sich, z. B. über sein Hotel, von der Seriosität eines Unternehmens überzeugen (es gab schon mehrere Unfälle).

Bootstouren zur Tierbeobachtung

Aventuras Arenal, La Fortuna, Tel. 479-9133, www.arenal adventures.com; Bootstouren auf dem Río Frío/Caño Negro und auf dem Río Bebedero
Safaris Corobicí bei Cañas, Tel. 669-6191, www.nicoya.com; geruhsame Floating-Touren auf dem Río Corobicí
Cambute Tours, Quepos, Tel. (00506) 777-3229; Touren auf dem Río Damas
Hotel Oleaje Sereno, Sierpe, Tel. (00506) 788-1103, www.hoteloleajesereno.com; Bootstouren auf dem Río Sierpe

Die besten Möglichkeiten, die vielfältige Tierwelt des Landes aus nächster Nähe zu erleben, sind Bootstouren auf den Flüssen und durch die Mangrovengebiete des Tieflandes. Neben den berühmten Kanälen von Tortuguero im Nordosten, die alle Veranstalter im Programm haben (vgl. auch: Kanu- und Kajaktouren), bietet sich das Feuchtgebiet von Caño Negro zur Erkundung an. Dort überwintern zwischen Oktober und März viele Zugvögel aus Nordamerika.
Auf der pazifischen Seite gilt dies besonders für die Region des Río Tempisque und dessen Zufluss Río Bebedero. Hier sieht man neben interessanten Vogelarten viele Leguane, Krokodile und meist auch Affen. Wer in Manuel Antonio wohnt, kann ab Quepos Touren auf dem Río Damas unternehmen. Ein weiterer guter Ausgangspunkt für naturkundliche Bootstrips ist das Dorf Sierpe im Süden.

(Berg-) Wandern

Aufstieg zum Cerro Chirripó: **Talari Lodge,** Tel./Fax (00506) 771-0341, www.talari.co.cr (Paket Chirripó, 5 Tage inkl. Vollpension, Transfers, Trägern und Eintritten 295 $ pro Person, Paket für 4 Tage 235 $)
Durchquerung des Corcovado-Nationalparks: **Costa Rica Reisedienst** (www.costarica-reise.de) in Zusammenarbeit mit der **Suital Lodge,** Tel. (00506) 826-0342, www.suital.com (Paket 5 Tage inkl. Transfers 169 $)

Costa Rica ist ein wahres El Dorado für Wanderfreunde: Das gebirgige Land bietet wunderschöne Trekkingmöglichkeiten im Tieflandregenwald ebenso wie an den Hängen der Vulkane. Klassiker sind die Durchquerung des Corcovado-Nationalparks auf der Halbinsel Osa im Süden sowie die Tour zum 3830 m hohen Cerro Chirripó. Den Aufstieg auf diesen höchsten Gipfel des Landes organisieren die Lodges in der Umgebung. Dafür ist eine langfristige Vorreservierung erforderlich. Auch die Nationalparks Sta. Rosa, Guanacaste, Rincón de la Vieja, Tenorio und Arenal im Nordwesten sowie Braulio Carrillo, Turrialba und Tapantí im Zentraltal werden von Trails durchzogen. In den unzähligen Privatreservaten kann man ebenfalls wandernd die exotische Flora und Fauna entdecken.

Kanu- und Kajaktouren

Tinamon Tours, Tortuguero, Tel. (00506) 8442-6561, www.tinamontours.de
Canoa Aventura, Fortuna, Tel. (00506) 479-8200, Fax 479-8200, www.canoa-aventura.com
Southern Expeditions, Dominical, Tel. (00506) 787-0100, www.southernexpeditionscr.com

Wer es gemütlich mag, lässt sich paddeln, z. B. im Kanu von der deutschen Biologin Barbara Hartung von Tinamon Tours durch die Kanäle von Tortuguero. Das Kanu selbst steuern heißt es bei Canoa Aventura. Der Spezialveranstalter bietet bei La Fortuna und im Feuchtreservat Caño Negro auch für Anfänger geeignete Touren an. An Stränden werden Ocean-Kajaks vermietet, mit denen man bei ruhiger See die Küste oder das Mündungsgebiet der Flüsse auf eigene Faust erkunden kann. Erfahrung erfordern die Stromschnellen des Río Pacuaré, Sarapiquí oder Savegre.

Rafting

Aventuras Naturales,
San Pedro, Tel. (00506) 225-3939 oder 224-0505, Fax 253-6934, www.toenjoynature.com

Río Pacuaré und Río Reventazón bei Turrialba, Sarapiquí und Savegre in der Nähe von Quepos sind die beliebtesten Flüsse für Wildwasserfahrten im Schlauchboot. Zwar erreichen die Wasserstände in der Hochsaison von Februar bis April ihren Tiefststand, dafür sind die Flüsse dann ruhiger als während der Regenzeit und somit auch für Anfänger manövrierbar. Aventuras Naturales hat nicht die niedrigsten Preise, gewährleistet aber größtmögliche Sicherheit, z. B. indem ein erfahrener Kanut das Schlauchboot begleitet.

Windsurfen

Tico Wind, Nuevo Arenal,
Tel. (00506) 692-2002,
info@ticowind.com,
www.ticowind.com
Tilawa Windsurfing Center,
Tilarán, Tel. (00506) 695-5050,
windsurf@tilawa.com,
www.windsurfcostarica.com

Als eines der weltweit herausragenden Binnenreviere für Windsurfer gilt der Arenalsee, an dessen Westufer von November bis April ein beständiger Nordostwind mit Windstärken bis 120 km/h bläst (für Anfänger nicht geeignet). Während Tico Wind von Dezember bis »Saisonende« Windsurfurlaub mit Top-Equipment namhafter Hersteller bietet, ist das Tilawa Windsurfing Center ganzjährig in Betrieb. Es organisiert Kurse für Anfänger und Könner.

Tauchen & Schnorcheln

Costa Rica Diving, Playa Flamingo, Tel./Fax (00506) 654-4148,
www.costarica-diving.com; unter deutscher Leitung
Deep Blue Diving, Playas del Coco, Tel. (00506) 670-1004,
www.deepblue-diving.com; deutschsprachige Kurse.

Als Top-Destination für Taucher gilt die Isla del Coco. Allerdings hat sie einen sehr exklusiven Preis. Daher beschränken sich die meisten Hobbytaucher auf Tauchgründe in Festlandnähe. Isla Catalina vor der Halbinsel Nicoya kommt hierbei eine herausragende Bedeutung zu, sodass sich die meisten Tauchschulen (Centros de buceo) um Playas del Coco und Playa Flamingo konzentrieren. Costa Rica Diving unterrichtet, ebenso wie Deep Blue Diving, auch in Deutsch. Die Tauchbasis startet mit zwei Booten zu 26 Tauchspots vor der Küste. Wer als Anfänger einen viertägigen Basiskurs (nach PADI-Standard) belegen möchte, sollte einen ärztlichen Tauchtauglichkeitsnachweis sowie zwei Passfotos mitbringen.

Ultralight-Rundflüge

Flying Crocodile Lodge bei Sámara, Halbinsel Nicoya, Tel. (00506) 656-8048, Fax 656-8049, flycroco@web.de, www.flying-crocodile.com
Skyline de Costa Rica, Uvita, zentrale Pazifikküste, Tel. (00506) 743-8037, skyline@racsa.co.cr, www.ultralighttour.com

Die beiden Anbieter, jeweils mit deutschen Piloten, verschaffen ein Erlebnis der besonderen Art: einen Rundflug mit einem Ultralight-Flugzeug, einer Art Flugdrachen mit Motor. Selbst erfahrene Vielflieger begeistert diese direkte und offene Art des Fliegens. Der Passagier sitzt direkt hinter dem Piloten, der über die Küstenwälder und das offene Meer steuert, oft nur wenige Meter über den Wellen – wirklich unvergesslich!

Wellenreiten

Tamarindo Surfschool, Tamarindo, Tel. 653-0923, www.tamarindosurfschool.com
Pura Mar Surf Connection, Tamarindo, Tel. 653-1355, www.puramar.com

Viele nordamerikanische Jugendliche reisen alljährlich nach Costa Rica, um die beste Welle zu reiten. Top-Surfplätze finden sich am Pazifik, besonders auf der Nicoya-Halbinsel, z B. Playa Negra und Tamarindo. Unter Surfprofis gelten hier die Monate Juli/August und Oktober/November als die besten. Wer fit ist, einen guten Gleichgewichtssinn hat und Wellenreiten lernen bzw. ein Board leihen möchte, ist in Tamarindo gut aufgehoben. Detaillierte Infos unter www.tamarindo.net.

Reiten

Volcán Turrialba Lodge, östliches Zentraltal, Tel. (00506) 273-4335, www.volcanturrialbalodge.com
Hotel Vista Golfo de Nicoya, Miramar (14 km von der Interamericana), Tel. (00506) 639-9900, www.finca-daniel.de
Hacienda Guachipelín Lodge, am Rincón de la Vieja, Tel. (00506) 442-2818, www.guachipelin.com
Finca Los Caballos Nature Lodge, Montezuma, Tel./Fax (00506) 642-0124, www.naturelodge.net, deutschsprachig

Überall im Land kann man Ausritte buchen. Die meisten Hotels bieten diesen Service direkt an oder vermitteln Interessenten an lokale Reitställe. Erfahrung im Umgang mit Pferden ist sicherlich hilfreich, wird in der Regel aber nicht vorausgesetzt. Auch wer vorher nie auf einem Pferd gesessen hat, sollte es hier einmal versuchen, denn ein Ausritt am Strand ist besonders in der Abendstimmung ein einzigartiges Erlebnis. Erfahrenere Reiter können in den Bergen anspruchsvolle mehrstündige oder auch mehrtägige Touren unternehmen, selbst in einigen Nationalparks ist dies erlaubt.
Allerdings sollte man sich die Tiere unbedingt vorher ansehen. Häufig sind diese in einem bemitleidenswerten Zustand. Gepflegte Pferde mit gutem Zaum- und Sattelzeug und ein Programm mit geführten Touren finden Sie bei oben genannten Anbietern.

TOP 10 Feste

Nationalfeiertag (Anschluss der Provinz Guanacaste)

25. Juli, landesweit, vor allem in **Liberia**

Bis zum Jahre 1824 gehörte die nordwestliche Provinz Guanacaste zu Nicaragua. Die damals getroffene Entscheidung der Bevölkerung zum Anschluss der Region an Costa Rica ist bis heute alljährlich Anlass zu ausgedehnten Feierlichkeiten, vor allem in der Provinzhauptstadt Liberia. Am 25. Juli, dem Jahrestag der Annektion, findet dort eine große Fiesta mit Paraden, folkloristischen Tanzdarbietungen und Konzerten statt. Da Liberia im Zentrum einer Rinderzuchtregion liegt, dürfen auch Stierkämpfe und Rodeo-Shows nicht fehlen. Stolze »sabaneros«, wie die Cowboys in Costa Rica genannt werden, beweisen in spektakulären Wettbewerben ihren Mut und ihre Geschicklichkeit und finden dabei nicht zuletzt bei den weiblichen Zuschauern viel Beachtung.

Tag der Unabhängigkeit

15. September, landesweit

Am Tag der Unabhängigkeit von Spanien paradieren landauf landab uniformierte Schüler durch die Straßen und feiert sich die kleine Nation mit Umzügen und Kundgebungen. Die »Fackel der Freiheit« wird von sportlichen Studenten aus Guatemala quer durch Mittelamerika nach Costa Rica getragen. Pünktlich um 18 Uhr erreicht sie am Vorabend des Festes die ehemalige Hauptstadt Cartago, woraufhin landesweit die Nationalhymne gesungen wird. Alle Geschäfte und Behörden bleiben am Unabhängigkeitstag geschlossen.

Día de la Virgen del Mar

Um den 16. Juli, **Puntarenas**

Die Hafenstadt Puntarenas liegt auf einer lang gezogenen Halbinsel und ist praktisch von allen Seiten vom Meer umgeben. Hier findet alljährlich am Jahrestages der viel verehrten Schutzheiligen der Stadt, der Jungfrau von Carmel, eine feierliche Prozession geschmückter Fischerboote und Jachten statt. Die Hauptfeierlichkeiten fallen auf den Samstag, der dem 16. Juli am nächsten liegt. Dann begeistern Paraden, Tanz- und Musikdarbietungen sowie Sportveranstaltungen und ein großes Feuerwerk die Menge. Im Anschluss beginnt der ausgelassene sommerliche Karneval von Puntarenas.

Festival de los Boyeros

Ochsenkarren-Festival, 2. Sonntag im März, **San Antonio de Escazú**

Im März feiert das Städtchen Escazú seinen »Día del Boyero«. In einem großartigen Korso steuern stolze Besitzer – viele in Tracht – ihre festlich geschmückten Ochsenkarren durch die Straßen der Stadt. Erst zu Beginn des 20. Jhs. entstand die Tradition der bunt bemalten Gefährte, als Fructuoso Chaverri in der Werkstatt seines Vaters die Räder eines Karrens mit einem weiß-blauen Stern bemalte. Es entwickelten sich Wettbewerbe um den schönsten Ochsenkarren, und bald schon wurde das gesamte Vehikel verziert. Wenngleich heute die meisten Waren mit Kleinlastern transportiert werden, begegnet man ab und zu noch Ochsengespannen.

Nationalfeiertag Día de Juan Santamaría

11. April, landesweit, v. a. **Alajuela**

An diesem Tag gedenkt Costa Rica des Sieges seiner Truppen über den nordamerikanischen Aggressor William Walker und sein Heer in Guanacaste. Als Walker 1856 in einem hölzernen Fort eingekesselt war, meldete sich der junge Soldat Juan Santamaría freiwillig, die Barrikaden anzuzünden. Er fand bei seinem mutigen, kampfentscheidenden Einsatz den Tod und wird seither überall als Held der Nation geehrt.
Vor allem in Santamarías Heimatstadt Alajuela wird an diesem Tag mit Paraden und Konzerten gefeiert. Der mit mächtigen Mangobäumen bestandene Zentralpark und der nicht weit entfernte Parque Juán Santamaría mit einem Standbild des Helden sind die Hauptschauplätze der Feierlichkeiten. Dort treten dann zahlreiche Bands und Tanzgruppen auf.

Semana Santa

Feierlichkeiten und Prozessionen in der Osterwoche, landesweit

In der Karwoche (Palmsonntag bis Ostersonntag) herrscht im überwiegend katholischen Costa Rica der Ausnahmezustand: Geschäfte und Behörden sind meist geschlossen (spätestens ab Donnerstag), und vor allem am Gründonnerstag und Karfreitag finden überall festliche Prozessionen statt, bei denen riesige Kreuze durch die Straßen getragen werden. Anders als in Europa ist jedoch der Ostermontag kein Feiertag.
Hinweis: Ein großer Teil der einheimischen Bevölkerung nutzt die freien Ostertage, um sich am Strand zu entspannen. Daher sollte man sich in dieser Zeit schon frühzeitig um ein Quartier bemühen, sonst bleibt einem nichts anderes übrig, als auf eine Unterkunft im Landesinneren auszuweichen.

Fiestas Patronales de Santa Cruz

Festwoche in **Santa Cruz,**
Woche um den 15. Januar

Zu Ehren des regionalen Schutzheiligen, des Schwarzen Christus von Esquipulas, wird im Januar in der Provinzstadt Santa Cruz auf der Halbinsel Nicoya ein Volksfest gefeiert. Dann unterhalten Folkloretänze, Stierkämpfe und die üblichen Belustigungen, die man auch von europäischen Volksfesten kennt, ein buntes Publikum. Eine besondere Stimmung verbreiten die Marimbas. Dieses traditionelle Instrument Mittelamerikas, eine Art Xylophon, wird jeweils von mehreren Musikern gleichzeitig gespielt. Zu den Fiestas Patronales fließen Bier und Rum in Strömen – und wenn die Einheimischen ausgelassen feiern, nehmen sie auch Touristen sehr freundlich in ihrer Runde auf.

Fiesta de la Virgen de Los Angeles

2. August, **Cartago**

Am Jahrestag der Nationalheiligen von Costa Rica, der »Jungfrau der heiligen Engel« – im Volksmund La Negrita, »die kleine Schwarze«, genannt – findet in Costa Rica die größte Wallfahrt Mittelamerikas statt. Tausende von Gläubigen pilgern aus allen Himmelrichtungen, auch aus den Nachbarländern, zur Basilika von Cartago. Manche rutschen den letzten Streckenabschnitt sogar auf den Knien. In einer großen Prozession wird das Bildnis der hoch verehrten Madonna durch die Straßen der Stadt getragen. An der Stelle der Kirche fand – so die Legende – im Jahr 1635 ein Indianermädchen eine steinerne Marienfigur. Sie nahm sie mit nach Hause, doch auf wundersame Weise kehrte die Figur zweimal an den Fundort zurück. Das Innere des 1926 dort neu errichteten Gotteshauses ist sehenswert. So birgt eine Seitenkapelle Hunderte von Figuren, die Gläubige zum Dank für die Hilfe der Madonna spendet haben.

Karneval von Limón

4–5 Tage (inkl. Wochenende)
Mitte Oktober

Das wohl farbenprächtigste und aufregendste Fest in Costa Rica ist der Karneval in Limón. Die Stadt feiert ihn alljährlich im Oktober, und zwar an jenem Wochenende, das dem »Día de Colón«, dem »Kolumbus-Tag« am 12. Oktober, am nächsten liegt. Hunderte bunt geschmückter Straßentänzer defilieren tagelang durch die Straßen von Limón, getrieben von karibischen Rhythmen. Bis zu 200 000 in- und ausländische Besucher strömen in die Stadt, um das Treiben aus nächster Nähe zu erleben – entsprechend sind die Hotels Monate im Voraus ausgebucht.

Anlass der Feiern ist der Jahrestag der Landung von Christoph Kolumbus am 12. Oktober 1502 auf der vorgelagerten Isla Uvita. In ganz Lateinamerika wird der Tag heute als »Día de la Raza« gewürdigt. Die Feiern erstecken sich in der Regel über vier bis fünf Tage.

Weihnachten (Navidad)

25.–31. Dezember
Festejos Populares, **San José**

Ähnlich wie in der Osterwoche wird auch über Weihnachten im ganzen Land ausgiebig gefeiert. Kinder gehen ab dem 15. Dezember von Haus zu Haus und singen Weihnachtslieder, und in den Häusern werden die saisontypischen Gerichte wie »melcochas« (Bonbons), »chicha« (eine Art Maisbier), »tamales« (mit Teig gefüllte Maisblätter) oder »rompope« (ein wohl schmeckendes Getränk mit Ei) zubereitet.

Das eigentliche Weihnachtsfest wird in der Nacht vom 24. auf den 25. Dezember um Mitternacht mit einer feierlichen Messe und einem anschließenden Essen im Kreise der Familie begangen.

Für Touristen interessant sind die Festejos Populares, das größte Volksfest im Land mit Fahrgeschäften, Stierkämpfen, Musik und Feuerwerk. Es wird in San José, genauer gesagt im südöstlichen Stadtteil Zapote, in den Tagen zwischen Weihnachten und Silvester veranstaltet. Am 26. Dezember findet eine »Tope« genannte Reiterparade in der Innenstadt von San José statt, und am darauf folgenden Tag wird Karneval mit Paraden und Umzügen gefeiert.

Reiseplanung

Klima

Im Wesentlichen gibt es in Costa Rica zwei Jahreszeiten: die Regenzeit, die hier Winter (invierno) genannt wird und von Mai bis Oktober dauert, und die Trockenzeit, der Sommer (verano), in den Monaten Dezember bis April.

Im Zentralen Hochtal spricht man vom »ewigen Frühling«. Und wie im mitteleuropäischen Frühling ist das Wetter dort schwer vorhersagbar. Die Mitteltemperatur liegt im Hochland bei 22 °C, an der Küste variieren die Werte: 21 bis 32 °C. San José hat eine Durchschnittstemperatur von 24 °C.

Die Ticos gebrauchen das Wort »temporal«, wenn sie von einem Gewittersturm reden, das heißt, er kann zwar jederzeit auftreten, ist aber nur von kurzer Dauer.

An der Karibikküste kann es immer zu Regenfällen kommen, hier ist es im Allgemeinen feuchter und schwüler als an der Pazifikküste. Aber auch während der Regenzeit ist der Morgen meist sonnig und wolkenlos. Die Monate September und Oktober sind an der Karibikküste entgegen dem Landestrend die niederschlagsärmsten!

Im Hochland über Heredia sinken die Temperaturen je 100 Höhenmeter um 3,7 °C. Die Höhenlage ist in Costa Rica der wichtigste Faktor, der das Klima eines Ortes bestimmt.

Reisezeit, Kleidung

Reisezeit

- Grundsätzlich ist Costa Rica ganzjährig bereisbar, auch während der Regenzeit (Mai–Okt.).
- Hochsaison: Mitte Dezember bis Ende April. Manche Hotels erhöhen die Preise schon ab Anfang Dezember, andere Hotels bieten bereits nach Ostern wieder Nebensaisontarife an, die bis zu 50 % niedriger sein können.

Während dieser Monate herrscht **Trockenzeit,** d. h. vor allem im Nordwesten (Guanacaste, Nicoya) fällt kaum ein Tropfen Regen, während es im Hochland und an der karibischen Küste durchaus zu Schauern kommen kann.

Ende April setzt dann die erste ausgeprägte **Regenzeit** ein, die in der Regel gegen Mitte Juni nachlässt und im Juli wieder ansteigt. Die meisten Niederschläge sind in den Monaten August, September und Oktober zu verzeichnen.

- **Schlechteste Reisezeit** (alles ausgebucht, Wucherpreise): Weihnachten/Neujahr und Osterwoche – unbedingt meiden!
- **Gute Reisezeiten:** Januar/Februar/März und in den Nebensaisonmonaten Juni/Juli, November und nach Ostern.

Kleidung

Pullover und Jacken sollte man für Unternehmungen in den Bergen und für kühle Abende oder klimatisierte Räume mitnehmen. Bei sportlichen Aktivitäten und am Strand können Sie kurze Hosen tragen, in der Stadt sind sie verpönt. Für ausgedehnte Wanderungen benötigen Sie Regenkleidung und feste Stiefel. Auch ein handlicher Regenschirm leistet oft gute Dienste. Bequeme, stabile Straßenschuhe erleichtern das Gehen in den Städten, wo Gehsteige oft sehr uneben oder gar nicht vorhanden sind.

In Costa Rica kleidet man sich förmlicher als in anderen Ländern und überdies recht anspruchsvoll. Wenn man in San José abends zum Essen ausgeht oder einen Nachtklub besucht, tragen die meisten Männer Anzug und Krawatte und auch die Frauen werfen sich so richtig in Schale. Man sollte also durchaus auch etwas Schickes einpacken.

Klima und Reisezeit

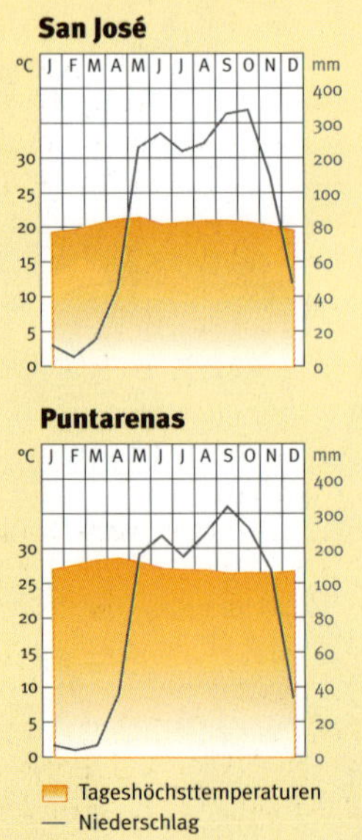

Reisegepäck

Medikamente und Filme bringt man besser von zu Hause mit, ebenso Hygieneartikel, Insekten- und Sonnenschutz. Diese Waren sind außerhalb San Josés oft schwer erhältlich und überteuert.

Reisedokumente

Für die Einreise nach Costa Rica benötigen Deutsche, Österreicher und Schweizer einen gültigen Reisepass. Wer länger als 90 Tage im Land bleibt, braucht eine Aufenthaltsgenehmigung. Die costaricanische Botschaft in Berlin stellt sie im Voraus aus.

Tragen Sie immer einen Ausweis bei sich (oder wenigstens eine Fotokopie), falls Sie von der Einwanderungsbehörde überprüft werden. Der Verlust des Ausweises muss sofort gemeldet werden.

Eine Verlängerung der Aufenthaltsgenehmigung ist in San José bei der Einwanderungsbehörde erhältlich (Migración, Dep. de Extranjeros; an der Straße zum Flughafen, gegenüber Hospital México). Wer die Aufenthaltszeit überschreitet, muss am Flughafen ein Ausreisevisum beantragen.

Costa Rica verbietet Kindern unter 17 Jahren die Ausreise ohne Begleitung beider Elternteile oder eine Erlaubnis durch das Kinder- und Jugendamt: Patronato Nacional de la Infancia (Tel. 223-8355). Wenn ein Elternteil mit einem Kind alleine ausreisen möchte oder wenn Eltern ihr Kind mit einer autorisierten Begleitperson ausreisen lassen wollen, so müssen sie mit dem Reisepass des Kindes bei der Jugendbehörde (Patronato, C. 19/Av. 6) die Erlaubnis einholen.

Sollte ein Kind mit einer Begleitperson oder mit nur einem Elternteil unterwegs sein, muss eine schriftliche Reiseerlaubnis durch das Konsulat des Heimatlandes der Jugendschutzbehörde Patronato vorgelegt werden, damit das Kind wieder ausreisen darf. Reisebüros übernehmen diese Amtsgänge in Costa Rica gegen eine Gebühr.

Haustiere können bei der Einreise unter Umständen für 6 Wochen in Quarantäne kommen, sodass jeder Kurzreisende seinen vierbeinigen Freund wohl besser zu Hause lässt. Die komplizierten und langwierigen Bedingungen und die notwendigen Formular für die Einfuhr erläutert www.botschaft-costarica.de/assets/applets/Mitnahme_Hund_oder_Katze.pdf

Impfungen, Krankenversicherung

Für die Einreise nach Costa Rica bestehen keine generellen Impfbestimmungen, kommt man jedoch aus Ländern Lateinamerikas (z. B. Nicaragua, Panama) wird der Nachweis einer Gelbfieberimpfung verlangt. Für Erwachsene empfiehlt sich eine Impfung gegen Hepatitis A. Individualreisende, die z. B. Touren in den Dschungel unternehmen möchten, sollten eine Typhusimpfung erwägen.

In schwülwarmen Gebieten bis 700 m Meereshöhe (Guanacaste, Puntarenas, Limón) besteht ganzjährig ein geringes **Malariarisiko.** Sprechen Sie mit ihrem Hausarzt über vorbeugende Maßnahmen. Am besten schützt man sich vor Malaria oder Dengue-Fieber, wenn man vermeidet, gestochen zu werden, d. h.: Die Haut regelmäßig mit mückenabweisenden Mitteln einreiben, unter Moskitonetzen schlafen etc.

Eine umfassende **Auslandskrankenversicherung** empfiehlt sich. Sie sollten darauf achten, dass die Versicherung auch bezahlt, wenn Sie wegen der Erkrankung über ihr Abreisedatum hinaus in Costa Rica in ärztlicher Betreuung sein müssen. Ausländer, die in Costa Rica ärztliche Hilfe in Anspruch nehmen, müssen die Behandlung sofort bar bezahlen. Die Summe wird nach der Reise von der Auslandskrankenversicherung erstattet. Eventuell kann man seinen Versicherungsschutz durch eine Diebstahl- und eine Gepäckversicherung erweitern.

Geld

Costaricanische **Währung** ist der Colón. Die aktuellen Umtauschraten entnehmen Sie bitte den Tageszeitungen (August 2007: 1 US $ = 516 Colones). Alle größeren Hotels und auch die Taxis akzeptieren bei der Ankunft US-Dollars.

Geldwechsel: Auf dem Flughafen kann nur bis 17 Uhr umgetauscht werden, aber Hotels helfen weiter. Am unproblematischsten ist der Geldtausch bei **Wechselstuben** (in San José z. B. GAB in der Einkaufsgalerie neben dem Gran Hotel), vom Tausch auf der Straße ist wegen Betrügereien abzuraten. Den besten Umtauschkurs bekommt man für US-Dollars oder Euros, andere Währungen sind nur schwer und zu schlechtem Kurs zu tauschen.

Lassen Sie sich Kleingeld und kleinere Scheine geben. 5000-Colón-Scheine werden häufig nicht gewechselt.

In den größeren Städten kann man auch mit der **Bankkarte** (Maestro) an Automaten Geld abheben.

Kreditkarten (Visa, oft Mastercard, seltener American Express) werden von den meisten besseren Restaurants und Hotels akzeptiert, doch wird bei Bezahlung mit Karte oft eine Gebühr von bis zu 10 % erhoben. Daher immer Reiseschecks oder Bargeld mit sich zu führen.

Rücktausch: Die Bank am Flughafen tauscht nur Colones im Wert von 50 Dollar zurück, wechseln Sie Ihr Geld also am besten vorher schon.

Steckbrief Geografie

- **Fläche:** 51 100 km²
- **Nachbarstaaten:** Nicaragua im Norden, Panama im Süden
- **Höchster Berg:** Vulkan Chirripó (3819 m) in der Cordillera de Talamanca
- **Küsten:** am Pazifik (1020 km) und am Karibischen Meer (210 km)
- **Bevölkerung:** 4,4 Mio. Einwohner, davon 96 % Weiße und Mestizen, 3% Farbige und 0,7 % Ureinwohner.
- **Sprache:** Landessprache ist Spanisch, an der Karibikküste ist Patois verbreitet; Englisch wird nur in den touristischen Zentren gesprochen.
- **Religion:** 76 % römisch-katholisch, 14 % protestantisch, 10 % sonstige/ohne Konfession

Steckbrief Politik

- **Staatsform:** Präsidialrepublik
- **Staatsorgane:** Alle 4 Jahre werden Staatsoberhaupt und Parlament (»Congreso Constitucional«) neu gewählt, wobei alle Einwohner über 18 Jahre wahlpflichtig sind. Die Wiederwahl eines Präsidenten ist möglich. Zwei Vizepräsidenten und ein Kabinett von 18 Ministern stehen dem Regierungschef zur Seite. Militär ist per Verfassung verboten, die Todesstrafe wird nicht verhängt.

Zoll

Gegenstände, die ausschließlich für den persönlichen Bedarf verwendet werden, können zollfrei eingeführt werden. Dazu zählen auch ein Fotoapparat und eine Videokamera sowie ein Laptop/Reiseschreibmaschine, ein Tonbandgerät, ein Kofferradio, Bücher und Manuskripte. Außerdem sind zollfrei: 400 Zigaretten oder 50 Zigarren oder 500 g Tabak, 3 l alkoholische Getränke, eine angemessene Menge Parfüm. (Zoll bei der Rückreise s. S. 297.)

Infoadressen

In Deutschland

Das staatliche Fremdenverkehrsbüro ICT unterhält kein Büro im deutschsprachigen Raum.

■ **Costa Rica Reisedienst,** Brunnwiese 17, 83278 Traunstein, Tel. 08 61/16 59 06, Fax 166 68 72, E-Mail: info@costarica-reise.de, www.costarica-reise.de.
Der Reisebuchautor und Costa-Rica-Spezialist Detlev Kirst bietet individuelle Reiseberatung und hilft bei der Buchung von Mietwagen und Hotels.

■ **Traveldesign,** Bauernfeindstr. 12, 80939 München, Tel. 089/36 51 34, Fax 32 45 54 77, www.traveldesign.de. Beratung gegen Honorar bietet auch der Landeskenner Wolf-Dieter Pfistner an.

Botschaften und Konsulate

In Deutschland

■ **Botschaft von Costa Rica,** Dessauer Str. 28–29, 10963 Berlin, Tel. 0 30/26 39 89 90, Fax 26 55 72 10, emb@botschaft-costarica.de, www.botschaft-costarica.de

■ **Generalhonorarkonsulat:** Meyerhofstraße 8, 22609 Hamburg, Tel. 0 40/80 13 95, Fax 80 99 59 43, rica@drab.de. Mo, Di, Do, Fr 10–12.30 Uhr.

■ **Honorarkonsulate:** Niederkirchweg 22, 65934 Frankfurt/M., Tel. 0 69/39 04 36 56, Fax 39 10 26, DrJDressler@t-online.de. Mo, Mi 10–13 Uhr.
Marienstr. 8, 30171 Hannover, Tel. 0511/ 28 11 27, Fax 2 83 41 11. Di, Fr 12–14 Uhr.
Lützowstr. 34, 04157 Leipzig, Tel. 03 41/909 67 32, Fax 909 67 33, Leipzig@Konsulat-Costa-Rica.de. Mo 10–13, Fr 11 bis 14 Uhr.

In Österreich

■ **Botschaft von Costa Rica,** Wagramer Str. 23/1/1/2–3, 1220 Wien, Tel. 01/263 38 24, Fax 23 86 32 45, embajadaaustria_costa.rica@chello.at, consularaustria_costa.rica@chello.at. Mo–Fr 9–14 Uhr.

■ **Konsulat:** Hagenauerstraße 5, 5020 Salzburg, Tel. 06 62/44 13 86, Fax 44 14 85. Mo–Fr 8–13 Uhr

In der Schweiz

■ **Botschaft von Costa Rica,** Schwarztorstrasse 11, 3007 Bern, Tel. 031/372 78 87, Fax 372 78 34, embajada.costa.rica@thenet.ch.

■ **Honorargeneralkonsulate:** Chemin de Mornex 38, Case Postale 85, 1001 Lausanne, 38, Tel. 021/3 12 77 64, Fax 3 12 33 02.
2, Via Curti, 6900 Lugano, Tel. 091/9 22 21 13, Fax 9 23 40 56.
Stockerstrasse 10, 8002 Zürich, Tel. 044/2 01 13 52, Fax 2 01 31 53.

In Costa Rica

■ **ICT (Instituto Costarricense de Turismo),** San José, Costa Rica, Tel. 222-1090.
Das Büro unterhalb der Plaza de la Cultura (neben dem Museo de Oro) ist Mo–Fr 9–17 Uhr geöffnet.

■ ICT unterhält neben dem Büro in San José nur zwei kleine Außenstellen in Peñas Blancas an der Grenze zu Nicaragua und in Paso Canoas (Grenze Panama).

■ In den Touristenzentren findet sich fast an jeder Ecke eine »Tourist Info« – aber eigentlich betreiben sie Etikettenschwindel: Es handelt sich hierbei um Büros, die Ausflüge, Hotels und Touren verkaufen wollen und an objektiver Beratung kein Interesse haben.

Costa Rica im Internet

■ **www.visitcostarica.com**
Offizielle Website des Tourismusministeriums.

■ **www.ticotimes.net**
Onlineausgabe der englischsprachigen Zeitung (vgl. S. 297) aus der Hauptstadt San José.

■ **www.costricareisen.com**
Deutschsprachige Infos über Natur, Unterhaltung, Tourenveranstalter, Unterkunftsadressen.

■ **www.1costaricalink.com**
Mehrsprachige, umfassende Website mit Infos über Naturparks und private Reservate, viele Unterkunftsangebote, Restaurants etc.

■ **www.centralamerica-tourism.com**
Deutschsprachige Website des Tourist Office Central America (TOC) mit Link auf Costa Rica.

Anreise

Flugzeug

Juan Santamaría heißt der internationale Flughafen von Costa Rica, der etwa 16 km von der Hauptstadt San José entfernt im Zentralen Hochtal liegt.
Auf dem zweiten internationalen Flughafen, **Daniel Oduber Airport** (auch **Tomas Guardia** genannt) in Liberia, Guanacaste, landen überwiegend Chartergesellschaften aus den USA und Kanada.
Der Flugverkehr erreicht zwischen Dezember und Februar sowie an Ostern seinen Höhepunkt. Reservie-

rung von Flügen und Hotelunterkünften für diese Zeiten sollte man rechtzeitig vornehmen.
Lassen Sie sich Ihren Flug 72 Stunden vor der Rückreise bestätigen und seien Sie zwei Stunden vor dem Rückflug am Flughafen, um Schwierigkeiten infolge Überbuchungen zu vermeiden.
LTU und Condor überlegen vor jeder Hauptsaison (November bis April) aufs Neue, ob Costa Rica in den Flugplan aufgenommen wird.
An ausländischen Linien bieten sich an: Martinair ab Amsterdam über USA (KLM-Zubringer ab Deutschland), British Airways (über London) und Iberia (über Madrid, von dort täglich nonstop).
Ferner haben die amerikanischen Fluggesellschaften (American, Continental, United) San José im Programm, eine weitere Verbindung besteht mit Lufthansa bis Miami und weiter mit LACSA.
Beim Verlassen des Landes wird eine **Flughafengebühr** von 26 $ erhoben.
Eine **Taxifahrt** von San José zum Flughafen (ca. 18 $) dauert 20 Minuten. Auch preiswerte Busse fahren regelmäßig vom Flughafen nach San José und Alajuela.

Schiff

Kreuzfahrtschiffe gehen an der Atlantikküste in Puerto Limón sowie an der Pazifikküste in Puntarenas oder Puerto Caldera vor Anker. Nähere Auskünfte erhalten Sie in Reisebüros.
Wer viel Zeit hat, kann eine Anreise per Frachtschiff erwägen. Bananendampfer verkehren regelmäßig zwischen Hamburg und Costa Rica. Auf einigen Frachtern stehen Passagierkabinen zur Verfügung.
Anfragen bei:
- **Internaves,** Lichtentaler Str. 14, 76530 Baden Baden, Tel. 0 72 21/ 39 38 37, Fax 39 38 36, internaves@t-online.de, www.internaves.com. Spezialist für Frachtschiffreisen weltweit.

Unterwegs in Costa Rica

Flugzeug

Inlandflüge

»Vuelos locales« sind unter ökologischen Aspekten eher kritisch zu sehen, stellen aber eine bequeme Alternative zu langen Fahrten auf schlechten Straßen dar. Folgende Airlines fliegen ab San José:
- **SANSA,** Paseo Colón, San José, Tel. 290-4100, Fax 290-3543, www.flysansa.com. Verbindungen nach Coto 47, Golfito, Puerto Jiménez, Palmar Sur, Drake Bay, Barra del Colorado, Tortuguero, Nosara, Sámara, Tamarindo, Punta Islita, Quepos, Tambor, Liberia. Keine Reservierungen per Telefon. Erst mit Bezahlung des Tickets wird eine Reservierung anerkannt, andernfalls kann Ihr Platz an jemand anderen vergeben werden.
- **Nature Air,** Tel. 299-6000, info@natureair.com, www.natureair.com. Verbindungen wie SANSA (außer Coto 47), außerdem auch Fortuna, Liberia, Bocas del Toro (Panama) und Granada (Nicaragua). Etwas teurer als SANSA; Flüge ab Tobias Bolaños Airport.
- **Helisa,** Flughafen Pavas, Tel. 231-5885, helisa@racsa.co.cr. Hubschrauberflüge in nahezu alle Landesteile.
- **Aero Costa Sol,** Flughafen Juan Santamaría, Tel. 440-1444, Fax 441-2671. Charterflüge innerhalb Costa Ricas und nach Nicaragua und Panama.
- **Paradise Air,** Tel. 231-0938, www.centralamerica.com/cr/tran/paradise.htm. Charterflüge in alle Landesteile.

Flughäfen in San José

- **Juan Santamaría** (international), Tel. 441-4781; 16 km vom Zentrum entfernt.
- **Tobias Bolaños** (Pavas; Inland), Tel. 232-2820, rund 5 km vom Zentrum entfernt.

Bus

Mit dem Bus kann man in Costa Rica fast jeden Punkt erreichen, er ist das allgemeine Transportmittel der Ticos. Die grobe Richtung, in die die Busse fahren, erkennt man an ihren Farben: Es sind die Farben der Fußballmannschaft des jeweiligen Fahrtziels (Heredia hat zum Beispiel die Farben Gelb und Rot).
Die Fahrer sind sehr stolz auf ihre Busse, deshalb sind sie sauber und gut gewartet, manchmal sogar mit teuren Stereoanlagen ausgerüstet. Viele tragen Namen, die mit entprechender Grafik die Buswand schmücken: Superman, Rey de la Montaña (»König der Berge«) usw.
Der größte Busterminal im Zentrum von San José ist der **Coca-Cola-Busbahnhof** (C. 16 / Av. 1–3), der so heißt, weil früher in der Nähe eine Coca-Cola-Abfüllfabrik stand.
Da sich Abfahrtszeiten und -orte ändern können, hier zur Rückversicherung eine Telefonnummer des ICT-Büros an der Plaza de la Cultura. Dort ist auch eine Liste mit Busunternehmen samt Telefonnummern erhältlich: Tel. 222-1090.
Dem englischsprachigen Wochenmagazin »Costa Rica Today« sind häufig Informationen zum Busverkehr zu entnehmen.

Bahn

Die derzeit einzige Zugverbindung besteht zwischen San José und Puerto Caldera an der Pazifikküste (südl. von Puntarenas). Samstag u. Sonntag fährt in San José um 7 Uhr ein restaurierter Sonderzug an der Estación del Ferrocarril al Pacífico ab. Fahrtzeit ca. 4 Std, Rückfahrt um 16 Uhr. Informationen:
- **America Travel,** Av. 20 / C. 2, Tel. 233-3300, Fax 233-3311, www.americatravelcr.com und www.ticotraintour.com.

Auto

Mietwagen

Mietwagen sind nicht mehr am Nummernschild zu erkennen, wodurch sich die Sicherheit der Reisenden erheblich verbessert hat. Autodiebstähle kommen jedoch vor. Dagegen sollte man sich versichern.

Im Stadtgebiet von San José ist ein Mietwagen nicht zu empfehlen, für Ausflüge dagegen sehr.

Machen Sie die Reservierung rechtzeitig und verlangen sie eine schriftliche Bestätigung. Eine Vorauszahlung empfiehlt sich insbesondere in der Hochsaison.

Ein Mietwagen ohne Allradantrieb kostet inklusive Versicherung im Durchschnitt 50 $ pro Tag. Wer keine Kreditkarte vorweisen kann, muss eine erhebliche Kautionssumme hinterlegen. Oft bestehen die Vermieter jedoch auf der Bezahlung mit Kreditkarte.

Das Mindestalter für den Fahrer beträgt 21 Jahre.

Bei der Reservierung eines allradgetriebenen Fahrzeuges (etwa 65 $ pro Tag) sollte man auf den Typ und den Zustand achten, auch auf Ersatzreifen und Werkzeug.

Alle angeführten Autoverleiher akzeptieren die gängigen Kreditkarten.

- **Adobe,** Tel. 258-4242, Fax 221-9286, in Deutschland: (0861) 16 59 06, www.adobecar.com.
- **Alamo** (Ada), Tel. 242-7733, Fax 242-7755, C. 11–13 / Av. 18. www.alamocostarica.com.
- **Budget,** Tel. 436-2000, Fax 436-2001, www.budget.co.cr.
- **Dollar,** Tel. 443-2950, Fax 440-1401, Paseo Colón / C. 32, www.dollarcostarica.com.
- **Hola,** Tel. 520-0100, Fax 296-2562, www.hola.net.
- **Toyota,** Tel. 258-5797, Fax 222-7875, info@toyotarent.com.

Welches Fahrzeug?

Ein Auto mit Allradantrieb (»doble tracción«) ist für viele Gegenden höchst empfehlenswert, denn außerhalb des Zentraltals sind die Straßen vor allem in der Regenzeit verschlammt, ausgewaschen und für Fahrzeuge mit wenig Bodenfreiheit unpassierbar.

Wenn man feststeckt, kann man aus dem Reifen etwas Luft ablassen, um die Reibungsfläche zu vergrößern.

Adressen in Costa Rica

In San José sind die Straßen großenteils im Schachbrettmuster angelegt, und dies spiegelt sich in der Bezeichnung des Straßensystems:

Straßen, die in Nord-Süd-Richtung verlaufen, heißen **Calles,** Straßen in Ost-West-Richtung **Avenidas.** Die **Avenida Central** (Av. Ctl.) bildet die Grenze zwischen der Nord- und der Südstadt. Westlich des Hospital San Juan de Díos wird diese Straße zum Paseo Colón. Die **Calle Central** (C. Ctl.) unterteilt San José in Ost und West. Die Straßen im Süden und Osten tragen gerade Nummern, die Straßen im Norden und Westen ungerade.

In **Adressen** werden folgende Abkürzungen verwendet:

C. = calle
Av. = avenida
m = metros
Ctl. = central
Apto. oder Apdo. = apartado (Postfach)

Eine **Wegbeschreibung,** die sich nach »calles« und »avenidas« richtet, wird zuerst die Straße anführen, an der das Gebäude steht, dann die Straßen, zwischen denen es sich befindet. Zum Beispiel: Der Standort der Kathedrale lautet: C. Ctl. / Av. 2–4. Also steht die Kathedrale an der Calle Central zwischen den Avenidas 2 und 4. Einzelne Hausnummern gibt es nicht. Eine Ortsangabe wird mit der Entfernung in Metern, die ein Gebäude von einem Orientierungspunkt hat, bestimmt. Beispiel: »150 m südlich von Matute Gómez' Haus; 100 m östl. von Banco Anglo; gleich nach dem rot angestrichenen Zaun und 25 m nach dem Papaya-Stand«.

Führerschein

Eine gültige ausländische Fahrerlaubnis kann drei Monate lang benutzt werden. Man sollte immer den Reisepass bei sich tragen.

Verhalten im Straßenverkehr

Autos fahren im Slalom um die Schlaglöcher (»huecos«), dasselbe werden Sie nach kurzer Zeit auch tun. Zweimal Aufblenden bedeutet, dass Ihnen der andere Fahrer die Vorfahrt lässt (z. B. beim Linksabbiegen). Bei einer Überlandfahrt kann dies auch bedeuten, dass die Polizei nicht weit ist. Radarfallen sind häufig.

Costa Rica hat eine sehr hohe Unfallrate. Fahren Sie defensiv und nie ohne Versicherung. Ein Warndreieck ist gesetzlich vorgeschrieben. Falls Sie in einen Unfall verwickelt sind, lassen Sie Ihr Auto stehen, bis die Polizei kommt, sonst wird angenommen, Sie seien der Verursacher. Machen Sie keine Aussagen, aber versuchen Sie, die Namen von Zeugen zu bekommen.

Hüten Sie sich davor, falsch zu parken! Ein gelb markierter Randstein bedeutet Parkverbot. Selbst wenn Sie sich im Wagen aufhalten, kann die Polizei einen Abschleppwagen (»grúa«) rufen. Sie können dann in Ihrem Wagen zur Abholstelle mitfahren und müssen mit 30 $ Strafe rechnen. In jeder größeren Stadt gibt es allerdings zahlreiche bewachte Parkplätze (»parqueos«).

Lassen Sie niemals den Wagen unbeaufsichtigt stehen, wenn Sie Gepäck dabei haben! Egal, ob das Gepäck abgedeckt wurde oder nicht, der Wagen ist schneller aufgebrochen, als Sie ihn mit einem Schlüssel öffnen! Dies gilt nicht nur für das Zentraltal, sondern auch für abgelegene Gebiete.

Am besten ist es, direkt das nächste Hotel anzufahren und das Gepäck im Zimmer zu deponieren. Von dort aus können Sie Ausflüge unternehmen und den Wagen auch unbewacht parken. Man sollte ihm jedoch schon von außen sehen können, dass es nichts zu holen gibt.
Achten Sie bei einem Reifenschaden auf vermeintliche Helfer: Häufig werden die Reifen von Mietwagen angestochen, sodass man erst unterwegs den Schaden bemerkt. Die Täter verfolgen den Wagen und bieten ihre Hilfe an, während Komplizen zwischenzeitlich den Wagen ausräumen. Bei Reifenschaden also vorsichtig weiterfahren bis zum nächsten Haus, zu einer Tankstelle oder einem Telefon – und Hilfe grundsätzlich ablehnen.
Leider gibt es auch schlecht bezahlte Polizisten, die Ausländern gerne ein paar Colones abnehmen, z. B. Beispiel, weil sie keinen Sicherheitsgurt tragen, zu schnell fahren, in eine nicht gekennzeichnete Einbahnstraße abbiegen – oder auch einmal aus ganz unersichtlichen Gründen. In diesem Fall ist es wichtig, alle Fahrzeugpapiere mitzuführen und sehr höflich zu sein. Oft ist es besser, wenn man vorgibt, kein Spanisch zu verstehen. Häufig wird der Polizist keine schriftliche Verwarnung ausstellen, sondern nur so tun als ob. Sie dürfen keinesfalls an Ort und Stelle zu bezahlen. Wenn dies von Ihnen verlangt wird oder Sie schlecht behandelt werden, lassen Sie sich den Ausweis des Polizisten zeigen, den Strafzettel aushändigen und machen Sie eine Meldung an die Dirección de Tránsito.

Taxi

Taxis sind ein billiges und beliebtes Transportmittel. Die Preise bewegen sich für Strecken in San José um 2–3 $. Die meisten Taxis haben einen Taxameter; vergewissern Sie sich, dass er eingeschaltet ist. Handeln Sie den Preis im andern Fall aus, bevor Sie einsteigen.
Wenn Sie sich sehr übervorteilt fühlen, schreiben Sie den Namen des Taxifahrers und die Autonummer auf, und rufen Sie das Taxiunternehmen an – die Nummer steht außen am Fahrzeug. Sie können auch einfach aussteigen und dem Fahrer die korrekte Summe aushändigen. Überhöhte Beförderungspreise sind in Costa Rica ein schweres Vergehen und werden dem Verkehrsministerium gemeldet.
Fahrten zu Zielen außerhalb von San José können mit Taxifahrern arrangiert werden.
Offizielle Taxis sind rot mit einem Taxischild auf dem Dach, andernfalls handelt es sich um »piratas«.
Taxiunternehmen:

- Coopetaxi, Tel. 235-9966
- Coopetico, Tel. 237-6163
- Coopeirazu, Tel. 224-7979
- Coopeguaria, Tel. 227-9300
- Taxis Aeropuerto, Tel. 221-6865

Reiseveranstalter

- **ARA Tours,** San José/Sabana Oeste, Tel. 232-0400, Fax 232-0363, reservations@aratours.com; Rundreisen mit deutschsprachiger Reiseleitung, Hotelreservierung und mehr.
- **Camino Travel,** San Pedro, Tel. 234-2530, Fax 225-6143, sales@caminotravel.com; seit 1991, Hotelreservierungen, Touren etc.
- **Ecole Travel,** San José, Barrio Escalante, Tel. 256-0295, Fax 256-4264, info@ecoletravel.com. Touren nach Tortuguero, Rafting, Hotelreservierungen und mehr.
- **Horizontes Nature Tours,** San José, Tel. 222-2022, Fax 255-4513, info@horizontes.com, www.horizontes.com. Großer Veranstalter (seit 1984), Touren im ganzen Land.
- **Tierra Verde,** Ciudad Colon, Tel. 249-2354, Fax 249-1000, tverde@racsa.co.cr, www.adventure-costarica.com. Deutschsprachige Agentur (seit 1995) mit einem sehr umfassenden Programm.
- **Tropical Pass,** San José, Tel. 243-1810, Fax 243-1811, info@tropicalpass.com. Neue deutschsprachige Agentur, empfehlenswert!

Für Sportliche

Angeln

Mit über 1200 km Küste sowie zahlreichen Seen und Flüssen ist Costa Rica ein Paradies für Angler. Ausrüstung, Boote und Führer stehen in ausreichender Zahl zur Verfügung. Die Führer kümmern sich um die Angellizenzen, erhältlich bei Banco Crédito Agricola, Av. 4, zwischen C. Central und C. 1 in San José. Ranger fühen Kontrollen durch, bei denen Lizenz und Pass (Kopie genügt) verlangt werden.
Auskünfte bei:

- **Carlos Barrantes,** La Casa del Pescador (Laden für Angelausrüstung), C. 2 / Av. 18–20.
- **Deportes Keko,** C. 20 / Av. 4–6.

In der »Tico Times« und in »Costa Rica Today« werden Kolumnen zum Thema Angeln veröffentlicht.

Bergtouren

Die Cordillera de Talamanca eignet sich hervorragend für Bergwandertouren, ihr beliebtester Gipfel ist der Cerro Chirripó (vgl. Top 10 Aktiv, S. 277). Da man in Berghütten übernachtet, muss man sich bei der Verwaltung des Nationalparks Chirripó einige Wochen im Voraus dafür anmelden.
Auch die übrigen Vulkane sind empfehlenswerte Ziele, etwa Rincón (1806 m) oder Cacao (1659 m) im Nordwesten.
Für die Berge des Nationalparks La Amistad muss man geübt sein, der Aufstieg zum Cerro Kamuk ist für Unerfahrene nicht zu empfehlen.
Weitere Informationen:

- **Club de Montanismo,** Tel. 235-3147, 221-4050.

Geführte Bergtouren bietet auch:
■ **Ocarina Expeditions,**
San Jose, Tel. 222-4278,
Fax 229-5041, ocarina@racsa.co.cr, www.ocarinaexpeditions.com.
Der deutsche Veranstalter hat auch andere Touren – zu Fuß, zu Pferd, mit dem Fahrrad – im Programm und bucht zuverlässige Mietautos und schöne Lodges/Hotels.

Ausrüstung kann man in folgenden Geschäften kaufen:
■ **Army & Navy Surplus Store del Ranchos,** Moravia.
■ **Centro de Aventura,** Paseo Colón, zwischen C. 22 und C. 24. Auch Verleih von Ausrüstung.
■ **Camping World,** San Rafael de Escazú. Größte Auswahl an Qualitätszelten in Costa Rica.

Bungee Jumping

Der Adrenalinschocker erhielt zusammen mit den zahlreichen amerikanischen Touristen Einzug in Costa Rica. Vor allem im Raum San José werden Bungee-Sprünge angeboten.
■ **Tropical Bungee,**
Tel. 248-2212; www.bungee.co.cr. Auf Wunsch auch Vollmond- und Wassersprünge.

Canopy-Touren und SkyWalk

Wie Tarzan durch die Baumwipfel schweben, aber im Gurtzeug gut gesichert am Kabel von Plattform zu Plattform in luftiger Höhe. Verschiedene Unternehmen organisieren in **Monteverde** dieses Vergnügen (vgl. Top 10 Aktiv, S. 276). Neben einer Vielzahl von neuen Canopy-Orten gehören folgende zu den »Klassikern«:
■ Vergnügungspark Turu Ba-Ri (beiOrotina); bei der Hacienda Guachipelín, Vulkan Rincón de la Vieja (mit Schlucht); Pacuare Lodge, Karibik; Tabacón-Resort, Vulkan Arenal.

SkyWalk heißt in Monteverde die Variante für jedermann (schwindelfrei sollte man sein!): auf einer Hängebrücke in Baumkronenhöhe herrliche Ausblicke genießen. Ein vergleichbares Hängebrückensystem gibt es östlich des Arenalsees.

Fahrradtouren

In vielen Orten besteht die Möglichkeit, Fahrräder zu mieten. Geführte Touren haben folgende Veranstalter im Programm:
■ **Aventuras Naturales,**
Tel. 225-3939. Ein- und mehrtägige Touren.
■ **Biking Costa Rica,**
Tel. 281-2458, wwwbikingcosta rica.com. Unterschiedliche Touren für erfahrene Biker. Der Trip von Küste zu Küste dauert drei Wochen.
■ **Finca Pedro y el Lobo,**
Tel. 380-4734, Fax 761-1327. Mountainbike-Touren unter deutscher Leitung.

Golf

In den letzten Jahren haben mehrere neue Golfplätze eröffnet. Hotels und Clubs mit Golfplatz:
■ **Costa Rica Country Club,**
San Rafael de Escazú, 9 Löcher (nur für Mitglieder).
■ **Hotel Meliá Cariari Country Club,** nahe San José, 18 Löcher (nur für Hotelgäste).
■ **Los Reyes Country Club,**
nahe Alajueda, 9 Löcher.
■ **Hotel Tango Mar Beach Resort,** Playa Tambor, 9 Löcher.
■ **Hotel Paradisus Playa Conchal,** Playa Conchal, 18 Löcher.
■ **Marriott Los Sueños Golf Resort,** 18 Löcher, entworfen von Ted Robinson. Nur für Hotelgäste.
■ **Monte del Barco Resort,**
nördl. von Liberia. 18 Löcher, auch öffentlich.
■ **Rancho Las Colinas Golf and Country Club,** Playa Grande, nahe Tamarindo in Guanacaste.
■ **La Roca Beach Resort,** nördlich von Puerto Caldera. 18 Löcher par 72 Meisterschaftsparcours.

Kajakfahren

Vgl. Wildwasserabenteuer, S. 295, und Top 10 Aktiv, S. 277.

Naturerkundungen

■ **Informationen zu Nationalparks:** Tel. 257-2239, Fax 222-4732, www.fpncostarica.org; Büro des Corcovado-Parks in Puerto Jiménez, Tel. 735-5036; Nationalpark Sta. Rosa, Tel. 666-5051.
■ **Cahuita-Nationalpark:** Etwa drei Stunden von San José entfernt. Anfahrt über Limón.
■ **Chirripó-Nationalpark:** Wanderung durch einen Nebelwald zum höchsten Gipfel Costa Ricas, dem Cerro Chirripó (3819 m; vgl. Top 10 Aktiv, S. 277). Man fährt auf der Carretera Interamericana nach San Isidro de El General und biegt dann in Richtung San Gerardo nach Norden ab. Frühzeitige Reservierung erforderlich!
■ **Schutzgebiet Curú:** Übernachtung in Strandhütten möglich, Tel. 661-2392.
■ **Golfito:** An der südlichen Pazifikküste liegt Golfito. Das ehemalige Hauptquartier der mächtigen United Fruit Company ist heute nurmehr ein geschützter Naturhafen mit typisch feuchtheißem Tropenklima, außerdem eine steuerfreie Einkaufszone.
■ **Laguna Arenal und Tilarán:** Arenal ist Costa Ricas größtes Wasserkraftwerk und der aktivste Vulkan, der 1968 seinen letzten großen Ausbruch hatte. Der Stausee ist 39 km lang. Segeln und Windsurfen ist auf dem See erlaubt (vgl. Top 10 Aktiv, S. 278). Die Wellen werden bis zu 2 m hoch. Die Anfahrt von San José dauert 3–4 Std.

■ **Regenwald und Naturschutzgebiet Monteverde:** Dieses Nebelwaldschutzgebiet liegt in der Sierra de Tilarán (Prov. Puntarenas), etwa 4 Std. von San José entfernt. Ab Puntarenas auf der Panamericana nach Norden; die Straße ist nicht asphaltiert. Wissenschaftler studieren hier das Leben der Vögel und Pflanzen. Gut markierte Wege und ausgebildete Führer sind vorhanden. Gummistiefel und Regenponchos gehören in der Regenzeit zur Ausrüstung. Souvenirs im Verkaufsraum der Kunstkooperative CASEM (vgl. Top 10 Shopping, S. 275, Top 10 Aktiv, S. 276).
■ **Nicoya-Halbinsel:** Zu erreichen mit der Fähre tgl. 7 und 16 Uhr ab Puntarenas, oder von Süden aus über Santa Cruz. Der Ort war der Mittelpunkt des Stammesgebietes der Chorotega-Indianer. Interessante Küsten, u. a. Strände, an denen Schildkröten ihre Eier ablegen. Zur Regenzeit ist ein Allradantrieb zu empfehlen, da kleine Flüsse und Bäche zu durchfahren sind.
■ **Palo-Verde-Nationalpark:** Organisation für tropische Studien (OTS), Tel. 240-6696, www.ots.ac.cr/eu/paloverde.
■ **Quepos und Nationalpark Manuel Antonio:** Quepos, einst ein wichtiger Bananenhafen, ist 4 Autostunden von San José entfernt. Nur 7 km von Quepos liegen die drei Strände des Nationalparks. Fahren Sie zum ersten Strand und wandern Sie dann zum zweiten und dritten. Der dritte ist einer der schönsten ganz Costa Ricas. Tauchexkursionen über den Reiseveranstalter Diving Safaris, Inc., Tel. 224-0033. Unicorn Adventures, Tel. 777-0489, entführen Besucher an einen Privatstrand unterhalb des Hotels »Mariposa« und zu Pferd durch ein privates Schutzgebiet.
■ **Rain Forest Aerial Tram:** Mit einer Seilbahn durch den Regenwald. Der Forscher und Biologe Donald Perry hat die Bahn in einem privaten Reservat angrenzend an den Braulio Carrillo Nat. Park anlegen lassen. 1,5 Std. dauert die bequeme Fahrt durch das Kronendach, die von Biologen begleitet wird. Wissenschaftler gehen davon aus, dass zwei Drittel der Regenwaldbewohner in den Baumkronen leben. Di–So 6.30–16, Mo ab 9 Uhr. Tel. 257-5961; www.rfat.com
■ **Rara Avis:** Privates Schutzgebiet, das sich über 607 ha erstreckt. Der Primärregenwald ist Lebensraum für zahlreiche Tierarten. Die Anfahrt nach Rara Avis muss rechtzeitig geplant werden. Zwei Lodges zur Wahl. Biologen leiten Führungen. Kontakt: Tel. 764-1111, Fax 764-1114, www.rara-avis.com.
■ **Río Claro:** Privatreservat auf der Halbinsel Osa; es bietet interessante Freizeitaktivitäten. Schöne Bungalows für die Gäste. Fahrten zum Naturschutzgebiet auf der Isla del Caño und in den Corcovado-Nationalpark (vgl. Top 10 Aktiv, S. 277).
■ **San Gerardo de Dota:** Forellenangeln, wandern und gut essen in der Finca Zacatales. Die Chance, einen Quetzal zu sehen, ist hier groß. Die Familie Chacón, Besitzer der Finca, ist besonders gastfreundlich. Tel. 710-1732.
■ **Tamarindo:** Beliebter Strand am Pazifik, berühmt für Hochseeangel- und Schnorchelmöglichkeiten. Papagayo Excursions, Tel. 653-0254, veranstaltet Führungen in die Umgebung, bei denen u. a. das Brüten und Ausschlüpfen der Lederschildkröten beobachtet werden kann.
■ **Tapantí-Nationalpark:** Infos zu Führungen oder Übernachtungen erhält man unter Tel. 551-2970.
■ **Tortuguero-Nationalpark und Kanäle:** Kleinbusse holen Tourgäste morgens in San José ab, oder man fährt selbst mit Bus oder Auto nach Moín bei Limón. Dort verkehren Boote auf den Kanälen. Einige schippern durch den Nationalpark Tortuguero, ein Tierschutzgebiet und berühmter Brutplatz der Green Turtles. Übernachtung in einer der Lodges. Auch Charterflüge in den Park. Mehrere Programme, u. a. mit der deutschen Biologin Barbara Hartung, bei Costa Rica Reisedienst (s. S. 286).

Rafting

Vgl. Wildwasserabenteuer, S. 295 und Top 10 Aktiv, S. 277.

Reiten

Pferde gehören in Costa Rica zum Alltag der ländlichen Regionen und Ausritte für 5–10 $ pro Stunde sowie längere Touren werden in zahlreichen Hotels oder auch auf traditionellen Fincas angeboten (vgl. Top 10 aktiv, S. 279).

Interessante Adressen nicht nur für erfahrene Reiter sind ferner:
■ **Hotel Bosques de Chachagua,** La Tigra, Tel. 468-1010, Fax 468-1020, www.chachagua rainforesthotel.com.
Rinder- und Pferdefarm; erfahrene Reiter können elegante Paso-Criollo-Pferde reiten.
■ **La Cabriola,** Ciudad Colón, Tel. 249-1013.
■ **La Garza,** Planatar, Tel. 475-5222, Fax 475-5015, www.hotellagarza.com. Große Rinder- und Pferdefarm mit »cabinas«.
■ **Paradise Riding,** Playa Junquillal, Tel./Fax 658-8162, www.paradiseriding.com. Tages- und Mehrtagestouren, dt. Leitung.
■ **Sabine's Smiling Horses,** Monteverde, Tel. 645-6894, www.horseback-riding-tour.com. Pferdegerechte Touren, deutschsprachig.

Schiffstouren

■ **Calypso Tours,** Tel. 256-2727, Fax 256-6767, www.calypsotours.com. Tagesausflug auf einem Catamaran von Puntarenas zur Isla Tortuga.
■ **Bay Island Cruises,** Tel./Fax 258-3536, bayisland@racsa.co.cr, www.bayislandcruises.com.
Ein Bus bringt die Gäste von San José nach Puntarenas; Tagestour zur Isla Tortuga und einer weiteren Insel im Pazifik.

Segeln

Der Segelsport ist noch kaum verbreitet. In Playa Hermosa werden Segelausflüge angeboten. Puntarenas gilt bei Seglern aus aller Welt als wichtiger Anlegehafen und ist viel besucht.

■ **Costa Rica Yacht Club,** Puntarenas, Tel. 661-0784, Fax 661-2885.

■ **Hotel El Velero,** Playa Hermosa, Tel. 672-1017, www.costaricahotel.net.

■ **Maratonga Sailing Tours,** Playa Flamingo, Tel. 665-4834, Fax 666-9073, sailingmaratonga @ice.co.cr, www.tamarindo.com/ maratonga; deutschsprachige Tages- und Halbtagestörns.

Strände

In Costa Rica stehen Hunderte von Stränden zur Auswahl, Strände mit pudrig weißem, mit schwarzem, gelbem und rötlichem Sand, unberührte Strände, aber leider auch verschmutzte, mit Müll übersäte Strände. An einigen kommen jährlich Tausende von Schildkröten an Land, um ihre Eier zu vergraben.

Die Costaricaner wissen ihre Strände zu nutzen. An den Wochenenden kommen ganze Busse und Autos, voll beladen mit Essen, Getränken, und allen Familienmitgliedern an die Strände der zentralen Pazifikküste, nach Cahuita und Puerto Viejo an die Atlantikküste und an die Strände von Guanacaste.

An einigen der aufgeführten Strände kommen gefährliche Strömungen vor, die bei einem Tempo bis zu 10 km/h selbst gute Schwimmer mitreißen. Sollten Sie in eine solche Strömung geraten, kämpfen Sie nicht dagegen an, sparen Sie Kräfte, die Geschwindigkeit wird abnehmen, dann können Sie parallel zum Ufer schwimmen und sich von den Wellen an Land tragen lassen.

Karibikstrände

■ **Barra del Colorado:** Der Strand des Tierschutzgebiets Barra del Colorado ist durch die Mündung des Río Colorado zweigeteilt: Treffpunkt für Angler; nur per Flugzeug oder Boot (von Moín über die Kanäle) erreichbar; Unterkunft vorhanden. Das schlammtrübe Wasser und die Gegenwart von Haien laden nicht zum Schwimmen ein.

■ **Tortuguero:** Von Juli bis September kommt hier die Suppenschildkröte (»Green Turtle«) zum Brüten an Land . Achtung Haie! Anfahrt von Limón aus durch die Dschungelkanäle. Unterkunft vorhanden.

■ **Portete:** Beliebter Strand bei Limón, an Wochenenden sehr voll.

■ **Playa Bonita:** Hier schwimmen und surfen die Einheimischen. Entlang der Klippen führt ein Pfad mit herrlichem Blick aufs Meer. Achtung, gefährliche Strömungen!

■ **Isla Uvita:** Eine 20-minütige Bootsfahrt bringt Sie auf die kleine Insel vor Puerto Limón. Fragen Sie einen Fischer, ob er Sie befördert. Surfer finden hier nach links brechende, schnelle Wellen.

■ **Westfalia:** Palmenumsäumter weißer Sandstrand an der Straße von Limón nach Cahuita. Viele Moskitos, kristallklares Wasser.

■ **Cahuita:** Beliebter, sehr schöner Atlantikstrand. Am Riff kann man hervorragend schnorcheln. Weißer Sandstrand, Affen, Palmen und Brandung, die sich am Riff bricht. Achtung, gefährliche Strömungen! Unterkunft, Essen, Mietfahrräder.

■ **Puerto Vargas:** Im Süden des Nationalparks Cahuita. Ausgezeichnet zum Schwimmen und Campen.

■ **Puerto Viejo:** Die Brandung am Riff trägt den Namen »La Salsa Brava«. Sie bricht direkt vor Stanford's Restaurant – und zwar von Dezember bis April und dann wieder im Juni und Juli. Die Innenseite des Riffs ist ruhig und sicher. Während der übrigen Monate ist die See still, man kann dann hervorragend schnorcheln. Unterkünfte vorhanden, Fahrradvermietung.

■ **Cocles:** Netter Strand, aber gefährliche Strömungen. Wellenreiten ausgezeichnet. Von Puerto Viejo 15 Gehminuten entfernt.

■ **Playa Chiquita:** Ein schöner, unbekannter, palmenbestandener Strand, weißer Sand, 10 Minuten südlich von Puerto Viejo. Unterkunft in einem netten Apartmenthotel.

■ **Uva:** Karibischer Traustrand, an Wochenenden allerdings überfüllt, glasklares Wasser. Unter den leicht zugänglichen Stränden der beste in diesem Abschnitt der Atlantikküste. In Puerto Viejo kann man ein Fahrrad mieten und zum Strand radeln. In der Nähe befindet sich ein privates Naturschutzgebiet.

■ **Manzanillo:** Etwa 20 Autominuten auf holpriger Straße südlich von Puerto Viejo. Noch ist der Strand leer; schnelle Brandung; wenige Unterkünfte.

Pazifikküste

■ **Puntarenas:** Die Einheimischen baden hier zwar, aber die Stadt leitet ihre kaum geklärten Abwässer in die Bucht. Angesichts der vielen anderen Strände sollte man diesen auslassen.

■ **Boca Barranca:** Strand mit guter Brandung zwischen Puntarenas und Puerto Caldera. Unterkunft vorhanden.

■ **Erholungsgebiet Doña Ana:** Ein paar hundert Meter südlich von Boca Barranca. Netter Familienstrand; geschützt, schattig, sicher zum Schwimmen; Restaurant und Grillwiese; Camping verboten.

■ **Mata Limón:** Ferienresort an einer Flussmündung gegenüber von Puerto Caldera. Gut zum Angeln. Unterkunft in Strandhütten.

■ **Playa Tivives** und **Playa Valor:** Guter Surfstrand, lange Brecher.

■ **Playa Tárcoles:** In der Nähe des Naturschutzgebiets Carara; Kiesstrand, ruhiges und klares Meer. Unterkunft und Essensmöglichkeit vorhanden. Camping erlaubt.

■ **Playa Escondida:** Eine Klubanlage versperrt den Zugang zum Strand. Er kann erreicht werden, wenn man ein Boot in Jacó anmietet. (Alle Strände in Costa Rica sind laut Gesetz öffentlich zugänglich.)

■ **Playa Herradura:** Schwarzer Strand fünf Minuten nördlich von Jacó. Die Wellen sind hier sanfter als in Jacó und der Strand schattiger. Camping ist erlaubt, es sind genügend Bäume für die Hängematte vorhanden.

■ **Jacó:** Von San José aus der nächstliegende größere Strand und daher sehr beliebt bei den Ticos. An Wochenenden ist der Strand eine einzige Party. Er ist lang und breit, aber sehr verschmutzt. Gefährliche Strömungen.

■ **Playa Hermosa:** Südlich von Jacó. Einsamer Strand, der Zugang erfolgt durch eine Privatranch. Sehr starke Brandung. Hier findet jährlich ein Surfwettbewerb statt.

■ **Playa Esterillos:** Ein sieben Meilen langer, verlassener Strand. Gefährliche und starke Kehrströmungen. Unterkunft vorhanden.

■ **Playa Bejuco, Playa Palma und Playa Palo Seco:** Unberührte Strände zwischen Jacó und Quepos.

■ **Playa Isla Damas:** Langer, schlickiger Strand; guter Surfspot.

■ **Quepos:** Vor der Landspitze findet sich die beste Brandung der Gegend, aber die Strände sind sehr voll. Fahren Sie noch ein paar Kilometer bis Manuel Antonio. Bus von San José. Unterkunft vorhanden.

■ **Playa Espadilla Norte:** Der erste von drei Stränden in Manuel Antonio. Einer der beliebtesten und schönsten Strände, aber gefährlich wegen unberechenbarer Kehrströmungen. 7 km südlich von Quepos. Unterkunft jeder Art. Flüge von San José nach Quepos dauern 20 Minuten und kosten extrem wenig.

■ **Playa Espadilla Sur und Playa Manuel Antonio:** Zwei außergewöhnlich schöne weiße Sandstrände im Manuel-Antonio-Nationalpark. Zugang über eine Sandbank, die bei Flut im Wasser versinkt. Geschützt, zum Baden und Tauchen wie geschaffen.

■ **Playa Savegre, Playa Matapalo und Playa Baru:** Einsame, schöne Strände an der Straße nach Dominical. Am besten bei Ebbe zu genießen. Mehrere Unterkünfte und Restaurants in Matapalo.

■ **Playa Dominical:** Hierher kommen am Wochenende die Einwohner von San Isidro. Langer leerer Strand, bei Ebbe gute Bademöglichkeiten. Fast eine Lagune. Die Strömungen können gefährlich sein. Gute Campingmöglichkeiten, Unterkünfte.

■ **Playa Dominicalito:** Südlich von Playa Dominical. Gute, spitzbrechende Wellen für Surfer. Baden am besten bei Ebbe, wenn der Strand bis hinter die Korallenfelsen reicht. Unterkunft und Campingmöglichkeit.

■ **Playa Hermosa, Playa Uvita, Playa Ballena, Playa Pinuela und Playa Ventanas:** Um zu diesen Stränden südlich von Playa Dominicalito zu gelangen, muss man durch den Dschungel.

Halbinsel Osa

Der Strand in der Drake Bay ist eine Belohnung für alle Mühen. Goldener Sand am Rande des Dschungels, klares Wasser voller Tropenfische. Gute Schnorchelmöglichkeiten. Unterkunft vorhanden.

■ **Playas Pira, Playa Carbonera, Playa Tamales** und **Playa Platanares:** Alle Strände auf der Halbinsel Osa sind wunderschön, aber schwer zugänglich. Wer trotzdem hingelangt, hat sie ganz für sich.

■ **Pavones:** Südlich von Golfito befinden sich leere Strände mit hohen Wellen.

Guanacaste

■ **Playa Panamá:** Eine sehr schöne Bucht zum Baden, Zelten und Muschelsuchen.

■ **Playa Hermosa:** Teilweise erschlossen, geschützt, zum Baden, Tauchen und Angeln geeignet. Kajaks und Segelboote werden vermietet. Unterkunft vorhanden.

■ **Playas del Coco:** Ein lebendiger Ferienort; Fischerboote landen am Strand. Breiter Strand mit Kehrströmungen. Unterkunft vorhanden.

■ **Playa Ocotal:** Luxushotel. Schöne, schattige Badebucht.

■ **Playa Pan de Azúcar:** Baden und Schnorcheln gut. Hotel direkt am Strand.

■ **Playa Potrero:** Schöner Strand mit Campingmöglichkeiten und einem Hotel. Angeln und Tauchen.

■ **Playa Blanca, Playa Flamingo:** Schöner, weiter Strand, der von einem Luxushotel und einem Apartmenthotel überschattet wird. Das Flamingo-Hotel hat eine Piste für Privatflugzeuge und einen Parkplatz für Großkarossen. Für Campingfans nicht ideal.

■ **Playa Brasilito:** Ein schöner Strand mit grauem Sand, Campingmöglichkeiten, Cabinas.

■ **Playa Conchal:** Der Strand besteht aus zermahlenen und ganzen Muscheln. Sehr abgelegen, widrige Strömungen. Zugang zu Fuß über eine felsige Landspitze oder vom Hotelkomplex Paradisus Playa Conchal aus.

■ **Playa Grande:** Von November bis März brüten hier die Lederschildkröten, die größten lebenden Reptilien. Ein Fluss trennt das weiter südlich gelegene Tamarindo von Playa Grande, wo eine gute, lange Dünung die Wellenreiter anlockt. Gute Unterkunftsmöglichkeiten.

■ **Playa Tamarindo:** Mit drei guten Surfstränden das Zentrum der Wellenreiter in Guanacaste. Der wunderschöne Strand mit weißem Sand ist ebenfalls Brutplatz der Lederschildkröten. Auch Windsurfer sieht man hier immer mehr. Luxushotel und viele Cabinas.

■ **Playa Langosta:** Von Playa Tamarindo durch eine Flussmündung getrennt. Auch hier viele Surfer; etliche Luxusunterkünfte.

■ **Playa Junquillal:** Einsam, weitläufig und ruhig. Ein Ort für lange Spaziergänge und Vogelbeobachtung. Mitunter gefährliche Kehrströmungen. In der Nähe mehrere Hotels für Gäste, die Ruhe suchen.

■ **Playa Azul:** Dieser ruhige Strand liegt an der Straße zwischen den beiden Kleinstädten Marbella und San Juanillo.

■ **Playa Ostional:** Ein privates Schutzgebiet, in dem die Karrettschildkröte ungestört brüten kann.
■ **Playa Nosara:** Fantastisch langer, breiter und weißer Strand mit guter Brandung; zur Hälfte Naturschutzgebiet. Im Hintergrund erheben sich grüne Hügel. Eine internationale Gemeinde hat sich in der Nähe zusammengefunden, Unterkunft vorhanden. Die Straße ist mitunter unpassierbar.
■ **Playa Sámara:** Traumhafter weißer Sandstrand mit sanften Wellen, da ein Riff die Meeresbrandung bricht. Gute Windsurfmöglichkeiten. Unterkunft vorhanden.
■ **Playa Carrillo:** Ähnlich wie die Playa Samará, aber nicht so bekannt, weniger touristische Infrastruktur. Unterkunft vorhanden.
■ **Playa Bejuco und Playa San Miguel:** Beide Strände liegen südlich von Carrillo. Von Norden her muss man bei Ebbe den Río Ora durchqueren.
■ **Playa Coyote:** Ein langer, verlassener, romantischer Strand mit sehr viel Wind.
■ **Playa Caletas und Playa Mal País:** Einsame Strände südlich von Coyote. Es wird gemunkelt, dass bei Playa Caletas bis zu 5 m hohe Wellen anbrausen. Keine Unterkunftsmöglichkeiten, evtl. Zimmer in einem Privathaus). Allradantrieb ist hier angebracht.
■ **Cabo Blanco:** An der Spitze der Halbinsel Nicoya; schöner, entlegener Strand in einem streng geschützten Gebiet. Deshalb ist auch eine Genehmigung erforderlich, um hierher zu kommen.
■ **Montezuma:** Mehrere Strände mit Muscheln und Wasserfällen im Hinterland. Vor allem junge Touristen aus den USA und Europa. In den ersten Felsenbuchten nördlich von Montezuma muss man auf starke Strömungen achten. Sicher badet man an der Playa Grande. Campingmöglichkeiten und Unterkunft.
■ **Bahía Ballena:** Wunderschöne Badestrände mit Unterkünften.

Surfen (Wellenreiten)

Costa Rica gilt neben Hawaii, Kalifornien, Australien und Peru als einer der weltbesten Surfplätze. Mit einigen Einschränkungen ist die gesamte Westküste von der Grenze zu Nicaragua bis hinunter an die Grenze von Panama geeignet (vgl. Top 10 Aktiv, S. 279). Der von San José aus nächstgelegene Sufstrand ist Playa Doña Ana an der Mündung des Río Barranca.
Sehr gute Surfstrände sind:
■ **Pazifikküste:** Boca de Barranca, Naranjo, Tamarindo, Playa Jacó, Hermosa südöstlich von Jacó (auch für Anfänger), Playa Esterillos Oeste (starke Wellen), Quepos, Dominical, an der Playa Zancudo und Bahía Pavón südlich von Golfito.
■ **Karibikküste:** Salsa Brava südlich von Puerto Viejo (die besten Wellen von Dezember bis März), Punta Uva.

Tanzen

■ **Centro Merecumbé,**
Tel. 224-3531, 234-1548. Studios in San José (San Pedro, Guadalupe, Rohrmoser), Heredia, Alajuela.
■ **Costa Rican Latin Dance Academy and Language School,**
Tel. 233-8914, Fax 233 8670. Nach dem Sprachkurs zum Tanzunterricht.

Tauchen

Flaschentauchen kann auch in Costa Rica ein einmaliges Erlebnis sein, z. B. im Meeresnationalpark Ballena, in der Region Drake Bay und im Cahuita-Nationalpark an der Karibikküste. Das absolute Taucherparadies ist die Isla del Coco, die leider schwer zu erreichen ist und wo die Tauchgänge teuer sind.
Nicht damit zu verwechseln ist Playas del Coco im Nordwesten der Halbinsel Nicoya.
Ähnlich gute Verhältnisse bieten die Tauchgänge vom südlich gelegenen Playa Flamingo aus (vgl. Top 10 Aktiv, S. 278).
■ **Agua Rica Diving Center,**
Playa Tamarindo, Tel./Fax 653-0094, www.aguarica.net.
■ Perfekt auf Taucher und Hochseeangler eingerichtet ist das Hotel **El Ocotal,** Playa Ocotal.
■ **Rich Coast Diving Co.,**
Playas del Coco, Guanacaste, Tel. 670-0176, www.richcoast diving.com.

Tennis

Tennis ist ebenso wie Golf in Costa Rica noch ein sehr exklusiver Sport. Lediglich in den größeren Hotels gibt es Tennisplätze, häufig werden auch Trainerstunden angeboten.
■ **Cariari Country Club,**
Tel. 239-2248.
■ **Costa Rica Tennis Club,**
Sabana Sur, Tel. 232-1266.
■ **Parque Valle del Sol,** bei Santa Ana. Zwölf sehr gepflegte und für jedermann zugängliche Plätze.

Wildwasserabenteuer: Rafting – Kajakfahren

In Costa Rica gibt es unzählige Bergflüsse, die sich hervorragend zum Wildwasserfahren per Kajak oder im Schlauchboot eignen.
Lodges und Hotels in den Bergen bieten Raftingtouren an (vgl. Top 10 Aktiv, S.277).
Wenn der Wasserstand zwischen Februar und April am niedrigsten ist (ideal für Anfänger), finden allerdings die wenigsten Fahrten statt.
■ **Costa Sol Rafting,**
Tel. 431-1183, Fax 431-1185, www.costasolrafting.com
■ **Desafío Adventure Company,**
La Fortuna, Tel. 479-9464, Fax 479-9463, www.desafio costarica.com. Rafting (Grad 3–4) auf dem Río Toro, Kajaking auf dem Río Arenal (Grad 2–3).
■ **Finca Pedro y el Lobo,**
Tel. 761-1406. Kajakfahrten mit erfahrenem deutschen Guide.

■ **Iguana Tours,** Quepos, Tel./Fax 777-1262, www.iguanatours.com. Kajak- und Raftingtouren unterschiedlicher Schwierigkeitsgrade.
■ **Rancho Leona,** La Virgen, Tel./Fax 761-1019; www.rancholeona.com. Kajaktouren auf dem Río Sarapiquí.
■ **Ríos Tropicales,** Tel. 233-6455, www.riostropicales.com. Raftingtrips und Seekajaktouren.
■ **Safaris Corobicí,** Tel. 669-6191, www.nicoya.com. Veranstalter von Floating-Trips, einer Art »Soft«-Rafting (ohne Wildwasser).
■ **Tico's River Adventures,** Turrialba, Tel. 556-1231, www.ticoriver.com. Mit Kajakschule, auch Rafting auf dem Flüssen Reventazón und Peralta.

Feste und Veranstaltungen

Aktuelle Veranstaltungshinweise in der »Tico Times«.
Einen Überblick der schönsten Feste finden Sie im Kapitel:
Top 10 Feste, S. 280–283.

Januar

1. Neujahr (»Año Nuevo«);
6. Hl. Drei Könige; 12. Feierlichkeiten im Indianerort Boruca;
14. Sto. Cristo de Esquipulas, Messe in Alajuelita (süd. San José); Ende Januar: Tag des hl. Paulus (San Pablo), Feste in San José und Heredia.

Februar

2. Mariä Lichtmess (»Día de la Candelaria«); 10. »San Caralampio« in Bagaces (Guanacaste) sowie in San Mateo de Orotina (Alajuela); 11. »Nuestra Señora de Lourdes« in Lourdes de Montes de Oca (San Pedro), Naranjo (Alajuela), Barva (Heredia) und Coto Brus (San Vito).

März

19. St.-Josephs-Tag (»Día de San José«); März/April: Karwoche und Ostern (»Semana Santa«).

April

11. Tag der Schlacht von Rivas (»Día de Juan Santamaría«); Feiern in Alajuela. 21. »Romería« (Wallfahrt) zu Ehren der hl. Maria in Erinnerung an den Sieg über den Piraten Henry Morgan.

Mai

1. Tag der Arbeit (»Día del Trabajo«); 15. Tag der Bauern (»Día de San Isidro Labrador«) u. a. in Santa Barbara de Heredia, San Isidro de El General, San Isidro de Coronado, San Isidro de Grecia, San Isidro de Santa Ana; 3. Maiwoche: Feiern mit Tanz und Musik in Turrialba.

Juni

13. »San Antonio de Padua« in Churridabat und Tilarán (Vatertag); Mitte Juni: Fronleichnam (»Corpus Cristi«); 29. Peter und Paul (»Día de San Pedro y San Pablo«).

Juli

16. »Día de la Virgen del Mar«, Prozessionen mit Fischerbooten in Puntarenas und Playa de Coco;
25. Tag der Annexion von Guanacaste.

August

2. Tag der Jungfrau von Los Angeles (»Virgen de los Angeles«, Nationalheilige); 8. Religiöse Feiern in Santo Domingo de Heredia;
15. Mariä Himmelfahrt (»Asunción«), auch Muttertag; 3. Augustwoche: Fiestas in Turrialba mit Stierkämpfen; 31. Prozessionen durch San Ramón.

September

1. »Pasada de la Virgen«, Religiöse Feiern in Cartago; 9. Tag des Kindes (»Día del Niño«); 15. Tag der Unabhängigkeit (»Día de la Independencia«); 21. Fiestas in San Mateo de Orotina.

Oktober

12. Kolumbustag, Tag der Entdeckung Amerikas (»Día de la Raza«).

Dezember

8. Mariä Empfängnis (»Inmaculada Concepción«); am Vorabend Feuerwerk zu Ehren der Jungfrau; 24. und 25. Weihnachten (»Navidad«); 25. Beginn des Volksfestes in San José; Abschluss am 1. Januar.

Infos von A–Z

Behinderte

Immer mehr Hotels (meist unter amerikanischer oder kanadischer Leitung) bieten behindertengerechte Zimmer, in denen sich auch Rollstuhlfahrer gut bewegen können.
In den Strandorten sind viele Straßen nicht geteert und daher ist dort das Vorwärtskommen für Reisende, die auf einen Rollstuhl angewiesen sind, schwierig.
Der Nationalpark Volcán Poás ist das einzige Vulkangebiet, in dem Rollstuhlfahrern der Weg bis zum Aussichtspunkt am Kraterrand möglich ist.

Elektrizität

Die Stromspannung in Costa Rica beträgt 110 Volt, man benötigt die in USA üblichen Flachstecker, die es für wenig Geld in Elektrohandel zu kaufen gibt. Viele Hotels haben zudem europäische Steckdosen.

Feiertage

- 1. Januar: Neujahrstag (»Año Nuevo«);
- 19. März: St.-Josephs-Tag (»Día de San José«);
- März/April: Ostern (Gründonnerstag bis Ostersonntag) bzw. Karwoche (»Semana Santa«, vgl. Top 10 Feste, S. 282);
- 11. April: Jahrestag der Schlacht von Rivas (»Día de Juan Santamaría«, vgl. Top 10 Feste, S. 281);
- 1. Mai: Tag der Arbeit (»Día del Trabajo«);
- Mitte Juni: Fronleichnam (»Corpus Cristi«);
- 29. Juni: Hll. Peter und Paul (»Día de San Pedro y San Pablo«);
- 25. Juli: Jahrestag der Annexion von Guanacaste (vgl. Top 10 Feste, S. 280);
- 2. August: Tag der »Virgen de los Angeles« (Nationalheilige; vgl. Top 10 Feste, S. 282);
- 15. August: Mariä Himmelfahrt (»Asunción«), auch Muttertag;
- 15. September: Tag der Unabhängigkeit (»Día de la Independencia«, vgl. Top 10 Feste, S. 280);
- 12. Oktober: Kolumbustag, Tag der Entdeckung Amerikas (»Día de la Raza«);
- 8. Dezember: Mariä Empfängnis (»Inmaculada Concepción«);
- 24. und 25 Dezember: Weihnachten (»Navidad«, vgl. Top 10 Feste, S. 283).

Geldwechsel

Banken haben werktags 9–15 Uhr geöffnet. Bei Geldumtausch sind Wartezeiten von zwei Stunden und mehr nicht selten. **Casas de Cambio** (Wechselstuben) arbeiten wesentlich schneller. Fragen Sie im Hotel nach der nächstgelegenen Wechselstube.

Internet, E-Mail

Internet-Cafés gibt es landesweit in großer Zahl. Die Kosten liegen je nach Ort zwischen 0,70 $ und 3 $ pro Stunde. Die Verbindungen sind jedoch oft sehr langsam.
Viele Hotels bieten inzwischen diesen Service auch für Ihre Hausgäste an, teilweise sogar kostenlos.

Maßeinheiten

In Costa Rica gilt wie in Mitteleuropa das metrische System.
Ausnahmen gibt es beim Reifendruck (»pound« / »square inch«) und beim Holzmaß (»board inch«). Selten hört man noch das alte spanische Maß »quintal« oder das Flächmaß »manzana« (ca. 100 mal 100 m).

Öffnungszeiten

- **Geschäfte:** 9–17 Uhr
- **Banken:** 9–15 Uhr, teils Mittagspause 12–14 Uhr.
- **Museen:** aktuelle Öffnungszeiten und Veranstaltungshinweise erhältlich beim ICT, Tel. 222-1090.

Post

Luftpostsendungen zwischen Costa Rica und Europa dauern etwa fünf Tage, manchmal muss man auch bis zu zwei Wochen warten. **Hauptpost** San José: C. 2 / Av. 1–3, Tel. 223-9766; Mo–Fr 7.30–18, Sa bis 12 Uhr. Dort kann auch Post empfangen werden (»Lista de Correos«). Am besten gibt man seine Post im Hotel auf oder in einer Postdienststelle. Die Kosten für eine Postkarte oder einen Brief nach Europa sind gering.

Es gibt zahlreiche **internationale Kurierdienste,** darunter zum Beispiel DHL, UPS, TNT Skypak und Lacsa Flash.

Souvenirs

Ein beliebtes Souvenir ist costaricanischer **Kaffee** (vgl. Top 10 Shopping, S. 275), den es in jedem Supermarkt zu kaufen gibt. Allerdings ist der Geschmack nicht jedermanns Sache.
Großer Beliebtheit hingegen erfreut sich der heimische **Kaffeelikör** der Marken Britt oder Café Rica.
Ebenfalls sehr schmackhaft und überraschend mild ist der **Rum** der Sorte »Centenario«.
Für Freunde scharfer Küche gibt es im Supermarkt zahlreiche **Soßen** aus heimischer Produktion, u. a. feurige Tabasco-Soße.
Taschen, Geldbörsen und Brieftaschen aus **Leder** sind ebenfalls beliebt.
Schöne **Webtaschen** in Naturfarben fertigen die Bribri-Indianer.
Costa Rica ist mehr für die Arbeiten seiner Künstler als die seiner Kunsthandwerker bekannt. Die Werke der Bildhauer und Maler brauchen den internationalen Vergleich nicht zu scheuen und sind in zahlreichen Galerien ausgestellt (vgl. Top 10 Shopping, S. 274 f.).
Verzichten Sie auf den Kauf von Produkten aus geschützten Tier- und Pflanzenarten, aus Rücksicht auf die Natur und weil der Zoll sie beschlagnahmen würde. Detaillierte Hinweise auf der Website: www.artenschutz-online.de/artenschutz_im_urlaub/index.php

Telefon, Mobiltelefon

Telefonnetz

Costa Rica besitzt eines der besten Telekommunikationsnetze in Lateinamerika. Fax- und E-Mail-Kommunikation erfreuen sich großer Beliebtheit und werden von vielen Hotels und Unternehmen im Alltagsgeschäft eingesetzt, um die Post zu umgehen, deren Langsamkeit berüchtigt ist.

Internationale Vorwahlen:
- nach **Costa Rica:** 00 506.
- aus Costa Rica nach **Deutschland:** 0049;
- nach **Österreich:** 0043;
- in die **Schweiz:** 0041.

Die 0 von Ortsnetzkennzahlen wird bei internationalen Gesprächen weggelassen.

Münztelefon
In Gebrauch sind 10- und 20-Colón-Münzen. Werfen Sie die Münze(n) in den Schlitz, und wählen Sie. Die Münze wird fallen, sobald die Verbindung hergestellt ist. Jede weitere Münze, die Sie einstecken, wird erst bei Bedarf fallen.

Kartentelefon
Nationale wie internationale Gespräche wickelt man am einfachsten per Telefonkarte ab, die überall in Geschäften und bei Zeitungsständen erhältlich sind. Es gibt auch Telefonkarten mit Geheimnummer, die ebenfalls an Münztelefonen verwendet werden können: Zuerst wählt man eine dreistellige Codenummer (wie auf der Karte angegeben), danach die Geheimnummer und schließlich die Rufnummer. Auf diese Weise kann man relativ günstig nach Europa telefonieren.

Servicenummern
- Auskunft: 113
- Auslandsauskunft 124
- Internationale Verbindungen, AT&T (auf Kosten des Empfängers und auf Kreditkarte): 114
- Internationale Anrufe über die Vermittlung: 116
- Flughafeninformation: 441-4781
- Wechselkurse: 255-4455
- Zeitansage: 112
- Touristeninformation: 223-1732
- VISA/Mastercard: 224-2155
- American Express: 220-0400

Weitere Telefonnummern siehe »Notrufnummern«, S. 298.

Direktwahl
Heben Sie den Hörer ab und warten Sie auf den Summton. Dann die internationale Landesvorwahl wählen (im Telefonbuch unter Lista Alfabética de Códigos MIDA), anschließend die örtliche Vorwahl, wobei Sie die Null weglassen, und die Nummer des Anschlusses.
Bei Schwierigkeiten rufen Sie die internationale Auskunft unter 124.
Schriftliche Nachrichten können über Radiográfica Costarricense, S. A. (RACSA), Av. 5 / C. 1, Tel. 233-5555, aufgegeben werden, z. B. Telegramme, Faxe und Datenfernübertragungen; Telegramme unter Tel. 123; Faxe unter Tel. 287-0087.

Mobiltelefon
Inzwischen haben die meisten Mobilfunkunternehmen von Deutschland, Österreich und der Schweiz Roamingverträge mit Costa Ricas Mobilfunkunternehmen. Deutschland: E-Plus, O2 (1800 MHz), T-Mobile und Vodaphone (900/1800 MHz), Österreich: Mobilkon (900/1800 MHz), Schweiz: Swisscom Mobile (900/1800 MHz).
Vor Ort kann jedoch ein »cellular« für das costaricanische Netz gemietet werden.

Trinkgeld, Steuern

In den Rechnungen der Hotels und Restaurants ist eine Steuer von 13 % enthalten. Hotels berechnen obendrein eine Touristensteuer von 3 %, was addiert einen Gesamtaufschlag von 16,39 % auf den Zimmerpreis ergibt.
Hotelpagen und Zimmermädchen sollten ein Trinkgeld bekommen.
In den Endpreisen der Restaurants sind neben der Steuer 10 % Service enthalten, d. h. auf den angegebenen Preis werden in der Regel 23 % addiert. Kleinere Lokale sind oft von der Steuerpflicht ausgenommen und berechnen nur 10 % Service. Trotzdem ist es üblich, bei guter Bedienung ein Trinkgeld von etwa 5 % auf dem Tisch zurückzulassen.

Zeit

MEZ minus 7 Stunden, in der Sommerzeit beträgt der Zeitunterschied 8 Stunden, d. h., wenn es in Mitteleuropa 12 Uhr ist, stehen die Uhren in Costa Rica auf 4 Uhr.

Zeitungen

Die **»Tico Times«** (Apto. 4632, San José, Tel. 228-952) ist die wichtigste englischsprachige Zeitung Mittelamerikas. Sie erscheint freitags und liegt überall aus. Aktueller Veranstaltungskalender. Sehr empfehlenswert. Der Kleinanzeigenteil enthält u. a. auch Wohnungen, die an Urlauber vermietet werden. Dazu eine hervorragende Spezialausgabe für Touristen, die einen Überblick über das ganze Land gibt.
»Costa Rica Today«, eine Zeitung speziell für Englisch sprechende Touristen, erscheint jeweils donnerstags und bringt Beiträge über Sehenswürdigkeiten, Veranstaltungen, Feste etc.

Zoll bei der Rückreise

Bei der Wiedereinreise ins Heimatland bleiben folgende Warenmengen zollfrei, wenn sie nicht für den Weiterverkauf bestimmt sind:
200 Zigaretten oder 100 Zigarillos oder 50 Zigarren oder 250 g Rauchtabak 1 l Spirituosen mit einem Alkoholgehalt von mehr als 22 % vol oder 2 l Wein, Schaumwein, Aperitifs aus Wein o. Ä. mit maximal 22 % vol. (bei Reisenden über 17 Jahren). Für Reisende über 15 Jahren: 500 g Kaffee, sowie 50 g Parfüms und 0,25 l Eau de Toilette bzw. andere Waren bis zu einem Gesamtwert von maximal 175 EUR bzw. 300 CHF.

Ganz ausführliche Angaben bieten die Websites
- www.zoll.de/c0_reise_und_post/
- www.bmf.gv.at/zoll/_start.htm
- www.ezv.admin.ch

Notfälle

Diplomatische Vertretungen

Deutschland

■ **Embajada de la República Federal de Alemania,** Sabana Norte, Torre Sabana, 8. Stock (300 m westlich des ICE-Hochhauses), Tel. 290.9091, Fax 231-6403, info@embajada-alemana-costarica.org, www.san-jose.diplo.de. Mo–Fr 9–12 Uhr.

Österreich

■ **Honorarkonsulat (ohne Passbefugnis),** San José, Av. 4 / C. 36–38 (gegenüber Parque de Mata Redonda) No. 3650, Tel. 231-6815, 231-6816, 231-6798, 231-6783, Fax 231-6403, 296-2353, nagelsa@racsa.co.cr; zuständige **Botschaft** (in Mexiko): Tel. +52 55 52 51 08 06, mexiko-ob@bmeia.gv.at, www.aussenministerium.at/mexiko, www.embajadadeaustria.com.mx

Schweiz

■ **Embajada de Suiza,** Apto. 895, Paseo Colón/C. 38–40, Edificio Centro Colón, 10° piso, 1007 San José/Costa Rica, Tel. 221-4829, 222-3229, 233-0052, Fax 255-2831, vertretung@sjc.rep.admin.ch, www.eda.admin.ch/sanjose

Nicaragua

■ **Embajada de la República de Nicaragua,** Av. Central/C. 27, San José, Barrio La California, Tel. 234-9885, Fax 221-5481.

Panama

■ **Embajada de la República de Panamá,** San Pedro, Barrio La Granja, 600 m südlich des Antiguo Higerón, Tel. 280-1570, Fax 281-2161.

Notrufnummern

■ **Landesweit** (zweisprachig): 911.
■ **Polizei in Städten** (»Radiopatrullas«): 117.
■ **Polizei auf dem Land** (»Guardia Rural«): 127.
■ **Kriminalpolizei** (OIJ; bei Diebstahl und Überfall): 222-1365.
■ **Policia de Transito** (bei Verkehrsunfällen): 222-9330.
■ **Feuerwehr** (»Bomberos«): 118.
■ **Rotes Kreuz** (»Cruz Roja«): 128.

Bei Verlust von Reiseschecks oder Kreditkarten sind die entsprechenden Sperrnummern der Bank sofort zu kontaktieren.

Medizinische Versorgung

Costa Rica verfügt über ein ausgezeichnetes Gesundheitssystem, viele Ärzte wurden in den USA oder Europa ausgebildet und sprechen Englisch, vor allem in den Privatkliniken. Ausländer müssen die ärztliche Behandlung immer sofort bezahlen (s. a. Seite 285).

Staatliche Kliniken

■ **Hospital Calderón Guardia,** San José / Nordost, Tel. 257-7922.
■ **Hospital México,** San José / Autobahn Richtung Flughafen, Tel. 242-6700.
■ **Hospital San Juán de Dios,** San José/Zentrum, Tel. 257-6282.
■ **Hospital de Niños** (Kinderkrankenhaus), San José / im Hospitalkomplex San Juán de Dios, Tel. 222-0122.

Privatkliniken

■ **Clínica Americana,** San José / Süd, Tel. 222-1010.
■ **Clínica Bíblica,** San José / Süd, Tel. 522-1000.
■ **Clínica Católica,** San José / Barrio Guadalupe, Tel. 224-2378.

Sicherheit

Diebstahl, wenn auch meist gewaltlos, nimmt in Costa Rica immer mehr zu, vor allem in San José. Beachten Sie daher folgende Punkte:

■ Tragen Sie in den Straßen von San José keine Wertsachen bei sich, Bargeld nur so viel, wie unbedingt nötig. Lassen Sie Pass, Kamera, Schmuck und sogar die Sonnenbrille im Hotel. Achten Sie auf Geldbörse, Tasche und verdächtige Passanten. Nach dem Kauf von Wertsachen fährt man am besten mit dem Taxi ins Hotel zurück.
■ Kurbeln Sie bei Fahrten durch die Stadt die Fenster so weit hinauf, dass niemand ins Wageninnere greifen kann.
■ Bewegen Sie sich bei Dunkelheit in San José nach Möglichkeit nicht im Freien und vermeiden Sie bestimmte Viertel: die Umgebung des Coca-Cola-Busbahnhofs, die Plaza de la Cultura, den Parque Central, die Gegend zwischen dem Platz der Demokratie und dem Krankenhaus San Juan de Díos, Straßen, in denen schwarz Geld getauscht wird, wie z. B. Av. 4 und Av. Ctl., C. 12 zwischen Av. 10 und Av. 5
■ Autodiebe machen sich in allen Landesteilen bevorzugt an Mietwagen heran, auch ein abgeschlossener Kofferraum bietet keinerlei Schutz. Lassen Sie deshalb nichts im Wagen zurück und parken Sie nach Möglichkeit nur auf bewachten Plätzen. Die meisten Autovermieter verlangen bei Diebstahl eine hohe Selbstbeteiligung (um 1500 $) – trotz Vollkasko!
■ Lassen Sie nichts unbeaufsichtigt am Strand liegen. Diebe stehlen selbst Kleidungsstücke, Handtücher, Zelte und Campingausrüstung.

Literaturtipps

Natur

■ Asisa, Madian: **Mexiko / Costa Rica / Mittelamerika.** Verlag Franckh-Kosmos, 2001.

■ Bärtels, Andreas: **Tropenpflanzen.** Verlag Eugen Ulmer, 2003. Ein guter Überblick über die vielen Nutz- und Zierpflanzen, die man im Lande sieht.

■ Denzer, Wolfgang: **Costa Rica. Reiseführer Natur.** BLV Verlagsgesellschaft mbH, 2002.

■ De Vries, Philip J.: **The Butterflies of Costa Rica and their Natural History.** Princeton University Press, 1997.

■ Dressler, Robert L.: **Field Guide to the Orchids of Costa Rica and Panama.** Comstock Publishing, 1993. In Costa Rica erhältlich.

■ Fuchs, Jochen: **Costa Rica. Natur in Zentralamerika.** Schiler Verlag, 2004.

■ Heller, Gabriele; Heller, Klaus: **Costa Rica mit Ausflügen nach Panama und San Andres.** Heller, 1999.

■ Köhler, Gunther: **Reptilien und Amphibien Mittelamerikas, Bd. 2: Schlangen.** Herpeton, 2001.

■ Stiles, F. Gary, Skutch, Alexander F.: **A Guide to the Birds of Costa Rica.** Cornell University Press, 1993. Ein hervorragendes Buch mit Farbtafeln über die reiche Vogelwelt des Landes. In Costa Rica im Buchhandel erhältlich.

■ von Homeier, Jürgen: **Baumdiversität, Waldstruktur und Wachstumsdynamik zweier tropischer Bergregenwälder in Ecuador und Costa Rica.** Borntraeger, 2004.

Geschichte, Kunst

■ Arias, Oscar: **Frieden für Zentralamerika.** Vervuert Verlag, 1990.

■ Dietrich, Wolfgang: **Die Bemühungen um den Frieden in Zentralamerika 1983–1989.** Campus Verlag, 1990.

■ Foley, Erin: **Costa Rica (Cultures of the World).** Benchmark Books, New York, 1997.

■ Fuchs, Jochen: **Costa Rica. Von der Conquista bis zur »Revolution«.** Schelzky & Jeep, Verlag für Reisen und Wissen, 1991. Eine gute Einführung in die Geschichte.

■ Haberland, Wolfgang: **Archäologische Untersuchungen in Südost-Costa Rica.** Steiner, 1956.

■ **Kunst aus Costa Rica.** Die expressionistischen Tendenzen, Sprengel Museum Hannover, 1992.

■ **Mittelamerika zwischen Krieg und Frieden. Die Dynamik des Friedensprozesses.** 1988.

Politik & Zeitgeschichte

■ Arias, Oscar: **Costa Rica: A Traveler's Literary Companion.** Whereabouts Press, 1994.

■ Biesanz, Mavis Hiltunen; Biesanz, Richard; Biesanz, Karen Zubris: **The Ticos.** Culture and Social Change in Costa Rica. Lynne Rienner Publishers 1998.

■ Budowski, Monica: **Dignity and Daily Practice.** Lit, 2005.

■ Daling, Tjabel: **Costa Rica in Focus.** A Guide to the People, Politics and Culture. Interlink Publishing Group, 2001.

■ Heintz, Annette: **Costa Rica.** Interne Aspekte der Entwicklung einer Demokratie in Lateinamerika. Vervuert Verlag, 1998.

■ Lutterbach, Wolfgang: **Costa Ricas Grenzen der Autonomie.** Zur Außenpolitik eines Kleinstaates in Mittelamerika. Verlag für Entwicklungspolitik Saarbrücken GmbH, 1989.

■ Maislinger, Andreas: **Costa Rica.** Politik, Gesellschaft und Kultur eines Staates mit ständiger aktiver und unbewaffneter Neutralität. Innverlag Innsbruck Drießlein & Co. KG, 1986.

■ Palmer, Steven: **The Costa Rica Reader.** B&T, 2004.

Bildbände, Reiseführer

■ Baker, Christoph P.: **Costa Rica.** 2007.

■ Fichtl, Gaby; Hauser, Tobias: **Costa Rica.** Bruckmann, 2006.

■ Herzog, Michael; Meyer, Sarah: **Costa Rica – sehen & erleben.** Südwest-Verlag, 2002.

■ Kirst, Detlev: **Costa Rica.** Reise Know-How, 2007.

Belletristik

■ Castro, Fernando Contreras: **Der Mönch, das Kind und die Stadt.** Maro-Verlag, 2002.

■ Fallas, Carlos Luis (1909–1966): **Mamita Yunai, »Die grüne Hölle«**, Verlag Volk und Welt, 1954.

■ Gutiérrez, Joaquín: **Die Glut und ihr Schatten.** Stahlberg, 1963.

■ Gutiérrez, Joaquín: **Cocori.** Holz, 1956,

■ Lyra, Carmen (1888–1949): **Erzählungen.**

■ Reuter, Jan: **Tucano Lodge.** Maro-Verlag, 2001.

Mini-Dolmetscher Spanisch

Allgemeines

Guten Tag.	Buenos días. [buenos **dias**]
Hallo!	¡Hola! [**o**la]
Wie geht's?	¿Qué tal? [ke tal]
Danke, gut	Bien, gracias [bjen **gra**θjas]
Ich heiße ...	Me llamo ... [me **lja**mo]
Auf Wiedersehen.	Adiós [a**djos**]
Morgen	mañana [man**ja**na]
Nachmittag	tarde [**tar**de]
Abend	tarde [**tar**de]
Nacht	noche [**no**tsche]
morgen	mañana [man**ja**na]
heute	hoy [oi]
gestern	ayer [a**jer**]
Sprechen Sie Deutsch / Englisch?	¿Habla usted alemán / inglés? [abla us**ted** ale**man** / in**gles**]
Wie bitte?	¿Cómo? [**ko**mo]
Ich verstehe nicht.	No he entendido. [no e enten**di**do]
Wiederholen Sie bitte.	Por favor, repítalo. [por fa**wor** re**pi**talo]
..., bitte.	..., por favor. [por fa**wor**]
Danke.	Gracias. [**gra**θjas]
Keine Ursache.	De nada. [de **na**da]
was / wer / welcher	qué / quién / cuál [ke / kjen / ku**al**]
wo / wohin	dónde / adónde [**don**de / a**don**de]
wie / wie viel / wann / wie lange	cómo / cuánto / cuándo/ cuánto tiempo [**ko**mo / kuanto / kuando / ku**an**to **tjem**po]
Warum?	¿Por qué? [por **ke**]
Wie heißt das?	¿Cómo se llama esto? [**ko**mo se **lja**ma **es**to]
Wo ist ...?	¿Dónde está ...? [**don**de es**ta** ...]
Können Sie mir helfen?	¿Podría usted ayudarme? [po**dri**a us**ted** aju**dar**me]
ja	sí [si]
nein	no [no]
Entschuldigen Sie.	Perdón. [per**don**]
Das macht nichts.	No pasa nada. [no **pa**sa **na**da]

Sightseeing

Gibt es hier eine Touristeninformation?	¿Hay por aquí cerca una oficina de turísmo? [ai por a**ki** **θer**ka **u**na offi**θi**na de tu**ris**mo]
Ich möchte einen Stadtplan / ein Hotelverzeichnis.	¿Tiene un plano de la ciudad / una lista de hoteles? [**tje**ne um **pla**no de la θiu**dad** / **u**na **lis**ta de o**te**les]
Wann ist das Museum / die Kirche / die Ausstellung geöffnet?	¿Cuándo está abierto el museo / abierta la iglesia / la exposición? [kuando es**ta** a**bjer**to el mu**se**o / a**bjer**ta la i**gle**sja / la esposi**θjon**]
geschlossen	cerrado [θe**rra**do]

Shopping

Wo gibt es ...?	¿Dónde hay ...? [**don**de ai]
Wieviel kostet das?	¿Cuánto cuesta? [ku**an**to ku**es**ta]
Das ist zu teuer.	Es demasiado caro. [es dema**sja**do **ka**ro]
Das gefällt mir (nicht).	(No) me gusta. [(no) me **gus**ta]
Gibt es das in einer anderen Farbe / Größe?	¿Tienen este modelo en otro color / otra talla? [**tje**nen **es**te mo**de**lo en **o**tro co**lor** / **o**tra **ta**lja]
Ich nehme es.	Me lo llevo. [me lo **lje**vo]
Wo ist eine Bank?	¿Dónde hay un banco? [**don**de ai um **ban**ko]
Haben Sie deutsche Zeitungen?	¿Tienen periódicos alemanes? [**tje**nen per**jo**dikos ale**ma**nes]
Wo kann ich telefonieren / eine Telefonkarte kaufen?	¿Dónde puedo llamar por teléfono / comprar una tarjeta telefónica? [**don**de puedo lja**mar** por te**le**fono / kom**prar** **u**na tar**che**ta tele**fo**nika]

Notfälle

Ich brauche einen Arzt / Zahnarzt.	Necesito un médico / un dentista. [neθe**si**to un **me**diko / un den**tis**ta]
Rufen Sie bitte einen Kranken-wagen / die Polizei.	Por favor, llame a una ambulancia / a la policía. [por fa**wor** **lja**me a **u**na ambu**lan**θja / a la poli**θi**a]
Wir hatten einen Unfall.	Tuvimos un accidente. [tu**wi**mos un agθi**den**te]
Wo ist das nächste Polizeirevier?	¿Dónde está el puesto de policía más cercano? [**don**de es**ta** el **pues**to de poli**θi**a mas θer**ka**no]
Ich bin bestohlen worden.	Me han robado. [me an ro**ba**do]
Mein Auto ist aufgebrochen worden.	Me han abierto el carro. [me an a**bjer**to el **ka**rro]

Essen und Trinken

Die Speise-karte, bitte.	La carta, por favor. [la **kar**ta, por fa**wor**]
Brot	pan [pan]
Kaffee	café [ka**fe**]
Tee	té [te]
mit Milch / Zucker	con leche / azúcar [kon **le**tsche / a**θu**kar]
Orangensaft	zumo de naranja [**θu**mo de na**ran**cha]
Mehr Kaffee, bitte.	Más café, por favor. [mas ka**fe** por fa**wor**]
Suppe	sopa [**so**pa]
Fisch / Meeresfrüchte	pescado / mariscos [pes**ka**do / ma**ris**kos]
Fleisch / Geflügel	carne / aves [**kar**ne / **a**wes]
Beilage	guarnición [guarni**θjon**]
vegetarische Gerichte	comida vegetariana [ko**mi**da vecheta**rja**na]
Eier	huevos [**ue**wos]
Salat	ensalada [ensa**la**da]
Dessert	postre [**pos**tre]
Obst	fruta [**fru**ta]
Eis	helado [e**la**do]
Wein	vino [**bi**no]
weiß / rot / rosé	blanco / tinto / rosado [**blan**ko / **tin**to / ro**sa**do]
Bier	cerveza [θer**we**θa]
Aperitif	aperitivo [aperi**ti**wo]
Wasser	agua [**a**gua]
Mineralwasser	agua mineral [**a**gua mine**ral**]
mit / ohne Kohlensäure	con / sin gas [kon / sin gas]
Frühstück	desayuno [desa**ju**no]
Mittagessen	comida [ko**mi**da]
Abendessen	cena [**θe**na]
Ich möchte bezahlen.	La cuenta, por favor. [la **kuen**ta por fa**wor**]
Es war sehr gut.	Estaba muy bueno. [es**ta**ba mui **bue**no]

Im Hotel

Ich suche ein gutes Hotel / nicht zu teures Hotel.	Busco un buen hotel / un hotel económico. [**bus**ko um **buen** o**tel** / un o**tel** eko**no**miko]
Ich habe ein Zimmer reserviert.	Tengo una habitación reservada. [**ten**go **u**na abita**θjon** reser**wa**da]
Ich suche ein Zimmer für ... Personen.	Busco una habitación para ... personas. [**bus**ko **u**na abita**θjon** **pa**ra ... per**so**nas]
Mit Dusche und Toilette.	Con regadera y baño. [kon rega**de**ra i **ba**njo]
Mit Balkon / Blick aufs Meer.	Con balcón / vista al mar. [kon bal**kon** / **bis**ta al mar]
Wieviel kostet das Zimmer pro Nacht?	¿Cuánto cuesta la habitación por noche? [**kuan**to **kues**ta la abita**θjon** por **no**tsche]
Mit Früh-stück?	¿Con desayuno? [kon desa**ju**no]
Kann ich das Zimmer sehen?	¿Puedo ver la habitación? [**pue**do wer la abita**θjon**]
Haben Sie ein anderes Zimmer?	¿Tienen otra habitación? [**tje**nen **o**tra abita**θjon**]
Es gefällt mir (nicht).	(No) me gusta. [(no) me **gus**ta]
Kann ich mit Kreditkarte zahlen?	¿Puedo pagar con tarjeta de crédito? [**pue**do pa**gar** kon tar**che**ta de **kre**dito]
Wo kann ich parken?	¿Dónde puedo dejar el carro? [**don**de **pue**do de**char** el **ka**rro]
Können Sie das Gepäck in mein Zimmer bringen?	¿Puede llevarme el equipaje a la habitación? [**pue**de lje**war**me el eki**pa**che a la abita**θjon**]
Haben Sie einen Platz für ein Zelt?	¿Les queda algún sitio libre para una tienda? [les **ke**da al**gun** **si**tjo **li**bre **pa**ra **u**na **tjen**da]

Zahlen

0	zero [**se**ro]
1	uno [**u**no]
2	dos [dos]
3	tres [tres]
4	cuatro [**kua**tro]
5	cinco [**sin**ko]
6	**seis** [säis]
7	siete [**sje**te]
8	ocho [**o**tscho]
9	nueve [**nue**we]
10	diez [djes]
11	once [**on**se]
12	doce [**do**se]
13	trece [**tre**se]
14	catorce [ka**tor**se]
15	quince [**kin**se]
16	dieciséis [djesi**säis**]
17	diecisiete [djesi**sje**te]
18	dieciocho [djesi**o**tscho]
19	diecinueve [djesi**nue**we]
20	veinte [**bäin**te]
21	veintiuno [bäinti**u**no]
22	veintidós [bäinti**dos**]
30	treinta [**träin**ta]
40	cuarenta [kua**ren**ta]
50	cincuenta [sin**kuen**ta]
60	sesenta [se**ßen**ta]
70	setenta [se**ten**ta]
80	ochenta [o**tschen**ta]
90	noventa [no**wen**ta]
100	cien [sjen]
101	ciento uno [**sjen**to‿**u**no]
110	ciento diez [**sjen**to djes]
200	doscientos/-as [do**sjen**tos/-as]
300	trescientos/-as [tre**sjen**tos/-as]
400	cuatrocientos/-as [kuatro**sjen**tos/-as]
500	quinientos/-as [ki**njen**tos/-as]
600	seiscientos/-as [säis**sjen**tos/-as]
700	setecientos/-as [sete**sjen**tos/-as]
800	ochocientos/-as [otscho**sjen**tos/-as]
900	novecientos/-as [noweo**sjen**tos/-as]
1000	mil [mil]
2000	dos mil [dos mil]
3000	tres mil [tres mil]
10 000	diez mil [djes mil]
100 000	cien mil [sjen mil]
1 000 000	un millón [un mi**ljon**]
1.	primero/-a [pri**me**ro/-a]
2.	segundo/-a [se**gun**do/-a]
3.	tercero/-a [ter**se**ro/-a]
4.	cuarto/-a [**kuar**to/-a]
5.	quinto/-a [**kuin**to/-a]
$^{1}/_{2}$	medio [**me**dio]
$^{1}/_{3}$	un tercio [un **ter**sio]
$^{1}/_{4}$	un cuarto [un **kuar**to]
$^{1}/_{5}$	un quinto [un **kin**to]
1,5	uno coma cinco [uno **ko**ma **sin**ko]
10 %	diez por ciento [djes por **sjen**to]

Bildnachweis

Glyn Genin 17, 25, 27 (links), 45, 82/3, 90, 96, 135 (Randspalte), 138, 139, 139 (Randspalte),140, 140 (Randspalte), 147 (Randspalte), 149 (Randspalte), 151, 151 (Randspalte), 155 (Randspalte), 156 (Randspalte), 159, 159 (Randspalte), 160, 161 (Randspalte), 166/167, 171 (Randspalte), 172, 174 (Randspalte), 183 (Randspalte), 184, 187 (Randspalte), 188, 189 (Randspalte), 193 (Randspalte), 196, 197 (Randspalte), 198, 199, 201, 209 (Randspalte), 216, 217, 218 (Randspalte), 221 (Randspalte), 223 (Randspalte), 229, 231 (Randspalte), 233 (Randspalte), 234, 235, 235 (Randspalte), 238 (Randspalte), 239 (Randspalte), 253 (Randspalte), 255 (Randspalte), 259 (Randspalte), 260, 261, 262 (Randspalte), 263
André Bartschi 6/7, 12/13, 88, 148, 190, 208, 237, 239, 242/243, 254, 255, 259
Gary Braasch 85, 202, 228, 232, 233, 247
John Elleston 98
Michael & Patricia Fogden 8/9, 78/79, 80/81, 86, 87, 147, 175, 206, 207, 209, 222, 223, 258
Henry C Genthe 10/11, 14, 20/21, 24, 28, 31 (rechts), 31 (links), 33 (rechts), 33 (links), 36, 37, 43, 44, 49, 56/57, 59, 60, 68, 74 (rechts), 104, 108, 110, 11, 112, 113, 114, 115, 117, 118/119, 122/123, 124, 134, 136,137, 142/143, 149, 152, 153, 154, 158, 161, 169, 171, 173, 182, 191, 192, 200, 218, 220, 221, 226/227, 249, 250, 251, 252, 264
Genthe/Haber 23, 32, 35, 40, 41, 42
Lode Greven Free Lens 150

Harvey Haber 16, 22, 34 (rechts), 34 (links), 38, 39, 69, 73
Harvey Haber Collection 46/7, 48, 52/53, 61, 238
Chip and Jill Isenhart 18, 54, 74 (links), 84, 89, 120/121, 132, 180, 181, 214, 254, 257, 262
Carlos Jinesta 76, 141, 156, 157, 186, 231
Julio Lainez 62/63, 64/65, 174
Miriam Lefkowitz 99
Neil P. Lucas/Nature Picture Library 212/213
Luiz Claudio Marigo/Bruce Coleman Ltd 241
Buddy Mays/Travel Stock 26, 58, 91, 97, 100, 109, 183, 187, 195, 203, 205, 248
Carl Purcell 66, 71, 145
Jerry Ruhlow 102 (links)
John Skiffington 27 (rechts), 29, 30, 50/51, 55, 75, 94/95, 101, 102 (rechts), 103, 105, 106/7, 116, 128/129, 133, 135, 162, 163, 168, 176/177, 185, 189, 193, 194, 197, 215, 219, 236, 240, 253
Marco T. Saborio 19
Carlos M. Uribe 204

Im Bild:
Seiten 92/93
Obere Reihe von links nach rechts: Michael & Patricia Fogden, Michael & Patricia Fogden, Michael & Patricia Fogden, Buddy Mays
Mittlere Reihe: beide Bilder Michael & Patricia Fogden
Untere Reihe: Buddy Mays, Buddy Mays, Buddy Mays, Glyn Genin.

Seiten 164/165
Obere Reihe von links nach rechts: Glyn Genin, Glyn Genin, Buddy Mays
Mittlere Reihe: Glyn Genin, Glyn Genin, Marco T. Saborio
Untere Reihe: alle Bilder Glyn Genin

Seiten 210/211
Obere Reihe von links nach rechts: Buddy Mays, Peter Oxford/Nature Picture Library
Mittlere Reihe: Michael & Patricia Fogden, Gerry Ellis/Nature Picture Library, Michael & Patricia Fogden
Untere Reihe: Michael & Patricia Fogden, Jeff Foott/Nature Picture Library

Seiten 224/225
Obere Reihe von links nach rechts: Marco T. Saborio, Marco T. Saborio, Marco T. Saborio, Glyn Genin
Mittlere Reihe: Glyn Genin, Buddy Mays
Untere Reihe: alle Bilder Glyn Genin

Inhaltsverzeichnis:
APA Publications/Glyn Genin 3 Mitte, 3 unten, 5 unten
A. M. Gross 3 oben
Detlev Kirst 5 oben

Top 50:
Bahari Beach Bungalows 268 rechts
Bildagentur Huber/Giovanni Simeone 270 oben
Bildagentur Huber/Limmatdruck 271 rechts
Bildagentur Huber/R. Schmid 281 unten
Casa Bavaria 271 oben links, 271 unten
Dantica Lodge 274 unten
Finca Los Caballos 268 oben
Kristina Johnson 273
La Esquina de Buenos Aires 272 oben, 272 unten links
Detlev Kirst 267 (alle drei), 268 unten, 269, 276 unten, 277 (beide), 279 oben
Lagarta Lodge 270 unten
laif/Eisermann 276 oben links
laif/Gonzalez 274 links, 275 rechts oben, 280 links oben, 281 oben, 282 links, 283 oben, 283 unten
laif/Hauser 265 unten, 276 oben rechts, 282 oben
laif/Heeb 279 unten, 280 unten, 282 unten
laif/Heuer 272 rechts
Luna Azul 266 links oben
Harald Mielke 278 unten
Orosí Lodge/Andreas Veit 275 links
Wolf-Dieter Pfistner 266 oben rechts, 274 oben, 279 rechts
Marc Rogiers 275 unten
Selva Bananito Lodge 265 oben, 266 unten
Tico Wind 278 oben
www.online-costarica.com 280 oben rechts

Umschlag:
Titelbild: Corbis/Michael DeYoung
Rückseite: laif/Hoa-Qui (oben); Detlev Kirst (unten)
Buchrücken: Glyn Genin

Register

Orts- und Sachregister

Personenregister

POLYGLOTT
LAND & LEUTE
„Fremde Kulturen entdecken heißt für mich: Menschen begegnen. Sie sagen mir mehr als Denkmäler.“
POLYGLOTT Land & Leute. Mit packenden Hintergrundinfos aus erster Hand über Alltagskultur und Lebensart der Bevölkerung.
Auch erhältlich für Ägypten, Brasilien, Japan, Neuseeland, Spanien, Thailand und Türkei.
POLYGLOTT
LAND & LEUTE
INDIEN
KULTUREN ERLEBEN
Infos & mehr
www.polyglott.de
POLYGLOTT
MEHR VOM REISEN